中国社会科学院经济研究所

（北京市西城区阜外大街月坛北小街2号）

无锡卷

SURVEY DATA OF RURAL AREAS IN
WUXI AND BAODING (1929-1957)

无锡、保定农村调查资料

（1929—1957）

中国社会科学院经济研究所 ▪ 江苏省统计局 ▪ 河北省统计局——编

社会科学文献出版社
SOCIAL SCIENCES ACADEMIC PRESS (CHINA)

《无锡、保定农村调查资料（1929—1957）》
编 委 会

序 言

中国社会科学院经济研究所*

无锡、保定农村经济调查始于20世纪20年代末。是次调查的组织者和发起者为陈翰笙[1]，发起这次调查的目的是“要对中国的社会作一番全面的调查研究”[2]。因为当时对于中国社会以及中国革命无论在国内还是在国外都有着不同的声音。有人认为中国已经是商业化的资本主义社会，中国的资产阶级革命已经完成。但以中国共产党人为代表的有识之士认为中国是“半封建半殖民地社会”，资产阶级革命的任务尚未完成。陈翰笙在位于莫斯科的第三国际农民运动研究所工作时，也与在那里工作的匈牙利经济学家马季亚尔有过争论，在马氏看来，中国正处于亚细亚社会向资本主义社会过渡的前夜，而陈翰笙不认同这一看法，当然当时他也没有经验证据来支持自己的观点。

1928年，陈翰笙从苏联回国任中央研究院社会科学研究所社会学组主任后，即开始着手对中国社会进行调查。其时中国人口的85%是农民，因此，欲了解中国社会就需要首先了解中国农村。蔡元培曾经指出，经济是社会演进的关键，中国农村是中国社会的主体。因此，“中央研究院社会科学研究所社会学组就拿中国的农村研究作为它的第一步工作”[3]。陈翰笙正是由此开启了其领导无锡、保定农村经济调查之大幕。

陈翰笙计划调查江南、华北和岭南三个地方的农村，因为这些地方都有其代表性。正如其所主张的：“十九世纪中叶以来工业资本的侵入，尤其是最近金融资本的侵入，已经促进了中国经济的工业化。其最大的影响即工业化和农产品的商品化，已渐次深入农村。这种社会的和经济的进化程序在中国的实际生活上，逐渐的，也是必然的，要动摇旧社会的基础。因此，社会学组主张在江苏，河北，广东，工业化程度最高的三省

* 本文由隋福民研究员撰写。

1 陈翰笙原名陈枢，出生于江苏省无锡县。1915年到美国马萨诸塞州一所补习学校进行工读。1916年考入美国波莫纳大学，1920年毕业后升入芝加哥大学研究生院，专修美国宪法史，1921年获硕士学位。1922年去柏林大学东欧史地研究所钻研东欧史，1924年获博士学位。同年，应蔡元培邀请到北京大学任教。后在李大钊的影响下加入共产国际，成为中共地下党员。后来，由于时局突变，取道日本，避祸苏联。

2 陈翰笙：《四个时代的我》，中国文史出版社，1988，第40页。

3 陈翰笙：《中国的农村研究》，陆国香译，《国立劳动大学劳动季刊》创刊号，1931年，第1页。

中，开始从事实地调查。”[1] 当然，由于一些原因，岭南的调查在他在中央研究院工作时并没有完成。

江南的调查选择了无锡。无锡是陈翰笙的老家，他对当地情况较为熟悉。无锡也是中国民族工商业最为发达的地方，了解了无锡农村，就能了解帝国主义以及买办阶级是如何影响中国农村的。在华北，原计划调查大同，但后来由于时局关系，改为保定。[2] 具体的调查方法是从“每省之内，又选定农业最繁盛工商业最发达的一县为调查地点。在这一县内用初步的经济调查去决定几个区域。在各区域内，又选定一定比例数的农村以为代表。在这样的代表农村中，每一村户都仔细的完全的挨户调查”，再“选定村与邻村的中心市场，亦加以概况调查，藉资参考”[3]。

为了开展调查，陈翰笙大力聘请了一些年轻人才，比如聘用了王寅生、钱俊瑞、张锡昌、张稼夫、孙冶方、姜君辰等人。[4] 王寅生是陈翰笙在北大教书时的学生。他实际上是两次调查的主要组织者。无锡农村经济调查计划由陈翰笙、王寅生和王立我三人制定，以“国立中央研究院无锡农村经济调查团”名义进行。王立我参与过金陵大学卜凯组织的调查，比较有经验。无锡的调查是从 1929 年 7 月初开始，至 9 月底结束，历时近 3 个月。[5] 调查团共计 45 人，实际工作由王寅生负责，他常驻无锡县城；王立我为指导员；总办公处设在崇安寺小学。调查团下设 4 个调查组，分别由张稼夫、钱俊瑞、秦柳方和刘端生担任小组负责人。[6] 每一个小组中都有文书、会计、交际和调查员，文书、会计、交际也都由调查员兼任。据廖凯声、秦柳方等学者回忆，共有 45 人参加了无锡农村调查。这些人大多数是生长在无锡或邻近各县的，因为对该地区的风俗和语言较为熟悉，会给调查带来很多便利。在这 45 人中，有 1/3 是国立北京大学、（国立）劳动大学、上海法政专门等学校研究农业或社会经济的毕业生或肄业生；有 1/3 是当地小学教员或者从事乡村改进、工人教育的工作人员；另有 1/3 是该县高级中学肄业生。他们在调查中是分工协作的，一般的入户调查工作由中学生担任，而小学教员由于语言便利且对当地情况熟悉担任沟通交流工作。大学者除了兼做调查员外，还负责指导调查工作。[7] 据张稼夫回忆，还有同济大学、无锡师范学校（江苏省立第三师范学校）的一些学生。[8]

无锡挨户调查共计调查了 22 个村，分别为小沙头、唐家宕、曹庄（里）、垮上泾、任巷、白水荡、前章、小房巷、张塘巷、黄巷、龚巷、黄土泾桥、苏巷、张巷桥、东吴塘、西大房、前刘巷、邵巷、阳湾（里）、周家桥、新开河、毛村。挨户调查结束后又通信调查了 55 个自然村的

1 陈翰笙:《中国的农村研究》，陆国香译,《国立劳动大学劳动季刊》创刊号，1931 年，第 2~3 页。

2 《国立中央研究院院务月报》第 1 卷第 12 期，1930 年，第 83 页。

3 陈翰笙:《中国的农村研究》，陆国香译,《国立劳动大学劳动季刊》创刊号，1931 年，第 3 页。

4 孙小礼:《陈翰笙与中国农村研究》,《民主与科学》2012 年第 3 期。

5 《国立中央研究院社会科学研究所十八年度报告》，第 307 页。

6 有些资料写的是王寅生、张锡昌、钱俊瑞、秦柳方。

7 廖凯声:《社会学研究所无锡农村调查记略》,《国立中央研究院院务月报》第 1 卷第 8 期，1930 年，第 11 页。

8 张稼夫:《庚申忆逝》，山西人民出版社，1984，第 28 页。

概况和 8 个农村市镇的工商业情况。

保定（清苑）的调查是从 1930 年 5 月开始的，8 月结束。[1] 保定调查是中央研究院社会科学研究所与北平社会调查所[2] 合作完成的，领导者仍为陈翰笙，主要组织者仍为王寅生等人。“保定农村经济调查团，由调查员、向导员、办事员，共66人组织而成，办事处设清苑城内......”[3]。具体地址是清苑县城西下关的河北省立第二师范学校[4]。调查人员分组情况与无锡相仿，但为了提高工作效率，组长不再兼任调查员。[5] 据张稼夫回忆，北平社会调查所的参与人员包括韩德章等人。参加这次农村调查活动的还有保定二师的石凯福、项世澄以及薛品轩等人。[6]

保定（清苑）共计调查了 11 个村。这些村的选择是基于以下程序完成的。根据保定乡境、农产物情形之不同，把保定分为四个区：第一区为“县南境唐河两岸、麦产之丰、为全县冠、沿河数十村、向有‘一麦顶三秋’之谚语、但唐河每至夏秋霪雨连绵之际、河水泛滥、秋收泰半无望、历年皆然、绝少幸免、故该带在清苑农村经济上、颇具特殊情形、乃画定为第一区”；第二区为东南乡；第三区为西南乡，这两个区的特点是“麦秋均相若、而产高粱谷较多”；第四区为“县城附廓各村、为适应城市生活需要、种菜蔬者较多、并可查知城市与乡村衔接处之经济情形”。[7] 北乡距离徐水县较近，而且没有特殊情形，所以没有列入调查范围。然后在每一个区内，选择 3~4 个代表村，以二百户或者百余户为宜，进行逐户调查。保定（清苑）的逐户调查共包括 1770 个农户。除此之外，还对 72 个村庄和 6 个农村市场做了概况考察。[8] 清苑县的村概况调查表涵盖 60 多张表，各种问答题有 130 多道。分户经济调查表共有 27 页，分为 41 个表，表的内容涵盖耕种、畜养、副业、农产品买卖、税捐、田租、借贷、消费，共八大项，每一大项下又有若干小项。

调查结束后就是资料整理以及最终报告的撰写工作。陈翰笙、王寅生和钱俊瑞等撰写了《无锡的土地分配与农村资本主义的发展》。但报告被国民党当局搁置，一直没有发表，后来丢失。保定的调查报告则没有完成。

---

1 《国立中央研究院社会科学研究所十八年度报告》，第 307 页；刘炜俊：《关于农村调查所应注意的几件事：清苑调查的一点经验》，《社会科学杂志（北平）》第 1 卷第 3 期，1930 年，第 131 页。

2 北平社会调查所隶属于中华文化教育基金会，陶孟和为所长，经费相对充足，在调查界声誉日隆，1934 年并入中央研究院社会科学研究所。

3 《国立中央研究院社会科学研究所十八年度报告》，第 308 页。66 人也有 68 人之说。

4 河北省立第二师范学校（简称“保定二师”）位于河北省清苑县城西下关街，创建于清光绪三十年（1904）九月，始称“保定初级师范学堂”，1909 年改称“直隶第二初级师范学堂”，1928 年随省易名“河北省立第二师范学校”。至 20 世纪 30 年代初期，校园内建立了很多半公开的红色群众组织，党团员及党的外围组织的红色群众占学生人数的 2/3 以上。中共保属特委、保定市委就设在校内，领导保定市及周围各县群众开展革命斗争。由此，保定二师被誉为“北方小苏区”。

5 《各地乡村运动消息：乡村调查：保定》，《村治》第 1 卷第 6 期，1930 年，第 2~6 页。

6 张稼夫：《庚申忆逝》，山西人民出版社，1984，第 29 页。

7 《保定农村经济调查：调查员训练已竣 分四区开始调查》，《大公报天津版》1930 年 7 月 19 日，第 5 版。

8 也有说法是 1773 个农户、78 个村庄。

当然，调查的其他成果也是有的，比如《亩的差异：无锡 22 村稻田的 173 种大小不同的亩》（以下简称《亩的差异》）、《中国农村经济研究之发轫》等。有些还以英文形式出版。《亩的差异》开创性地发现无锡至少有 173 种亩，同一个村内至少有 5 种亩。报告认为，“工业资本主义没有发展的中国本不能有统一的度量衡，并且积受了数千年分家、租佃、典押、买卖等习俗的影响，到现在差不多每一农户的所谓亩也就都有两三种的大小”，这“使浮征税捐的种种弊端更加厉害，同时使地主更可浮收田租”。[1] 这可说明中国至少是前资本主义社会性质。在太平洋国际学会的资助下，陈翰笙和邱茉莉（Elsie Fairfax Cholmeley）还编写过一本《农村中国》，其中第一部分第二章“上海附近无锡的土地集中”（Land concentration in Wusih，near Shanghai）和第六章“土地所有权的变革与永佃制的命运”（Change in land ownership and the fate of permanent tenancy）反映的是两个未刊报告《无锡的土地分配与资本主义的前途》和《土地所有权的近代化》的思想。除此之外，还有秦柳方、钱俊瑞合写的《黄巷经济调查统计》、廖凯声的《社会学研究所无锡农村调查记略》和韦健雄的《无锡三个农村底农业经营调查》等一些成果。保定方面的成果主要是北平社会调查所人员所做，比如张培刚的《清苑的农家经济》，但这一成果所运用的方法与陈翰笙的有所不同。

陈翰笙领导的无锡、保定农村经济调查对中国共产党在中国社会性质大论战中取得优势起到了重要作用。正是由于有了这些调查，中国共产党人才觉得有必要再与托派分子理论一番，于是有了后来的“中国农村社会性质论战”。正如薛暮桥在回顾中国社会性质大论战时所言：“当时的论战主要还只是停留在理论上，还缺乏具体的调查研究资料来证实自己的观点。因而，论证中国社会性质仍留下许多空白和不足。中国农村社会性质的论战就是在这样的背景下发生的。”[2] 通过农村社会性质论战，中共的革命主张受到了越来越多人的认可和支持。总之，恰如《中国共产党的九十年：新民主主义革命时期》中所言：“陈翰笙组织的农村社会调查团，以马克思主义为指导，为研究中国的社会性质进行了广泛而深入的社会调查。1933 年，他和薛暮桥等人成立中国农村经济研究会，并创办《中国农村》月刊，刊登大量调查报告和论文，论证改革封建土地制度的必要性，对党所领导的土地革命起了配合作用。”[3]

这次调查还为国家培养了大批马克思主义经济学家。陈翰笙在调查过程中通过学习弥补了以前在农村经济知识方面的不足，成为国际上著名的马克思主义中国农村经济专家。在他的带动下，一批受聘参加农村调查的青年知识分子也逐步成长起来，如王寅生、张锡昌、薛暮桥、刘端生、秦柳方、孙冶方、钱俊瑞、廖凯声、姜君辰等。薛暮桥晚年曾经表示，陈翰笙的《封建社会的农村生产关系》等著作是很好的教材，把他引

1 陈翰笙、王寅生、张辅良等：《亩的差异：无锡 22 村稻田的 173 种大小不同的亩》，《国立中央研究院社会科学研究所》集刊第 1 号，1929 年，第 2 页。其他作者分别为廖凯声、张稼夫、李澄、徐燮均。

2 中共上海市委党史研究室编《上海党史资料汇编》第二编《土地革命战争时期》（下），上海书店出版社，2018，第 656 页。

3 中共中央党史研究室：《中国共产党的九十年：新民主主义革命时期》，中共党史出版社、党建读物出版社，2016，第 150 页。

上了研究这一门科学的正确道路。[1] 这些青年后来有很大一部分成为中国的马克思主义经济学家，比如孙冶方、薛暮桥等。这些人在这次调查中所培养出来的理论联系实际的能力，也让他们在后来的改革开放中发挥了重要作用。

通过调查和论战，中国农村经济研究的话语主导权从苏联移到了国内。在这次调查之前，国际上研究中国农村的主导力量在苏联和日本，这之后人们才意识到陈翰笙等人才是真正了解中国农村社会的人。1935 年纽约《太平洋事务》季刊发表伊罗生（Harold R. Isaacs，1910—1986）的长篇论文，该文称陈翰笙为“中国最有能力的农村经济研究者”[2]。1948 年《世界与中国》第一期按语中也称“陈氏研究中国土地问题多年，著作甚富，为此一问题之权威”[3]。评论恰如其分，也说明以无锡、保定农村经济调查为基础的中国农村经济研究，令世界瞩目。

我们也要看到，这次调查实际上也是不完美的。陈翰笙后来由于受到排挤离开了中央研究院，1934 年后仅担任中央研究院社会科学研究所通信研究员及中山文化教育馆特约研究员的职务。由于他的团队成员和他本人的相继离开，无锡和保定的调查资料实际上并没有得到系统的整理和发表。

1957 年，中国科学院哲学社会科学学部经济研究所（后为中国社会科学院经济研究所）在该所保存的中央研究院档案中发现了当年陈翰笙领导的无锡、保定农村经济调查的部分原始资料。[4] 所长孙冶方（当时还兼任国家统计局副局长）意识到这批调查资料十分珍贵，认为如果能在此基础上再进行一次追踪调查，借以对比这两个地区近 30 年来农村经济的演变过程，将是一件十分有意义的工作。于是，是年年底，薛暮桥和孙冶方共同主持的国家统计局和中国科学院哲学社会科学学部经济研究所联合调查组成立。[5] 决定在 1958 年春季，会同江苏和河北两省统计局，共同组织力量对第一次两地调查的资料进行整理，与此同时，对无锡、保定两地原调查村经济进行一次追踪性的大规模调查，目的是“把无锡、保定 1929 年第一次调查近 30 年的社会性质变化及经济演变过程反映出来”[6]。

由于第二次调查的目标是进行前后对比，因此，在表格的设计上没有与之前的相一致。而且由于年代较久，资料收集相对困难；第一次调查的数据也需要补充和核对，于是，将调查的主要内容简化为以下九方面：农村户数、人口、职业及文化程度，土地占有与使用情况，其他主要生产资料的占有与使用情况，农村阶级成分的变化，主要农作物的面积与产量，畜养及副业收入情况，农业劳动雇佣情况，粮食产销用情况，农民

1 薛暮桥：《薛暮桥回忆录》，天津人民出版社，1996，第 37 页。

2 范世涛：《陈翰笙与国立中央研究院无锡农村经济调查》，《中国经济史研究》2020 年第 5 期，第 186 页。

3 转引自陈翰笙、薛暮桥、冯和法编《解放前的中国农村》（第二辑），中国展望出版社，1987，第 137 页。

4 据秦柳方回忆，这批档案在南京解放后由该市军管会接管，后运至北京交至中国科学院哲学社会科学学部经济研究所保管。参见陈翰笙、薛暮桥、冯和法编《解放前的中国农村》（第三辑），中国展望出版社，1989，第 304 页。

5 孙冶方：《孙冶方文集》（第 10 卷），知识产权出版社，2018，第 289 页。

6 孙冶方：《孙冶方文集》（第 10 卷），知识产权出版社，2018，第 289 页。

负担。[1]此外关于合作化后农民的集体和个人收入比例以及富裕中农的生产和收入水平等问题，也附带做了调查。[2]

在新的调查方案中，“凡不能与1929（1930）年情况对比者，原则上不增列指标。关于调查观察时点，经考虑选定1929（1930），1936，1949及1957年等四个年份。1929年资料以原有者为主，并作必要的补充与核对……无锡保定两地土改年份不同，因此有一部分时点两地不能相同”。[3]最后，无锡的调查时点确定为1929年、1936年（国民党统治时期的黄金年份）、1948年（无锡土改前一年）、1952年和1957年（合作化之后的一年）；保定的调查时点确定为1930年、1936年、1946年（保定土改前一年）和1957年。[4]

“关于全村概况或若干全县性的专题资料，尽量采用召开调查会方法取得，只有那些基本情况的资料，才采用挨户调查方法。概况调查也有明确的调查指标，列成表式，或者提出确切的问题，要求取得一定的数字、年份或具体地点、阶级成份（分）的答案。在到达各村开始进行调查时，首先要查清原有村户廿（二十）八年内户口变动情况，包括分家立户及迁出入三类。必需（须）查明各户的立户起迄（讫）年月和各调查时点的阶级成份（分），借为挨户调查作好准备。挨户调查除全部现住户外，甚至连分家后不再存在的历史户，绝灭户及迁出户，只要有人能代报其以前情况者，统应查问清楚。确属无法查报者，仍应叙明原因。”[5]

第二次调查的主持者为孙冶方（中国科学院经济研究所所长兼国家统计局副局长）和薛暮桥（国家统计局局长）。这两人对陈翰笙领导的无锡、保定农村经济调查都较为熟悉。为了调查方便，在北京成立了无锡、保定农村经济调查小组，参加人有刘怀溥、秦柳方、张之毅、王凤林、储雪瑾等。刘怀溥、秦柳方当年都是中国农村经济研究会成员。张之毅则做过费孝通的助手，具有丰富的社会调查经验。经中共江苏省委、中共河北省委的同意，江苏和河北两省统计局分别组织人力进行调查工作。两地分别成立了农村经济调查办公室。

保定农村经济调查共组织了46人，一部分人是各机关抽调的，另一部分人是部队复员转业的。[6]计划对第一次调查的11个村全部进行调查：即薛庄村、大阳村、大祝泽村、李家罗侯村、何家桥村、东孟庄村、东顾庄村、谢庄村、南邓村、蔡家营村、固上村。

由于人手原因，调查分两批进行，第一批为6个村（薛庄村、何家桥村、东顾庄村、李家罗侯村、南邓村和蔡家营村），1496户。[7]大规模调查开始之前，先选了两个村进行试点。一是保定的薛庄，二是清苑县的南邓村。从1958年3月27日到4月7日，共完成了42户的普查，召

1 《无锡、保定农村经济调查方案（初稿）》，中国社会科学院经济研究所藏。

2 刘怀溥:《无锡、保定农村经济调查情况介绍》,《统计研究》1958年第7期。

3 《无锡、保定农村经济调查方案（初稿）》，中国社会科学院经济研究所藏。

4 保定是老区，土改早；无锡是新区，土改晚。

5 《无锡、保定农村经济调查方案（初稿）》，中国社会科学院经济研究所藏。

6 《孙冶方副局长关于保定农村经济调查的报告》，中国社会科学院经济研究所藏。

7 刘怀溥:《无锡、保定农村经济调查情况介绍》,《统计研究》1958年第7期。

开了 10 次调查会。通过调查，搜集到许多有用的资料，并发现原调查方案中的某些指标对当地并不需要或不切实际，因而适当地增加、减少、修改了原方案中的调查表和指标。同时培养出一批比较熟悉农村经济工作并掌握一定工作方法的骨干，为后来的大规模调查奠定了基础。[1]

无锡农村经济调查共组织了 82 人，分成 11 个工作组。在第一次调查的 22 个村中，抽选了 11 个村进行调查，即东吴塘、唐家宕、黄土泾桥、前刘巷、龚巷、张塘巷、毛村、白水荡、苏巷、曹庄、邵巷。1958 年 4 月 10 日，集中干部，组织业务与方法问题的学习与研究，4 月 16~17 日，分别进驻调查村，进行全面宣传动员和调查。开始调查时，很多农户心里也有顾虑，比如怕露富、怕整风、怕说不准不好交代等，调查人员通过晚上串门、一起劳动、农闲唠家常等多种形式做工作解决思想问题。后来通过摸索，逐渐有了经验，调查总体上也进行得较为顺利。调查总户数为 1100 户，调查工作 6 月底结束，并完成了调查资料的审核加总工作。[2]

保定第二批调查 5 个村（即大阳村、大祝泽村、固上村、谢庄村、东孟庄村）约 1900 户，于 1958 年 7 月 1 日开始，8 月上旬结束，并于同期完成了资料审核和加总工作。[3] 由于有了第一批调查的经验，第二批调查进行得比较顺利。

虽然第二次调查发生于 1958 年“大跃进”时期，但据具体参加这次农村经济调查的中国科学院经济研究所的张之毅、刘怀溥、王凤林等人反映，这次调查的可信度是较高的。一是当时农民积极性很高。通过深入宣传，农民被选为调查户，觉得是一种光荣，配合调查很积极主动。调查人员都能放下干部架子，与农民同吃同住同劳动，真正做到“如同一家人”，而这些是在新中国成立前所无法做到的。[4] 二是这次调查是在薛暮桥、孙冶方等治学严谨的经济学家领导下进行的，具体负责调查工作的人员，如刘怀溥、张之毅等，都是训练有素、治学严谨的社会科学工作者，他们对资料的处理是非常慎重的。例如，调查组在核实第一次调查资料时，如果 1958 年的调查结果与第一次调查有出入，会反复核对，并且在有旁证的前提下才进行修改，否则宁可存疑。这种科学的态度保证了数据有相当高的可信度。总体上看，这次资料中的土地、人口等自然情况以及生产技术、亩产等的数据可信度较高，而收入和消费部分可能稍差一些；1929/1930 年的数据和 1958 年的数据可信程度也要高于其他年份（因为其他年份的资料是根据回忆追记的）。三是这次调查的组织核心在省里，调查人员抽自省及县市有关单位，并且以基层调查小组为单位，以每个调查村为对象。[5] 这些小组不仅要完成调查和资料收集，同时也要自己进行资料审核、加总及分析研究。这实际上是一种群众路线，有助于确保调查质量。

这次调查也形成了一些资料性成果。第一是对第一次调查资料的整理和分析。比如，为了对过去有一个整体的全面的认识，国家统计局和中

1 《保定农村经济试点工作总结》，中国社会科学院经济研究所藏。

2 刘怀溥：《无锡、保定农村经济调查情况介绍》，《统计研究》1958 年第 7 期。

3 刘怀溥：《无锡、保定农村经济调查情况介绍》，《统计研究》1958 年第 7 期。

4 刘怀溥：《无锡、保定农村经济调查情况介绍》，《统计研究》1958 年第 7 期。

5 刘怀溥：《无锡、保定农村经济调查情况介绍》，《统计研究》1958 年第 7 期。

国科学院经济研究所对第一次（1929/1930 年）调查资料重新进行了统计整理[1]，形成表格:《1929 年江苏无锡 20 个村户经济基本情况的初步分析》《1930 年河北保定 10 村户经济基本情况的初步分析》《无锡（1929）与保定（1930）农村经济基本情况的比较》。

第二是挨户调查的表格。这次两地农村经济调查，取得了大量的原始资料，包括 1929/1930 年、1936 年、土地改革前、1957 年合作化后几个时期的调查资料和数据。当然，这些表格资料由于年代久远也有遗失。[2]

第三是在挨户调查的基础上，进行了村概况调查。无锡、保定两地农村经济调查办公室整理编印了两地农村经济调查概况资料。“无锡农村经济调查概况资料”遗失。“保定农村经济调查概况资料”分两册共约 25 万字。保定农村经济调查概况资料由在调查期间所收集的 22 个村的原始资料汇集而成，以村为单位分别撰写，主要有以下内容:（1）地理环境及自然条件;（2）历史变迁包括清末、中华民国成立以后的军阀混战时期、第二次国内革命战争时期、抗日战争时期和解放战争时期以及中华人民共和国成立后的政治经济变化情况;（3）人口、户口变动分析;（4）土地占有和使用变化情况;（5）各种经济剥削，包括租佃、雇佣、借贷剥削关系的变化以及帝国主义反动派的经济掠夺;（6）阶级结构的变化;（7）土地以外的主要生产资料包括房屋、耕畜、农具占用变化情况;（8）农业生产变化情况，包括年成丰歉、粮食生产、棉花生产、牲畜饲养、副业经营变化情况;（9）农业生产技术变化情况，包括农具、水利灌溉、施肥、农作物品种改良、农药施用等;（10）农民收入和生活变化情况；等等。

第四是调查报告。第二次无锡农村经济调查结束以后，由调查小组的刘怀溥执笔，张之毅、储雪瑾参加，撰写了《江苏省无锡市（县）近三十年来农村经济调查报告》。报告共分五个部分。第一部分：无锡农村经济关系的变化情况，包括解放前生产关系和解放后生产关系的变化；第二部分：解放前农业生产水平和付（副）业兴衰情况；第三部分：人口增长和劳动力变化情况；第四部分：解放前二十年来物质、文化生活的变化情况；第五部分：解放前国民党政权对农村经济发展所起的阻碍与破坏作用。[3]

1958 年 8 月保定农村经济调查结束以后，河北省统计局根据调查资料，于 9 月撰写了《廿八年来保定农村经济调查报告（1930—1957 年）》。报告共分六章：第一章基本情况；第二章户口、人口变动情况；第三章经济关系变化情况；第四章农业生产变化情况；第五章副业变化情况；第

1　重新整理的理由是当时划分阶级的标准与土改时的标准不完全一致；调查方法和指标体系上也有缺陷；尽管陈翰笙是马克思主义学者，但当时调查的身份是国民党学术机关的人员，因此，老百姓的信任程度会打折扣。

2　据史志宏文，“现存分户调查表，无锡部分只有黄土泾桥及白水荡 2 个村的，其中前者存 138 册，后者存 69 册，共 207 册。这些无锡的分户调查表，均每个调查户一册，册内包括该户各个调查年份的数据。保定的表保存形式与无锡的不同，不是一户一册，而是将若干户（大体 20 户左右）的调查表装订成一册，外包封以河北省统计局的档案袋纸皮，册面注明某某村共若干册及本册之序号。现存保定之册，11 个调查村的均有，其中大祝泽、蔡家营、大阳、南邓、李（家）罗侯、（东）孟庄、薛庄 7 村之册完整无缺，其余 4 村之册则有不同程度的缺失”。（史志宏:《无锡、保定农村调查的历史及现存无、保资料概况》,《中国经济史研究》2007 年第 3 期，第 89 页）

3　在陈翰笙、薛暮桥、冯和法编《解放前的中国农村》（第三辑）（中国展望出版社，1989）中，刊登了这份报告的解放前部分，名称为《无锡县（市）农村经济调查报告》。

六章农民物质文化生活变化情况。

这两个报告，由于种种原因当时没能发表，直到 1988 年 9 月，才在中共中央农村政策研究室的支持下，在《中国农业合作史资料》增刊二（《解放前后无锡保定农村经济专辑》），陈翰笙、薛暮桥、秦柳方合编）上发表。“这两个报告，是用科学方法进行挨户调查，资料翔实，观点正确，而且就解放前后农村经济情况作了对比，很有参考价值，从此可以看到中国农村解放前后近三十年从半封建半殖民地走上新中国的翻天覆地的变化情况。”[1]

第五是分村的汇总资料。河北省统计局保定农村经济调查办公室除撰写了保定分报告外，还根据分户调查资料按村汇总编撰了《1930—1957 年保定农村经济调查资料》，11 个村每个村一本，另有一本综合资料，共计 12 本。在每个村的调查资料中，又将数据分为 4 个年份分别加以汇总。包括的内容有：前言、1930 年调查资料、1936 年调查资料、1946 年调查资料、1957 年调查资料、附录（1957 年度农业生产合作社经济情况，名称上有差异）。在综合资料中，给出了保定地区农村经济调查村分布图，之后的内容有三个部分：前言、分析表式部分和综合资料部分。分析表式部分又分为四类：基本情况的分析、农村剥削关系分析表式、农业及副业生产情况、收支情况（水平）的分析。综合资料部分也是按照年份安排，包括 1930 年调查资料、1936 年调查资料、1946 年调查资料、1957 年调查资料、附录（1957—1958 年度十一个村农业社的经济情况调查资料）。综合资料中还有关于表内数据的几点说明，它有助于理解表格中数据的计算方式和含义。江苏省统计局则按村汇总编辑了《1929—1957 年无锡农村经济调查资料》，也是 11 个村每个村一本，另有一本综合表，共计 12 本。在每一本中，也是将资料数据分为 4 个年份分别加以汇总计算。不过计算的内容相对少一些，体例上与保定的也不完全一致。综合表也与保定的汇总体例不同，没有按照年份分别汇总，而是把 5 个年份（包括 1952 年的数据）不同方面的资料汇总到一张表中，借以观察人口、土地占有、收入结构和水平等方方面面的变化。与保定资料类似，无锡的综合表中也给出了阶级变化情况以及原因。这两种资料一直未公开发表。我们此次影印出版的就是这批资料。

从资料本身看，第二次调查的最大贡献是对第一次调查的数据进行了核查，在此基础上，“通过对几个有代表性的观察年度的调查，形成了两地农村及农户几十年经济发展演变历史数据的链条，这在中国农村调查史上是绝无仅有的，为以后的接续追踪调查开了头，打下了基础”[2]。事实上，我们正是在这样的基础之上，于 1987 年和 1998 年，进行了第三次和第四次无锡、保定农村经济调查。

两次调查体现了中国社会科学院经济研究所的历史传承。中国社会科学院经济研究所的历史流淌着两股血脉，一为中华文化教育基金会的社会调查部，后为社会调查所；另一为中央研究院社会科学研究所。它们都是以调查立所，在广泛调查的基础上出版了大量论文和著作。中华人民

1 陈翰笙：《〈解放前后无锡保定农村经济〉前言》，《群言》1989 年第 2 期，第 35 页。

2 史志宏：《无锡、保定农村调查的历史及现存无、保资料概况》，《中国经济史研究》2007 年第 3 期，第 84 页。

共和国成立后的中国科学院哲学社会科学学部经济研究所以及后来的中国社会科学院经济研究所也是从实践中探求真理、以真理指导实践的理论高地。我们这次编辑出版的资料，正是经济研究所人的调查结晶，闪耀着经济研究所人崇尚调查、尊重理论联系实际的历史光辉。出版它们正是为了弘扬经济研究所的优秀传统和继承其优良作风。

两次调查都是马克思主义经济学者组织实施的，这展示了他们将学术研究写在中国大地上的一种情怀，也反映了他们在学术研究中所秉持的科学精神和以人民为中心的坚定立场。我们此次编辑出版调查资料，一方面是在建党一百周年之际，纪念那些曾经为我们的社会经济研究做出贡献的前辈马克思主义学者，为中国共产党建党百年献礼；另一方面也是告知后学，中国社会科学院经济研究所保存着这样一批历史资料，希望大家彼此携手，能够将对这些资料的研究继续推向深入。

中国农村经济的研究乃至中国经济和社会的研究现在仍然是进行时。今天，我们比历史上任何时期都更接近、更有信心和能力实现中华民族伟大复兴的目标。在这一过程中，我们需要告知世界我们实现梦想的脚步是怎样的，我们需要基于历史经验“行稳致远”，希望这批资料的出版成为一个契机。

是为序。

总　目　录

无锡卷

保定卷（上）

保定卷（下）

无锡卷　目录

1929—1957 年无锡农村经济调查资料

黄土泾桥村

黄土泾桥 村村户的自然机械及阶級性變化統計表（自1929年至1936年）

	期初户数	原户的自然及机械變化						期末原阶級户数	原户的阶級性變化						期末新阶級户数	其中来自：								期内迁入新户	期末总户数
		分家的母户数	分家增加户数	减少户数					增加户数			减少户数													
				併户	有嗣絶灭	无嗣絶灭	迁出		下升	上降	轉入	上升	下降	轉出		地主	富农	中农	貧农	雇农	工商业主	工人	其他		
合計	83	14	18	-	-	1	2	98	-	5	13	-	5	13	98	4	3	37	28	2	1	18	5	2	100
地主	4	-8	-			-	-	4		-	-		1	-	3	3	-	-	-	-	-	-	-	-	3
富农	3	-	-			-	-	3		-	-		2	-	1	-	1	-	-	-	-	-	-	-	1
中农	26	8	11			-	-	37		3	-		2	7	31	1	2	28	-	-	-	-	-	-	31
貧农	24	4	5			1	-	28		2	3		-	2	31			2	26	-	-	3	-	-	31
雇农	2	-	-			-	-	2			-		-	-	2			-	-	2	-	-	-	-	2
工商业主	2	-	-			-	1(3)	1			1		-	-	2			1	-		1	-	-	-	2
工人	17	2	2			-	1(2)	18			6		-	4	20			4	2			14	-	1	21
其他	5	-	-			-	-	5			3		-	-	8			2	-			1	5	1	9

江苏省 无锡 县（市） 黄土泾桥 村庄

1929年

	户数	雇入户数			出雇户数			典入户数	典出户数	租入户数	租出户数	有耕畜户数	其中：有[illegible]户数	养猪户数
		长工	短工	长短工	长工	短工	长短工							
甲	1	2	3	4	5	6	7	8	9	10	11	12	13	14
合計	83	1	31	—	—	28	—	—	2	65	7	1	—	28
地主	4	1	2	—	—	—	—	—	—	3	1	—	—	3
富农	3	—	3	—	—	—	—	—	—	3	—	—	—	2
中农	26	—	14	—	—	7	—	—	1	26	1	1	—	14
貧农	24	—	6	—	—	11	—	—	1	20	1	—	—	5
雇农	2	—	—	—	—	2	—	—	—	1	—	—	—	—
工商业主	2	—	—	—	—	—	—	—	—	1	2	—	—	—
工人	17	—	3	—	—	7	—	—	—	8	1	—	—	3
其它村户	5	—	3	—	—	1	—	—	—	3	1	—	—	1

江苏省无锡（市）县南站乡前进社黄土塘村庄

1929 年汇总資料

阶級	戶口	总人口数			常住人口			其中：劳动力				年内出生人数	年内死亡人数
		合計	男	女	合計	男	女	合計	男	女	參加劳动者		
甲	1	2	3	4	5	6	7	8	9	10	11	12	13
合計	83	435	213	222	383	176	207	231	96	135	225	7	5
地主	4	20	7	13	20	7	13	9	3	6	5	—	—
富农	3	26	10	16	23	8	15	12	3	9	12	—	—
中农	26	151	73	78	143	70	73	91	45	46	90	4	—
貧农	24	113	58	55	104	51	53	65	27	38	65	—	2
雇农	2	7	3	4	7	3	4	4	2	2	4	—	—
工商业主	2	13	7	6	8	2	6	4	—	4	4	—	—
工人	17	78	42	36	61	31	30	37	16	21	36	3	3
其它村戶	5	27	13	14	17	4	13	9	—	9	9	—	—

阶級	职业情况												
	主业										农民兼业		
	农民	手工业者	产业工人	教师	医生	其它自由职业者	小商販	工商业主	家务劳动者	其它劳动者	手工业	小商販	其它
甲	14	15	16	17	18	19	20	21	22	23	24	25	26
合計	129	6	10	1	—	—	—	—	78	1	9	1	8
地主	1	—	—	—	—	—	—	—	4	—	—	—	—
富农	3	—	2	—	—	—	—	—	7	—	—	1	—
中农	61	—	—	1	—	—	—	—	27	1	1	—	5
貧农	43	2	4	—	—	—	—	—	16	—	4	—	1
雇农	2	—	—	—	—	—	—	—	2	—	—	—	1
工商业主	—	—	—	—	—	—	—	—	4	—	—	—	—
工人	16	4	4	—	—	—	—	—	12	—	4	—	1
其它村戶	3	—	—	—	—	—	—	—	6	—	—	—	—

阶級	文化状况									在外人口		
	7至13岁的学龄儿童	其中：在学人数	14岁以上的人数	文盲	初小程度	高小程度	初中程度	高中程度	大学程度	合計	男	女
甲	27	28	29	30	31	32	33	34	35	36	37	38
合計	70	29	252	184	53	11	4	—	—	52	37	15
地主	8	5	10	6	2	1	1	—	—	—	—	—
富农	4	2	14	10	4	—	—	—	—	3	2	1
中农	23	8	98	60	27	9	2	—	—	8	3	5
貧农	21	8	72	58	13	—	1	—	—	9	7	2
雇农	2	1	4	4	—	—	—	—	—	—	—	—
工商业主	—	—	4	4	—	—	—	—	—	5	5	—
工人	8	3	40	33	6	1	—	—	—	17	11	6
其它村戶	4	2	10	9	1	—	—	—	—	10	9	1

阶級	其中：劳动力			职业情况											
	合計	男	女	农民	手工业者	产业工人	教师	医生	其它自由职业者	小商販	工商业主	店員	軍政人員	家务劳动者	其它劳动者
甲	39	40	41	42	43	44	45	46	47	48	49	50	51	52	53
合計	50	35	15	—	4	15	1	—	—	—	6	3	—	1	20
地主	—	—	—	—	—	—	—	—	—	—	—	—	—	—	—
富农	3	2	1	—	—	1	—	—	—	—	2	—	—	—	—
中农	8	3	5	—	—	5	—	—	—	—	—	—	—	—	3
貧农	8	6	2	—	1	2	—	—	—	—	—	—	—	1	4
雇农	—	—	—	—	—	—	—	—	—	—	—	—	—	—	—
工商业主	5	5	—	—	—	—	—	—	—	—	4	—	—	—	1
工人	16	10	6	—	3	5	—	—	—	—	—	—	—	—	8
其它农戶	10	9	1	—	—	2	1	—	—	—	—	3	—	—	4

阶 級	在外人口的文化状况									占有土地		典入土地	
	7至13岁的学龄儿童	其中：在学人数	14岁以上的人数	文盲	初小程度	高小程度	初中程度	高中程度	大学程度	計（市亩）	其中：农业用地(市亩)	計（市亩）	其中：农业用地（市亩）
甲	54	55	56	57	58	59	60	61	62	63	64	65	66
合 計	1	—	51	30	15	5	1	—	—	344.92	305.57	—	—
地 主	—	—	—	—	—	—	—	—	—	48.01	45.36	—	—
富 农	—	—	3	1	2	—	—	—	—	46.37	44.44	—	—
中 农	—	—	8	6	1	1	—	—	—	146.45	130.86	—	—
貧 农	1	—	8	7	1	—	—	—	—	50.42	41.93	—	—
雇 农	—	—	—	—	—	—	—	—	—	0.60	0.20	—	—
工商业主	—	—	5	—	3	2	—	—	—	14.30	11.80	—	—
工 人	—	—	17	15	1	1	—	—	—	23.71	18.35	—	—
其它村戶	—	—	10	1	7	1	1	—	—	15.06	12.03	—	—

阶 級	典出土地		租入农业用地					租出农业用地				
			谷 租			錢 租		谷 租			錢 租	
	計（市亩）	其中：农业用地(市亩)	面 积（市亩）	租额 糙米（市斤）	租额 小麦（市亩）	面 积（市亩）	租 额（糙米市斤）	面 积（市亩）	租额 糙米（市斤）	租额 小麦（市斤）	面 积（市亩）	租 额（ ）
甲	67	68	69	70	71	72	73	74	75	76	77	78
合 計	3.27	3.27	170.52	29,246	191	2.38	21.40	24.53	4,950	31	—	—
地 主	—	—	4.62	734	—	2.38	21.40	9.03	1,831	—	—	—
富 农	—	—	5.20	867	—	—	—	—	—	—	—	—
中 农	1.77	1.77	77.93	13784	98	—	—	1.90	326	—	—	—
貧 农	1.50	1.50	53.23	8,560	93	—	—	1.00	156	31	—	—
雇 农	—	—	0.50	68	—	—	—	—	—	—	—	—
工商业主	—	—	0.50	86	—	—	—	8.80	1,897	—	—	—
工 人	—	—	23.91	4379	—	—	—	2.00	343	—	—	—
其它农戶	—	—	4.63	268	—	—	—	1.80	297	—	—	—

阶級	使用农地面积（市亩）	稻的播种面积（市亩）	小麦的播种面积（市亩）	桑的現有面积（市亩）	其中：可采桑的面积（市亩）	果园的面积（市亩）	大豆的播种面积（市亩）	其它面积（市亩）	农付业雇入			
									长工		短工	
									人数	工資（元）	工数（工）	工資（元）
甲	79	80	81	82	83	84	85	86	87	88	89	90
合計	453.94 *	363.92	351.79	88.00	88.00	—	0.43	42.17	1	40.00	1830	811.00
地主	43.33	32.41	31.39	10.92	10.92	—	—	1.60	1	40.00	250	95.40
富农	49.64	43.34	42.26	6.30	6.30	—	—	2.18	—	—	471	203.89
中农	206.89	173.62	167.84	32.62	32.62	—	—	13.46	—	—	575	241.10
貧农	94.16	73.84	71.21	19.89	19.89	—	0.33	11.42	—	—	105	47.21
雇农	0.70	0.50	0.45	0.20	0.20	—	—	0.75	—	—	270	142.40
工商业主	3.50	—	—	3.50	3.50	—	—	0.20	—	—	—	—
工人	40.86	30.64	29.44	9.62	9.62	—	0.10	8.86	—	—	104	57.00
其它农戶	14.86	9.57	9.20	4.95	4.95	—	—	3.70	—	—	55	24.00

阶級	农付业出雇				房屋間数（間）	家畜头数				主要生产				
	长工		短工											
	人数	工資（元）	工数	工資（元）		牛、馬、騾（头）	豬（头）	羊（只）	兎（只）	抽水机（部）	水車（部）	旧式犁（張）	打谷机（部）	船（条）
甲	91	92	93	94	95	96	97	98	99	100	101	102	103	104
合計	—	—	1255	594.50	204.17	1	49	—	—	—	12.75	1	2.67	6
地主	—	—	—	—	20	—	5	—	—	—	1.50	—	0.50	2
富农	—	—	—	—	11	—	4	—	—	—	0.50	—	1.00	—
中农	—	—	187	94.18	26	1	25	—	—	—	6.33	1	1.17	2
貧农	—	—	425	182.52	52		10	—	—	—	2.67	—	—	—
雇农	—	—	270	142.40	1	—	—	—	—	—	—	—	—	—
工商业主	—	—	—	—	3	—	—	—	—	—	—	—	—	—
工人	—	—	368	172.90	24.17	—	4	—	—	—	0.75	—	—	1
其它农戶	—	—	5	2.50	17	—	1	—	—	—	1.00	—	—	1

阶級	工具						植物栽培收入	蚕茧								
								春蚕			夏蚕			秋蚕		
	蚕（只）	蚕台（張）	耙（把）	織布机（台）	魚网（条）	其他（件）	（元）	蚕种（張）	产量（市斤）	产值（元）	蚕种（張）	产量（市斤）	产値（元）	蚕种（張）	产量（市斤）	产值（元）
甲	105	106	107	108	109	110	111	112	113	114	115	116	117	118	119	120
合計	1,253	128	—	—	—	—	11766.16	126.15	4281	1,936.48	27.55	1054	476.55	23.60	621	456.72
地主	158	15	—	—	—	—	1104.29	16.00	545	246.34	—	—	—	6.00	168	122.65
富农	50	4	—	—	—	—	1228.08	10.00	317	143.28	—	—	—	—	—	—
中农	505	53	—	—	—	—	5314.11	52.25	1627	236.43	11.00	437	197.67	5.50	145	106.87
貧农	302	30	—	—	—	—	2482.37	25.70	962	434.87	8.50	300	135.60	5.35	180	132.57
雇农	—	—	—	—	—	—	28.09	—	—	—	—	—	—	—	—	—
工商业主	30	3	—	—	—	—	89.94	1.20	40	18.08	—	—	—	1.00	30	22.11
工人	140	16	—	—	—	—	1083.46	13.00	550	248.60	3.55	157	70.96	2.00	38	27.30
其它农戶	68	7	—	—	—	—	385.82	8.00	240	108.88	4.50	160	72.32	3.75	60	44.22

阶級	出售家畜收入			出雇收入	其它付业收入						在外人口寄回	出售財物收入	其它收入	其中：剝削收入	收入合計
	猪（元）	羊（元）	其它（元）	（元）	商品性手工业（元）	独立工匠（元）	教书行医（元）	經商（元）	运輸（元）	其它（元）	（元）	（元）	（元）	（元）	（元）
甲	121	122	123	124	125	126	127	128	129	130	131	132	133	134	135
合計	1198.82	—	133.00	594.50	938.93	580.32	—	50.00	280.00	1,848.40	4770.50	81.84	2432.18	1329.10	27544.40
地主	212.00	—	—	—	—	—	—	—	—	120.00	—	—	1221.55	1221.55	3027.83
富农	99.00	—	—	—	—	—	—	—	—	24.00	189.00	—	78.96	—	1812.32
中农	511.82	—	133.00	94.18	403.59	96.00	—	—	—	493.40	530.50	—	208.30	16.30	8825.87
貧农	234.00	—	—	182.52	235.34	186.60	—	50.00	80.00	355.00	288.00	81.84	356.00	—	5234.71
雇农	—	—	—	142.40	—	—	—	—	—	25.00	—	—	—	—	195.49
工商业主	—	—	—	—	—	—	—	—	—	—	640.00	—	99.85	91.25	869.98
工人	82.00	—	—	172.90	300.00	287.72	—	—	200.00	771.00	1563.00	—	270.17	—	5087.11
其它农戶	60.00	—	—	2.50	—	—	—	—	—	60.00	1560.00	—	187.35	—	2491.09

1936年（按1929年成分）

江苏 省 无锡 县（市） 黄土泾桥 村庄

甲	户数	雇入户数			出雇户数			典入户数	典出户数	租入户数	租出户数	有耕畜户数	其中：有[illegible]户数	养猪户数
		长工	短工	长短工	长工	短工	长短工							
甲	1	2	3	4	5	6	7	8	9	10	11	12	13	14
合计	98	—	31			30 29		1	2	75	5			27
地主	4	1	4	—	—	—	—	—	—	3	—	—	—	1
富农	3	—	3	—	—	—	—	—	—	3	1	—	—	2
中农	37	—	13 14	—	—	9	—	1	1	34	1	—	—	15 16
贫农	22 28	—	5	—	—	12 14	—	—	1	21	—	—	—	4
雇农	2	—	—	—	—	—	—	—	—	1	—	—	—	—
工商业主	1	—	—	—	—	—	—	—	—	—	1	—	—	—
工人	17 18	—	2	—	—	8	—	—	—	10	1	—	—	3
其它村户	5	—	3	—	—	1	—	—	—	3	1	—	—	1

江苏省无錫（市）县 南泉乡 前进社 黄土泾桥村庄

1936年推算成年汇总资料

阶級	戶口	总人口数			常住人口			其中：劳动力				年內出生人数	年內死亡人数
		合計	男	女	合計	男	女	合計	男	女	參加劳动者		
甲	1	2	3	4	5	6	7	8	9	10	11	12	13
合計	98	461	229	232	404	186	218	234	99	135	218	2	6
地主	4	18	5	13	15	3	12	~~17~~ 12	3	9	8	—	1
富农	3	23	10	13	19	8	11	~~25~~ 14	7	7	11	—	1
中农	37	194	94	100	~~182~~	87	95	95	40	55	90	2	1
貧农	28	114	63	51	59	51	48	64	31	33	63	—	3
雇农	2	7	3	4	7	3	4	4	2	2	4	—	—
工商业主	1	11	6	5	6	2	4	2	—	2	2	—	—
工人	18	64	36	28	54	28	26	30	15	15	29		
其它村戶	5	30	12	18 ~~18~~ ~~26~~	22	4	18	13	1	12	11		

阶級	职业情况										农民兼业		
	主业												
	农民	手工业者	产业工人	教师	医生	其它自由职业者	小商販	工商业主	家务劳动者	其它劳动者	手工业	小商販	其它
甲	14	15	16	17	18	19	20	21	22	23	24	25	26
合計	124	4	10	1			1		~~73~~ 69	1	8	2	15
地主	—	—	—	—	—	—	—	—	2	—	—	—	—
富农	5	—	—	—	—	—	—	—	5	—	—	1	—
中农	50	—	7	1	—	—	1	~~[illegible]~~	35	—	2	1	6
貧农	12	2	3	—	—	—	—	—	14	1	5	—	2
雇农	2	—	—	—	—	—	—	—	2	—	—	—	1
工商业主	—	—	—	—	—	—	—	—	2	—	—	—	—
工人	20	2	—	—	—	—	—	—	7		1	—	6
其它村戶	5								6				

阶級	文化状况									在外人口		
	7至13岁的学龄儿童	其中：在学人数	14岁以上的人数	文盲	初小程度	高小程度	初中程度	高中程度	大学程度	合計	男	女
甲	27	28	29	30	31	32	33	34	35	36	37	38
合計	59	25	273	190	60	19	4	—	—	57	43	14
地主	2	—	12	27	3	1	1	—	—	3	2	1
富农	5	1	13	8	3	2	—	—	—	4	2	2
中农	25	13	111	73	28	9	1	—	—	12	7	5
貧农	11	6	77	52	20	3	2	—	—	15	12	3
雇农	1	—	6	5	—	1	—	—	—	—	—	—
工商业主	3	1	3	3	—	—	—	—	—	5	4	1
工人	9	3	36	29	5	2				10	8	2
其它村戶	3	1	15	13	1	1				8	8	—

阶級	其中：劳动力			职业情况											
	合計	男	女	农民	手工业者	产业工人	教师	医生	其它自由职业者	小商販	工商业主	店員	軍政人員	家务劳动者	其它劳动者
甲	39	40	41	42	43	44	45	46	47	48	49	50	51	52	53
合計	55	42	13	1	2	20	1				4	7	1	8	19
地主	3	2	1	—	—	3	—	—	—	—	—	—	—	—	1
富农	4	2	2	—	—	2	—	—	—	—	2	—	—	—	—
中农	12	7	5	—	—	8	—	—	—	—	—	1	—	—	3
貧农	14	12	2	—	1	4	—	—	—	—	—	3	—	—	6
雇农	—	—	—	—	—	—	—	—	—	—	—	—	—	—	—
工商业主	4	3	1	—	—	—	—	—	—	—	2	1	—	—	—
工人	10	8	2	—	1	2	—	—	—	—	—	—	1	8	6
其它农戶	8	8	—	1	—	1	1					2			4

阶級	在外人口的文化状况									占有土地		典入土地	
	7至13岁的学龄儿童	其中：在学人数	14岁以上的人数	文盲	初小程度	高小程度	初中程度	高中程度	大学程度	計（市亩）	其中：农业用地(市亩)	計（市亩）	其中：农业用地（市亩）
甲	54	55	56	57	58	59	60	61	62	63	64	65	66
合計	~~7~~1	1	~~57~~58	23	27	6	2			354.63	325.37	0.60	0.60
地主	—	—	5	1	4	—	—	—	—	41.51	38.86	—	—
富农	—	—	4	2	2	—	—	—	—	50.71	48.89	—	—
中农	—	—	11	7	2	1	1	—	—	152.51	142.69	0.60	0.60
貧农	~~156~~	—	15	7	8	—	—	—	—	57.27	50.09	—	—
雇农	—	—	—	—	—	—	—	—	—	0.60	0.20	~~1.60~~	—
工商业主	—	—	5	—	3	2	—	—	—	12.60	12.80	—	—
工人	—	—	10	6	2	2				23.87	19.31 ~~21.31~~		
其它村戶	1	1	8	—	6	1	1			15.56	12.53		

x

阶級	典出土地		租入农业用地					租出农业用地				
			谷租			錢租		谷租			錢租	
	計（市亩）	其中：农业用地(市亩)	面积（市亩）	租额 糙米（市斤）	租额 小麦（市亩）	面积（市亩）	租額（糙米市斤）	面积（市亩）	租額 糙米（市斤）	租額 小麦（市斤）	面积（市亩）	租額（ ）
甲	67	68	69	70	71	72	73	74	75	76	77	78
合計	2.10	2.10										
地主	—	—	1.88	304	—	—	—	0.37	66	—	2.38	16.70
富农	—	—										
中农	1.60	1.60										
貧农	0.50	0.50										
雇农	—	—	50.68	68	—	—	—	—	—	—	—	—
工商业主	—	—	—	—	—	—	—	7.80	18.25	—	—	—
工人												
其它农戶												

阶級	使用农地面积（市亩）	稻的播种面积（市亩）	小麦的播种面积（市亩）	桑的現有面积（市亩）	其中：可采桑的面积（市亩）	果园的面积（市亩）	大豆的播种面积（市亩）	其它面积（市亩）	农付业雇入 长工 人数	长工 工資（ ）	短工 工数（工）	短工 工資（ ）
甲	79	80	81	82	83	84	85	86	87	88	89	90
合計											1828	778.91
地主	36.36	26.30	16.05	6.08	6.08	—	—	2.00	—	—	282	130.70
富农									—	—	291	167.19
中农									—	—	965	309.04
貧农											100	47.78
雇农	0.70	0.50	0.45	0.20	0.20	—	—	—	—	—	—	—
工商业主	3.00	—	—	3.00	3.00	—	—	0.20			100	80.00
工人											90	~~47.16~~ 44.25
其它农戶												

阶級	农付业出雇 长工 人数	长工 工資（ ）	短工 工数	短工 工資（ ）	房屋間数（間）	家畜头数 牛、馬、騾（头）	猪（头）	羊（只）	兎（只）	主要生产 抽水机（部）	水車（部）	旧式犁（張）	打谷机（部）	船（条）
甲	91	92	93	94	95	96	97	98	99	100	101	102	103	104
合計			16.55	899.38	220		~~46~~ 44				~~9.76~~ 9.26	1.50	3.86	~~3~~ 4
地主	—	—	—	—	20	—	—	—	—	—	1/2	—	0.20	2
富农	—	—	—	—	11	—	4	—	—	—	1/2	—	1.00	—
中农	—	—	165	93.14	90	—	25	—	—	—	5.85	—	2.66	
貧农			445	21.64	54	—	9	—	—	—	1.91+.91	—	—	—
雇农	—	—	270	137.80	—	—	—	—	—		—	—	—	—
工商业主	—	—	—	—	2	—	—		—	—	—	—	—	—
工人			770	404.30	26		7				~~1.00~~ 0.75	—	—	—
其它农戶			5	250	17		1					1.50		~~0~~ 1 1

阶級	工具						植物栽培收入	蚕茧								
								春蚕			夏蚕			秋蚕		
	蚕（只）	蚕台（張）	耙（把）	織布机（台）	魚网（条）	其他（件）	（ ）	蚕种（張）	产量（市斤）	产値（ ）	蚕种（張）	产量（市斤）	产値（ ）	蚕种（張）	产量（市斤）	产値（ ）
甲	105	106	107	108	109	110	111	112	113	114	115	116	117	118	119	120
合計	1273	125														
地主	158	15	—	—	—	—	816.44	7.00	240	82.80	—	—	—	2.50	94	26.61
富农	50	4	—	—	—	—										
中农	546	57	—	—	—	—										
貧农	286	28	—	—	—	—										
雇农	—	—	—	—	—	—	27.02	—	—	—	—	—	—	—	—	—
工商业主	30	3	—	—	—	—	54.88	1.20	40	13.80	—	—	—	1	30	8.49
工人	135	15														
其它农戶	68	7														

阶級	出售家畜收入			出雇收入	其它付业收入						在外人口寄回	出售財物收入	其它收入	其中：剥削收入	收入合計
	猪（ ）	羊（ ）	其它（ ）		商品性手工业（ ）	独立工匠（ ）	教书行医（ ）	經商（ ）	运輸（ ）	其它（ ）	（ ）	（ ）	（ ）	（ ）	（ ）
甲	121	122	123	124	125	126	127	128	129	130	131	132	133	134	135
合計															
地主	60.00	—	—	—	—	—	—	—	—	24.00	970.00	—	156.06	229.38	1435.91
富农															
中农															
貧农															
雇农	—	—	—	137.80	16.00	—	—	—	—	85.00	50.00	—	—	—	235.82
工商业主	—	—	—	—	—	—	—	—	—	—	400.00	—	85.78	85.78	562.95
工人															
其它农戶															

黄土坡村村户的自然机械及阶級性変化統計表（自1936年至1946年）

	期初户数	原户的自然及机械変化						期末原阶級户数	原户的阶級性変化						期末新阶級户数	其中来自：								期内迁入新户	期末户数
		分家的母户数	分家增加户数	減少户数					增加户数			減少户数													
				併户	有嗣絕灭	无嗣絕灭	迁出		下升	上降	轉入	上升	下降	轉出		地主	富农	中农	貧农	雇农	工商业主	工人	其他		
合計	100	8	10		2	2	9	97	2		23	2		23	97	4		33	28	1	3	19	9	5	102
地主	3	1	1					4						2	2	2									2
富农	1						1(9)		1						1			1							1
中农	31	3	3		1	1		33	1		1	1		5	29			27	1			1			29
貧农	31	1	1			1	3(15)	28			6	1		6	27				21			5	1	2	29
雇农	2						1(3)	1							1					1					1
工商业主	2	1	1					3			1				4	1					3				4
工人	21	1	1		1		2(7)	19			6			9	16			2	4			10		3	19
其他	9	1	3		1		2(9)	9			9			1	17	1		3	2			3	8		17

1936年

江苏 省 无锡 县(市) 黄土泾桥 村庄

甲	户数	雇入户数			出雇户数			典入户数	典出户数	租入户数	租出户数	有耕畜户数	其中：有[illegible]户数	养猪户数
		长工	短工	长短工	长工	短工	长短工							
甲	1	2	3	4	5	6	7	8	9	10	11	12	13	14
合计	100		32			31		1	2	76 ~~48~~	5			28
地主	3		3							2				
富农	1		1							1				
中农	31		13			4		1	2	32	2			16
贫农	31		4			15				22				6
雇农	2					2				1				
工商业主	2		1								1			1
工人	21		5			8				13	1			3
其它村户	9		5			2				5	1			2

江苏省无锡（市）县 南站 乡 前进 社黄土泾桥村庄

1956 年汇总資料

阶級	戶口	总人口数 合計	总人口数 男	总人口数 女	常住人口 合計	常住人口 男	常住人口 女	其中：劳动力 合計	其中：劳动力 男	其中：劳动力 女	其中：劳动力 参加劳动者	年內出生人数	年內死亡人数
甲	1	2	3	4	5	6	7	8	9	10	11	12	13
合計	100	468	233	235	409	188	221	238	100	138	221	3	6
地主	3	12	4	8	10	2	8	9	2	7	6	—	1
富农	1	9	6	3	7	4	3	6	3	3	4	—	—
中农	31	169	81	88	157	76	81	83	36	47	79	2	2
貧农	31	124	66	58	112	56	56	71	33	38	70	—	3
雇农	2	7	3	4	7	3	4	4	2	2	24	—	—
工商业主	2	18	9	9	13	5	8	6	2	4	6	—	—
工人	21	83	46	37	67	34	33	37	19	18	35	—	—
其它村戶	9	46	18	28	36	8	28	22	13	19	17	1	

阶級	职业情况 主业 农民	手工业者	产业工人	教师	医生	其它自由职业者	小商販	工商业主	家务劳动者	其它劳动者	农民兼业 手工业	小商販	其它
甲	14	15	16	17	18	19	20	21	22	23	24	25	26
合計	126	4	10	1	—	—	1	—	75	1	8	2	15
地主	—	—	—	—	—	—	—	—	5	—	—	—	—
富农	1	—	—	—	—	—	—	—	3	—	—	—	—
中农	43	—	6	1	—	—	—	—	29	—	2	1	5
貧农	47	2	3	—	—	—	—	—	16	1	5	2	2
雇农	2	—	—	—	—	—	—	—	2	—	—	—	1
工商业主	3	—	—	—	—	—	—	—	3	—	—	—	—
工人	23	2	1	—	—	—	—	—	8	—	1	—	7
其它村戶	7	—	—	—	—	—	1	—	9	—	—	1	—

阶級	文化状况									在外人口		
	7至13岁的学龄儿童	其中：在学人数	14岁以上的人数	文盲	初小程度	高小程度	初中程度	高中程度	大学程度	合計	男	女
甲	27	28	29	30	31	32	33	34	35	36	37	38
合計	59	25	277	193	61	19	4	—	—	59	45	14
地主	—	—	9	5	3	1	—	—	—	2	2	—
富农	1	1	5	3	1	1	—	—	—	2	2	—
中农	28	12	101	64	26	9	2	—	—	12	5	7
貧农	12	5	84	59	20	3	2	—	—	12	10	2
雇农	1	—	6	5	—	1	—	—	—	—	—	—
工商业主	3	1	7	6	1	—	—	—	—	5	4	1
工人	10	4	41	31	9	1	—	—	—	16	12	4
其它村戶	4	2	24	20	1	3	—	—	—	10	10 ~~8~~	—

阶級	其中：劳动力			职业情况											
	合計	男	女	农民	手工业者	产业工人	教师	医生	其它自由职业者	小商販	工商业主	店員	軍政人員	家务劳动者	其它劳动者
甲	39	40	41	42	43	44	45	46	47	48	49	50	51	52	53
合計	57	44	13	1	2	20	1	—	—	—	4 ~~5~~	7	1	~~8~~	20
地主	2	2	—	—	—	2	—	—	—	—	—	—	—	—	—
富农	2	2	—	—	—	—	—	—	—	—	2	—	—	—	—
中农	12	5	7	—	9	9	—	—	—	—	—	—	—	—	3
貧农	11 ~~13~~	10	1	—	1	3	—	—	—	—	—	3	—	—	4
雇农	—	—	—	—	—	—	—	—	—	—	—	—	—	—	—
工商业主	4	3	1	—	—	—	—	—	—	—	2	1	—	—	—
工人	16	12 ~~21~~	4	—	1	5	—	—	—	—	~~7~~ —	—	1	~~8~~	8
其它农戶	10	10	—	1	—	1	1	—	—	—	—	3	—	—	5

阶級	在外人口的文化状況									占有土地		典入土地	
	7至13岁的学龄儿童	其中：在学人数	14岁以上的人数	文盲	初小程度	高小程度	初中程度	高中程度	大学程度	計（市亩）	其中：农业用地(市亩)	計（市亩）	其中：农业用地（市亩）
甲	54	55	56	57	58	59	60	61	62	63	64	65	66
合計	1	1	~~59~~60	24	28	6	2	—	—	366.69	325.75	0.60	0.60
地主	—	—	4	—	4	—	—	—	—	30.69	28.44	—	—
富农	—	—	2	—	2	—	—	—	—	13.30	12.30	—	—
中农	~~[illegible]~~	—	12	8	2	1	1	—	—	175.90	160.85	0.60	0.60
貧农	—	—	12	4	8	—	—	—	—	60.55	53.24	—	—
雇农	—	—	—	—	—	—	—	—	—	0.60	0.20	—	—
工商业主	—	—	5	—	3	2	—	—	—	23.50	21.30	—	—
工人	—	—	16	11	3	2	—	—	—	38.34	32.26	—	—
其它村戶	1	1	~~8~~9	1	6	1	1	—	—	23.81	17.16	—	—

阶級	典出土地		租入农业用地					租出农业用地				
			谷租			錢租		谷租			錢租	
	計（市亩）	其中：农业用地(市亩)	面积（市亩）	租額 糙米（市斤）	租額 小麦（市亩）	面积（市亩）	租額 元 ~~(糙米市斤)~~	面积（市亩）	租額 糙米（市斤）	租額 小麦（市斤）	面积（市亩）	租額（元）
甲	67	68	69	70	71	72	73	74	75	76	77	78
合計	2.10	2.10	185.25	25343	98	3.63	23.10 ~~43.10~~	15.62	26.32	—	10.18	34.95
地主	—	—	—	—	—	—	—	0.37	64	—	2.38	16.70
富农	—	—	2.70	463	—	—	—	—	—	—	—	—
中农	1.60	1.60	72.82	12088	98	3.38	18.10	8.15	1413	—	—	—
貧农	0.50	0.50	50.60	8298	—	0.25	5.00	3.30	515	—	—	—
雇农	—	—	0.50	68	—	—	—	—	—	—	—	—
工商业主	—	—	—	—	—	~~[illegible]~~	~~18.25~~	—	—	—	7.80	18.25
工人	—	—	20.26	3318	—	—	—	2.00	343	—	—	—
其它农戶	—	—	38.37	1108	—	—	—	1.80	297	—	—	—

阶級	使用农地面积（市亩）	稻的播种面积（市亩）	小麦的播种面积（市亩）	桑的現有面积（市亩）	其中：可采桑的面积（市亩）	果园的面积（市亩）	大豆的播种面积（市亩）	其它面积（市亩）	农村业雇入			
									長工		短工	
									人数	工資（ ）	工数（工）	工資（ ）
甲	79	80	81	82	83	84	85	86	87	88	89	90
合計	455.47 22.16	421.36	397.06	70.48 ~~69.68~~	64.56	—	0.80	48.99	—	—	1848	781.79
地主	~~7.90~~	16.91	5.20	2.90	2.90	—	—	1.60	—	—	202	90.70
富农	15.00	13.00	12.67	2.00	2.00	—	—	0.20	—	—	171	85.69
中农	231.10	237.82	231.33	33.78	31.48	—	0.70	17.32	—	—	515	~~246.85~~
貧农	100.79	85.55	82.29	15.17	15.17	—	—	15.18	—	—	90	52.23
雇农	0.70	0.50	0.45	0.20	0.20	—	—	—	~~270~~	—	~~270~~	~~137.80~~
工商业主	13.50	9.50	9.20	4.00	4.00	—	—	0.28	—	—	590	134.24
工人	48.02	37.85	36.44	8.81	8.81	—	0.10	10.21	—	—	140	103.83
其它农戶	24.20	20.23	15.48	3.63	—	—	—	4.20	—	—	140	68.25

阶級	农村业出雇				房屋間数（間）	家畜头数				主要生产				
	長工		短工			牛、馬、騾（头）	豬（头）	羊（只）	兎（只）	抽水机（部）	水車（部）	旧式犂（張）	打谷机（部）	船（条）
	人数	工資（ ）	工数	工資（ ）										
甲	91	92	93	94	95	96	97	98	99	100	101	102	103	104
合計	—	—	1705	974.88 ~~932.88~~	223	—	47	—	—	—	9.76	1.50	3.86	4
地主	—	—	—	—	17	—	—	—	—	—	0.50	—	—	2
富农	—	—	—	—	1	—	—	—	—	—	0.50	—	—	—
中农	—	—	95	64.14	85	—	27	—	—	—	5.85	—	3.86	—
貧农	—	—	573	325.64 ~~282.64~~	59	—	12	—	—	—	1.91	—	—	—
雇农	—	—	270	137.80	—	—	—	—	—	—	—	—	—	—
工商业主	—	—	—	—	4	—	1	—	—	—	—	—	—	—
工人	—	—	712	418.80	34	—	5	—	—	—	1.00	—	—	1
其它农戶	—	—	55	28.50	23	—	2	—	—	—	—	1.50	—	1

阶級	工具						植物栽培收入	蚕茧								
								春蚕			夏蚕			秋蚕		
	蚕（只）	蚕台（張）	耙（把）	織布机（台）	魚网（条）	其他（件）	（　）	蚕种（張）	产量（市斤）	产值（　）	蚕种（張）	产量（市斤）	产值（　）	蚕种（張）	产量（市斤）	产值（　）
甲	105	106	107	108	109	110	111	112	113	114	115	116	117	118	119	120
合計	1276	126	—	—	—	—	11504.37	92.85	3586	1240.01	9.01	307	102.15	33.56 ~~31.58~~	1004	284.11
地主	128	12	—	—	—	—	537.16	5.50	170	58.65	—	—	—	2.00	65	18.40
富农	—	—	—	—	—	—	362.69	3.00	100	34.50	—	—	—	—	—	—
中农	512	54	—	—	—	—	5911.74	40.45	1604	553.40	3.50	112	35.79	16.50	470	132.98
貧农	300	31	—	—	—	—	2603.68	26.50	1024	356.08	~~0.50~~ 1.26	60	20.71	6.91	264	74.72
雇农	—	—	—	—	—	—	27.02	—	—	—	—	—	—	—	—	—
工商业主	40	4	—	—	—	—	257.94	2.20	65	22.43	—	—	—	1.50	42	11.89
工人	135	14	—	—	—	—	1238.09	10.00	460	158.71	1.75	55	18.05	3.25	91	25.74
其它农户	161	11	—	—	—	—	566.05	5.20	163	56.24	2.50	80	27.60	3.40	72	20.38

阶級	出售家畜收入			出雇收入	其它付业收入						在外人口寄回	出售財物收入	其它收入	其中：剝削收入	收入合計
	猪（　）	羊（　）	其它（　）		商品性手工业（　）	独立工匠（　）	教书行医（　）	經商（　）	运輸（　）	其它（　）	（　）	（　）	（　）	（　）	（　）
甲	121	122	123	124	125	126	127	128	129	130	131	132	133	134	135
合計	1043.61	—	—	974.88	1852.88	348.25	—	125.00	770.00	2023.10	4951.49	90.00	1984.87	659.85	27294.72
地主	—	—	—	—	—	—	—	—	—	24.00	270.00	—	86.06	159.38	994.27 1067.59
富农	—	—	—	—	—	—	—	—	—	—	—	—	—	—	397.19
中农	599.97	—	—	64.14	623.82	—	—	—	—	742.00	446.00	—	473.42	400.73	9583.26
貧农	238.64	—	—	325.64	554.06	131.40	~~55.00~~	55.00	—	527.10 333.10	604.49 ~~535.19~~	—	328.31	—	5750.53 5819.83
雇农	—	—	—	137.80	16.00	—	—	—	—	5.00	50.00	—	—	—	235.82
工商业主	35.00			~~659.00~~	659.00		—	—	—	—	400.00	—	85.78	85.78	1672.04
工人	110.00	—	—	418.80	—	216.85	—	—	720.00	1725.00 ~~546.80~~	1196.00	40.00	766.00	—	5683.24
其它农户	60.00	—	—	28.50	—	—	—	70.00	—	—	~~1292.00~~ 1985.00	50.00	245.30	13.96	3109.07

江苏 省 无锡 县(市) 黄土泾桥 村庄

1948年 按1936年分组

甲	户数	雇入户数			出雇户数			典入户数	典出户数	租入户数	租出户数	有耕畜户数	其中：有騾馬户数	养猪户数
		长工	短工	长短工	长工	短工	长短工							
甲	1	2	3	4	5	6	7	8	9	10	11	12	13	14
合　　計	97	—	~~39~~ 36	—	—	29	—	4	1	65	11	—	—	28
地　　主	4	—	4	—	—	—	—	—	—	2	1	—	—	2
富　　农	—	—	—	—	—	—	—	—	—	—	—	—	—	—
中　　农	33	—	13	—	—	7	—	2	1	25	2	—	—	15
貧　　农	28	—	6	—	—	13	—	—	—	20	1	—	—	5
雇　　农	1	—	—	—	—	1	—	—	—	1	—	—	—	—
工商业主	3	—	1	—	—	—	—	—	—	1	2	—	—	1
工　　人	19	—	4	5	—	5	—	—	—	9	3	—	—	5
其它村户	9	—	8	—	—	3	—	2	—	7	2	—	—	—

江苏省无锡（市）县 南站 乡 前进 社 黄土泾桥村庄

1948年按1936年划年汇总资料

阶級	戶口	总人口数			常住人口			其中：劳动力				年內出生人数	年內死亡人数
		合計	男	女	合計	男	女	合計	男	女	参加劳动者		
甲	1	2	3	4	5	6	7	8	9	10	11	12	13
合計	97	480	255	225	383	187	196	189	81	108	181	9	2
地主	4	21	11	10	18	8	10	7	2	5	6	1	1
富农	—	—	—	—	—	—	—	—	—	—	—	—	—
中农	33	177	100	77	145	78	67	74	34	40	72	4	—
貧农	28	125	66	59	99	48	51	53	23	30	50	1	1
雇农	1	2	1	1	2	1	1	2	1	1	2	—	—
工商业主	3	27	15	12	17	10	7	5	1	4	5	1	—
工人	19	83	42	41	64	29	35	34	18	16	32	1	—
其它村戶	9	45	20	25	38	13	25	14	2	12	14	1	—

阶級	职业情况												
	主业										农民兼业		
	农民	手工业者	产业工人	教师	医生	其它自由职业者	小商販	工商业主	家务劳动者	其它劳动者	手工业	小商販	其它
甲	14	15	16	17	18	19	20	21	22	23	24	25	26
合計	113	4	6	—	—	—	1	—	57	—	18	—	13
地主	4	—	—	—	—	—	—	—	2	—	1	—	1
富农	—	—	—	—	—	—	—	—	—	—	—	—	—
中农	44	2	2	—	—	—	—	—	24	—	7	—	4
貧农	32	1	—	—	—	—	1	—	16	—	3	—	3
雇农	1	—	—	—	—	—	—	—	1	—	—	—	1
工商业主	1	—	—	—	—	—	—	—	4	—	—	—	—
工人	21	1	4	—	—	—	—	—	6	—	5	—	3
其它村戶	10	—	—	—	—	—	—	—	4	—	2	—	1

阶級	文化状况									在外人口		
	7至13岁的学龄儿童	其中：在学人数	14岁以上的人数	文盲	初小程度	高小程度	初中程度	高中程度	大学程度	合計	男	女
甲	27	28	29	30	31	32	33	34	35	36	37	38
合計	72	51	233	144	58	26	5	—	—	97	68	29
地主	2	1	8	4	4	—	—	—	—	3	3	—
富农	—	—	—	—	—	—	—	—	—	—	—	—
中农	30	21	85	48	24	11	2	—	—	32	22	10
貧农	14	10	66	43	17	4	2	—	—	26	18	8
雇农	—	—	2	2	—	—	—	—	—	—	—	—
工商业主	3	1	10	5	2	3	—	—	—	10	5	5
工人	12	11	43	27	9	7	—	—	—	19	13	6
其它村戶	11	7	19	15	2	1	1	—	—	7	7	—

阶級	其中：劳动力			职业情况											
	合計	男	女	农民	手工业者	产业工人	教师	医生	其它自由职业者	小商販	工商业主	店員	軍政人員	家务劳动者	其它劳动者
甲	39	40	41	42	43	44	45	46	47	48	49	50	51	52	53
合計	94	67	27	—	5	56	2	—	—	1	4	9	—	2	13
地主	3	3	—	—	—	2	—	—	—	—	1	—	—	—	—
富农	—	—	—	—	—	—	—	—	—	—	—	—	—	—	—
中农	32	22	10	—	2	24	1	—	—	—	—	2	—	—	2
貧农	26	18	8	—	2	17	—	—	—	—	1	2	—	1	3
雇农	—	—	—	—	—	—	—	—	—	—	—	—	—	—	—
工商业主	9	5	4	—	—	2	—	—	—	—	2	3	—	1	—
工人	17	12	5	—	1	11	—	—	—	1	—	1	—	—	3
其它农戶	7	7	—	—	—	—	1	—	—	—	—	1	—	—	5

阶級	在外人口的文化状况									占有土地		典入土地	
	7至13岁的学龄儿童	其中：在学人数	14岁以上的人数	文盲	初小程度	高小程度	初中程度	高中程度	大学程度	計（市亩）	其中：农业用地(市亩)	計（市亩）	其中：农业用地（市亩）
甲	54	55	56	57	58	59	60	61	62	63	64	65	66
合計	3	1	93	23	43	24	3	—	—	369.24	331.08	4.30	4.30
地主	—	—	3	—	1	2	—	—	—	23.00	21.07	—	—
富农	—	—	—	—	—	—	—	—	—	—	—	—	—
中农	—	—	32	7	12	13	—	—	—	184.22	168.29	2.70	2.70
貧农	1	—	25	7	15	2	1	—	—	58.89	51.89	—	—
雇农	—	—	—	—	—	—	—	—	—	0.60	0.20	—	—
工商业主	1	1	9	1	5	2	1	—	—	25.50	22.30	—	—
工人	1	—	17	8	7	2	—	—	—	45.26	39.54	—	—
其它村户	—	—	7	—	3	3	1	—	—	31.67	27.79	1.60	1.60

阶級	典出土地		租入农业用地					租出农业用地				
			谷租			錢租		谷租			錢租	
	計（市亩）	其中：农业用地(市亩)	面积（市亩）	租额 糙米（市斤）	租额 小麦（市亩）	面积（市亩）	租额（糙米市斤）	面积（市亩）	租额 糙米（市斤）	租额 小麦（市斤）	面积（市亩）	租额（ ）
甲	67	68	69	70	71	72	73	74	75	76	77	78
合計	1.40	1.40										
地主	—	—										
富农		—										
中农	1.40	1.40										
貧农	—	—										
雇农	—	—										
工商业主	—	—										
工人	—	—										
其它农户	—	—										

阶級	使用农地面积（市亩）	稻的播种面积（市亩）	小麦的播种面积（市亩）	桑的現有面积（市亩）	其中：可采桑的面积（市亩）	果园的面积（市亩）	大豆的播种面积（市亩）	其它面积（市亩）	农付业雇入			
									长工		短工	
									人数	工資（ ）	工数（工）	工資（元）
甲	79	80	81	82	83	84	85	86	87	88	89	90
合計											1,669	15,239
地主									—	—	312	3,858
富农											—	—
中农											435	5,085
貧农											108	1,052
雇农									—	—	70	910
工商业主											600	2,832
工人											102	937
其它农戶											112	1,475

阶級	农付业出雇				房屋間数（間）	家畜头数				主要生产				
	长工		短工											
	人数	工資（ ）	工数	工資（元）		牛、馬、騾（头）	猪（头）	羊（只）	兎（只）	抽水机（部）	水車（部）	旧式犂（張）	打谷机（部）	船（条）
甲	91	92	93	94	95	96	97	98	99	100	101	102	103	104
合計	—	—	1,320	11,386	200.50	—	42	6	—	—	6.74	—	4.73	4.50
地主	—	—	—	—	9.00	—	4	—	—	—	—	—	—	—
富农	—	—	—	—	—	—	—	—	—	—	—	—	—	—
中农	—	—	276	2,039	75.50	—	24	3	—	—	5.70	—	3.90	2.00
貧农	—	—	601	5,353	50.00	—	5	3	—	—	0.17	—	0.50	—
雇农	—	—	70	910	1.00	—	—	—	—	—	—	—	—	—
工商业主	—	—	—	—	10.00	—	1	—	—	—	—	—	—	—
工人	—	—	350	2,784	33.50	—	8	—	—	—	0.70	—	0.33	0.50
其它农戶	—	—	23	300	21.50	—	—	—	—	—	0.17	—	—	2.50

阶級	工具						植物栽培收入	蚕茧								
								春蚕			夏蚕			秋蚕		
	蚕匾(只)	蚕台(張)	耙(把)	織布机(台)	魚网(条)	其他(件)	( )	蚕种(張)	产量(市斤)	产值( )	蚕种(張)	产量(市斤)	产值( )	蚕种(張)	产量(市斤)	产值( )
甲	105	106	107	108	109	110	111	112	113	114	115	116	117	118	119	120
合計	638	77														
地主	48	5	—	—	—	—										
富农	—	—														
中农	324	42	—	—												
貧农	137	14														
雇农	—	—	—	—	—	—										
工商业主	10	1														
工人	69	8														
其它农戶	50	7														

阶級	出售家畜收入			出雇收入	其它付业收入						在外人口寄回	出售財物收入	其它收入	其中：剝削收入	收入合計
	猪( )	羊( )	其它( )		商品性手工业( )	独立工匠( )	教书行医( )	經商( )	运輸( )	其它( )	( )	( )	( )	( )	( )
甲	121	122	123	124	125	126	127	128	129	130	131	132	133	134	135
合計															
地主															
富农															
中农															
貧农															
雇农															
工商业主															
工人															
其它农戶															

黄土泾桥村村戶的自然机械及阶級性变化統計表（自1948年至1957年）

	期初戶数	原戶的自然及机械变化						期末原阶級戶数	原戶的阶級性变化						期末新阶級戶数	其中來自：								期內迁入新戶	期末总戶数
		分家的母戶数	分家增加戶数	減少戶数					增加戶数			減少戶数													
				併戶	有嗣絕灭	无嗣絕灭	迁出		下升	上降	轉入	上升	下降	轉出		地主	富农	中农	貧农	雇农	工商业主	工人	其他		
合計	102	2	3		1	1	14	89	16	3	32	16	3	32	89	2	1	29	24	1	4	13	15	7	96
地主	2	-	-		-	-	-	2	-	-	-		2									-			
富农	1	-	-		-	-	-	1	-	-	-		1									-			
中农	29	1	1		-	-	1(2)	29	16	3	31				上66 下12 78	2	1	29	15		4	12	15	上5 下2	71 14 85
貧农	29	1	2		1	1	5(15)	24	1		1	15			11				9	1		1			11
雇农	1						-	1				1													
工商业主	4						-	4						4											
工人	19						6(18)	13						13											
其他	17						2(8)	15						15											

江苏省 无锡 县（市）黄土泾桥 村庄

1948年

	戶数	雇入戶数			出雇戶数			典入戶数	典出戶数	租入戶数	租出戶数	有耕畜戶数	其中有騾戶数	养猪戶数
		长工	短工	长短工	长工	短工	长短工							
甲	1	2	3	4	5	6	7	8	9	10	11	12	13	14
合計	102		39			31		4	1	68	11			30
地主	2		2			—		—	—	1	—			—
富农	1		1			—		—	—	—	1			1
中农	29		10			6		1	1	24	1			14
貧农	29		6			13		—	—	20	1			4
雇农	1		—			1		—	—	1	—			—
工商业主	4		2			—		—	—	2	3			2
工人	19		7			5		—	—	7	3			4
其它村戶	17		11			6		3	—	13	2			5

江苏省无锡（市）县 南站乡 前进社 黄土泾村庄

1948 年汇总资料

阶級	戶口	总人口数			常住人口			其中：劳动力				年內出生人数	年內死亡人数
		合計	男	女	合計	男	女	合計	男	女	参加劳动者		
甲	1	2	3	4	5	6	7	8	9	10	11	12	13
合計	102	496	263	233	396	183	203	196	84	112	188	9	2
地主	2	11	5	6	9	3	6	4	1	3	3	1	+
富农	1	6	3	3	6	3	3	2	1	1	2	1	—
中农	29	162	91	71	133	71	62	71	32	39	68	3	—
貧农	29	117	62	55	99	47	52	53	24	29	52	1	—
雇农	1	2	1	1	2	1	1	2	1	1	2	—	—
工商业主	4	33	18	15	23	13	10	7	2	5	7	1	—
工人	19	77	42	35	54	27	27	29	15	14	26	—	—
其它村戶	17	88	41	47	70	28	42	28	8	20	28	2	2

阶級	职业情况												
	主业										农民兼业		
	农民	手工业者	产业工人	教师	医生	其它自由职业者	小商販	工商业主	家务劳动者	其它劳动者	手工业	小商販	其它
甲	14	15	16	17	18	19	20	21	22	23	24	25	26
合計	118	4	6				1		59		18		13
地主	1	—	—				—		2		—		—
富农	1	—	—				—		1		—		—
中农	42	1	2				—		23		5		4
貧农	38	1	—				1		12		4		4
雇农	1	—	—				—		1		—		1
工商业主	3	—					—		4		1		—
工人	15	—	3				—		8		2		1
其它村戶	17	2	1				—		8		6		3

阶級	文化状况									在外人口		
	7至13岁的学龄儿童	其中：在学人数	14岁以上的人数	文盲	初小程度	高小程度	初中程度	高中程度	大学程度	合計	男	女
甲	27	28	29	30	31	32	33	34	35	36	37	38
合計	73	51	240	148	61	26	5	—	—	100	70	30
地主	1	1	5	2	3	—	—	—	—	2	2	—
富农	1	1	2	1	1	—	—	—	—	—	—	—
中农	30	21	83	46	24	10	3	—	—	29	20	9
貧农	16	11	67	45	16	5	1	—	—	18	15	3
雇农	—	—	2	2	—	—	—	—	—	—	—	—
工商业主	4	1	12	6	3	3	—	—	—	10	5	5
工人	7	6	35	21	9	5	—	—	—	23	15	8
其它村戶	14	10	34	25	5	3	1	—	—	18	13	5

阶級	其中：劳动力			职业情况											
	合計	男	女	农民	手工业者	产业工人	教师	医生	其它自由职业者	小商販	工商业主	店員	軍政人員	家务劳动者	其它劳动者
甲	39	40	41	42	43	44	45	46	47	48	49	50	51	52	53
合計	98 97	70 69	28	—	5	58	2	—	—	1	4	9	—	2	14
地主	2	2	—	—	—	1	—	—	—	—	1	—	—	—	—
富农	—	—	—	—	—	—	—	—	—	—	—	—	—	—	—
中农	29	20	9	—	1	22	1	—	—	—	—	2	—	—	2
貧农	18	15	3	—	2	9	—	—	—	1	—	1	—	1	4
雇农	—	—	—	—	—	—	—	—	—	—	—	—	—	—	—
工商业主	9	5	4	—	—	2	—	—	—	—	2	3	—	1	—
工人	21	14	7	—	2	16	—	—	—	—	—	—	—	—	3
其它农戶	18	13 14	5	—	—	8	1	—	—	—	1	3	—	—	5

阶級	在外人口的文化状况									占有土地		典入土地	
	7至13岁的学龄儿童	其中：在学人数	14岁以上的人数	文盲	初小程度	高小程度	初中程度	高中程度	大学程度	計（市亩）	其中：农业用地(市亩)	計（市亩）	其中：农业用地（市亩）
甲	54	55	56	57	58	59	60	61	62	63	64	65	66
合計	3	1	96	23	46	24	3	—	—	380.07	341.16	4.30	4.30
地主	—	—	7	—	1	1	—	—	—	12.24	11.12	—	—
富农	—	—	—	—	—	—	—	—	—	14.40	13.54	—	—
中农	—	—	29	6	11	12	—	—	—	164.48	150.06	0.20	0.20
貧农	—	—	18	6	10	1	1	—	—	56.91	49.63	—	—
雇农	—	—	—	—	—	—	—	—	—	0.60	0.20	—	—
工商业主	1	1	9	1	5	2	1	—	—	34.80	30.85	—	—
工人	1	—	21	8	10	3	—	—	—	41.57	36.97	—	—
其它村戶	1	—	17	2	9	5	1	—	—	55.07	48.79	4.10	4.10

阶級	典出土地		租入农业用地					租出农业用地				
			谷租			錢租		谷租			錢租	
	計（市亩）	其中：农业用地(市亩)	面积（市亩）	租额 糙米（市斤）	租额 小麦（市亩）	面积（市亩）	租额（糙米市斤）	面积（市亩）	租额 糙米（市斤）	租额 小麦（市斤）	面积（市亩）	租額（ ）
甲	67	68	69	70	71	72	73	74	75	76	77	78
合計	1.40	1.40	120.35	15,649	38	6.45	534	29.65	5,209	—	—	—
地主	—	—	0.38	64	—	—	—	—	—	—	—	—
富农	—	—	—	—	—	—	—	0.90	218	—	—	—
中农	1.40	1.40	47.41	6,406	38	2.18	374	2.50	468	—	—	—
貧农	—	—	37.79	4,483	—	4.27	160	2.30	359	—	—	—
雇农	—	—	0.50	68	—	—	—	—	—	—	—	—
工商业主	—	—	3.13	438	—	—	—	12.81	2,840	—	—	—
工人	—	—	8.73	950	—	—	—	9.54	1,098	—	—	—
其它农戶	—	—	22.41	3,240	—	—	—	1.60	226	—	—	—

阶級	使用农地面积（市亩）	稻的播种面积（市亩）	小麦的播种面积（市亩）	桑的現有面积（市亩）	其中：可采桑的面积（市亩）	果园的面积（市亩）	大豆的播种面积（市亩）	其它面积（市亩）	农付业雇入 长工 人数	农付业雇入 长工 工資（ ）	农付业雇入 短工 工数（工）	农付业雇入 短工 工資（市斤）
甲	79	80	81	82	83	84	85	86	87	88	89	90
合計	438.25	376.50	364.15	58.19	58.19	—	1.50	57.58	—	—	1,697	15,585
地主	11.50	8.14	7.39	3.35	3.35	—	—	0.90	—	—	104	1,081
富农	12.64	12.37	12.00	0.27	0.27	—	—	0.45	—	—	110	1,498
中农	197.15	171.22	165.33	24.76	24.76	—	1.15	20.32	—	—	273	2,845
貧农	89.39	77.18	73.88	11.81	11.81	—	—	15.71	—	—	87	1,092
雇农	0.70	0.50	0.45	0.20	0.20	—	—	0.25	—	—	—	—
工商业主	21.17	16.37	15.69	4.80	4.80	—	—	2.50	—	—	736	3,969
工人	36.10	28.94	28.61	5.91	5.91	—	0.25	6.55	—	—	146	1,431
其它农戶	69.60	61.78	60.80	7.09	7.09	—	0.10	10.90	—	—	241	3,669

阶級	农付业出雇 长工 人数	农付业出雇 长工 工資（ ）	农付业出雇 短工 工数	农付业出雇 短工 工資（市斤）	房屋間数（間）	家畜头数 牛、馬、驢（头）	家畜头数 猪（头）	家畜头数 羊（只）	家畜头数 兔（只）	主要生产 抽水机（部）	主要生产 水車（部）	主要生产 旧式犁（張）	主要生产 打谷机（部）	主要生产 船（条）
甲	91	92	93	94	95	96	97	98	99	100	101	102	103	104
合計	—	—	1,446	12,252	207.50	—	46	6	—	—	6.24	—	4.99	4.50
地主	—	—	—	—	6	—	—	—	—	—	—	—	—	—
富农	—	—	—	—	3	—	2	—	—	—	0.33	—	0.50	1.00
中农	—	—	226	1,714	69.50	—	21	3	—	—	5.37	—	3.07	1.00
貧农	—	—	695	5,634	46	—	5	3	—	—	0.17	—	0.50	—
雇农	—	—	70	910	1	—	—	—	—	—	—	—	—	—
工商业主	—	—	—	—	12	—	3	—	—	—	—	—	—	—
工人	—	—	395	3,219	28.50	—	8	—	—	—	0.20	—	0.25	0.50
其它农戶	—	—	60	775	41.50	—	7	—	—	—	0.67	—	0.67	2.00

阶級	工具						植物栽培收入	蚕茧								
								春蚕			夏蚕			秋蚕		
	蚕篇（只）	蚕台（張）	耙（把）	織布机（台）	魚网（条）	其他（件）	（市斤）	蚕种（張）	产量（市斤）	产值（市斤）	蚕种（張）	产量（市斤）	产値（　）	蚕种（張）	产量（市斤）	产值（市斤）
甲	105	106	107	108	109	110	111	112	113	114	115	116	117	118	119	120
合計	677	81	—	—	—	—	245,401	55.80	20,445.0	12,962				24.30	873.50	4,007
地主	28	3	—	—	—	—	5,821	3.50	10.0	634	—	—	—	2.00	7.0	332
富农	10	1	—	—	—	—	7,016	0.75	25	159	—	—	—	0.50	1.0	47
中农	303	38	—	—	—	—	111,586	27.25	976.50	6,191	—	—	—	11.75	435.0	1,825
貧农	122	12	—	—	—	—	50,184	10.75	483	3,061	—	—	—	4.25	163	772
雇农	—	—	—	—	—	—	386	—	—	—	—	—	—	—	—	—
工商业主	25	2	—	—	—	—	10,062	3.25	104	659	—	—	—	2.00	53	251
工人	108	11	—	—	—	—	20,480	5.50	201	1,275	—	—	—	2.00	107	507
其它农戶	81	14	—	—	—	—	38,866	4.80	155	983	—	—	—	1.80	57	273

阶級	出售家畜收入			出雇收入（市斤）	其它付业收入						在外人口寄回（市斤）	出售財物收入（市斤）	其它收入（市斤）	其中：剝削收入（市斤）	收入合計（市斤）
	猪（市斤）	羊（市斤）	其它（　）		商品性手工业（市斤）	独立工匠（市斤）	教书行医（市斤）	經商（市斤）	运輸（市斤）	其它（市斤）					
甲	121	122	123	124	125	126	127	128	129	130	131	132	133	134	135
合計	17,763	168	—	12,252	213,038	3,806	—	1,872	9,642	18,661	105,207	13,522	37,793	8,708	696,094
地主	—	—	—	—	—	—	—	1,872	—	—	1,800	—	—	—	10,459
富农	1,560	—	—	—	1,250	—	—	—	—	—	850	—	1,898	1,898	12,780
中农	7,842	168	—	1,714	38,410	2,246	—	—	—	2,914	23,636	2,176	6,098	2,872	209,806
貧农	1,548	—	—	5,634	6,602	1,560	—	—	2,340	1,128	12,930	6,240	6,607	—	98,606
雇农	—	—	—	910	130	—	—	—	—	—	—	—	—	—	1,426
工商业主	2,260	—	—	—	21,322	—	—	—	—	1,540	1,117	5,040	2,840	2,840	105,146
工人	2,311	—	—	3,215	5,412	—	—	—	7,302	6,756	23,314	660	13,853	1,098	84,495
其它农戶	2,242	—	—	775	88,857	—	—	—	—	1,323	31,560	—	6,497	—	173,376

江苏 省 無錫 县（市） 黄土泾桥 村庄

1957年按1948年分四

	戶数	雇入戶数			出雇戶数			典入戶数	典出戶数	租入戶数	租出戶数	有耕畜戶数	其中有两头戶数	养猪戶数
		长工	短工	长短工	长工	短工	长短工							
甲	1	2	3	4	5	6	7	8	9	10	11	12	13	14
合計	89													38
地主	2	—	—	—	—	—	—	—	—	—	—	—	—	2
富农	1	—	—	—	—	—	—	—	—	—	—	—	—	1
中农	29	—	—	—	—	—	—	—	—	—	—	—	—	19
貧农	24	—	—	—	—	—	—	—	—	—	—	—	—	6
雇农	1													
工商业主	4	—	—	—	—	—	—	—	—	—	—	—	—	1
工人	13	—	—	—	—	—	—	—	—	—	—	—	—	5
其它村戶	15	—	—	—	—	—	—	—	—	—	—	—	—	4

江苏省无錫（市）县 南站 乡 前进 社 黄土泾桥 村庄

1957年按1948年划分年汇总资料

阶級	戶口	总人口数			常住人口			其中：劳动力				年內出生人数	年內死亡人数
		合計	男	女	合計	男	女	合計	男	女	参加劳动者		
甲	1	2	3	4	5	6	7	8	9	10	11	12	13
合計	89	514	275	239	367	175	192	181	81	100	156	3	8
地主	2	12	5	7	11	4	7	6	2	4	4	1	1
富农	1	9	4	5	7	3	4	2	1	1	2	—	—
中农	29	185	108	77	128	70	58	70	37	33	62	1	4
貧农	24	105	53	52	83	35	48	44	15	29	38	1	2
雇农	1	1	—	1	1	—	1	—	—	—	—	—	—
工商业主	4	36	21	15	22	11	11	9	2	7	7	—	—
工人	13	73	40	33	45	25	20	20	11	9	20	—	1
其它村戶	15	93	44	49	70	27	43	30	13	17	23	—	—

阶級	职业情况												
	主业										农民兼业		
	农民	手工业者	产业工人	教师	医生	其它自由职业者	小商販	工商业主	家务劳动者	其它劳动者	手工业	小商販	其它
甲	14	15	16	17	18	19	20	21	22	23	24	25	26
合計	114	1				1			40		1		1
地主	2	—				—			2		—		—
富农	1	—				—			1		—		—
中农	44	—				—			18		—		1
貧农	31	—				—			7		1		—
雇农	—	—				—			—		—		—
工商业主	4	—				—			3		—		—
工人	16	—				—			4		—		—
其它村戶	16	1				1			5		—		—

阶級	文化状况									在外人口		
	7至13岁的学龄儿童	其中：在学人数	14岁以上的人数	文盲	初小程度	高小程度	初中程度	高中程度	大学程度	合計	男	女
甲	27	28	29	30	31	32	33	34	35	36	37	38
合計	82	75	210	101	53	34	21	1	—	147	100	47
地主	3	3	6	1	3	1	1	—	—	1	1	—
富农	2	2	3	1	1	—	1	—	—	2	1	1
中农	22	21	81	31	22	19	8	1	—	57	38	19
貧农	15	15	50	32	10	3	5	—	—	22	18	4
雇农	—	—	1	1	—	—	—	—	—	—	—	—
工商业主	6	5	11	5	2	4	—	—	—	14	10	4
工人	10	7	26	13	10	1	2	—	—	28	15	13
其它村戶	24	22	32	17	5	6	4	—	—	23	17	6

阶級	其中：劳动力			职业情况											
	合計	男	女	农民	手工业者	产业工人	教师	医生	其它自由职业者	小商販	工商业主	店員	軍政人員	家务劳动者	其它劳动者
甲	39	40	41	42	43	44	45	46	47	48	49	50	51	52	53
合計	131	90	41	—	7	77	4	—	—	—	2	—	7	6	18
地主	1	1	—	—	—	1	—	—	—	—	—		—	—	—
富农	2	1	1	—	—	2	—	—	—	—	—		—	—	—
中农	47	33	14	—	3	32	1	—	—	—	—		2	3	2
貧农	22	18	4	—	2	12	—	—	—	—	—		2	—	5
雇农	—	—	—	—	—	—	—	—	—	—	—		—	—	—
工商业主	11	7	4	—	—	3	1	—	—	—	—		—	2	3
工人	25	13	12	—	2	18	—	—	—	—	2		2	1	2
其它农戶	23	17	6	—	—	9	2	—	—	—	—		1	—	6

阶級	在外人口的文化状况									占有土地		典入土地	
	7至13岁的学龄儿童	其中：在学人数	14岁以上的人数	文盲	初小程度	高小程度	初中程度	高中程度	大学程度	計（市亩）	其中：农业用地(市亩)	計（市亩）	其中：农业用地（市亩）
甲	54	55	56	57	58	59	60	61	62	63	64	65	66
合　計	5	5	134	12	64	33	17	5	3				
地　主	–	–	1	–	1	–	–	–	–				
富　农	–	–	2	–	2	–	–	–	–				
中　农	2	2	49	6	18	16	4	4	1				
貧　农	–	–	22	2	15	4	–	1	–				
雇　农	–	–	–	–	–	–	–	–	–				
工商业主	1	1	12	1	5	3	3	–	–				
工　人	2	2	25	2	14	6	3	–	–				
其它村戶	–	–	23	1	9	4	7	–	2				

阶級	典出土地		租入农业用地					租出农业用地				
			谷租			錢租		谷租			錢租	
	計（市亩）	其中：农业用地(市亩)	面积（市亩）	租額 糙米（市斤）	租額 小麦（市亩）	面积（市亩）	租額(糙米市斤)	面积（市亩）	租額 糙米（市斤）	租額 小麦（市斤）	面积（市亩）	租額（　）
甲	67	68	69	70	71	72	73	74	75	76	77	78
合　計												
地　主												
富　农												
中　农												
貧　农												
雇　农												
工商业主												
工　人												
其它农戶												

阶級	使用农地面积（市亩）	稻的播种面积（市亩）	小麦的播种面积（市亩）	桑的現有面积（市亩）	其中：可采桑的面积（市亩）	果园的面积（市亩）	大豆的播种面积（市亩）	其它面积（市亩）	农付业雇入			
									長工		短工	
									人数	工資（　）	工数（工）	工資（　）
甲	79	80	81	82	83	84	85	86	87	88	89	90
合計												
地主												
富农												
中农												
貧农												
雇农												
工商业主												
工人												
其它农戶												

阶級	农付业出雇				房屋間数（間）	家畜头数				主要生产				
	長工		短工											
	人数	工資（　）	工数	工資（　）		牛、馬、騾（头）	猪（头）	羊（只）	兎（只）	抽水机（部）	水車（部）	旧式犂（張）	打谷机（部）	船（条）
甲	91	92	93	94	95	96	97	98	99	100	101	102	103	104
合計														
地主														
富农														
中农														
貧农														
雇农														
工商业主														
工人														
其它农戶														

阶級	工具						植物栽培收入	蚕茧								
								春蚕			夏蚕			秋蚕		
	蚕（只）	蚕台（張）	耙（把）	織布机（台）	魚网（条）	其他（件）	（　）	蚕种（張）	产量（市斤）	产值（　）	蚕种（張）	产量（市斤）	产值（　）	蚕种（張）	产量（市斤）	产值（　）
甲	105	106	107	108	109	110	111	112	113	114	115	116	117	118	119	120
合計																
地主																
富农																
中农																
貧农																
雇农																
工商业主																
工人																
其它农户																

阶級	出售家畜收入			出雇收入	其它付业收入						在外人口寄回	出售財物收入	其它收入	其中：剝削收入	收入合計
	猪（　）	羊（　）	其它（　）		商品性手工业（　）	獨立工匠（　）	教书行医（　）	經商（　）	运輸（　）	其它（元）	（　）	（　）	（　）	（　）	（　）
甲	121	122	123	124	125	126	127	128	129	130	131	132	133	134	135
合計										21936.00					
地主										920.00					
富农										440.00					
中农										6988.00					
貧农										3798.00					
雇农										35.00					
工商业主										1248.00					
工人										4658.00					
其它农户										3879.00					

1929—1957 年无锡农村经济调查资料

毛村

毛　村村户的自然机械及阶級性變化統計表（自1929年至1936年）

	期初户数	原户的自然及机械變化						期末原阶級户数	原户的阶級性變化						期末新阶級户数	其中来自：								期内迁入新户	期末总户数
		分家的母户数	分家增加户数	減少户数					增加户数			減少户数				地主	富农	中农	貧农	雇农	工商业主	工人	其他		
				併户	有嗣絶灭	无嗣絶灭	迁出		下升	上降	轉入	上升	下降	轉出											
合計	79	4	5			2	9	73	2	3	2	2	3	2	73	7	5	19	34	1	2	5		7	80
地主	7	1	1			-	1(2)	7	1	-	-	-	-	-	8	7	1	-		-	-	-		-	8
富农	5	1	2			-	2(2)	5	1	-	-	1	2	-	3		2	1		-	-	-		-	3
中农	18	1	1			-	-	19		2	1	1	1	1	19		2	16		-	-	1		1	20
貧农	38	1	1			2	3(9)	34		1	-			-	35			1	34	-	-	-		2	37
雇农	1						-	1			-			-	1			-		1	-	-		1	2
工商业主	2						-	2			-			-	2			-			2	-		-	2
工人	6						1(4)	5			-			1	4			-				4		2	6
其他	2						2(4)	-			1			-	1			1				-		1	2

江苏省 无锡 县（市） 毛 村庄

1929年（常年度）

甲	户数	雇入户数			出雇户数			典入户数	典出户数	租入户数	租出户数	有耕畜户数	其中：有[illegible]户数	养猪户数
		长工	短工	长短工	长工	短工	长短工							
	1	2	3	4	5	6	7	8	9	10	11	12	13	14
合计	79	6	43	4	2	15		8	43	63	11	4		35
地主	7	4	5	3				3	1	1	7	1		5
富农	5	2	4	1				2	4	5		2		4
中农	18		17			1		2	10	16	1	1		12
贫农	38		12			13		1	22	34				13
雇农	1				1									
工商业主	2								2	2	1			
工人	6		4		1	1			4	4	1			1
其它村户	2		1							1	1			

江苏省无锡(市)县 线桥 乡 溪南 社 毛 村庄

1923 年汇总資料

阶級	戶口	总人口数			常住人口			其中:劳动力				年內出生人数	年內死亡人数
		合計	男	女	合計	男	女	合計	男	女	参加劳动者		
甲	1	2	3	4	5	6	7	8	9	10	11	12	13
合計	79	375	198	177	343	176	167	206	100	106	137	6	2
地主	7	43	23	20	39	21	18	21	8	13	13		
富农	5	39	19	20	36	16	20	22	10	12	22		
中农	18	89	51	38	82	45	37	50	27	23	50	1	
貧农	39	167	86	81	160	81	79	98	49	49	98	3	2
雇农	1	1	1		1	1		1	1				
工商业主	2	12	5	7	6	2	4	3		3	3		
工人	6	20	11	9	16	8	8	8	3	5	8	2	
其它村戶	2	4	2	2	3	2	1	3	2	1	3		

阶級	职业情况												
	主业										农民兼业		
	农民	手工业者	产业工人	教师	医生	其它自由职业者	小商販	工商业主	家务劳动者	其它劳动者	手工业	小商販	其它
甲	14	15	16	17	18	19	20	21	22	23	24	25	26
合計	125	3	1	1		1	2	1	58	5	1	3	2
地主	1								11			1	
富农	13								8	1			1
中农	33								13	4			1
貧农	72	3				1	1	1	20		1	2	
雇农	1												
工商业主									3				
工人	5		1						2				
其它村戶				1			1		1				

阶級	文化状况									在外人口		
	7至13岁的学龄儿童	其中：在学人数	14岁以上的人数	文盲	初小程度	高小程度	初中程度	高中程度	大学程度	合計	男	女
甲	27	28	29	30	31	32	33	34	35	36	37	38
合計	56	31	216	153	37	23	2	1		32	22	10
地主	10	9	22	11		9	2			4	2	2
富农	7	6	22	12	8	2				3	3	
中农	11	4	52	34	10	8				7	6	1
貧农	25	10	105	83	19	3				7	5	2
雇农			1	1								
工商业主	2	2	3	3						6	3	3
工人	1		8	7		1				4	3	1
其它村戶			3	2				1		1		1

阶級	其中：劳动力			职业情况											
	合計	男	女	农民	手工业者	产业工人	教师	医生	其它自由职业者	小商販	工商业主	店員	軍政人員	家务劳动者	其它劳动者
甲	39	40	41	42	43	44	45	46	47	48	49	50	51	52	53
合計	25	20	5		2	10				2	2	4		2	3
地主	2	1	1												1
富农	3	3				2				1					
中农	6	6			1	3						2			
貧农	7	5	2			2				1		1		1	2
雇农															
工商业主	3	2	1			1					2	1			
工人	3	3			1	2									
其它农戶	1		1											1	

阶级	在外人口的文化状况									占有土地		典入土地	
	7至13岁的学龄儿童	其中：在学人数	14岁以上的人数	文盲	初小程度	高小程度	初中程度	高中程度	大学程度	計（市亩）	其中：农业用地(市亩)	計（市亩）	其中：农业用地（市亩）
甲	54	55	56	57	58	59	60	61	62	63	64	65	66
合計	3	1	28	8	9	8	3			580.64	532.72	125.04	125.04
地主			3	1			2			346.52	338.03	113.50	113.50
富农			3		3					52.23	45.40	7.00	7.00
中农			7	1	2	4				112.07	93.80	3.80	3.80
貧农			7	3	3	1				59.40	49.05	0.74	0.74
雇农													
工商业主	2	1	4	1		3				0.50			
工人	1		3	2	1					6.27	4.04		
其它村戶			1				1			3.65	2.40		

阶級	典出土地		租入农业用地					租出农业用地				
			谷租			錢租		谷租			錢租	
	計（市亩）	其中：农业用地(市亩)	面积（市亩）	租额 糙米（市斤）	租额 小麦（市亩）	面积（市亩）	租额（糙米市斤）	面积（市亩）	租额 糙米（市斤）	租额 小麦（市斤）	面积（市亩）	租额（ ）
甲	67	68	69	70	71	72	73	74	75	76	77	78
合計	193.73	193.28	~~296.71~~ 295.76	40,933.20	8,636	0.95	950	245.80	32,900	7,494		
地主	7.00	7.00	7.00	874	218			234.60	31,402	7,146		
富农	21.56	21.56	36.30	5,485	1,207							
中农	58.08	58.08	84.22	11,154	2,421			6.00	749	187		
貧农	94.81	94.36	~~156.31~~ 155.36	21,815.20	4,422	0.95	950					
雇农												
工商业主	3.30	3.30	3.30	443	71			2.30	359	71		
工人	8.98	8.98	7.48	900	231			2.00	250	62		
其它农戶			2.10	262	66			.90	140	28		

阶級	使用农地面积（市亩）	稻的播种面积（市亩）	小麦的播种面积（市亩）	樊的現有面积（市亩）	其中：可采樊的面积（市亩）	果园的面积（市亩）	大豆的播种面积（市亩）	其它面积（市亩）	农付业雇入			
									長工		短工	
									人数	工資（　）	工数（工）	工資（　）
甲	79	80	81	82	83	84	85	86	87	88	89	90
合計	580.07	445.50	372.79	129.66	128.40		0.50	90.71	7	514.00	2420	1,190.42
地主	110.43	79.43	65.43	30.70	30.70			17.30	5	399.00	615	255.00
富农	81.70	67.50	58.00	12.50	12.50			11.90	2	115.00	582	223.60
中农	172.02	136.38	110.86	34.07	33.47		0.50	28.59			922	542.36
貧农	201.80	155.99	132.80	44.92	44.46			29.92			221	124.96
雇农												
工商业主	1.00			1.00	0.80			0.80				
工人	9.52	5.50	5.00	3.57	3.57			1.90			70	39.50
其它农戶	3.60	0.70	.70	2.90	2.90			0.30			10	5.00

阶級	农付业出雇				房屋間数（間）	家畜头数				主要生产				
	長工		短工											
	人数	工資（　）	工数	工資（　）		牛、馬、騾（头）	猪（头）	羊（只）	兎（只）	抽水机（部）	水車（部）	旧式犁（張）	打谷机（部）	船（条）
甲	91	92	93	94	95	96	97	98	99	100	101	102	103	104
合計	2	177.00	882	~~379.87~~ 475.12	226	3	139	54			10	4	3	2
地主					56	1	34	2			4	2		
富农					16	2	11	2			1	1	1	
中农			25	1,550	61		38	18			5	1	½	2
貧农			717	~~277.57~~ 342.82	74		55	30					1½	
雇农	1	80.00												
工商业主					7									
工人	1	97.00	140	86.80	10		1	2						
其它农戶					2									

阶级	工具						植物栽培收入（元）	蚕茧								
								春蚕			夏蚕			秋蚕		
	蚕匾（只）	蚕台（張）	耙（把）	織布机（台）	魚网（条）	其他（件）		蚕种（張）	产量（市斤）	产値（元）	蚕种（張）	产量（市斤）	产値（元）	蚕种（張）	产量（市斤）	产値（元）
甲	105	106	107	108	109	110	111	112	113	114	115	116	117	118	119	120
合計	1317	136					15,201.31	187.6	6732	3,113.02	8.6	216	114.86	20.5	537	388.71
地主	224	21					2,978.59	45	1400	662.40	1	30	13.56	1	30	22.11
富农	115	12					2,051.94	15.5	620	290.60				3	30	22.11
中农	429	45					4,529.67	52.1	1950	881.20	4.1	97	44.34	10	296	218.15
貧农	410	43					5,302.31	69	2547	1,179.72	3.5	83	56.86	6	169	117.90
雇农																
工商业主	15	2					29.12									
工人	34	10					254.47	5	175	79.10				0.5	12	8.44
其它农戶	30	3					55.21	1	40	20.00						

阶級	出售家畜收入			出雇收入（元）	其它付业收入						在外人口寄回（元）	出售財物收入（元）	其它收入（元）	其中：剝削收入（元）	收入合計（元）
	猪（元）	羊（元）	其它（元）		商品性手工业（元）	獨立工匠（元）	教书行医（元）	經商（元）	运輸（元）	其它（元）					
甲	121	122	123	124	125	126	127	128	129	130	131	132	133	134	135
合計	1,678.60	95.00	1.00	622.12	766.50	145.00	322.00	745.00		290.00	1,650.00	71.58	2,890.05	2,776.05	28114.75
地主	229.00	4.00			16.20			70.00		5.00			2,259.19	2,259.19	6,260.05
富农	166.00	3.00			67.20					15.00	40.00	20.00	25.00		2,700.85
中农	615.10	39.00		15.50	172.10					76.00	480.00	51.58	232.91	178.91	7,355.55
貧农	688.50	46.00	1.00	342.82	450.00	145.00	10.00	575.00		44.00	280.00		35.00		9,274.21
雇农				80.00											80.00
工商业主					1.00						240.00		27.021	27.021	540.33
工人		3.00		133.80	60.00						61.00		59.75	59.75	1,258.56
其它农戶							312.00	100.00		150.00			7.99	7.99	645.20

江苏 省 无锡 县（市） 毛 村庄

1936年 第年 1929年

	户数	雇入户数			出雇户数			典入户数	典出户数	租入户数	租出户数	有耕畜户数	其中：有骡马户数	养猪户数
		长工	短工	长短工	长工	短工	长短工							
甲	1	2	3	4	5	6	7	8	9	10	11	12	13	14
合计	73	7	37	6	2	19	1	7	34	52	14	2		37
地主	7	5	5	4				4			7	1		6
富农	5	2	4	2		1		1	2	4		1		3
中农	19		14			3		2	9	15	3			14
贫农	34		12		1	14	1		18	28	2			13
雇农	1				1									
工商业主	2								2	2	1			
工人	5		2			1			3	3	1			1
其它村户														

江苏省无锡（市）县 钱桥乡 溪南社 毛 村庄

1936 年汇总资料（1936前年1929年）

阶級	戶口	总人口数			常住人口			其中：劳动力				年內出生人数	年內死亡人数
		合計	男	女	合計	男	女	合計	男	女	参加劳动者		
甲	1	2	3	4	5	6	7	8	9	10	11	12	13
合計	73	376	198	178	330	162	168	194	89	105	185	1	4
地主	7	39	20	19	33	14	19	22	8	14	13	1	1
富农	5	42	20	22	38	16	22	23	9	14	23		
中农	19	95	53	42	86	46	40	48	23	25	48		3
貧农	34	165	86	79	152	76	76	91	44	47	91		
雇农	1	1	1	[illegible]	1	1		1	1		1		
工商业主	2	14	7	7	2		2	2		2	2		
工人	5	20	11	9	18	9	9	7	4	3	7		
其它村戶													

阶級	职业情况												
	主业										农民兼业		
	农民	手工业者	产业工人	教师	医生	其它自由职业者	小商販	工商业主	家务劳动者	其它劳动者	手工业	小商販	其它
甲	14	15	16	17	18	19	20	21	22	23	24	25	26
合計	120	2					2		52	9	1	2	2
地主	3								10				
富农	11								6	6			
中农	31						1		13	3	1		1
貧农	68	2					1		20			2	1
雇农	1												
工商业主									2				
工人	6								1				
其它村戶													

阶級	文化状况									在外人口		
	7至13岁的学龄儿童	其中：在学人数	14岁以上的人数	文盲	初小程度	高小程度	初中程度	高中程度	大学程度	合計	男	女
甲	27	28	29	30	31	32	33	34	35	36	37	38
合計	64	40	210	135	40	31	2	2		46	36	10
地主	5	5	25	12	1	8	2	2		6	6	
富农	7	3	24	12	8	4				4	4	
中农	18	12	54	33	11	10				9	7	2
貧农	29	18	96	68	19	9				13	10	3
雇农			1	1								
工商业主			2	2						12	7	5
工人	5	2	8	7	1					2	2	
其它村戸												

阶級	其中：劳动力			职业情况											
	合計	男	女	农民	手工业者	产业工人	教师	医生	其它自由职业者	小商販	工商业主	店員	軍政人員	家务劳动者	其它劳动者
甲	39	40	41	42	43	44	45	46	47	48	49	50	51	52	53
合計	42	33	9		5	14			1	1	6	6		3	3
地主	6	6			1							1			1
富农	4	4				3				1					
中农	9	7	2		1	3					1	3			
貧农	12	9	3		2	5			1			1		1	2
雇农															
工商业主	9	5	4			2					4	1		2	
工人	2	2			1	1									
其它农戸															

阶 級	在外人口的文化状况									占有土地		典入土地	
	7至13岁的学龄儿童	其中：在学人数	14岁以上的人数	文盲	初小程度	高小程度	初中程度	高中程度	大学程度	計（市亩）	其中：农业用地(市亩)	計（市亩）	其中：农业用地（市亩）
甲	54	55	56	57	58	59	60	61	62	63	64	65	66
合 計	3	2	42	9	12	15	2	4		656.03	609.97	165.30	165.50
地 主			6			1	2	3		355.32	389.58	158.50	158.50
富 农			4		3	1				61.16	54.16	3.00	3.00
中 农			9		3	5		1		123.36	102.65	3.80	3.80
貧 农	1		12	5	3	4				69.32	58.74		
雇 农													
工商业主	2	2	9	2	3	4				0.50			
工 人			2	2						6.37	4.84		
其它村戶													

阶 級	典出土地		租入农业用地					租出农业用地				
			谷租			錢租		谷租			錢租	
	計（市亩）	其中：农业用地(市亩)	面积（市亩）	租額 糙米（市斤）	租額 小麦（市斤）	面积（市亩）	租額（糙米市斤）	面积（市亩）	租額 糙米（市斤）	租額 小麦（市斤）	面积（市亩）	租額（ ）
甲	67	68	69	70	71	72	73	74	75	76	77	78
合 計	150.77	150.32										
地 主												
富 农	11.00	11.00										
中 农	55.28	55.28										
貧 农	73.71	73.26										
雇 农												
工商业主	3.30	3.30										
工 人	7.48	7.48										
其它农戶												

阶級	使用农地面积（市亩）	稻的播种面积（市亩）	小麦的播种面积（市亩）	桑的現有面积（市亩）	其中：可采桑的面积（市亩）	果园的面积（市亩）	大豆的播种面积（市亩）	其它面积（市亩）	农付业雇入 长工 人数	长工 工資（ ）	短工 工数（工）	短工 工資（ ）
甲	79	80	81	82	83	84	85	86	87	88	89	90
合計									8	495.44	1724	800.27
地主									6	392.74	565	205.10
富农									2	102.70	330	167.40
中农											551	282.82
貧农											238	124.95
雇农												
工商业主												
工人											40	20.00
其它农戶												

阶級	农付业出雇 长工 人数	长工 工資（ ）	短工 工数	短工 工資（ ）	房屋間数（間）	家畜头数 牛、馬、騾（头）	猪（头）	羊（只）	兎（只）	主要生产 抽水机（部）	水車（部）	旧式犂（張）	打谷机（部）	船（条）
甲	91	92	93	94	95	96	97	98	99	100	101	102	103	104
合計	2	114.52	238	430.49	233	2	128.5	67			11	6	8.5	4
地主					59	1	17	2			6	3	2	
富农			10	5.30	18	1	47	5			1	2	2.5	1
中农			63	37.59	69		40	22			4		2	3
貧农	1	54.52	595	318.70	73		23.5	35					2	
雇农	1	60.00												
工商业主					8									
工人			130	68.90	6		1	3				1		
其它农戶														

阶級	工具						植物栽培收入	蚕茧								
								春蚕			夏蚕			秋蚕		
	蚕匾（只）	蚕台（張）	耙（把）	織布机（台）	魚网（条）	其他（件）	（　）	蚕种（張）	产量（市斤）	产值（　）	蚕种（張）	产量（市斤）	产值（　）	蚕种（張）	产量（市斤）	产值（　）
甲	105	106	107	108	109	110	111	112	113	114	115	116	117	118	119	120
合計	1208	126				2										
地主	257	22														
富农	115	12				[illegible] 1										
中农	354	38														
貧农	389	44				[illegible] 1										
雇农																
工商业主	15	2														
工人	84	8														
其它农戶																

阶級	出售家畜收入			出雇收入	其它付业收入						在外人口寄回	出售財物收入	其它收入	其中：剝削收入	收入合計
	猪（　）	羊（　）	其它（　）		商品性手工业（　）	独立工匠（　）	教书行医（　）	經商（　）	运輸（　）	其它（　）	（　）	（　）	（　）	（　）	（　）
甲	121	122	123	124	125	126	127	128	129	130	131	132	133	134	135
合計															
地主															
富农															
中农															
貧农															
雇农															
工商业主															
工人															
其它农戶															

毛村村戶的自然机械及阶級性變化統計表（自1936年至1948年）

	期初戶数	原戶的自然及机械變化						期末原阶級戶数	原戶的阶級性變化						期末新阶級戶数	其中来自：								期內迁入新戶	期末总戶数
		分家的母戶数	分家增加戶数	减少戶数					增加戶数			减少戶数				地主	富农	中农	貧农	雇农	工商业主	工人	其他		
				併戶	有嗣絕灭	无嗣絕灭	迁出		下升	上降	轉入	上升	下降	轉出											
合計	80	11	14			1	4	89	2	10	7	2	10	7	89	11	6	22	39	2	1	6	2	11	100
地主	8	2	4			1		11			1		1		11	10					1			1	12
富农	3	2	3					6					5		1		1								1
中农	20	3	3				1(8)	22	2	4	2		4	2	24		4	16	2			1	1	1	25
貧农	37	4	4				2(9)	39		6	2	2			45	1	1	4	37			2		1	46
雇农	2						1	2							2					2				5	7
工商业主	2						1(6)	1			1			1	1			1							1
工人	6							6						3	3							3		2	5
其他	2							2			1			1	2			1					1	1	3

江苏 省 无锡 县（市） 毛 村庄

1936年（当年度）

	户数	雇入户数			出雇户数			典入户数	典出户数	租入户数	租出户数	有耕畜户数	其中：有[illegible]户数	养猪户数
		长工	短工	长短工	长工	短工	长短工							
甲	1	2	3	4	5	6	7	8	9	10	11	12	13	14
合计	80	7	38	6	3	21	1	7	34	54	17	2		38
地主	8	5	6	4				5		1	7	2		7
富农	3	2	3	2				1	1	3				3
中农	20		14			4		1	9	15	3			12
贫农	37		13		1	16	1		19 ~~20~~	31	2			14
雇农	2				2									
工商业主	2								2	2	1			
工人	6		2			1			3	2	2			1
其它村户	2										2			1

江苏省无锡（市）县 钱桥乡 溪南社 毛 村庄

1936 年汇总資料（1936常年度）

阶級	戶口	总人口数			常住人口			其中：劳动力				年內出生人数	年內死亡人数
		合計	男	女	合計	男	女	合計	男	女	参加劳动者		
甲	1	2	3	4	5	6	7	8	9	10	11	1[illegible]	13
合計	80	393 393	209	184	346	172	174	208	97	111	198	1	4
地主	8	51	26	25	45	20	25	31	12	19	22	1	1
富农	3	21	10	11	19	8	11	13	5	8	13		
中农	20	100	53	47	91	46	45	50	24	26	49		3
貧农	37	176	94	82	162	83	79	99	49	50	99		
雇农	2	2	2		2	2		2	2		2		
工商业主	2	14	7	7	2		2	2		2	2		
工人	6	25	14	11	22	11	11	9	4	5	9		
其它村戶	2	4	3	1	3	2	1	2	1	1	2		

阶級	职业情况												
	主业										农民兼业		
	农民	手工业者	产业工人	教师	医生	其它自由职业者	小商販	工商业主	家务劳动者	其它劳动者	手工业	小商販	其它
甲	14	15	16	17	18	19	20	21	22	23	24	25	26
合計	130	3				1	2		53	9	2	2	3
地主	6								11	5			
富农	7								4	2			
中农	33						1		13	2	1		1
貧农	75	2					1		21			2	2
雇农	2												
工商业主									2				
工人	7	1							1		1		
其它村戶						1			1				

阶級	文化状况									在外人口		
	7至13岁的学龄儿童	其中：在学人数	14岁以上的人数	文盲	初小程度	高小程度	初中程度	高中程度	大学程度	合計	男	女
甲	27	28	29	30	31	32	33	34	35	36	37	38
合計	64	40	224	146	40	32	4	2		47	37	10
地主	6	6	34	17	2	11	2	2		6	6	
富农	3	1	14	6	6	2				2	2	
中农	21	13	55	34	11	9	1			9	7	2
貧农	29	18	105	76	20	9				14	11	3
雇农			2	2								
工商业主			2	2						12	7	5
工人	5	2	10	8	1		1			3	3	
其它村戶			2	1		1				1	1	

阶級	其中：劳动力			职业情况											
	合計	男	女	农民	手工业者	产业工人	教师	医生	其它自由职业者	小商販	工商业主	店員	軍政人員	家务劳动者	其它劳动者
甲	39	40	41	42	43	44	45	46	47	48	49	50	51	52	53
合計	43	34	9		5	14			1	1	5	7		3	3
地主	6	6			1							1			1
富农	2	2				2									
中农	9	7	2		1	2				1	1	3			
貧农	13	10	3		2	6			1			1		1	2
雇农															
工商业主	9	5	4			2					4	1		2	
工人	3	3			1	1						1			
其它农戶	1	1				1									

阶級	在外人口的文化状况									占有土地		典入土地	
	7至13岁的学龄儿童	其中：在学人数	14岁以上的人数	文盲	初小程度	高小程度	初中程度	高中程度	大学程度	計（市亩）	其中：农业用地(市亩)	計（市亩）	其中：农业用地（市亩）
甲	54	55	56	57	58	59	60	61	62	63	64	65	66
合計	3	2	43	9	12	16	2	4		672.46	623.19	165.30	165.30
地主			6			1	2	3		431.32	421.28	161.50	161.50
富农			2		2					31.52	27.73	1.80	1.80
中农			9		4	4		1		118.20	93.78	2.00	2.00
貧农	1		13	5	3	5				70.42	59.34		
雇农													
工商业主	2	2	9	2	3	4				0.50			
工人			3	2		1				10.10	8.06		
其它村戶			1			1				10.40	8.00		

阶級	典出土地		租入农业用地					租出农业用地				
			谷租			錢租		谷租			錢租	
	計（市亩）	其中：农业用地(市亩)	面积（市亩）	租额 糙米（市斤）	租额 小麦（市斤）	面积（市亩）	租额（糙米市斤）	面积（市亩）	租额 糙米（市斤）	租额 小麦（市斤）	面积（市亩）	租额（ ）
甲	67	68	69	70	71	72	73	74	75	76	77	78
合計	150.77	150.32	291.67	40560	8504			285.69	37273.8	8737.2		
地主			4.70	743	147			257.80	33087	8027		
富农	8.00	8.00	32.30	4668	908							
中农	49.88	49.88	80.86	10584	2504			6.52	1035.8	203.2		
貧农	82.11	81.66	165.53	23544	4721			5.85	936	187		
雇农												
工商业主	3.30	3.30	3.30	443	71			2.30	359	71		
工人	7.48	7.48	4.98	578	153			5.22	752	62		
其它农戶								8.00	1104	187		

阶　級	使用农地面　积（市亩）	稻的播种面　积（市亩）	小麦的播种面　积（市亩）	桑的现有面　积（市亩）	其中：可采桑的面积（市亩）	果园的面积（市亩）	大豆的播种面　积（市亩）	其它面积（市亩）	农付业雇入			
									长　工		短　工	
									人　数	工　資（元）	工　数（工）	工　資（元）
甲	79	80	81	82	83	84	85	86	87	88	89	90
合　計	624.12	536.65	438.26	79.94	79.18		0.75	129.12	8	495.44	1739	808.22
地　主	168.18	136.78	114.52	29.70	29.70			27.50	6	392.74	715	280.10
富　农	58.57	52.50	42.00	5.23	5.22			14.10	2	102.70	200	97.00
中　农	172.50	145.23	117.82	25.61	25.51		0.75	35.10			532	278.75
貧　农	216.05	195.84	158.42	16.98	16.52			50.42			252	132.37
雇　农												
工商业主	1.00			1.00	0.80			0.40				
工　人	7.82	6.30	5.50	1.42	1.42			1.60			40	20.00
其它农戶												

阶　級	农付业出雇				房屋間数（間）	家畜头数				主要生产				
	长　工		短　工											
	人　数	工　資（　）	工　数	工　資（　）		牛、馬、騾（头）	猪（头）	羊（只）	兎（只）	抽水机（部）	水　車（部）	旧式犂（張）	打谷机（部）	船（条）
甲	91	92	93	94	95	96	97	98	99	100	101	102	103	104
合　計	3	201.52	830	447.15	238	2	129.5	69			11	7	8.83	4
地　主					69	2	61	3			6	4	3	1
富　农					11		4	5				1	1	
中　农			73	42.89	63		35	19			5	1	$2\frac{1}{2}$	3
貧　农	1	54.52	627	335.36	76		24.5	36				1	$2\frac{1}{3}$	
雇　农	2	147.00												
工商业主					8									
工　人			130	68.90	8		1	3						
其它农戶					3		4	3						

阶級	工具						植物栽培收入	蚕茧								
								春蚕			夏蚕			秋蚕		
	蚕匾（只）	蚕台（張）	耙（把）	織布机（台）	魚网（条）	其他（件）	（元）	蚕种（張）	产量（市斤）	产値（元）	蚕种（張）	产量（市斤）	产値（元）	蚕种（張）	产量（市斤）	产値（元）
甲	105	106	107	108	109	110	111	112	113	114	115	116	117	118	119	120
合計	1208	126				2	16,166.92	121	4395	1,535.45	2.5	105	36.23	31.5	790.5	218.01
地主	281	25				1	4,408.62	33.5	1190	429.90				7.5	195	50.40
富农	80	8					1,466.80	7.5	310	106.95				3.	55	15.59
中农	318	35					4,338.33	43.5	1646	567.60	2.5	105	36.23	15.5	396	111.08
貧农	419	47				1	5,684.85	33	1117	385.45				4.	101.5	28.77
雇农																
工商业主	15	2					14.27									
工人	74	7					254.05	3.5	132	45.55				1.5	43.	12.17
其它农戶	21	2														

阶級	出售家畜收入			出雇收入	其它付业收入						在外人口寄回	出售財物收入	其它收入	其中：剝削收入	收入合計
	猪（元）	羊（元）	其它（元）		商品性手工业（元）	独立工匠（元）	教书行医（元）	經商（元）	运輸（元）	其它（元）	（元）	（元）	（元）	（元）	（元）
甲	121	122	123	124	125	126	127	128	129	130	131	132	133	134	135
合計	1,809.00	196.00		648.57	548.50	345.00	15.00	560.00		496.90	1,745.34		3,136.46	2,784.52	27457.38
地主	685.00	24.00			15.00			80.00					2,416.27	2,416.27	8,109.19
富农	60.00	14.00			25.70						70.00				1,769.04
中农	506.00	71.00		42.89	124.00	10.00		50.00		195.30	470.00		118.45	21.45	6,640.88
貧农	460.00	72.00		389.78	303.80	100.00	15.00	430.00		301.60	681.34		133.59		8986.18
雇农				147.00											147.00
工商业主											60.00		263.71	263.71	337.98
工人	50.00	3.00		68.90	70.00	235.00					400.00		83.59	38.59	1,233.26
其它农戶	48.00	12.00									64.00		120.85	44.50	244.85

江苏省 无锡 县(市) 毛 村庄

1948年并年1936年

	户数	雇入户数			出雇户数			典入户数	典出户数	租入户数	租出户数	有耕畜户数	其中：有骡马户数	养猪户数
		长工	短工	长短工	长工	短工	长短工							
甲	1	2	3	4	5	6	7	8	9	10	11	12	13	14
合計	89	8	37	6	2	21		3	16	49	15	6		42
地主	11	8	8	6				3		3	8	5		9
富农	6		5							4	1			5
中农	22		11			5			4	12	4	1		9
貧农	39		10			15			12	30				16
雇农	2				2									
工商业主	1										1			
工人	6		2			1								2
其它村户	2		1								1			1

江苏省无锡(市)县 钱桥乡 溪南社 毛村庄

1948 年汇总資料 (1948年 [illegible]年,1956年)

阶級	戶口	总人口数			常住人口			其中:劳动力				年內出生人数	年內死亡人数
		合計	男	女	合計	男	女	合計	男	女	参加劳动者		
甲	1	2	3	4	5	6	7	8	9	10	11	12	13
合計	89	437	228	209	374	174	200	236	104	132	230	3 2	
地主	11	67	35	32	57	27	30	32	9	23	22		
富农	6	34	15	19	30	12	18	15	5	10	15		
中农	22	110	56	54	96	44	52	57	25	32	57	2	
貧农	39	186	98	88	164	78	86	112	56	56	107 110	1	
雇农	2	2	2	—	2	2		2	2		2		
工商业主	1	8	5	3	3	[illegible]	3	3		3	3		
工人	6	24	12	12	17	7	10	13	6	7	12		
其它村戶	2	6	5	1	5	4	1	2	1	1	2		

阶級	职业情况												
	主业										农民兼业		
	农民	手工业者	产业工人	教师	医生	其它自由职业者	小商販	工商业主	家务劳动者	其它劳动者	手工业	小商販	其它
甲	14	15	16	17	18	19	20	21	22	23	24	25	26
合計	142	2	1			1	2		69	3	5	1	2
地主	3								29				
富农	9								5	1			
中农	36						1		18	2	1		
貧农	82	1					1		23		4	1	2
雇农	2												
工商业主									3				
工人	9	1	1						1				
其它村戶	1					1							

阶級	文化状况									在外人口		
	7至13岁的学龄儿童	其中：在学人数	14岁以上的人数	文盲	初小程度	高小程度	初中程度	高中程度	大学程度	合計	男	女
甲	27	28	29	30	31	32	33	34	35	36	37	38
合計	59	48	251	145	47	49	8	2		63	54	9
地主	8	7	36	14	4	11	5	2		10	8	2
富农	8	8	15	10	1	4				4	3	1
中农	18	15	60	34	13	13				14	12	2
貧农	22	15	118	75	26	16	1			22	20	2
雇农			2	2								
工商业主			3	2		1				5	5	
工人	2	2	14	7	3	2	2			7	5	2
其宅村戶	1	1	3	1		2				1	1	

阶級	其中：劳动力			职业情况											
	合計	男	女	农民	手工业者	产业工人	教师	医生	其宅自由职业者	小商販	工商业主	店員	軍政人員	家务劳动者	其宅劳动者
甲	39	40	41	42	43	44	45	46	47	48	49	50	51	52	53
合計	69	52	8	1	1 8	32 24	3			1	7	2	4	2	4
地主	9	8	1			1	3				1		1	1	
富农	4	3	1			4									
中农	14	12	2		8	8					3		3		
貧农	21	19	2		1	25				1		1		1	2
雇农															
工商业主	4	4									3				
工人	7	5	2	1		3						1			2
其宅农戶	1	1				1									

阶級	在外人口的文化状况									占有土地		典入土地	
	7至13岁的学龄儿童	其中：在学人数	14岁以上的人数	文盲	初小程度	高小程度	初中程度	高中程度	大学程度	計（市亩）	其中：农业用地(市亩)	計（市亩）	其中：农业用地（市亩）
甲	54	55	56	57	58	59	60	61	62	63	64	65	66
合計	1	1	60	7	17	26	4	6		720.16	672.45	44.30	44.30
地主			9			2	2	5		320.97	314.15	44.30	44.30
富农			4	1	3					37.94	33.92		
中农			14	2	2	8	2			174.24	153.99		
貧农			21	3	9	9				121.68	109.85		
雇农													
工商业主	1	1	4			3		1		36.20	36.00		
工人			7	1	3	3				18.73	16.54		
其它村戶			1			1				10.40	8.00		

阶級	典出土地		租入农业用地					租出农业用地				
			谷租			錢租		谷租			錢租	
	計（市亩）	其中：农业用地(市亩)	面积（市亩）	租額 糙米（市斤）	租額 小麦（市斤）	面积（市亩）	租額（糙米市斤）	面积（市亩）	租額 糙米（市斤）	租額 小麦（市斤）	面积（市亩）	租額（　）
甲	67	68	69	70	71	72	73	74	75	76	77	78
合計	37.94	37.48										
地主												
富农												
中农	7.65	7.65										
貧农	30.29	29.83										
雇农												
工商业主												
工人								~~36.00~~	~~1370~~	~~31~~		
其它农戶												

阶　級	使用农地面积（市亩）	稻的播种面积（市亩）	小麦的播种面积（市亩）	桑的現有面积（市亩）	其中：可采桑的面积（市亩）	果园的面积（市亩）	大豆的播种面积（市亩）	其它面积（市亩）	农付业雇入			
									長工		短工	
									人数	工資（糙米）斤	工数（工）	工資（糙米）斤
甲	79	80	81	82	83	84	85	86	87	88	89	90
合　計									10	17,230	1,957	18,074
地　主									10	17,230	1,003	9,404
富　农											263	2373
中　农											435	4,113
貧　农											123	1,107
雇　农												
工商业主												
工　人											43	267
其它农戶											90	810

阶　級	农付业出雇				房屋間数（間）	家畜头数				主要生产				
	長工		短工			牛、馬、騾（头）	猪（头）	羊（只）	兎（只）	抽水机（部）	水車（部）	旧式犂（張）	打谷机（部）	船（条）
	人数	工資（糙米）斤	工数	工資（　）										
甲	91	92	93	94	95	96	97	98	99	100	101	102	103	104
合　計	2	3,013	758	7,052	237.50	4	140	78			14	9	12.41	2
地　主					66.00	3	60	8			10	5	4.75	1
富　农					8.00		6	9				1	1.$\frac{1}{3}$	
中　农			93	832	68.50	1	41	21			4	2	3.$\frac{1}{3}$	1
貧　农			645	6,040	81.00		26	37				1	3.	
雇　农	2	3,013												
工商业主					3.00									
工　人			20	180	8.00		3	1						
其它农戶					3.00		4	2						

阶級	工具						植物栽培收入	蚕茧								
								春蚕			夏蚕			秋蚕		
	蚕匾（只）	蚕台（張）	耙（把）	織布机（台）	魚网（条）	其他（件）	（　）	蚕种（張）	产量（市斤）	产値（　）	蚕种（張）	产量（市斤）	产値（　）	蚕种（張）	产量（市斤）	产値（　）
甲	105	106	107	108	109	110	111	112	113	114	115	116	117	118	119	120
合計	1070	116	2			5										
地主	214	23	2			3										
富农	81	8														
中农	309	34				1										
貧农	375	43				1										
雇农																
工商业主	5	1														
工人	65	5														
其它农戶	21	2														

阶級	出售家畜收入			出雇收入	其它付业收入						在外人口寄回	出售財物收入	其它收入	其中：剝削收入	收入合計
	猪（　）	羊（　）	其它（　）		商品性手工业（　）	独立工匠（　）	教书行医（　）	經商（　）	运輸（　）	其它（　）	（　）	（　）	（　）	（　）	（　）
甲	121	122	123	124	125	126	127	128	129	130	131	132	133	134	135
合計															
地主															
富农															
中农															
貧农															
雇农															
工商业主															
工人															
其它农戶															

___毛___村村户的自然机械及阶級性变化統計表（自1948年至1957年）

	期初户数	原户的自然及机械变化						期末原阶級户数	原户的阶級性变化						期末新阶級户数	其中来自：								期内迁入新户	期末总户数
		分家的母户数	分家增加户数	减少户数					增加户数			减少户数													
				併户	有嗣絕灭	无嗣絕灭	迁出		下升	上降	轉入	上升	下降	轉出		地主	富农	中农	貧农	雇农	工商业主	工人	其他		
合計	100	13	18				1	117	52	17	9	52	17	9	117	12	1	35	53	7	1	5	3	6	123
地主	12							12					12												
富农	1							1					1		51									1 1.4	52
中农	25	6	10					35	48	13	8		4		T.49 100	12	1	31	45	3	1	5	2	57.4	54
貧农	46	7	8				1(2)	53	4	4	1	45			17			4	8	4			1		17
雇农	7							7				7													
工商业主	1							1						1											
工人	5							5						5											
其他	3							3						3											

江苏 省 无锡 县（市） 毛 村庄

1948年 [illegible]

甲	戶数	雇入戶数			出雇戶数			典入戶数	典出戶数	租入戶数	租出戶数	有耕畜戶数	其中：有馬騾戶数	养猪戶数
		长工	短工	长短工	长工	短工	长短工							
甲	1	2	3	4	5	6	7	8	9	10	11	12	13	14
合計	100	8	40	6	5	24	—	4	16	50	18	6	—	44
地主	12	8	9	6	—	—	—	3	—	2	10	5	—	10
富农	1	—	1	—	—	—	—	—	—	1	—	—	—	1
中农	25	—	15	—	—	3	—	—	3	12	4	1	—	12
貧农	46 47	—	11	—	—	18	—	—	13	35	1	—	—	19
雇农	8 7	—	—	—	5	2	—	—	—	—	—	—	—	—
工商业主	1	—	1	—	—	—	—	—	—	—	1	—	—	
工人	5	—	2	—	—	1	—	1	—	—	1	—	—	2
其它村戶	3	—	1	—	—	—	—	—	—	—	1	—	—	—

江苏省无锡（市）县 钱桥乡 溪南社 毛 村庄

1948 年汇总资料

阶級	戶口	总人口数			常住人口			其中：劳动力				年內出生人数	年內死亡人数
		合計	男	女	合計	男	女	合計	男	女	參加劳动者		
甲	1	2	3	4	5	6	7	8	9	10	11	12	13
合計	100	465	241	224	398	184	214	253	112	141	237	4	1
地主	12	77	41	36	62	28	34	36	10	26	26	—	—
富农	1	5	4	1	5	4	1	2	1	1	2	—	—
中农	25	120	64	56	104	51	53	64	27	37	64	2	—
貧农	46 ~~47~~	219 ~~220~~	107 ~~108~~	112	193 ~~194~~	83 ~~84~~	110	128 ~~129~~	61 ~~62~~	67	124	2	1
雇农	7 6	9 10	8	2	9 8	7 6	2	7 6	6 5	1	6	—	—
工商业主	1	5	3	2	4	2	2	2	1	1	1	—	—
工人	5	21	10	11	15	6	9	10	4	6	9	—	—
其它村戶	3	8	4	4	6	3	3	4	2	2	5	—	—

阶級	职业情况												
	主业										农民兼业		
	农民	手工业者	产业工人	教师	医生	其它自由职业者	小商販	工商业主	家务劳动者	其它劳动者	手工业	小商販	其它
甲	14	15	16	17	18	19	20	21	22	23	24	25	26
合計	151	3	1	1		1	2		73	5	5	1	2
地主	2	—	—	—			—		22	2	—	—	—
富农	—	—	—	—			—		1	1	—	—	—
中农	44	—	—	—			—		18	2	1	—	—
貧农	94 95	1	—	—			1		27	—	4	1	2
雇农	7 6	—	—	—			—		—	—	—	—	—
工商业主	—	—	—	—			—		1	—	—	—	—
工人	4	2	1	—			—		2	—	—	—	—
其它村戶	—	—	—	1		1	1		2	—	-	—	—

阶級	文化状况									在外人口		
	7至13岁的学龄儿童	其中：在学人数	14岁以上的人数	文盲	初小程度	高小程度	初中程度	高中程度	大学程度	合計	男	女
甲	27	28	29	30	31	32	33	34	35	36	37	38
合計	61	49	271	160	50	49	9	3		67	57	10
地主	8	7	41	16	5	12	6	2		15	13	2
富农	2	2	2	1	—	1	—	—		—	—	—
中农	18	17	67	37	16	14	—	—		16	13	3
貧农	29	21	~~136~~ 135	~~90~~ 89	26	19	1	—		26	24	2
雇农	—	—	8 7	7 8	—	—	—	—		1	1	—
工商业主	1	—	1	1	—	—	—	—		1	1	—
工人	2	1	12	6	2	2	2	—		6	4	2
其它村戶	1	1	5	2	1	1	≠	1		2	1	1

阶級	其中：劳动力			职业情况											
	合計	男	女	农民	手工业者	产业工人	教师	医生	其它自由职业者	小商販	工商业主	店員	軍政人員	家务劳动者	其它劳动者
甲	39	40	41	42	43	44	45	46	47	48	49	50	51	52	53
合計	64	55	9	1	1	34	3			2	7	2	5	2	4
地主	13	12	1	—	—	1	3			—	4	—	1	1	—
富农	—	—	—	—	—	—	—			—	—	—	—	—	—
中农	16	13	3	—	—	12	—			—	2	—	2	—	—
貧农	25	23	2	1	1	17	—			1	—	1	1	1	2
雇农	1	1	—	—	—	—	—			—	—	—	1	—	—
工商业主	1	1	—	—	—	—	—			—	1	—	—	—	—
工人	6	4	2	—	—	3	—			—		1	—	—	2
其它农戶	2	1	1	—	—	1	—			1			—	—	—

阶級	在外人口的文化状况									占有土地		典入土地	
	7至13岁的学龄儿童	其中：在学人数	14岁以上的人数	文盲	初小程度	高小程度	初中程度	高中程度	大学程度	計（市亩）	其中：农业用地(市亩)	計（市亩）	其中：农业用地（市亩）
甲	54	55	56	57	58	59	60	61	62	63	64	65	66
合計	1	1	64	7	17	28	6	6		755.43	702.45	44.90	44.90
地主	1	1	13		—	5	2	6		373.63	365.65	44.30	44.30
富农			—		—	—	—	—		14.91	13.02		
中农			16	3	4	7	2	—		198.90	176.26		
貧农			25	3	12	9	1	—		139.43 ~~140.23~~	124.86 ~~125.46~~		
雇农			1	—	—	1	—	—		2.46 ~~1.66~~	0.60		
工商业主			1	—	—	1	—	—		7.24	2.07		
工人			6	1	1	4	—	—		10.94	9.32	0.60	0.60
其它村戶			2	—	—	1	1	—		7.92	5.67		

阶級	典出土地		租入农业用地					租出农业用地				
			谷租			錢租		谷租			錢租	
	計（市亩）	其中：农业用地(市亩)	面积（市亩）	租額 糙米（市斤）	租額 小麦（市亩）	面积（市亩）	租額（糙米市斤）	面积（市亩）	租額 糙米（市斤）	租額 小麦（市斤）	面积（市亩）	租額（ ）
甲	67	68	69	70	71	72	73	74	75	76	77	78
合計	37.94	37.48	171.54	24015	4579			175.59	19405	4032		
地主			2.70	421	92			163.13	18145	3824		
富农			0.30	47	9			—	—	—		
中农	5.40	5.40	34.32	4675	903			8.69	868	156		
貧农	32.54	32.08	133.12	18838	3575			0.10	16	—		
雇农			—	—	—			1.67	208	52		
工商业主			—	—	—			—	—	—		
工人			0.60	34	—			—	—	—		
其它农戶			—					2.00	168	—		

阶級	使用农地面积（市亩）	稻的播种面积（市亩）	小麦的播种面积（市亩）	桑的現有面积（市亩）	其中：可采桑的面积（市亩）	果园的面积（市亩）	大豆的播种面积（市亩）	其它面积（市亩）	农付业雇入			
									長工		短工	
									人数	工資（元）	工数（工）	工資（ ）
甲	79	80	81	82	83	84	85	86	87	88	89	90
合計	698.96	637.60	516.46	50.49	48.29	0.35	1.50	147.14	10.00	17230	2009	18542
地主	205.11	183.91	151.10	19.72	19.28	—	—	36.35	10.00	17230	1033	9674
富农	13.32	11.42	9.00	1.23	0.73	—	—	2.20			115	1035
中农	205.96	180.39	153.90	13.70	13.70	0.35	0.60	39.75			607	5527
貧农	256.33	235.24	187.80	15.60	14.34	—	0.40	65.00			52 ?	468 ?
雇农	0.60	0.60	0.60	—	—	—	—	1.69			90 ?	810 ?
工商业主	5.40	4.91	4.21	—	—	—	—	—			40	467
工人	8.57	7.53	6.85	0.24	0.24		0.50	1.48			42	258
其它农戶	3.67	3.60	3.00		—	—	—	0.67			30	303

阶級	农付业出雇				房屋間数（間）	家畜头数				主要生产				
	長工		短工											
	人数	工資（ ）	工数	工資（ ）		牛、馬、驟（头）	猪（头）	羊（只）	兎（只）	抽水机（部）	水車（部）	旧式犁（張）	打谷机（部）	船（条）
甲	91	92	93	94	95	96	97	98	99	100	101	102	103	104
合計	6	5391	1206	10407	250.50	4	143	28			15	10	12.41	2
地主				—	73	3	61	7			11	6	4.75	1
富农				—	4		1	2			—	—	0.33	—
中农			80	715	68.5	1	49	25			4	2	4.33	1
貧农			788	6337	90		28	41				2	3.50	—
雇农	6	5391	340	3323	3		—	—						—
工商业主					1		—	3						—
工人			8	52	4		4	—						—
其它农戶					7			—						—

阶 級	工 具						植物栽培收入	蚕 茧								
								春 蚕			夏 蚕			秋 蚕		
	蚕 (只)	蚕台 (張)	耙 (把)	織布机 (台)	魚网 (条)	其他 (件)	( )	蚕种 (張)	产量 (市斤)	产値 ( )	蚕种 (張)	产量 (市斤)	产値 ( )	蚕种 (張)	产量 (市斤)	产値 ( )
甲	105	106	107	108	109	110	111	112	113	114	115	116	117	118	119	120
合 計	1090	117	2			5	422352.9	76	2794	17721	0.50	22	139	21.08	595	2821.4
地 主	234	25	2			3	132228	18.5	682	4325	—			4	98	464
富 农	25	2					2529	3	70	444	—			2	30	142
中 农	365	39				1	121889.9	26	985	6252	0.50	22	139	8.83	280	1328.4
貧 农	433	48				1	149796	28.5	1057	6700				6.25	187	887
雇 农	—	—					520									
工商业主	10	1					2774									
工 人	11	1					5092									
其它农戶	12	1					2424									

阶 級	出售家畜收入			出雇收入	其它付业收入						在外人口寄回	出售財物收入	其它收入	其中：剝削收入	收入合計
	猪 ( )	羊 ( )	其它 ( )		商品性手工业 ( )	独立工匠 ( )	教书行医 ( )	經商 ( )	运輸 ( )	其它 ( )	( )	( )	( )	( )	( )
甲	121	122	123	124	125	126	127	128	129	130	131	132	133	134	135
合 計	46862	3167.3		15818	22705	3538		8821		9072	58760	549	45693	42827	658019.60
地 主	23542	180		—	4352	—		1872		—	2719	515	36736	36736	211933.00
富 农	500	117		—	—	—		—		—	—		—	—	8732.00
中 农	12561	1339.3		715	8691	—		—		1560	17079	34	3864	3864	175552.60
貧 农	8379	1489		6337	4948	3538		6444		6576	14146		2171	1396	211411.00
雇 农		—		8714	—	—		—		—	—		—	—	9234.00
工商业主		42		—	—	—		—		—	4044		519	519	7379.00
工 人	1880	—		52	4714	—		—		936	9202		363	312	22239.00
其它农戶		/		—	—	—		505		—	6570		2040	—	11539.00

57年·前年关

江苏 省 无锡 县（市） 毛 村庄

甲	户数	雇入户数			出雇户数			典入户数	典出户数	租入户数	租出户数	有耕畜户数	其中：有犁耙户数	养猪户数
		长工	短工	长短工	长工	短工	长短工							
甲	1	2	3	4	5	6	7	8	9	10	11	12	13	14
合计	117													71
地主	12													7
富农	1													1
中农	35													26
贫农	53													31
雇农	7													3
工商业主	1													—
工人	5													3
其它村户	3													—

省无锡（市）县 钱桥乡 溪南社 [illegible] 村庄

1957年 年汇总資料 1948年[illegible]

阶級	戶口	总人口数			常住人口			其中：劳动力				年內出生人数	年內死亡人数
		合計	男	女	合計	男	女	合計	男	女	參加劳动者		
甲	1	2	3	4	5	6	7	8	9	10	11	12	13
合計	117	561	299	262	461	219	242	249	108	141	238	9	2
地主	12	88	50	38	64	31	33	26	9	17	27	1	1
富农	1	5	4	1	3	2	1	2	1	1	2	-	-
中农	35	161	87	74	139	67	72	77	33	44	71	2	1
貧农	53	258	132	126	219	101	118	120	52	68	117	6	-
雇农	7	14	9	5	12	8	4	9	7	2	9	-	-
工商业主	1	7	4	3	5	2	3	1	-	1	1	-	-
工人	5	22	10	12	16	6	10	11	4	7	11	-	-
其它村戶	3	6	3	3	3	2	1	3	2	1	3	-	-

阶級	职业情况												
	主业										农民兼业		
	农民	手工业者	产业工人	教师	医生	其它自由职业者	小商贩	工商业主	家务劳动者	其它劳动者	手工业	小商贩	其它
甲	14	15	16	17	18	19	20	21	22	23	24	25	26
合計	167	3		2		2		2	59	3	4	1	1
地主	10	-		2				-	12	-			1
富农	-	-						-	1	1			
中农	54	-						2	15	-			
貧农	89	1				1		-	25	1	4	1	
雇农	9	-						-	-	-			
工商业主	-	-						-	1	-			
工人	5	2						-	3	1			
其它村戶	-	-				1		-	2				

阶級	文化状况									在外人口		
	7至13岁的学龄儿童	其中：在学人数	14岁以上的人数	文盲	初小程度	高小程度	初中程度	高中程度	大学程度	合計	男	女
甲	27	28	29	30	31	32	33	34	35	36	37	38
合計	81	69	272	142	51	61	16	2		100	80	20
地主	16	14	31	10	5	8	6	2		24	19	5
富农	–	–	3	1	–	2	–			2	2	–
中农	21	20	82	41	17	21	3			22	20	2
貧农	40	31	131	76	22	27	6			39	31	8
雇农	1	1	9	6	3	–	–			2	1	1
工商业主	3	3	1	1	–	–	–			2	2	
工人			12	6	3	2	1			6	4	2
其它村戶			3	1	1	1				3	1	2

阶級	其中：劳动力			职业情况											
	合計	男	女	农民	手工业者	产业工人	教师	医生	其它自由职业者	小商販	工商业主	店員	軍政人員	家务劳动者	其它劳动者
甲	39	40	41	42	43	44	45	46	47	48	49	50	51	52	53
合計	93	76	17	1		40	7				6		20	5	8
地主	19	15	4			1	5				3		6	2	1
富农	2	2	–			–	–				–		2	–	–
中农	23	21	2			11	1				2		6	1	1
貧农	36	30	6	1		24	1				–		3	2	3
雇农	2	1	1			–					–		–		1
工商业主	2	2	–			1					1		–		–
工人	6	4	2			3							1		1
其它农戶	3	1	2										2		1

阶級	在外人口的文化状况									占有土地		典入土地	
	7至13岁的学龄儿童	其中：在学人数	14岁以上的人数	文盲	初小程度	高小程度	初中程度	高中程度	大学程度	計（市亩）	其中：农业用地(市亩)	計（市亩）	其中：农业用地（市亩）
甲	54	55	56	57	58	59	60	61	62	63	64	65	66
合計	2		98	8	24	29	17	15	5				
地主			24	1	–	5	4	10	4				
富农			2	–	–	–	2	–					
中农			23	1	6	10	3	3					
貧农	2		36	5	15	10	4	2					
雇农			2	1	–	1	–						
工商业主			2	–	1	1	–						
工人			6	–	2	2	1		1				
其它村戶			3	–	–	–	3						

阶級	典出土地		租入农业用地					租出农业用地				
			谷租			錢租		谷租			錢租	
	計（市亩）	其中：农业用地(市亩)	面积（市亩）	租額 糙米（市斤）	租額 小麦（市亩）	面积（市亩）	租額(糙米市斤)	面积（市亩）	租額 糙米（市斤）	租額 小麦（市斤）	面积（市亩）	租額（　）
甲	67	68	69	70	71	72	73	74	75	76	77	78
合計												
地主												
富农												
中农												
貧农												
雇农												
工商业主												
工人												
其它农戶												

阶級	使用农地面积（市亩）	稻的播种面积（市亩）	小麦的播种面积（市亩）	桑的現有面积（市亩）	其中：可采桑的面积（市亩）	果园的面积（市亩）	大豆的播种面积（市亩）	其它面积（市亩）	农付业雇入			
									长工		短工	
									人数	工資（　）	工数（工）	工資（　）
甲	79	80	81	82	83	84	85	86	87	88	89	90
合計												
地主												
富农												
中农												
貧农												
雇农												
工商业主												
工人												
其它农戶												

阶級	农付业出雇				房屋間数（間）	家畜头数				主要生产				
	长工		短工											
	人数	工資（　）	工数	工資（　）		牛、馬、騾（头）	猪（头）	羊（只）	兎（只）	抽水机（部）	水車（部）	旧式犁（張）	打谷机（部）	船（条）
甲	91	92	93	94	95	96	97	98	99	100	101	102	103	104
合計														
地主														
富农														
中农														
貧农														
雇农														
工商业主														
工人														
其它农戶														

阶級	工具						植物栽培收入	蚕茧								
								春蚕			夏蚕			秋蚕		
	蚕（只）	蚕台（張）	耙（把）	織布机（台）	魚网（条）	其他（件）	（　）	蚕种（張）	产量（市斤）	产値（　）	蚕种（張）	产量（市斤）	产値（　）	蚕种（張）	产量（市斤）	产値（　）
甲	105	106	107	108	109	110	111	112	113	114	115	116	117	118	119	120
合計																
地主																
富农																
中农																
貧农																
雇农																
工商业主																
工人																
其它农戶																

阶級	出售家畜收入			出雇收入	其它付业收入						在外人口寄回	出售財物收入	其它收入	其中：剝削收入	收入合計
	豬（　）	羊（　）	其它（　）		商品性手工业（　）	独立工匠（　）	教书行医（　）	經商（　）	运輸（　）	其它（　）	（　）	（　）	（　）	（　）	（　）
甲	121	122	123	124	125	126	127	128	129	130	131	132	133	134	135
合計											11283.60				
地主											1,708.00				
富农											192.00				
中农											4021.60				
貧农											3453.00				
雇农											75.00				
工商业主											414.00				
工人											1,000.00				
其它农戶											420.00				

1929—1957年无锡农村经济调查资料

白水荡村

白水蕩 村村戶的自然机械及阶級性变化統計表（自1929年至1936年）

	期初戶数	原戶的自然及机械变化						期末原阶級戶数	原戶的阶級性变化						期末新阶級戶数	其中来自：								期內迁入新戶	期末总戶数
		分家的母戶数	分家增加戶数	減少戶数					增加戶数			減少戶数				地主	富农	中农	貧农	雇农	工商业主	工人	其他		
				併戶	有嗣絕灭	无嗣絕灭	迁出		下升	上降	轉入	上升	下降	轉出											
合計	50	4	4				2	52			18			18	52		1	9	9	1	7	13	12	1	53
地主	-	-						-			-			-	-		-	-	-	-	-	-	-		-
富农	1							1			-			-	1		1	-	-	-	-	-	-		1
中农	9							9			1			5	5			4	-	-	1	-	-		5
貧农	9							9			6			2	13			-	7	-	1	4	1	1	14
雇农	1							1			-			-	1			-	-	1	-	-	-		1
工商业主	7							7			4			3	8			3	-		4	-	1		8
工人	13	1	1				1(8)	13			5			4	14			1	2		-	9	2		14
其他	10	3	3				1(6)	12			2			4	10			1	-		1	-	8		10

江苏 省 无锡 县(市) 西水墩 村庄 1929年

	户数	雇入户数			出雇户数			典入户数	典出户数	租入户数	租出户数	有耕畜户数	其中：有馬騾户数	养猪户数
		长工	短工	长短工	长工	短工	长短工							
甲	1	2	3	4	5	6	7	8	9	10	11	12	13	14
合计	50	1	31	1		21			4	43	8	1		21
地主														
富农	1		1							1	1			1
中农	9	1	9	1		3			1	6	3	1		6
贫农	9		3			7			1	9				4
雇农	1					1				1				
工商业主	7		6						1	5	2			3
工人	13		5			4				11	2			2
其它村户	10		7			6			1	10				5

江苏省无锡（市）县 東峰 乡 利农 社 白水荡 村庄

1929 年汇总資料

阶級	户口	总人口数			常住人口			其中：劳动力				年内出生人数	年内死亡人数
		合計	男	女	合計	男	女	合計	男	女	参加劳动者		
甲	1	2	3	4	5	6	7	8	9	10	11	12	13
合計	50	226	116	110	191	94	97	110	52	58	109	5	2
地主													
富农	1	6	4	2	5	3	2	4	2	2	4		1
中农	9	43	21	22	38	18	20	20	9	11	19	2	
貧农	9	40	17	23	39	16	23	21	9	12	21 (21)	3	1
雇农	1	2	2		2	2		1	1	[illegible]	1		
工商业主	7	39	20	19	28	14	14	14	7	7	14		
工人	13	50	25	25	35	16	19	23	10	13	23		
其它村户	10	46	27	19	44	25	19	27	14	13	27		

阶級	职业情况												
	主业										农民兼业		
	农民	手工业者	产业工人	教师	医生	其它自由职业者	小商贩	工商业主	家务劳动者	其它劳动者	手工业	小商贩	其它
甲	14	15	16	17	18	19	20	21	22	23	24	25	26
合計	82	9	3						11		35 34		
地主													
富农											2		
中农	17								2		5		
貧农	18	1							2		5		
雇农	1												
工商业主	11	1							2		5		
工人	15	3	2						3		8		
其它村户	20	4	1						2		11		

阶級	文化状况									在外人口		
	7至13岁的学龄儿童	其中：在学人数	14岁以上的人数	文盲	初小程度	高小程度	初中程度	高中程度	大学程度	合計	男	女
甲	27	28	29	30	31	32	33	34	35	36	37	38
合計	31	9	119	90	20	6	3			35	22	13
地主												
富农	1	1	4	2	2					1	1	
中农	6	1	22	15	5	2				5	3	2
貧农	5	1	23	19(19)	3		1			1	1	
雇农			1	1								
工商业主	4	1	15	11	1	2	1			11	6	5
工人	6	1	25	25						15	9	6
其它村户	9	4	29	17	9	2	1			2	2	

阶級	其中：劳动力			职业情况											
	合計	男	女	农民	手工业者	产业工人	教师	医生	其它自由职业者	小商贩	工商业主	店員	軍政人員	家务劳动者	其它劳动者
甲	39	40	41	42	43	44	45	46	47	48	49	50	51	52	53
合計	28	16	12		3	18					2	1		3	1
地主															
富农	1	1				1									
中农	4	2	2			4									
貧农	1	1													1
雇农															
工商业主	7	3	4		1	2					2			2	
工人	13	7	6		2	10								1	
其它农戶	2	2				1						1			

阶級	在外人口的文化状況									占有土地		典入土地	
	7至13岁的学龄儿童	其中：在学人数	14岁以上的人数	文盲	初小程度	高小程度	初中程度	高中程度	大学程度	計（市亩）	其中：农业用地(市亩)	計（市亩）	其中：农业用地（市亩）
甲	54	55	56	57	58	59	60	61	62	63	64	65	66
合計	1	1	28	14	7	6	1			179.01	155.56		
地主													
富农			1			1				17.17	16.47		
中农			4	1	1	2				76.63	69.61		
貧农			1	1						15.47	13.74		
雇农													
工商业主	1	1	7	4	3					27.62	22.59		
工人			13	8	3	1	1			25.39	21.46		
其它村戶			2			2				16.73	11.69		

阶級	典出土地		租入农业用地					租出农业用地				
			谷租			錢租		谷租			錢租	
	計（市亩）	其中：农业用地(市亩)	面积（市亩）	租額 糙米（市斤）	租額 小麦（市亩）	面积（市亩）	租額（糙米市斤）	面积（市亩）	租額 糙米（市斤）	租額 小麦（市斤）	面积（市亩）	租額（ ）
甲	67	68	69	70	71	72	73	74	75	76	77	78
合計	6.33	6.18	106.54	1667.5		16.75	145.84	22.87	3669		3.18	34.34
地主												
富农			1.10	176				6.40	1056			
中农	3.33	3.18	13.06	24.96		2.50	18.00	3.00	478 (476)		3.18	34.34
貧农	1.00	1.00	31.58	53.47		4.30	40.20					
雇农			0.60	56								
工商业主	1.00	1.00	15.69	234.3		1.25	5.60	7.70	1209			
工人			21.81	349.8		3.20	34.04	5.77	928			
其它农戶	1.00	1.00	17.70	275.9		5.50	48.00					

阶級	使用农地面积（市亩）	稻的播种面积（市亩）	小麦的播种面积（市亩）	桑的現有面积（市亩）	其中：可采桑的面积（市亩）	果园的面积（市亩）	大豆的播种面积（市亩）	其它面积（市亩）	农付业雇入			
									长工		短工	
									人数	工資（元）	工数（工）	工資（元）
甲	79	80	81	82	83	84	85	86	87	88	89	90
合計	248.78	169.17	160.68	79.61	77.66		2.20	26.20	1	46.80	3051	1485.83
地主												
富农	11.17	7.42	6.30	3.75	3.75			0.50			101	53.53
中农	79.98	54.04	51.27	25.94	25.94		1.50	5.50 (5.50)	1	46.80	748	375.53
貧农	49.62	38.59	37.21	11.03	11.03			7.20			59	30.27
雇农	0.60			0.60				0.60				
工商业主	31.83	23.05	21.90	8.78	7.43		0.40	4.50			1181	562.30
工人	40.70	23.74	22.60	16.96	16.96			4.20			132	70.40
其它农戶	34.88	22.33	21.40	12.55	12.55		0.30	3.70			830	393.80

阶級	农付业出雇				房屋間数（間）	家畜头数				主要生产				
	长工		短工											
	人数	工資（ ）	工数	工資（元）		牛、馬、騾（头）	豬（头）	羊（只）	兎（只）	抽水机（部）	水車（部）	旧式犂（張）	打谷机（部）	船（条）
甲	91	92	93	94	95	96	97	98	99	100	101	102	103	104
合計			1595	735.21	111	1	55	20			7.50		1	33
地主														
富农					5		4				2			6
中农			198	81.00 (81.00)	31	1	20	6			3.50			10
貧农			514	231.40	13		4				1			2
雇农			210	111.30										
工商业主					25		5				1			5
工人			401	177.15	19.50		13							1
其它农戶			272	134.36	17.50		9	14					1	9

阶級	工具						植物栽培收入	蚕茧								
								春蚕			夏蚕			秋蚕		
	蚕匾（只）	蚕台（張）	[illegible]（把）	織布机（台）	魚网（条）	其他（件）	（元）	蚕种（張）	产量（市斤）	产值（元）	蚕种（張）	产量（市斤）	产值（元）	蚕种（張）	产量（市斤）	产值（元）
甲	105	106	107	108	109	110	111	112	113	114	115	116	117	118	119	120
合計	910	94				25	5871.34	96.75	3063	1386.01	14.40	418	199.79	11.65	360	243.95
地主																
富农	70	7				2	271.04	8.00	250	113.00	1.00	50	22.60			
中农	255	26				3	1909.28	30.00	1000	452.00	4.00（4.00）	115	52.11	8.50	230	169.51
貧农	135	13					1252.35	13.70	450	203.65	1.20	40	18.16	2.00	55	40.54
雇农							7.00									
工商业主	145	15				1	692.04	13.30	420	190.49	3.70	93	52.68			
工人	155	17					885.04	9.75	333	150.65				0.90	46	22.27
其它农戶	150	16				19	844.58	22.00	610	276.22	4.50	120	54.24	0.25	9	6.63

阶級	出售家畜收入			出雇收入	其它付业收入						在外人口寄回	出售财物收入	其它收入	其中：剝削收入	收入合計
	猪（元）	羊（元）	其它（元）		商品性手工业（元）	独立工匠（元）	教书行医（元）	經商（元）	运輸（元）	其它（元）	（元）	（元）	（元）	（元）	（元）
甲	121	122	123	124	125	126	127	128	129	130	131	132	133	134	135
合計	978.00	18.40		735.21	2142.30	867.80	120.00			893.80	2256.00	289.00	2938.14	2477.99	18939.74
地主															
富农	88.00									20.00			782.80	782.80	1297.44
中农	374.00	8.80		81.00	230.50	192.00				47.80	90.00		686.24	640.74	4473.25
貧农	112.00			231.40						104.40	36.00	155.00	121.00		2274.50
雇农				111.30									10.00		128.30
工商业主	123.00				1045.00					216.00	228.00		1097.45	1002.45	3644.66
工人	71.00			177.15	150.00	315.80				34.00	1722.00	134.00	153.40	32.00	3830.31
其它农戶	210.00	9.60		134.36	716.80	360.00	120.00			291.60	180.00		87.25		3291.28

江苏 省 无锡 县(市) 白水荡 村庄 1936年[illegible]

	户数	雇入户数			出雇户数			典入户数	典出户数	租入户数	租出户数	有耕畜户数	其中有[illegible]户数	养猪户数
		长工	短工	长短工	长工	短工	长短工							
甲	1	2	3	4	5	6	7	8	9	10	11	12	13	14
合計	52	1	28	1		16			4	44	9			22
地主														
富农	1		1							1	1			1
中农	9	1	8	1		1			2	6	3			6
貧农	9		3			6				9	1			5
雇农	1					1				1				
工商业主	7		5			1			1	5	2			3
工人	13		6			3			1	12	1			2
其它村户	12		5			4				10	1			5

江苏省（　　　）县 东峰 乡 利农 社 白水荡 村庄　1936年统计

年汇总资料

阶级	戶口	总人口数			常住人口			其中：劳动力				年内出生人数	年内死亡人数
		合計	男	女	合計	男	女	合計	男	女	参加劳动者		
甲	1	2	3	4	5	6	7	8	9	10	11	12	13
合計	52	259	129	130	217	106	111	117	53	64	117	3	4
地主													
富农	1	8	5	3	7	4	3	4	1	3	4		1
中农	9	51	27	24	43	24	19	22	11	11	22	1	
貧农	9	47	20	27	46	19	27	20	9	11	20		
雇农	1	2	2		2	2		1	1		1		
工商业主	7	36	18	18	30	15	15	17	8	9	17	1	1
工人	13	58	29	29	41	19	22	24	10	14	24		1
其它村戶	12	57	28	29	48	23	25	29	13	16	29	1	1

阶級	职业情况												
	主业										农民兼业		
	农民	手工业者	产业工人	教师	医生	其它自由职业者	小商販	工商业主	家务劳动者	其它劳动者	手工业	小商販	其它
甲	14	15	16	17	18	19	20	21	22	23	24	25	26
合計	91	8	5						~~14~~ 13		31		1
地主													
富农	2								2				
中农	18		1						3		8		
貧农	17	1	1						1		4		
雇农	1								~~1~~				
工商业主	14								3		7		
工人	16	2	3						3		6		
其它村戶	23	5							1		6		1

阶級	文化状况									在外人口		
	7至13岁的学龄儿童	其中：在学人数	14岁以上的人数	文盲	初小程度	高小程度	初中程度	高中程度	大学程度	合計	男	女
甲	27	28	29	30	31	32	33	34	35	36	37	38
合計	41	16	128	92	26	7	3			42	23	19
地主												
富农			5	3	2					1	1	
中农	10	6	25	16	7	2				8	3	5
貧农	12	3	24	19	3	1	1			1	1	
雇农	1		1	1								
工商业主	7	4	19	12	4	2	1			6	3	3
工人	5		25	23	1	1				17	10	7
其它村戶	6	3	29	18	9	1	1			9	5	4

阶級	其中：劳动力			职业情况											
	合計	男	女	农民	手工业者	产业工人	教师	医生	其它自由职业者	小商販	工商业主	店員	軍政人員	家务劳动者	其它劳动者
甲	39	40	41	42	43	44	45	46	47	48	49	50	51	52	53
合計	31	18	13	~~2~~1	8	13		1			1	2		~~7~~3	2
地主															
富农	1	1										1			
中农	5	3	2			3					1			1	
貧农	1	1		~~1~~		1									
雇农															
工商业主	3	2	1		1			1						1	
工人	13	7	6		5	~~8~~7								1	1
其它农戶	8	4	4	1	2	2						1		1	1

阶级	在外人口的文化状况									占有土地		典入土地	
	7至13岁的学龄儿童	其中：在学人数	14岁以上的人数	文盲	初小程度	高小程度	初中程度	高中程度	大学程度	計（市亩）	其中：农业用地（市亩）	計（市亩）	其中：农业用地（市亩）
甲	54	55	56	57	58	59	60	61	62	63	64	65	66
合計	4	2	32	17	8	5	2			175.21	153.49		
地主													
富农			1			1				21.37	20.67		
中农			6	2	2	2				70.56	64.21		
貧农			1	1						14.85	13.30		
雇农													
工商业主	1	1	3	1	1		1			27.62	22.59		
工人	2	1	13	9	3		1			23.12	19.61		
其它村戶	1		8	4	2	2				17.69	13.11		

阶级	典出土地		租入农业用地					租出农业用地				
			谷租			錢租		谷租			錢租	
	計（市亩）	其中：农业用地（市亩）	面积（市亩）	租额 糯米（市斤）	租额 小麦（市亩）	面积（市亩）	租額（糯米市斤）	面积（市亩）	租額 糯米（市斤）	租額 小麦（市斤）	面积（市亩）	租額（　）
甲	67	68	69	70	71	72	73	74	75	76	77	78
合計	7.93	7.78										
地主												
富农												
中农	5.83	5.68										
貧农												
雇农												
工商业主	1.00	1.00										
工人	1.10	1.10										
其它农戶												

阶級	使用农地面积（市亩）	稻的播种面积（市亩）	小麦的播种面积（市亩）	桑的現有面积（市亩）	其中：可采桑的面积（市亩）	果园的面积（市亩）	大豆的播种面积（市亩）	其它面积（市亩）	农付业雇入			
									长工		短工	
									人数	工資（元）	工数（工）	工資（元）
甲	79	80	81	82	83	84	85	86	87	88	89	90
合計									2	104.96	2471	1140.88
地主												
富农											101	63.63
中农									2	104.96	780	359.88
貧农											95	57.05
雇农												
工商业主											730	307.27
工人											165	107.55
其它农户											600	245.50

阶級	农付业出雇				房屋間数（間）	家畜头数				主要生产				
	长工		短工											
	人数	工資（ ）	工数	工資（元）		牛、馬、騾（头）	猪（头）	羊（只）	兎（只）	抽水机（部）	水車（部）	旧式犁（張）	打谷机（部）	船（条）
甲	91	92	93	94	95	96	97	98	99	100	101	102	103	104
合計			1382	640.15	102.50		48	29		1	5.50	1	2.25	29
地主														
富农					5		4				2			6
中农			60	30.00	27		12	2		1	2.50	1	0.25	9
貧农			500	206.90	13		7	5						
雇农			190	110.20									1	2
工商业主			47	18.00	24		5	6			1			6
工人			385	150.45	19.50		14	2						
其它农户			200	124.60	14		6	14					1	6

阶級	工具						植物栽培收入	蚕茧								
								春蚕			夏蚕			秋蚕		
	蚕（只）	蚕台（張）	耙（把）	織布机（台）	魚网（条）	其他（件）	（ ）	蚕种（張）	产量（市斤）	产値（ ）	蚕种（張）	产量（市斤）	产値（ ）	蚕种（張）	产量（市斤）	产値（ ）
甲	105	106	107	108	109	110	111	112	113	114	115	116	117	118	119	120
合計	889	92				27										
地主																
富农	70	7				2										
中农	254	26				5										
貧农	135	13														
雇农																
工商业主	145	15				1										
工人	155	17														
其它农戶	130	14				19										

阶級	出售家畜收入			出雇收入	其它付业收入						在外人口寄回	出售財物收入	其它收入	其中：剝削收入	收入合計
	猪（ ）	羊（ ）	其它（ ）		商品性手工业（ ）	独立工匠（ ）	教书行医（ ）	經商（ ）	运输（ ）	其它（ ）	（ ）	（ ）	（ ）	（ ）	（ ）
甲	121	122	123	124	125	126	127	128	129	130	131	132	133	134	135
合計															
地主															
富农															
中农															
貧农															
雇农															
工商业主															
工人															
其它农戶															

白水营 村村戶的自然机械及阶級性变化統計表（自1936年至1948年）

	期初戶数	原戶的自然及机械变化						期末原阶級戶数	原戶的阶級性变化						期末新阶級戶数	其中来自：								期内迁入新戶	期末总戶数
		分家的母戶数	分家增加戶数	减少戶数					增加戶数			减少戶数				地主	富农	中农	贫农	雇农	工商业主	工人	其他		
				併戶	有嗣絶灭	无嗣絶灭	迁出		下升	上降	轉入	上升	下降	轉出											
合計	53	2	3	1	3		5	47	1		16	1		16	47		1	7	12		8	10	9	1	48
地主	[illegible]								1						1		1								1
富农	1							1				1													
中农	5	1	2					7			5			2	10			5			3	2			10
贫农	14			1			1(6)	12			3				15				12			1	2		15
雇农	1						1(2)																		
工商业主	8							8			2			5	5						3		2		5
工人	14				3		1(8)	10			4			4	10			1			2	6	1	1	11
其他	10	1	1				2(9)	9			2			5	6			1				1	4		6

江苏 省 无锡 县(市) 白水荡 村庄 1936年

	户数	雇入户数			出雇户数			典入户数	典出户数	租入户数	租出户数	有耕畜户数	其中：有马骡户数	养猪户数
		长工	短工	长短工	长工	短工	长短工							
甲	1	2	3	4	5	6	7	8	9	10	11	12	13	14
合　计	53	1	28	1		17			4	45	9			[illegible]
地　主														
富　农	1		1							1	1			1
中　农	5		5						1	5	2(2)			4
贫　农	14		6			10			1	14	1			5
雇　农	1					1				1				
工商业主	8	1	7	1		1			1	5	2			4
工　人	14		5			3			1	11	3			3
其它村户	10		4			2				8				5

江苏省无锡（市）县 東峰 乡 利农 社 白水蕩 村庄

1936 年汇总资料

阶級	戶口	总人口数			常住人口			其中：劳动力				年內出生人数	年內死亡人数
		合計	男	女	合計	男	女	合計	男	女	参加劳动者		
甲	1	2	3	4	5	6	7	8	9	10	11	12	13
合計	53	260	130	130	218	107	111	118	54	64	118	3	4
地主													
富农	1	8	5	3	7	4	3	4	1	3	4		1
中农	5	26	13	13	24	12	12	13	6	7	13		
貧农	14	58	28	30	57	27	30	29	13	16	29	1	1
雇农	1	2	2		2	2		1	1		1		
工商业主	8	46	24	22	36	~~16~~ 20	16	19	9	10	19	1	
工人	14	66	30	36	44	17	27	23	10	13	23		1
其它村戶	10	54	28	26	48	25	23	29	14	15	29	1	1

阶級	职业情况												
	主业										农民兼业		
	农民	手工业者	产业工人	教师	医生	其它自由职业者	小商贩	工商业主	家务劳动者	其它劳动者	手工业	小商贩	其它
甲	14	15	16	17	18	19	20	21	22	23	24	25	26
合計	~~95~~ 92	8	5						13		32		1
地主													
富农	2								2				
中农	13										4		
貧农	26								3		8		
雇农	1												
工商业主	12	1	1						5		7		
工人	15 ~~16~~ 14	3	4						1		5		
其它村戶	23	4							2		8		1

阶級	文化狀况									在外人口		
	7至13岁的学龄儿童	其中：在学人数	14岁以上的人数	文盲	初小程度	高小程度	初中程度	高中程度	大学程度	合計	男	女
甲	27	28	29	30	31	32	33	34	35	36	37	38
合計	41	16	129	93	26	7	3			42	23	19
地主												
富农			5	3	2					1	1	
中农	6	3	15	9	4	2				2	1	1
貧农	13	4	33	27	3	2	1			1	1	
雇农	1		1	1								
工商业主	8	6	20	14	4	1	1			10	4	6
工人	8		25	22	3					22	13	9
其它村戶	5	3	30	17	10	2	1			6	3	3

阶級	其中：劳动力			职业情况											
	合計	男	女	农民	手工业者	产业工人	教师	医生	其它自由职业者	小商販	工商业主	店員	軍政人員	家务劳动者	其它劳动者
甲	39	40	41	42	43	44	45	46	47	48	49	50	51	52	53
合計	31	18	13	21	8	13		1			1	2		3	2
地主															
富农	1	1										1			
中农	1	1				1									
貧农	1	1				1									
雇农		[illegible]													
工商业主	5	3	2		1			1			1			2	
工人	17	9	8	丰	6	9						手		1	1
其它农戶	6	3	3	1	1	2						1			1

阶级	在外人口的文化状况									占有土地		典入土地	
	7至13岁的学龄儿童	其中：在学人数	14岁以上的人数	文盲	初小程度	高小程度	初中程度	高中程度	大学程度	計（市亩）	其中：农业用地(市亩)	計（市亩）	其中：农业用地（市亩）
甲	54	55	56	57	58	59	60	62	62	63	64	65	66
合 計	4	2	32	17	8	5	2			175.51	153.49		
地 主													
富 农			1			1				21.37	20.67		
中 农			2	1	1					41.74	36.58		
貧 农			1	1						22.59	18.62		
雇 农													
工商业主	1	1	5	1	2	1	1			47.44	42.21		
工 人	3	1	17	11	4	1	1			28.82	25.66		
其它村户			6	3	1	2				13.55	9.75		

阶級	典出土地		租入农业用地					租出农业用地				
			谷租			錢租		谷租			錢租	
	計（市亩）	其中：农业用地(市亩)	面积（市亩）	租額 糙米（市斤）	租額 小麦（市亩）	面积（市亩）	租額(糙米市斤)	面积（市亩）	租額 糙米（市斤）	租額 小麦（市斤）	面积（市亩）	租額（元）
甲	67	68	69	70	71	72	73	74	75	76	77	78
合 計	7.93	7.78	102.08	16353		16.10	126.80	27.16	4163		3.18	34.34
地 主												
富 农			1.10	176				10.60	1568			
中 农	3.33	3.18	11.75	2120				0.50	80		3.18	34.34
貧 农	1.00	1.00	43.03	7229		5.05	32.60	1.00	156			
雇 农		—	1.90	158								
工商业主	2.50	2.50	10.65	1611		3.15	20.60	5.90	921			
工 人	1.10	1.10	17.54	2875		3.20	32.60	9.16	1438			
其它农戶			16.15	2184		4.70	41.00					

阶　級	使用农地面积（市亩）	稻的播种面积（市亩）	小麦的播种面积（市亩）	桑的現有面积（市亩）	其中：可采桑的面积（市亩）	果园的面积（市亩）	大豆的播种面积（市亩）	其它面积（市亩）	农村业雇入			
									長工		短工	
									人数	工資（元）	工数（工）	工資（元）
甲	79	80	81	82	83	84	85	86	87	88	89	90
合　計	241.34	170.22	161.94	71.12	69.77		3.40	27.40	2	104.96	24.71	1140.88
地　主												
富　农	11.17	7.42	6.30	3.75	3.75			0.70			101	63.63
中　农	44.65	29.97	27.70	14.68	14.68		2.00	2.60			508	236.44
貧　农	65.70	53.55	51.76	12.15	12.15			10.40			205	128.10
雇　农	1.90	1.30	1.30	0.60	0.60			0.60				
工商业主	50.11	34.37	33.12	15.74	14.38			5.40	2	104.96	1199	487.41
工　人	37.21	23.60	22.70	13.61	13.61			3.90			128	82.40
其它农戶	30.60	20.01	19.06	10.59	10.59		1.40	3.80			330	142.90

阶　級	农村业出雇				房屋間数（間）	家畜头数				主要生产				
	長工		短工			牛、馬、騾（头）	猪（头）	羊（只）	兎（只）	抽水机（部）	水車（部）	旧式犁（張）	打谷机（部）	船（条）
	人数	工資（　）	工数	工資（元）										
甲	91	92	93	94	95	96	97	98	99	100	101	102	103	104
合　計			1429	658.15	102.50		48	29		1	5.50	1	2.25	29
地　主														
富　农					5.00		4				2.00			6
中　农					22.00		9	4			1.50			8
貧　农			774	306.80	21.50		18	12					1.00	3
雇　农			190	110.20										
工商业主			60	30.00	21.50		7	3		1	2	1	1.25	8
工　人			325	160.75	19.50		4	2						
其它农戶			80	50.40	13.00		6	8						4

阶級	工具						植物栽培收入	蚕茧								
								春蚕			夏蚕			秋蚕		
	蚕（只）	蚕台（張）	耙（把）	織布机（台）	魚网（条）	其他（件）	（元）	蚕种（張）	产量（市斤）	产值（元）	蚕种（張）	产量（市斤）	产值（元）	蚕种（張）	产量（市斤）	产值（元）
甲	105	106	107	108	109	110	111	112	113	114	115	116	117	118	119	120
合計	889	92				27	5645.06	72.25	2480	855.65	2.75	95	29.78	25.05	818	240.38
地主																
富农	70	7				2	264.47	6.00	180	62.10				3.00	120	33.96
中农	201	20				3	1036.76	19.50	700	241.50	0.50	25	8.63	8.00	245	69.34
貧农	162	18					1625.24	12.55	395	136.29				4.25	122	34.53
雇农	[illegible]	[illegible]					35.38									
工商业主	129	14				3	1124.35	12.70	470	162.16	1.00	30	7.35	2.90	110	31.13
工人	193	20					730.49	8.75	315	108.69				3.50	113	31.98
其它农戶	134	13				19	778.37	12.75	420	144.91	1.25	40	13.80	3.40	108	39.45

阶級	出售家畜收入			出雇收入	其它付业收入						在外人口寄回	出售財物收入	其它收入	其中：剝削收入	收入合計
	猪（元）	羊（元）	其它（元）	元	商品性手工业（元）	獨立工匠（元）	教书行医（元）	經商（元）	运輸（元）	其它（元）	（元）	（元）	（元）	（元）	（元）
甲	121	122	123	124	125	126	127	128	129	130	131	132	133	134	135
合計	1072.00	42.60		658.15	1984.00	1154.20	250.00			1121.90	1849.00	865.00	4453.53	3318.01	20221.26
地主															
富农	115.20									20.00			1028.70	1028.70	1524.43
中农	244.80	6.60			160.00	120.00				54.20	120.00		440.10	438.10	2501.93
貧农	237.20	10.40		306.80						139.50	120.00	160.00	207.33	87.33	3027.29
雇农				110.20									10.00		155.58
工商业主	202.00			30.00	1159.00					331.00	200.00	600.00	2921.29	1676.29	6168.28
工人	98.20	2.40		160.75		450.20				250.00	1099.00	105.00	103.61	87.59	3145.32
其它农戶	177.60	23.20		50.40	665.00	584.00	250.00			3109.20 (319.20)	310.00		342.50		3698.43

1948年前斗36年　江苏　省　[illegible]　县（市）白水荡　村庄

	户数	雇入户数			出雇户数			典入户数	典出户数	租入户数	租出户数	有耕畜户数	其中有耕畜户数	养猪户数
		长工	短工	长短工	长工	短工	长短工							
甲	1	2	3	4	5	6	7	8	9	10	11	12	13	14
合計	47		27			13				37	7			25
地主											[illegible]			
富农	1		1							1	1			1
中农	7		5			1				5	1			4
貧农	12		6			5				8 10	1			5
雇农														
工商业主	8		6			1				6	2			5
工人	10		4			3				[illegible] 6	2			4
其它村户	9		5			3				9				6

1948年前年1936年

江苏省无锡（市）县東峰乡利农社白水荡村庄

年汇总資料

阶級	戶口	总人口数			常住人口			其中：劳动力				年內出生人数	年內死亡人数
		合計	男	女	合計	男	女	合計	男	女	参加劳动者		
甲	1	2	3	4	5	6	7	8	9	10	11	12	13
合計	47	261	142	119	186	88	98	97	36	61	96	4	1
地主													
富农	1	11	8	3	3	1	2	3	1	2	3		
中农	7	39	20	19	24	11	13	14	4	10	14		
貧农	12	61	32	29	54	27	27	28	10	18	28	3	1
雇农													
工商业主	8	42	23	19	22	8	14	14	6	8	13		
工人	10	54	30	24	40	20	20	18	4	14	18		
其它村戶	9	54	29	25	43	21	22	20	11	9	20	1	

阶級	职业情况												
	主业										农民兼业		
	农民	手工业者	产业工人	教师	医生	其它自由职业者	小商販	工商业主	家务劳动者	其它劳动者	手工业	小商販	其它
甲	14	15	16	17	18	19	20	21	22	23	24	25	26
合計	78	4					1		13		16	7	
地主													
富农	2								1				
中农	13								1		2		
貧农	21	2							5		5		
雇农													
工商业主	9	1							3		1	8	
工人	15	1					1		1		3		
其它村戶	18								2		5		

阶級	文化状况									在外人口		
	7至13岁的学龄儿童	其中：在学人数	14岁以上的人数	文盲	初小程度	高小程度	初中程度	高中程度	大学程度	合計	男	女
甲	27	28	29	30	31	32	33	34	35	36	37	38
合計	38	27	115	74	29	9	3			75	54	21
地主												
富农			3	2	1					8	7	1
中农	4	2	14	9	3	2				15	9	6
貧农	13	11	33	23	7	2	1			7	5	2
雇农												
工商业主	1	1	19	11	6		2			20	15	5
工人	9	8	24	19	4	1				14	10	4
其它村戶	11	5	22	10	8	4				11	8	3

阶級	其中：劳动力			职业情况											
	合計	男	女	农民	手工业者	产业工人	教师	医生	其它自由职业者	小商贩	工商业主	店員	軍政人員	家务劳动者	其它劳动者
甲	39	40	41	42	43	44	45	46	47	48	49	50	51	52	53
合計	51	39	12		9	29				2	2	2		8	
地主															
富农	2	1	1								1			1	
中农	8	6	2			5					1			2	
貧农	6	4	2			5								1	
雇农															
工商业主	14	11	3		4	4								3	
工人	13	10	3		3	8				2					
其它农戶	8	7	1		2	3						2		1	

阶级	在外人口的文化状况									占有土地		典入土地	
	7至13岁的学龄儿童	其中：在学人数	14岁以上的人数	文盲	初小程度	高小程度	初中程度	高中程度	大学程度	計（市亩）	其中：农业用地（市亩）	計（市亩）	其中：农业用地（市亩）
甲	54	55	56	57	58	59	60	61	62	63	64	65	66
合計	10	8	52	11	21	11	8		1	191.83	170.34		
地主													
富农	3	3	3	1		1	1			21.37	20.67		
中农	3	2	8	2	4	1	1			47.18	42.30		
貧农			6	2	1	3				31.[illegible] (6)	27.44		
雇农													
工商业主	2	1	~~17~~ 15	3	6	2	3		1	43.44	42.21		
工人			12	2	7	1	2			29.25	26.69		
其它村户	2	2	8	1	3	3	1			14.83	11.03		

阶级	典出土地		租入农业用地					租出农业用地				
			谷租			錢租		谷租			錢租	
	計（市亩）	其中：农业用地（市亩）	面积（市亩）	租額 糙米（市斤）	租額 小麦（市亩）	面积（市亩）	租額（糙米市斤）	面积（市亩）	租額 糙米（市斤）	租額 小麦（市斤）	面积（市亩）	租額（ ）
甲	67	68	69	70	71	72	73	74	75	76	77	78
合計												
地主												
富农												
中农												
貧农												
雇农												
工商业主												
工人												
其它农戶												

阶　級	使用农地面积（市亩）	稻的播种面积（市亩）	小麦的播种面积（市亩）	桑的現有面积（市亩）	其中：可采桑的面积（市亩）	果园的面积（市亩）	大豆的播种面积（市亩）	其它面积（市亩）	农付业雇入			
									长工		短工	
									人数	工資（　）	工数（工）	工資（　）
甲	79	80	81	82	83	84	85	86	87	88	89	90
合　計											2482	25520
地　主												
富　农											121	1513
中　农											424	4317
貧　农											349	3708
雇　农												
工商业主											651	6243
工　人											92	1168
其它农戶											845	8571

阶　級	农付业出雇				房屋間数（間）	家畜头数				主要生产				
	长工		短工											
	人数	工資（　）	工数	工資（　）		牛、馬、騾（头）	猪（头）	羊（只）	兎（只）	抽水机（部）	水車（部）	旧式犁（張）	打谷机（部）	船（条）
甲	91	92	93	94	95	96	97	98	99	100	101	102	103	104
合　計			1137	9952	100.50		40	23	2		1	1	5.50	10
地　主														
富　农					5.00		4						1.00	
中　农			5	63	21.00		6	7						3
貧　农			472	4314	23.00		7	6					2.25	
雇　农														
工商业主			150	1350	23.00		8		2		1	1	1.25	4
工　人			240	2410	15.50		5	3						
其它农戶			270	1815	13.00		10	7					1.00	3

阶級	工具						植物栽培收入	蚕茧								
								春蚕			夏蚕			秋蚕		
	蚕（只）	蚕台（張）	耙（把）	織布机（台）	魚网（条）	其他（件）	（ ）	蚕种（張）	产量（市斤）	产値（ ）	蚕种（張）	产量（市斤）	产値（ ）	蚕种（張）	产量（市斤）	产値（ ）
甲	105	106	107	108	109	110	111	112	113	114	115	116	117	118	119	120
合計	655	(73.50)				19										
地主																
富农	27	3														
中农	177	18				1										
貧农	130	16														
雇农																
工商业主	99	12				1										
工人	139	15														
其它农戶	83	9.50				17										

阶級	出售家畜收入			出雇收入	其它付业收入						在外人口寄回（ ）	出售財物收入（ ）	其它收入（ ）	其中：剝削收入（ ）	收入合計（ ）
	猪（ ）	羊（ ）	其它（ ）		商品性手工业（ ）	独立工匠（ ）	敎书行医（ ）	經商（ ）	运輸（ ）	其它（ ）					
甲	121	122	123	124	125	126	127	128	129	130	131	132	133	134	135
合計															
地主															
富农															
中农															
貧农															
雇农															
工商业主															
工人															
其它农戶															

白水蕩 村村户的自然机械及阶級性变化統計表（自1948年至1957年）

	期初户数	原户的自然及机械变化						期末原阶級户数	原户的阶級性变化						期末新阶級户数	其中来自：								期内迁入新户	期末总户数
		分家的母户数	分家增加户数	減少户数					增加户数			減少户数													
				併户	有嗣絕灭	无嗣絕灭	迁出		下升	上降	轉入	上升	下降	轉出		地主	富农	中农	貧农	雇农	工商业主	工人	其他		
合計	48	1	2				4	46	11	2	20	11	2	20	46	1		10	15		5	9	6	7	53
地主	1							1					1												
富农																									
中农	10							10	11	1	16		1		上21 下16 37	1		9	11		5	6	5	1 上4 4 下4	22 20
貧农	15							15		1	4	11			9			1	4			3	1	2	11
雇农																									
工商业主	5							5						5											
工人	11	1	2				4(15)	9						9											
其他	6							6						6											

江苏 省 无锡 县（市） 白水荡 村庄 1948年

甲	户数	雇入户数			出雇户数			典入户数	典出户数	租入户数	租出户数	有耕畜户数	其中：有马骡户数	养猪户数
		长工	短工	长短工	长工	短工	长短工							
甲	1	2	3	4	5	6	7	8	9	10	11	12	13	14
合　计	48		28			13				38	7			26
地　主	1		1							1	1			1
富　农														
中　农	10		8			2				7	3			9
贫　农	15		8			6				13	1			7
雇　农														
工商业主	5		4							4	1			4
工　人	11		4			3				9	1			3
其它村户	6		3			2				4				2

江苏省无锡（市）县东峰乡利农社白水荡村庄

1948年汇总资料

阶级	户口	总人口数			常住人口			其中：劳动力				年内出生人数	年内死亡人数
		合計	男	女	合計	男	女	合計	男	女	参加劳动者		
甲	1	2	3	4	5	6	7	8	9	10	11	12	13
合計	48	264	143	~~123~~121	188	88	100	~~100~~98	~~38~~36	62	~~98~~97	4	1
地主	1	11	8	3	3	1	2	3	1	2	3		
富农													
中农	10	60	30	30	37	14	23	21	5	16	20		
貧农	15	82	45	37	73	38	35	31	11	20	31	3	1
雇农													
工商业主	5	32	16	16	18	7	11	10	5	5	10	1	
工人	11	47	28	19	37	19	18	20	7	13	20		
其宅村戶	6	32	16	16	20	9	11	13	7	6	13		

阶級	职业情况												
	主业										农民兼业		
	农民	手工业者	产业工人	教师	医生	其宅自由职业者	小商販	工商业主	家务劳动者	其宅劳动者	手工业	小商販	其宅
甲	14	15	16	17	18	19	20	21	22	23	24	25	26
合計	~~80~~79	4					1		13		16		
地主	2								1				
富农													
中农	17								3		2		
貧农	24	2							5		6		
雇农													
工商业主	8	1							1		2		
工人	~~18~~17	1							2		5		
其宅村戶	11						1		1		1		

阶級	文化状况									在外人口		
	7至13岁的学龄儿童	其中：在学人数	14岁以上的人数	文盲	初小程度	高小程度	初中程度	高中程度	大学程度	合計	男	女
甲	27	28	29	30	31	32	33	34	35	36	37	38
合計	38	~~28~~27	~~120~~117	76	29	9	3			76	55	~~21~~ (21)
地主			3	2	1					8	7	1
富农												
中农	5	4	24	17	6	1				23	16	7
貧农	19	16	38	27	8	2	1			9	7	2
雇农												
工商业主	2		13	6	3	2	2			14	9	5
工人	~~7~~6	~~5~~4	~~28~~26	~~18~~18	~~8~~6	2				10	9	~~2~~1
其它村戶	6	3	13	6	5	2				12	7	5

阶級	其中：劳动力			职业情况											
	合計	男	女	农民	手工业者	产业工人	教师	医生	其它自由职业者	小商販	工商业主	店員	軍政人員	家务劳动者	其它劳动者
甲	39	40	41	42	43	44	45	46	47	48	49	50	51	52	53
合計	52	40	12		9	26				2	2	2		8	
地主	2	1	1								1			1	
富农															
中农	16	13	3		3	9					1			2	
貧农	8	6	2			6						1		1	
雇农															
工商业主	8	5	3			3								3	
工人	10	9	~~2~~1		4	~~17~~6									
其它农戶	8	6	2		2	2				2		1		1	

阶 級	在外人口的文化状况									占有土地		典入土地	
	7至13岁的学龄儿童	其中：在学人数	14岁以上的人数	文盲	初小程度	高小程度	初中程度	高中程度	大学程度	計（市亩）	其中：农业用地(市亩)	計（市亩）	其中：农业用地（市亩）
甲	54	55	56	57	58	59	60	61	62	63	64	65	66
合 計	10	8	53	11	21	12	8		1	192.93	171.09		
地 主	3	3	3	1		1	1			21.37	20.67		
富 农													
中 农	4	2	15	3	9		2		1	73.98	67.10		
貧 农			7	2	1	3	1			37.48	32.34		
雇 农													
工商业主	1	1	10	2	5	1	2			27.40	23.20		
工 人			10	2	4	2	2			22.08	18.90		
其它村戶	2	2	8	1	2	5				10.62	8.88		

阶 級	典出土地		租入农业用地					租出农业用地				
			谷租			錢租		谷租			錢租	
	計（市亩）	其中：农业用地(市亩)	面积（市亩）	租額 糙米（市斤）	租額 小麦（市亩）	面积（市亩）	租額（糙米市斤）	面积（市亩）	租額 糙米（市斤）	租額 小麦（市斤）	面积（市亩）	租額（ ）
甲	67	68	69	70	71	72	73	74	75	76	77	78
合 計			68.90	11051		12.50	2,11	28.60	4603			
地 主			1.10	176				10.60	1568			
富 农												
中 农			8.78	1491		2.50	400	3.35	533			
貧 农			29.42	4917		4.55	693	1.00	156			
雇 农												
工商业主			15.50	2525		1.60	343	9.55	1706			
工 人			12.00	1598		1.25	363	4.10	640			
其它农戶			2.10	344		2.60	312					

阶級	使用农地面积（市亩）	稻的播种面积（市亩）	小麦的播种面积（市亩）	桑的現有面积（市亩）	其中：可采桑的面积（市亩）	果园的面积（市亩）	大豆的播种面积（市亩）	其它面积（市亩）	农村业雇入 长工 人数	农村业雇入 长工 工資（ ）	农村业雇入 短工 工数（工）	农村业雇入 短工 工資（市斤）
甲	79	80	81	82	83	84	85	86	87	88	89	90
合計	224.11	156.61	149.31	79.74	79.74		3.00	25.00			2502	25770
地主	11.17	7.42	7.30	2.75	2.75		1.00	0.50			121	1513.00
富农												
中农	75.03	50.84	48.15	24.19	24.19			5.80			539	5685
貧农	65.52	50.64	48.64	28.12	28.12		1.00	10.00			424	4614
雇农												
工商业主	30.75	23.61	22.36	7.14	7.14		1.00	2.60			1070	10400
工人	28.05	17.63	16.80	10.42	10.42			3.70			60	780
其它农戶	13.59	6.47	6.06	7.12	7.12			2.40			295	2778

阶級	农村业出雇 长工 人数	农村业出雇 长工 工資（ ）	农村业出雇 短工 工数	农村业出雇 短工 工資（市斤）	房屋間数（間）	家畜头数 牛、馬、騾（头）	家畜头数 豬（头）	家畜头数 羊（只）	家畜头数 兎（只）	主要生产 抽水机（部）	主要生产 水車（部）	主要生产 旧式犁（張）	主要生产 打谷机（部）	主要生产 船（条）
甲	91	92	93	94	95	96	97	98	99	100	101	102	103	104
合計			1137	9952	101.50		41	23	2		1	1	5.50	10
地主					5		4						1	
富农														
中农			155	1413	31		13	7	2			1	0.25	4
貧农			592	5124	28.50		10	9					2.25	
雇农														
工商业主					12.50		6				1		2	3
工人			240	2410	15		5	7						1
其它农戶			150	1005	9.50		3							2

阶級	工具 蚕(只)	蚕台(張)	耙(把)	織布机(台)	魚网(条)	其他(件)	植物栽培收入(市斤)	蚕茧 春蚕 蚕种(張)	产量(市斤)	产値(市斤)	夏蚕 蚕种(張)	产量(市斤)	产値(市斤)	秋蚕 蚕种(張)	产量(市斤)	产値(市斤)
甲	105	106	107	108	109	110	111	112	113	114	115	116	117	118	119	120
合計	664	74.50				19	103249	69.95	2707	16842				33.75	1180	5624
地主	27	3					4735	6.00	180	1141				3.00	100	474
富农																
中农	226	25				2	31884	24.45	924	5858				13.45	456	2163
貧农	154	20					35025	19.00	763	4614				6.30	211	1016
雇农																
工商业主	71	8					14669	5.00	260	1648				3.50	130	616
工人	111	11					11752	9.25	360	2282				4.25	161	763
其它农戶	75	7.50				17	5184	6.25	220	1299				3.25	122	592

阶級	出售家畜收入 猪(市斤)	羊(市斤)	其它( )	出雇收入	其它付业收入 商品性手工业(市斤)	独立工匠(市斤)	教书行医(市斤)	經商(市斤)	运輸(市斤)	其它(市斤)	在外人口寄回(市斤)	出售財物收入(市斤)	其它收入(市斤)	其中：剝削收入(市斤)	收入合計(市斤)
甲	121	122	123	124	125	126	127	128	129	130	131	132	133	134	135
合計	27178	690		9952	23947	15550	312	1730		6409	58350	422	21680	19963	291935
地主	2496									320			1568	1568	10734
富农															
中农	7920	210		1413	6270					634	8198	110	5763	4973	70423
貧农	7208	270		5124	2030	156	312			3082	8288		5965	5148	73090
雇农															
工商业主	4194				14087	4248				156		312	6386	6386	46316
工人	2992	210		2410	~~1980~~	11146				648	35780	~~66~~	1933	1888	69916
其它农戶	2368			1005	1560			1730		1569	6084		65		21456

江苏 省 无锡 县（市） 白水荡 村庄 1957年第年

甲	户数	雇入户数			出雇户数			典入户数	典出户数	租入户数	租出户数	有耕畜户数	其中：有骡马户数	养猪户数
		长工	短工	长短工	长工	短工	长短工							
	1	2	3	4	5	6	7	8	9	10	11	12	13	14
合计	46													24
地主	1													
富农														
中农	10													7
贫农	15													9
雇农														
工商业主	5													3
工人	9													3
其它村户	6													2

江苏省无锡（市）县 东绛 乡 利农 社 白水荡 村庄 1957年第年

年汇总資料

阶級	戶口	总人口数			常住人口			其中：劳动力				年內出生人数	年內死亡人数
		合計	男	女	合計	男	女	合計	男	女	參加劳动者		
甲	1	2	3	4	5	6	7	8	9	10	11	12	13
合計	46	292	159	133	150	59	91	70	19	51	67	4	5
地主	1	10	7	3	2	1	1	1		1	1		
富农													
中农	10	67	32	35	31	9	22	15	4	11	13	1	1
貧农	15	85	50	35	53	23	30	29	9	20	28	1	
雇农													
工商业主	5	36	18	18	14	5	9	7	2	5	7		
工人	9	52	27	25	29	10	19	11	2	9	11	1	3
其它村戶	6	42	25	17	21	11	10	7	2	5	7	1	1

阶級	职业情况												
	主业										农民兼业		
	农民	手工业者	产业工人	教师	医生	其它自由职业者	小商販	工商业主	家务劳动者	其它劳动者	手工业	小商販	其它
甲	14	15	16	17	18	19	20	21	22	23	24	25	26
合計	51	1							14		9		
地主									1				
富农													
中农	10								3		1		
貧农	23								4		4		
雇农													
工商业主	5								2				
工人	9								2		3		
其它村戶	4	1							2		1		

阶級	文化状况									在外人口		
	7至13岁的学龄儿童	其中：在学人数	14岁以上的人数	文盲	初小程度	高小程度	初中程度	高中程度	大学程度	合計	男	女
甲	27	28	29	30	31	32	33	34	35	36	37	38
合計	31	29	94	53	16	17	8			142	100	42
地主			1	1						8	6	2
富农												
中农	8	8	19	10	2	3	4			36	23	13
貧农	11	9	37	22	4	10	1			32	27	5
雇农												
工商业主	2	2	9	5	2	1	1			22	13	9
工人	7	7	15	10	2	2	1			23	17	6
其它村戶	3	3	13	5	6	1	1			21	14	7

阶級	其中：劳动力			职业情况											
	合計	男	女	农民	手工业者	产业工人	教师	医生	其它自由职业者	小商販	工商业主	~~店員~~	[illegible] ~~軍政人員~~	家务劳动者	其它劳动者
甲	39	40	41	42	43	44	45	46	47	48	49	50	51	52	53
合計	91	64	27		6	43					1		4	21	9
地主	5	4	1			3									1
富农															
中农	23	17	6			12							2	5	1
貧农	24	20	4		2	13								4	3
雇农															
工商业主	12	5	7			6					1			5	2
工人	15	10	5		2	6								4	2
其它农戶	12	8	4		2	3							2	3	

阶級	在外人口的文化状况									占有土地		典入土地	
	7至13岁的学龄儿童	其中：在学人数	14岁以上的人数	文盲	初小程度	高小程度	初中程度	高中程度	大学程度	計（市亩）	其中：农业用地(市亩)	計（市亩）	其中：农业用地（市亩）
甲	54	55	56	57	58	59	60	61	62	63	64	65	66
合計	12	11	99	10	25	22	30	9	3				
地主	1	1	6	1			3	2					
富农													
中农	3	3	24	4	5	5	7	2	1				
貧农	3	3	24	1	7	7	7	2					
雇农													
工商业主	2	2	16		7	3	4		2				
工人	1		16	3	5	2	5	1					
其它村戶	2	2	13	1	1	5	4	2					

阶級	典出土地		租入农业用地					租出农业用地				
			谷租			錢租		谷租			錢租	
	計（市亩）	其中：农业用地(市亩)	面积（市亩）	租額 糙米（市斤）	租額 小麦（市亩）	面积（市亩）	租額（糙米市斤）	面积（市亩）	租額 糙米（市斤）	租額 小麦（市斤）	面积（市亩）	租額（　）
甲	67	68	69	70	71	72	73	74	75	76	77	78
合計												
地主												
富农												
中农												
貧农												
雇农												
工商业主												
工人												
其它农戶												

阶級	使用农地面积（市亩）	稻的播种面积（市亩）	小麦的播种面积（市亩）	桑的現有面积（市亩）	其中：可采桑的面积（市亩）	果园的面积（市亩）	大豆的播种面积（市亩）	其它面积（市亩）	农付业雇入			
									長工		短工	
									人数	工資（　）	工数（工）	工資（　）
甲	79	80	81	82	83	84	85	86	87	88	89	90
合計												
地主												
富农												
中农												
貧农												
雇农												
工商业主												
工人												
其它农戶												

阶級	农付业出雇				房屋間数（間）	家畜头数				主要生产				
	長工		短工											
	人数	工資（　）	工数	工資（　）		牛、馬、驢（头）	猪（头）	羊（只）	兔（只）	抽水机（部）	水車（部）	旧式犁（張）	打谷机（部）	船（条）
甲	91	92	93	94	95	96	97	98	99	100	101	102	103	104
合計														
地主														
富农														
中农														
貧农														
雇农														
工商业主														
工人														
其它农戶														

阶級	工具						植物栽培收入	蚕茧								
								春蚕			夏蚕			秋蚕		
	蚕（只）	蚕台（張）	耙（把）	織布机（台）	魚网（条）	其他（件）	（ ）	蚕种（張）	产量（市斤）	产值（ ）	蚕种（張）	产量（市斤）	产值（ ）	蚕种（張）	产量（市斤）	产值（ ）
甲	105	106	107	108	109	110	111	112	113	114	115	116	117	118	119	120
合計																
地主																
富农																
中农																
貧农																
雇农																
工商业主																
工人																
其它农戶																

阶級	出售家畜收入			出雇收入	其它付业收入						在外人口寄回	出售財物收入	其它收入	其中：剝削收入	收入合計
	猪（ ）	羊（ ）	其它（ ）		商品性手工业（ ）	独立工匠（ ）	教书行医（ ）	経商（ ）	运输（ ）	其它（ ）	（ ）	（ ）	（ ）	（ ）	（ ）
甲	121	122	123	124	125	126	127	128	129	130	131	132	133	134	135
合計											8480.00				
地主											50.00				
富农															
中农											1350.00				
貧农											2877.00				
雇农											[illegible]				
工商业主											1068.00				
工人											1812.00				
其它农戶											1323.00				

1929—1957年无锡农村经济调查资料

唐家宕村

唐家岩 村村户的自然机械及阶級性變化統計表（自1929年至1936年）

	期初户数	原户的自然及机械變化：分家的母户数	分家增加户数	減少户数：併户	有嗣絕灭	无嗣絕灭	迁出	期末原阶級户数	原户的阶級性變化：增加户数：下升	上降	轉入	減少户数：上升	下降	轉出	期末新阶級户数	其中来自：地主	富农	中农	貧农	雇农	工商业主	工人	其他	期内迁入新户	期末总户数
合計	94	6	6	-	1	2	3	94	2	5	4	2	5	4	94	1	2	23	56	1	-	5	6	2	96
地主	1	-	-		-	-	-	1	1	-	-	-	-	-	2	1	1	-	-	-		-	-	-	2
富农	2	-	-		-	-	-	2	1	-	-	1	-	-	2		1	1	-	-		-	-	-	2
中农	20	3	3		-	-	-	23		-	-	1	5	-	17			17	-	-		-	-	-	17
貧农	57	3	3		-	2	2(6)	56		5	1			1	61			5	55	-		-	1	1	62
雇农	1				-	-	-	1			-			-	1				-	1		-	-	-	1
工商业主	-				-	-	-	-			-			-	-				-	-		-	-	-	-
工人	6				-	-	1-(5)	5			3			-	8				1	-		5	2	1	9
其他	7				1	-		6						3	3				-	-		-	3	-	3

江苏 省 无锡 县（市） 唐家岸 村庄

1929年

	戶数	雇入戶数			出雇戶数			典入戶数	典出戶数	租入戶数	租出戶数	有耕畜戶数	其中有[illegible]戶数	养猪戶数
		长工	短工	长短工	长工	短工	长短工							
甲	1	2	3	4	5	6	7	8	9	10	11	12	13	14
合計	94	1	37	1	2	12		2	12	75	7	2		30
地主	1		1								1			
富农	2	1	2	1						2	1			2
中农	20		11			5		1		17	1	2		11
貧农	57		20			7			11	52	2			17
雇农	1				1									
工商业主														
工人	6		1		1			1		1	2			
其它村戶	7		2						1	3				

江苏省无锡(市)县 玉祁乡 玉中社 唐家岸村庄

1929 年汇总資料

阶級	戶口	总人口数			常住人口			其中：劳动力				年内出生人数	年内死亡人数
		合計	男	女	合計	男	女	合計	男	女	参加劳动者		
甲	1	2	3	4	5	6	7	8	9	10	11	12	13
合計	94	456	248	208	408	216	192	254	128	126	252	8	3
地主	1	5	2	3	3		3	2		2	2		
富农	2	8	4	4	8	4	4	7	3	4	6		
中农	20	99	47	52	99	47	52	60	29	31	~~60~~ 59	2	
貧农	57	289	162	127	264	145	119	165	84	81	164	5	3
雇农	1	3	2	1	2	2		1	1		1		
工商业主													
工人	6	27	15	12	17	9	8	9	4	5	9	1	
其它村戶	7	25	16	9	15	9	6	10	7	3	10		

阶級	职业情况												
	主业										农民兼业		
	农民	手工业者	产业工人	教师	医生	其它自由职业者	小商販	工商业主	家务劳动者	其它劳动者	手工业	小商販	其它
甲	14	15	16	17	18	19	20	21	22	23	24	25	26
合計	161	11	2			1	10	1	60	4	6	4	7
地主													
富农	2								4				
中农	48							1	11		1		3
貧农	108	8	2			1	4		38	3	5	3	4
雇农	1												
工商业主													
工人		3							5	1			1
其它村戶	2						6		2			1	

阶級	文化状况									在外人口		
	7至13岁的学龄儿童	其中：在学人数	14岁以上的人数	文盲	初小程度	高小程度	初中程度	高中程度	大学程度	合計	男	女
甲	27	28	29	30	31	32	33	34	35	36	37	38
合計	41	20	284	220	43	20	1			48	32	16
地主			3	3						2	2	
富农			8	5	1	2						
中农			66	49	11	5	1					
貧农	37	18	183	142	29	12				25	17	8
雇农			1	1						1	[illegible]	1
工商业主												
工人	2		11	10	1					10	6	4
其它村戶	2	2	12	10	1	1				10	7	3

阶級	其中：劳动力			职业情况											
	合計	男	女	农民	手工业者	产业工人	教师	医生	其它自由职业者	小商贩	工商业主	店員	軍政人員	家务劳动者	其它劳动者
甲	39	40	41	42	43	44	45	46	47	48	49	50	51	52	53
合計	38	25	13		6	10		1			1	7		3	9
地主	2	2						1							
富农		[illegible]						[illegible]							
中农															
貧农	21	14	7		4	6					1	2		1	7
雇农	1		1		1										
工商业主															
工人	6	3	3		1	4								1	
其它农戶	8	6	2									5		1	2

阶级	在外人口的文化状况									占有土地		典入土地	
	7至13岁的学龄儿童	其中：在学人数	14岁以上的人数	文盲	初小程度	高小程度	初中程度	高中程度	大学程度	計（市亩）	其中：农业用地（市亩）	計（市亩）	其中：农业用地（市亩）
甲	54	55	56	57	58	59	60	61	62	63	64	65	66
合計	3	1	40	25	12	2	1			334.08	311.19	1.06	1.00
地主			2			1	1			63.18	63.00		
富农										31.92	31.48		
中农										121.98	114.57	0.80	0.80
貧农	2		22	15	6	1				108.47	96.12		
雇农			1	1						~~6.61~~	~~4.85~~		
工商业主													
工人	1	1	6	4	2					6.61	4.85	0.26	0.20
其它村戶			9	5	4					1.92	1.17	~~2.80~~	~~2.80~~

阶級	典出土地		租入农业用地					租出农业用地				
			谷租			錢租		谷租			錢租	
	計（市亩）	其中：农业用地（市亩）	面积（市亩）	租額 糙米（市斤）	租額 小麦（市亩）	面积（市亩）	租額 元（~~糙米市斤~~）	面积（市亩）	租額 糙米（市斤）	租額 小麦（市斤）	面积（市亩）	租額（　）
甲	67	68	69	70	71	72	73	74	75	76	77	78
合計	26.80	26.80	292.36	35670	6933	3.10	24.00	69.46	9373	2012		
地主								60.00	8087	1872		
富农			1.95	332				1.75	210			
中农			72.09	8534	1678	0.20	1.00	1.00	112	31		
貧农	24.00	24.00	215.52	26455	5168			2.71	528	15		
雇农												
工商业主												
工人						0.40	3.00	4.00	436	94	~~75~~	
其它农戶	2.80	2.80	2.80	349	87	2.50	20.00					

阶級	使用农地面积（市亩）	稻的播种面积（市亩）	小麦的播种面积（市亩）	桑的現有面积（市亩）	其中：可采桑的面积（市亩）	果园的面积（市亩）	大豆的播种面积（市亩）	其它面积（市亩）	农付业雇入 长工		农付业雇入 短工	
									人数	工資（元）	工数（工）	工資（元）
甲	79	80	81	82	83	84	85	86	87	88	89	90
合計	537.19	404.80	277.53	114.39	113.92			19.03	2	113.88	883.5	515.96
地主	3.00			3.00	3.00						8	4.89 ~~4.00~~
富农	31.68	20.80	16.90	9.40	9.40			1.48	1	56.94	293	135.47
中农	185.86	140.03	90.60	39.04	38.97			6.79			303	199.06
貧农	308.93	241.57	167.63	58.15	57.75			10.24	1	56.94	253.5	158.81
雇农												
工商业主												
工人	1.25			1.05	1.05			0.20			5	2.50
其它农戶	6.47	2.40	2.40	3.75	3.75			0.32			21	15.23

阶級	农付业出雇 长工		农付业出雇 短工		房屋間数（間）	家畜头数				主要生产				
	人数	工資（元）	工数（工）	工資（元）		牛、馬、騾（头）	猪（头）	羊（只）	兎（只）	抽水机（部）	水車（部）	旧式犁（張）	打谷机（部）	船（条）
甲	91	92	93	94	95	96	97	98	99	100	101	102	103	104
合計	1	76.94 / 120.00	207	98.68	218	2	77.50	24		0.33	11.16	3	1.01	11.16
地主					2									
富农					15		23				1.33	1	0.50	5
中农			65	29.92	63.00	2	24.50	5		0.33	5.83	2	0.38	3.66
貧农			142	68.76	118		30	17			3		0.13	2.5
雇农	1	56.94												
工商业主														
工人	1	120.00			9						1			
其它农戶					11			2						1

阶級	工具						植物栽培收入	蚕茧								
								春蚕			夏蚕			秋蚕		
	蚕匾（只）	蚕台（張）	耙（把）	織布机（台）	魚网（条）	其他（件）	（元）	蚕种（張）	产量（市斤）	产値（元）	蚕种（張）	产量（市斤）	产値（元）	蚕种（張）	产量（市斤）	产値（元）
甲	105	106	107	108	109	110	111	112	113	114	115	116	117	118	119	120
合計	1792	174		26.5		5.25	13696.11	211.5	8297	3746.30	14	237	102.46	36.05	1229	905.79
地主	20	2					74.00	2	85	38.42				1	40	29.48
富农	150	15					820.94	10	424	191.65	2	50	22.69			
中农	534	51		8		1.25	4767.49	67.5	3007	1347.35	1	25	11.39	14.80	515	379.57
貧农	1006	98		17.5		4.	7710.72	125	4496	2040.06	11	162	68.56	19.75	639	470.94
雇农																
工商业主																
工人	52	5		1			30.28	3	120	54.24				0.5	15	11.06
其它农戶	30	3					192.68	4	165	74.58				0.5	20	14.74

阶級	出售家畜收入			出雇收入	其它付业收入						在外人口寄回	出售財物收入	其它收入	其中：剩馀收入	收入合計
	猪（元）	羊（元）	其它（ ）		商品性手工业（元）	独立工匠（元）	教书行医（元）	經商（元）	运輸（元）	其它（元）	（元）	（元）	（元）	（元）	（元）
甲	121	122	123	124	125	126	127	128	129	130	131	132	133	134	135
合計	981.04	77.21		275.62	339.13	417.40	40.00	650.00	252.00	419.81	1011.00	28.85	1244.71	947.45	24187.43
地主													488.59	488.59	630.49
富农	222.0				74								226.81	187.00	1658.00
中农	403.54	16.00		29.92	63.63			270.00		26.93			435.73	213.73	7751.46
貧农	355.50	53.21		68.76	199.50	319.40	40.00	148.00	120.00	266.88	774.00	28.85	68.42	58.63	12732.80
雇农				56.94											56.94
工商业主															
工人				120.00	2.00	98.00				126.00	185.00		25.16		651.74
其它农戶		8.00						232.00	132.00		52.00				706.00

江苏 省 玉部 县（市） 唐家岩 村庄

1936年前后典

	戶数	雇入戶数			出雇戶数			典入	典出	租入	租出	有耕畜	其中：有骡	养猪
		长工	短工	长短工	长工	短工	长短工	戶数	戶数	戶数	戶数	戶数	戶数	戶数
甲	1	2	3	4	5	6	7	8	9	10	11	12	13	14
合计	94	2	32	2	2	19	1	3	9	75	5	3	~~2~~	33
地主	1		1								1			
富农	2	2	2	2		~~[illegible]~~				2	1			2
中农	23		10			5		1		20		2	~~2~~	14
貧农	56		15		1	13	1	1	9	49	2	1		17
雇农	1				1									
工商业主														
工人	5		1			1		1		1	1			
其它村戶	6		3							3				

江苏省无锡（市）县 玉祁 乡 玉中 社 唐家巷 村庄

1936 前半年 年汇总资料

阶級	戸口	总人口数			常住人口			其中：劳动力				年内出生人数	年内死亡人数
		合計	男	女	合計	男	女	合計	男	女	参加劳动者		
甲	1	2	3	4	5	6	7	8	9	10	11	12	13
合計	94	450 ~~447~~	240 239	210 ~~208~~	403	208	195	249	127	122	244	9	6
地主	1	2	1	1	1		1	1		1			
富农	2	12	5	7	12	5	7	7	4	3	5	1	
中农	23	120	60	60	118	58	60	68	33	35	68	3	3
貧农	56	273	151	122	243	131	112	155	81	74	154	5	2
雇农	1	3	2	1	2	2		1	1		1		
工商业主													
工人	5	21 ~~18~~	10 ~~9~~	11 ~~10~~	13	~~4~~5	~~6~~8	7	2	5	7		
其它村戶	6	19	11	8	14	7	7	10	6	4	9		1

阶級	职业情况												
	主业										农民兼业		
	农民	手工业者	产业工人	教师	医生	其它自由职业者	小商販	工商业主	家务劳动者	其它劳动者	手工业	小商販	其它
甲	14	15	16	17	18	19	20	21	22	23	24	25	26
合計	165	12	2		1	1	6	1	52	4	11	5 ~~10~~	8 ~~7~~
地主													
富农	2								3		2		
中农	54							1	12	1	1		1
貧农	105	10	1		1	1	2	~~7~~	31	3	8	5 ~~9~~	7 ~~6~~
雇农	1												
工商业主													
工人		2	1						4				
其它村戶	3						4		2				

阶級	文化状况									在外人口		
	7至13岁的学龄儿童	其中：在学人数	14岁以上的人数	文盲	初小程度	高小程度	初中程度	高中程度	大学程度	合計	男	女
甲	27	28	29	30	31	32	33	34	35	36	37	38
合計	61	19	272	197	49	25	1			47	32	15
地主			1	1						1	1	
富农			8	5	1	2						
中农	16	5	77	57	13	6	1			2	2	
貧农	39	11	166	116	34	16				30	20	10
雇农	1	1	1	1						1		1
工商业主												
工人	4	2	8	8						8	5	3
其它村戶	1		11	9	1	1				5	4	1

阶級	其中：劳动力			职业情况											
	合計	男	女	农民	手工业者	产业工人	教师	医生	其它自由职业者	小商贩	工商业主	店員	軍政人員	家务劳动者	其它劳动者
甲	39	40	41	42	43	44	45	46	47	48	49	50	51	52	53
合計	40	26	14		8	12				1		6		2	9
地主	1	1													
富农															
中农	1	1								1					
貧农	26	17	9		3	9						4		2	7
雇农	1		1		1										
工商业主															
工人	6	3	3		3	2									1
其它农戶	5	4	1		1	1						2			1

阶級	在外人口的文化状况									占有土地		典入土地	
	7至13岁的学龄儿童	其中：在学人数	14岁以上的人数	文盲	初小程度	高小程度	初中程度	高中程度	大学程度	計（市亩）	其中：农业用地(市亩)	計（市亩）	其中：农业用地（市亩）
甲	54	55	56	57	58	59	60	61	62	63	64	65	66
合計	3	3	43	27	10	6				398.11 ~~378.85~~	377.01 ~~376.81~~	2.23	2.15
地主			1			1				63.18	63.00		
富农										42.16	41.53		
中农			2	1		1				156.16	149.60	1.95	1.95
貧农	2	2	27	16	7	4				126.68	114.91	0.02	
雇农			1	1							-		
工商业主										3.91 ~~3.65~~	2.60	0.26	0.20
工人	1	1	7	6	1								
其它村戶			5	3	2					6.02	5.37		

阶級	典出土地		租入农业用地					租出农业用地				
			谷租			錢租		谷租			錢租	
	計（市亩）	其中：农业用地(市亩)	面积（市亩）	租額 糙米（市斤）	租額 小麦（市亩）	面积（市亩）	租額（糙米市斤）	面积（市亩）	租額 糙米（市斤）	租額 小麦（市斤）	面积（市亩）	租額（　）
甲	67	68	69	70	71	72	73	74	75	76	77	78
合計	15.80	15.80										
地主								~~61.00~~	~~8222~~	~~1903~~		
富农			~~7.95~~	~~332~~				~~9.40~~	~~1128~~			
中农												
貧农	15.80	15.80										
雇农												
工商业主												
工人												
其它农戶												

阶級	使用农地面积（市亩）	稻的播种面积（市亩）	小麦的播种面积（市亩）	桑的現有面积（市亩）	其中：可采桑的面积（市亩）	果园的面积（市亩）	大豆的播种面积（市亩）	其它面积（市亩）	农付业雇入 长工 人数	长工 工資（ ）	短工 工数（工）	短工 工資（ ）
甲	79	80	81	82	83	84	85	86	87	88	89	90
合計									2 ~~7~~	188 ~~190.50~~	591.5 ~~586.5~~	438.33
地主	~~2.00~~			~~2.00~~	~~2.00~~						5	3.55
富农	~~34.08~~	~~21.80~~	~~17.30~~	~~40.76~~	~~10.70~~		~~.58~~	~~1.58~~	2	188.00	98	122.97
中农											294	188.42
貧农										~~174.50~~	174.5	109.58
雇农												
工商业主												
工人									~~5~~	~~2.50~~	5	2.50
其它农戶											15	9.29

阶級	农付业出雇 长工 人数	长工 工資（ ）	短工 工数	短工 工資（ ）	房屋間数（間）	家畜头数 牛、馬、騾（头）	猪（头）	羊（只）	兎（只）	主要生产 抽水机（部）	水車（部）	旧式犁（張）	打谷机（部）	船（条）
甲	91	92	93	94	95	96	97	98	99	100	101	102	103	104
合計	2	113.50	367 ~~364~~	193.08	230 ~~[illegible]~~	2.33	58	41	5	1	11.91	3	2.26	~~10.85~~ 23.33
地主					2									
富农					15		5				1.33	1	0.50	~~1.50~~ 15.00
中农			87	42.19	78	1.33	25	20	5	1	5	2	1.38	5.83
貧农	1	41.50	250	133.34	118	1	28	19		~~[illegible]~~	4.58		0.38	1.50
雇农	1	72.00												
工商业主														
工人			30	17.55	9						1			
其它农戶					8			2						1

阶級	工具						植物栽培收入	蚕茧								
								春蚕			夏蚕			秋蚕		
	蚕(只)	蚕台(張)	耙(把)	織布机(台)	魚网(条)	其他(件)	( )	蚕种(張)	产量(市斤)	产値( )	蚕种(張)	产量(市斤)	产値( )	蚕种(張)	产量(市斤)	产値( )
甲	105	106	107	108	109	110	111	112	113	114	115	116	117	118	119	120
合計	1960	193		25.5		7.25										
地主	20	2					~~52.42~~	~~2~~	~~92~~	~~31.74~~				~~1~~	~~44~~	~~12.45~~
富农	190	19					~~895.85~~	~~36~~	~~1600~~	~~772.00~~				~~13~~	~~390~~	~~110.37~~
中农	651	62		7		1.25										
貧农	999	99		17.5		6										
雇农																
工商业主																
工人	70	8		1												
其它农戶	30	3														

阶級	出售家畜收入			出雇收入	其它付业收入						在外人口寄回	出售財物收入	其它收入	其中：剝削收入	收入合計
	猪( )	羊( )	其它( )		商品性手工业( )	独立工匠( )	教书行医( )	経商( )	运輸( )	其它( )	( )	( )	( )	( )	( )
甲	121	122	123	124	125	126	127	128	129	130	131	132	133	134	135
合計															
地主													~~454.94~~	~~454.94~~	~~551.55~~
富农	~~772.00~~				~~65.00~~								~~630.33~~	~~630.33~~	~~2425.55~~
中农															
貧农				72.00											
雇农				72.00											~~72.00~~
工商业主															
工人															
其它农戶															

唐家岩 村村戶的自然机械及阶級性變化統計表（自1936年至1948年）

	期初戶数	原戶的自然及机械變化						期末原阶級戶数	原戶的阶級性變化						期末新阶級戶数	其中来自：								期內迁入新戶	期末总戶数
		分家的母戶数	分家增加戶数	减少戶数			迁出		增加戶数			减少戶数				地主	富农	中农	貧农	雇农	工商业主	工人	其他		
				併戶	有嗣絕灭	无嗣絕灭			下升	上降	轉入	上升	下降	轉出											
合計	96	4	7	1	7	1	6	88	5	3	5	5	3	5	88	2	2	19	56	1		7	1	6	94
地主	2							2							2	2									2
富农	2							2							2		2	~~16~~							2
中农	17	1	2					19	5		1		3		22			16	5			1		1	23
貧农	62	3	5	1	6		4(21)	56		3	2	5		1	55			3	50			2		3	58
雇农	1							1							1					1					1
工商业主											1				1								1		1
工人	9						2(10)	7			1			3	5				1			4		2	7
其他	3				1	1		1						1											

江苏省 无锡 县（市） 唐家岸 村庄

1936年

	户数	雇入户数			出雇户数			典入户数	典出户数	租入户数	租出户数	有耕畜户数	其中：有[illegible]户数	养猪户数
		长工	短工	长、短工	长工	短工	长、短工							
甲	1	2	3	4	5	6	7	8	9	10	11	12	13	14
合　計	96	2	32	2	2	19	1	3	9	75	6	3		33
地　主	2	1	2	1						1	2			1
富　农	2	1	2	1						1				2
中　农	17		9			3		1		15		1		11
貧　农	62		16		1	14	1	1	9	55	1	2		18
雇　农	1				1									
工商业主														
工　人	9		1			2		1		1	3			
其它村户	3		2							2				

江苏省无锡（市）县 玉祁乡 玉中社 [illegible]村庄

1936 年汇总資料

阶級	戶口	总人口数			常住人口			其中：劳动力				年內出生人数	年內死亡人数
		合計	男	女	合計	男	女	合計	男	女	參加劳动者		
甲	1	2	3	4	5	6	7	8	9	10	11	12	13
合計	96	~~446~~ 459	~~236~~ 249	214	409	210 ~~207~~	199	251	127	124	246	9	6
地主	2	8	4	4	7	3	4	5	2	3	2		
富农	2	14	7	7	14	7	7	8	5	3	8	1	
中农	17	91	45	46	90	44	46	52	26	26	52	2	2
貧农	62	299	163	136	269 ~~266~~	142 ~~139~~	127 ~~127~~	168	85	83	167	6	3
雇农	1	3	2	1	2	2		1	1		1		
工商业主													
工人	9	~~28~~ 36	~~15~~ 19	~~13~~ 17	21	9	12	13	5	8	12		1
其它村戶	3	6	3	3	6	3	3	4	3	1	4		

阶級	职业情况												
	主业										农民兼业		
	农民	手工业者	产业工人	教师	医生	其它自由职业者	小商販	工商业主	家务劳动者	其它劳动者	手工业	小商販	其它
甲	14	15	16	17	18	19	20	21	22	23	24	25	26
合計	166 ~~168~~	12	3		1	1	6	1	52	4	11	5	8
地主									2				
富农	4							1	2	1	2		
中农	42								10		1		1
貧农	117 ~~119~~	10	1		1	1	2		32	3	8	5	7
雇农	1												
工商业主													
工人	1	2	2				1		6				
其它村戶	1						3						

阶 級	文化状况									在外人口		
	7至13岁的学龄儿童	其中：在学人数	14岁以上的人数	文 盲	初小程度	高小程度	初中程度	高中程度	大学程度	合 計	男	女
甲	27	28	29	30	31	32	33	34	35	36	37	38
合 計	63	20	274	199	49	25	1			48	33	15
地 主			5	4		1				1	1	
富 农			10	6	3	1						
中 农	16	5	57	42	8	6	1			1	1	
貧 农	40	11	182	129	37	16				30	21	9
雇 农	1	1	1	1						1		1
工商业主												
工 人	6	3	14	13	1					15	10	5
其它村戶			5	4		1						

阶 級	其中：劳动力			职业情况											
	合 計	男	女	农民	手工业者	产业工人	教 师	医 生	其它自由职业者	小商販	工商业主	店 員	軍政人員	家务劳动者	其它劳动者
甲	39	40	41	42	43	44	45	46	47	48	49	50	51	52	53
合 計	41	27	14		9	12			1			6		2	9
地 主	1	1													
富 农															
中 农															
貧 农	28	20	8		4	7			1			6		2	7
雇 农	1		1		1										
工商业主															
工 人	11	6	5		4	5									2
其它农戶															

阶級	在外人口的文化状况									占有土地		典入土地	
	7至13岁的学龄儿童	其中：在学人数	14岁以上的人数	文盲	初小程度	高小程度	初中程度	高中程度	大学程度	計（市亩）	其中：农业用地(市亩)	計（市亩）	其中：农业用地（市亩）
甲	54	55	56	57	58	59	60	61	62	63	64	65	66
合計	3	3	44	28	10	6				401.39	380.12	2.23	2.15
地主			1			1				82.92	82.40		
富农										32.72	31.63		
中农			1	1						119.38	114.66	1.95	1.95
貧农			29	15	9	5				144.12	131.40	0.02	
雇农			1	1									
工商业主													
工人	3	3	12	11	1					9.40	7.56	0.26	0.20
其它村戶										2.85	2.47		

阶級	典出土地		租入农业用地					租出农业用地				
			谷租			錢租		谷租			錢租	
	計（市亩）	其中：农业用地(市亩)	面积（市亩）	租額 糙米（市斤）	租額 小麦（市亩）	面积（市亩）	租額（糙米市斤）	面积（市亩）	租額 糙米（市斤）	租額 小麦（市斤）	面积（市亩）	租額（ ）
甲	67	68	69	70	71	72	73	74	75	76	77	78
合計	15.80	15.80	242.49	29229	4977	3.10	23.60	76.11	9946	1965		
地主			0.60	90				70.40	9350	1903		
富农			1.35	242								
中农			57.69	7172	1044	0.20	1.00					
貧农	15.80	15.80	182.85	21725	3933			0.71	191	15		
雇农												
工商业主												
工人						0.40	2.60	5.00	405	47		
其它农戶						2.50	20.00					

阶級	使用农地面积（市亩）	稻的播种面积（市亩）	小麦的播种面积（市亩）	葵的現有面积（市亩）	其中：可采葵的面积（市亩）	果园的面积（市亩）	大豆的播种面积（市亩）	其它面积（市亩）	农付业雇入 长工 人数	长工 工資（元）	短工 工数（工）	短工 工資（元）
甲	79	80	81	82	83	84	85	86	87	88	89	90
合計	549.64	410.74	258.65	112.86	112.79		0.40	26.48	2	188	591.50	436.33
地主	22.60	12.00	10.40	9.90	9.90			0.70	1	80	85	107.28
富农	32.98	23.30	15.90	8.30	8.30			1.38	1	108	128	77.46
中农	172.55	130.04	81.88	32.39	32.32			10.12			184	130.22
貧农	313.54	243.60	147.27	56.92	56.72		0.40	13.46			179.5	112.88
雇农												
工商业主												
工人	3.00			2.40	2.40			0.60			5	2.50
其它农戸	4.97	1.80	1.20	2.95	2.95			0.22			10	5.99

阶級	农付业出雇 长工 人数	长工 工資（元）	短工 工数（工）	短工 工資（元）	房屋間数（間）	家畜头数 牛、馬、騾（头）	猪（头）	羊（只）	兎（只）	主要生产 抽水机（部）	水車（部）	旧式犂（張）	打谷机（部）	船（条）
甲	91	92	93	94	95	96	97	98	99	100	101	102	103	104
合計	2	113.50	367	193.08	234.30	2.33	58	41	5	1	11.91	3	2.26	23.33
地主					10		3				1	1		5.5
富农					13		4			1	0.33		0.5	10.5
中农			43	20.95	61.5	1	20	13			5	1	1.38	4.33
貧农	1	41.50	284	149.58	129.8	1.33	31	26	5		4.58	1	0.38	2.
雇农	1	72.00												
工商业主														
工人			40	22.55	18						1			
其它农戸					2			2						1

阶级	工具						植物栽培收入	蚕茧								
								春蚕			夏蚕			秋蚕		
	蚕匾（只）	蚕台（張）	耙（把）	織布机（台）	魚网（条）	其他（件）	（元）	蚕种（張）	产量（市斤）	产値（元）	蚕种（張）	产量（市斤）	产値（元）	蚕种（張）	产量（市斤）	产値（元）
甲	105	106	107	108	109	110	111	112	113	114	115	116	117	118	119	120
合計	1970	194		25.50		7.25	14337.49	210.30	9022	3125.72	1.25	0.65	22.43	70	2327	704.78
地主	160	16					559.35	28	1362	469.89				14	434	122.82
富农	110	11		1		1	872.42	22	810	279.45				5	175	49.53
中农	510	49		6		0.25	4730.96	54.5	2325	803.13				20	664	234.62
貧农	1070	105		17.5		6	7920.74	101.3	4330	1505.97	1.25	0.65	22.43	30	1015	287.27
雇农																
工商业主																
工人	100	11		1			114.22	3.5	150	51.75				0.5	15	3.75
其它农戶	20	2					139.80	1	45	15.53				0.5	24	6.79

阶级	出售家畜收入			出雇收入	其它付业收入						在外人口寄回	出售財物收入	其它收入	其中：剝削收入	收入合計
	猪（元）	羊（元）	其它（元）		商品性手工业（元）	独立工匠（元）	教书行医（元）	經商（元）	运輸（元）	其它（元）	（元）	（元）	（元）	（元）	（元）
甲	121	122	123	124	125	126	127	128	129	130	131	132	133	134	135
合計	982.64	123.57	2.00	306.58	320.20	474.50	130.00	417.00	124.00	679.81	1382.21	20.21	1736.95	1168.55	24890.09
地主	100.00												525.27	525.27	1777.33
富农	102.00				70.00								1060.00	560.00	2433.40
中农	360.25	33.00		20.95	42.50				4.00	62.29			53.00	53.00	6344.70
貧农	420.39	81.57	2.00	191.08	205.70	433.30	130.00	155.00	120.00	300.02	931.61	20.21	72.86	30.28	12800.15
雇农				72.00											72.00
工商业主															
工人				22.55	2.00	41.20		60.00		317.50	450.60		25.82		1089.39
其它农戶		9.00						202.00							373.12

江苏 省 无锡 县（市） 唐家岩 村庄

1948年前年的

	户数	雇入户数			出雇户数			典入户数	典出户数	租入户数	租出户数	有耕畜户数	其中：有[illegible]户数	养猪户数
		长工	短工	长短工	长工	短工	长、短工							
甲	1	2	3	4	5	6	7	8	9	10	11	12	13	14
合計	88	2	31	2	1	23		4	2	69	6	2		26
地主	2	1	2	1						1	2			1
富农	2	1	2	1				1		1				1
中农	19		9			7		2		17	1	2		11
貧农	56		13			15			1	47	1			13
雇农	1				1					1				
工商业主														
工人	7		4			1		1	1	2	2			
其它村户	1		1											

江苏省无锡（市）县 玉祁 乡 玉中 ▇ 唐家岸村庄

1948前年年汇总资料

阶級	戶口	总人口数			常住人口			其中：劳动力				年內出生人数	年內死亡人数
		合計	男	女	合計	男	女	合計	男	女	參加劳动者		
甲	1	2	3	4	5	6	7	8	9	10	11	12	13
合計	88	416	229	187	358	187	171	217	109	108	213	12	9
地主	2	11	7	4	10	6	4	2	1	1	1		
富农	2	17	9	8	15	8	7	7	4	3	7	1	
中农	19	92	53	39	86	49	37	56	30	26	55	4	3
貧农	56	259	139	120	225	113	112	139	68	71	137	5	5
雇农	1	4	3	1	4	3	1	3	2	1	3	1	
工商业主													
工人	7	28	15	13	13	5	8	8	3	5	8		
其它村戶	1	5	3	2	5	3	2	2	1	1	2	1	1

阶級	职业情况												
	主业										农民兼业		
	农民	手工业者	产业工人	教师	医生	其它自由职业者	小商販	工商业主	家务劳动者	其它劳动者	手工业	小商販	其它
甲	14	15	16	17	18	19	20	21	22	23	24	25	26
合計	149	5	1		1	1	2	2	50	2	6	4	4
地主									1				
富农	3							1	2	1	1		
中农	45								10				
貧农	93	4	1		1	1	2		34	1	5	4	4
雇农	3												
工商业主													
工人	4	1							3				
其它村戶	1							1					

阶級	文化状况									在外人口		
	7至13岁的学龄儿童	其中：在学人数	14岁以上的人数	文盲	初小程度	高小程度	初中程度	高中程度	大学程度	合計	男	女
甲	27	28	29	30	31	32	33	34	35	36	37	38
合計	60 58	36 34	246	162	54	26	4			58	42	16
地主	2	2	5	4		1				1	1	
富农	2	2	11	4	3	2				2	1	1
中农	11	6	63	38	17	5	3			6	4	2
貧农	42	24	150	101	33	16				34	26	8
雇农			3	2	1							
工商业主												
工人	2	1	11	9		1	1			15	10	5
其它村戶	1	1	3	2		1						

阶級	其中：劳动力			职业情况											
	合計	男	女	农民	手工业者	产业工人	教师	医生	其它自由职业者	小商販	工商业主	店員	軍政人員	家务劳动者	其它劳动者
甲	39	40	41	42	43	44	45	46	47	48	49	50	51	52	53
合計	54	40	14		7	25				1	1	5		4	7
地主	1	1													
富农	2	1	1			1									
中农	4	3	1		1	3									
貧农	33	26	7女		5	13						5		3	7
雇农															
工商业主															
工人	14	9	5		3	8				1	1			1	
其它农戶															

阶级	在外人口的文化状况 7至13岁的学龄儿童	其中：在学人数	14岁以上的人数	文盲	初小程度	高小程度	初中程度	高中程度	大学程度	占有土地 計（市亩）	其中：农业用地（市亩）	典入土地 計（市亩）	其中：农业用地（市亩）
甲	54	55	56	57	58	59	60	61	62	63	64	65	66
合計	1		56	22	22	10	1	1		420.41	401.44	5.36	5.30
地主			1			1				88.93	88.40		
富农			2			1		1		32.72	31.63	1.50	1.50
中农	1		5	1	2	2				133.86	128.94	3.80	3.80
貧农			34	13	16	5				149.72	139.43		
雇农										0.18			
工商业主													
工人			14	8	4	1	1			12.48	10.72	0.06	
其它村戶										2.52	2.32		

阶級	典出土地 計（市亩）	其中：农业用地（市亩）	租入农业用地 谷租 面积（市亩）	租额 糙米（市斤）	小麦（市亩）	錢租 面积（市亩）	租额（糙米市斤）	租出农业用地 谷租 面积（市亩）	租额 糙米（市斤）	小麦（市斤）	錢租 面积（市亩）	租额（　）
甲	67	68	69	70	71	72	73	74	75	76	77	78
合計	2.00	2.00										
地主												
富农												
中农												
貧农	1.70	1.70										
雇农												
工商业主												
工人	0.30	0.30										
其它农戶												

阶級	使用农地面积（市亩）	稻的播种面积（市亩）	小麦的播种面积（市亩）	茭的現有面积（市亩）	其中：可采茭的面积（市亩）	果园的面积（市亩）	大豆的播种面积（市亩）	其它面积（市亩）	农付业雇入 长工 人数	农付业雇入 长工 工资（ ）	农付业雇入 短工 工数（工）	农付业雇入 短工 工資（ ）
甲	79	80	81	82	83	84	85	86	87	88	89	90
合計									2	2354	533	6927
地主								0.70	1	1500	42	622
富农								~~1.38~~	1	854	122	1334
中农											187	2289
貧农											139	2028
雇农												
工商业主												
工人											38	599
其它农戶											5	55

阶級	农付业出雇 长工 人数	农付业出雇 长工 工资（ ）	农付业出雇 短工 工数	农付业出雇 短工 工資（ ）	房屋間数（間）	家畜头数 牛、馬、騾（头）	家畜头数 猪（头）	家畜头数 羊（只）	家畜头数 兎（只）	主要生产 抽水机（部）	主要生产 水車（部）	主要生产 旧式犂（張）	主要生产 打谷机（部）	主要生产 船（条）
甲	91	92	93	94	95	96	97	98	99	100	101	102	103	104
合計	1	854	431	~~4163~~ 4845	189.00	0.34	46	51	4	1	6.01	1.99	3.38	13.66
地主					10.00		5				1	1	0.25	2.5
富农					8.00		2			1	0.5		0.33	6
中农			89	1108	53.00	0.34	21	16			2.51	0.99	1.46	4.16
貧农			334	~~2975~~ 3657	102.00		18	33	4		2		1.34	1
雇农	1	854			1.00									
工商业主														
工人			8	80	13.00									
其它农戶					2.00			2						

阶級	工具						植物栽培收入	蚕茧								
								春蚕			夏蚕			秋蚕		
	蚕（只）	蚕台（張）	耙（把）	織布机（台）	魚网（条）	其他（件）	（ ）	蚕种（張）	产量（市斤）	产値（ ）	蚕种（張）	产量（市斤）	产値（ ）	蚕种（張）	产量（市斤）	产値（ ）
甲	105	106	107	108	109	110	111	112	113	114	115	116	117	118	119	120
合計	927	107		4.5		4.83										
地主	160	16					8731	7	348	2206				4.5	182	862
富农	55	5					16418	14.5	550	3487				4.5	150	711
中农	327	35		2		0.83										
貧农	415	43		2.5		4										
雇农																
工商业主																
工人	65	7														
其它农戶	5	1														

阶級	出售家畜收入			出雇收入	其它付业收入						在外人口寄回	出售財物收入	其它收入	其中：剝削收入	收入合計
	猪（ ）	羊（ ）	其它（ ）		商品性手工业（ ）	独立工匠（ ）	教书行医（ ）	經商（ ）	运输（ ）	其它（ ）	（ ）	（ ）	（ ）	（ ）	（ ）
甲	121	122	123	124	125	126	127	128	129	130	131	132	133	134	135
合計															
地主													10610	10610	23409
富农	468				234								17098	1498	38416
中农															
貧农															
雇农															
工商业主															
工人															
其它农戶															

唐家岩 村村户的自然机械及阶級性變化統計表（自1948年至1957年）

	期初户数	原户的自然及机械變化						期末原阶級户数	原户的阶級性變化						期末新阶級户数	其中來自：								期内迁入新户	期末总户数
		分家的母户数	分家增加户数	減少户数			迁出		增加户数			減少户数													
				併户	有嗣絕灭	无嗣絕灭			下升	上降	轉入	上升	下降	轉出		地主	富农	中农	貧农	雇农	工商业主	工人	其他		
合計	94	10	15	1	2	-	6	100	47	6	6	47	6	6	100	1	3	32	57	1	1	5		4	104
地主	2	-	-	-	-		1(4)	1	-	-	-		1	-	-	-	-			-	-	-			
富农	2	1	1	-	-		-	3	-	-	-	-	3	-	上 65 下 86 21	1	3	30	46	1	1	4		上2 下2	67 23 90
中农	23	5	9	-	-		-	32	47	4	5	-	2	-	14		-	2	11	-	-	1		-	14
貧农	58	4	5	1	1		4(12)	57		2	1	46		-			-	-	-	-	-	-		-	-
雇农	1				-		-	1				1		-			-	-	-	-	-	-		-	-
工商业主	1				-		-	1						1			-	-	-	-	-	-		-	-
工人	7				1		1(5)	5						5			-	-	-	-	-	-		-	-
其他	-				-		-	-						-			-	-	-	-	-	-		-	-

江苏 省 无锡 县（市） 唐家岩 村庄

1948年

	户数	雇入户数			出雇户数			典入户数	典出户数	租入户数	租出户数	有耕畜户数	其中：有[illegible]户数	养猪户数
		长工	短工	长短工	长工	短工	长短工							
甲	1	2	3	4	5	6	7	8	9	10	11	12	13	14
合计	94	2	32	2	1	23		4	1	71	6	2		28
地主	2	1	2	1						1	2			1
富农	2	1	2	1				1		1				1
中农	23		11			5		2		17	1	1		13
贫农	58		14			17			1	49	1	1		13
雇农	1				1					1				
工商业主	1		1											
工人	7		2			1		1		2	2			
其它村户														

江苏省无锡（市）县 玉祁 乡 玉中 社 唐家宕村庄

1948 年汇总资料

阶級	戶口	总人口数 合計	男	女	常住人口 合計	男	女	其中：劳动力 合計	男	女	参加劳动者	年內出生人数	年內死亡人数
甲	1	2	3	4	5	6	7	8	9	10	11	12	13
合計	84	448	247	~~178~~ 201	383	199	184	229	112	117	225	13	9
地主	2	11	7	4	10	6	4	2	1	1	1		
富农	2	17	9	8	15	8	7	7	4	3	7	1	
中农	23	125	70 ~~62~~	55	111	62	49	69	36	33	68	5	5
貧农	58	254	135	119	~~217~~ 220	107	~~110~~ 113	140	66	74	138	5	3
雇农	1	4	3	1	4	3	1	3	2	1	3	1	
工商业主	1	5	3	2	5	3	2	2	1	1	2	1	1
工人	7	32	20	12	18	10	8	6	2	4	6		
其它村戶													

阶級	职业情况 主业 农民	手工业者	产业工人	教师	医生	其它自由职业者	小商販	工商业主	家务劳动者	其它劳动者	农民兼业 手工业	小商販	其它
甲	14	15	16	17	18	19	20	21	22	23	24	25	26
合計	~~156~~ 155	5	2		1	1	2	2	54	2	6	5	4
地主									1				
富农	3							1	2	1	1		
中农	55	1							12		1	2	
貧农	92	3	2		1	1	2		45	1	4	3	4
雇农	3												
工商业主	1							1					
工人	1	1							4				
其它村戶													

阶級	文化状况									在外人口		
	7至13岁的学龄儿童	其中：在学人数	14岁以上的人数	文盲	初小程度	高小程度	初中程度	高中程度	大学程度	合計	男	女
甲	27	28	29	30	31	32	33	34	35	36	37	38
合計	67	40	260	172	56	28	4			65	48	17
地主	2	2	5	4		1				1	1	
富农	2	2	11	6	3	2				2	1	1
中农	21	14	77	44	21	9	3			14	8	6
貧农	35	17	152	106	31	15				34	28	6
雇农			3	2	1							
工商业主	1	1	3	2		1						
工人	6	4	9	8			1			14	10	4
其它村戶												

阶級	其中：劳动力			职业情况											
	合計	男	女	农民	手工业者	产业工人	教师	医生	其它自由职业者	小商販	工商业主	店員	軍政人員	家务劳动者	其它劳动者
甲	39	40	41	42	43	44	45	46	47	48	49	50	51	52	53
合計	61	46	15		9	29				1	1	7		4	7
地主	1	1													
富农	2	1	1			1									
中农	12	7	5		1	8						2		1	
貧农	32	27	5		6	9				1		5		3	7
雇农															
工商业主															
工人	14	10	4		2	11					1				
其它农戶															

阶級	在外人口的文化状况									占有土地		典入土地	
	7至13岁的学龄儿童	其中：在学人数	14岁以上的人数	文盲	初小程度	高小程度	初中程度	高中程度	大学程度	計（市亩）	其中：农业用地(市亩)	計（市亩）	其中：农业用地（市亩）
甲	54	55	56	57	58	59	60	61	62	63	64	65	66
合計	1		63	24	25	11	2	1		429.70	409.59	~~409.59~~ 5.36	5.30
地主			1			1				88.93	88.40		
富农			2			1		1		32.72	31.63	1.50	1.50
中农	1		13	5	4	4				177.68	171.44	3.80	3.80
貧农			33	11	17	4	1			120.64	110.60		
雇农										0.18			
工商业主										2.52	2.32		
工人			14	8	4	1	1			7.03	5.20	0.06	
其它村戶													

阶級	典出土地		租入农业用地					租出农业用地				
			谷租			錢租		谷租			錢租	
	計（市亩）	其中：农业用地(市亩)	面积（市亩）	租額 糙米（市斤）	租額 小麦（市亩）	面积（市亩）	租額（糙米市斤）	面积（市亩）	租額 糙米（市斤）	租額 小麦（市斤）	面积（市亩）	租額（ ）
甲	67	68	69	70	71	72	73	74	75	76	77	78
合計	2.75 ~~0.80~~	~~0.80~~ 2.75	224.40	26071	3906	0.55	54	77.70	10154	1810		
地主			0.60	90				69.25	9167	1810		
富农			0.35	74								
中农			55.74	6698	1191	0.20	17	0.45	140			
貧农	2.75 ~~0.80~~	2.75 ~~0.80~~	163.11	18607	2715	0.35	37	4.10	629			
雇农			2.60	270								
工商业主												
工人			2.00	332				3.90	218			
其它农戶												

阶級	使用农地面积（市亩）	稻的播种面积（市亩）	小麦的播种面积（市亩）	桑的現有面积（市亩）	其中：可采桑的面积（市亩）	果园的面积（市亩）	大豆的播种面积（市亩）	其它面积（市亩）	农付业雇入 长工 人数	长工 工資（糙米斤）	短工 工数（工）	短工 工資（糙米斤）
甲	79	80	81	82	83	84	85	86	87	88	89	90
合計	556.84	419.97	301.56	101.79	101.22	0.25	3.13	35.65	2	2354	541	7039
地主	19.75	10.15	10.40	8.80	8.80			0.70	1	1500	42	622
富农	31.88	23.30	15.00	7.30	7.30			1.38	1	854	172	1334
中农	226.93	172.13	121.79	39.14	39.02	0.25	1.63	17.03			220	2710
貧农	269.96	205.99	149.51	44.50	44.05		1.50	15.67			137	2124
雇农	2.60	2.00	2.00					0.60	1	854		
工商业主	2.32	1.80	1.20	0.45	0.45			0.07			5	55
工人	3.30	1.60	1.60	1.50	1.50			0.20			15	194
其它农戶												

阶級	农付业出雇 长工 人数	长工 工資（ ）	短工 工数 工	短工 工資（糙米）	房屋間数（間）	家畜头数 牛、馬、騾（头）	猪（头）	羊（只）	兎（只）	主要生产 抽水机（部）	水車（部）	旧式犁（張）	打谷机（部）	船（条）
甲	91	92	93	94	95	96	97	98	99	100	101	102	103	104
合計	1	854	431	4845	200	0.34	50	55	4	1	6.01	1.99	3.38	13.91
地主					10		5				1	1	0.25	2.5
富农					8		2			1	0.5		0.33	6
中农			69	799	67	0.17	24	22			3.17	0.33	1.46	4.16
貧农			354	3966	98	0.17	19	31	4		1.34	0.66	1.34	1.25
雇农	1	854			1									
工商业主					2			2						
工人			8	80	14									
其它农戶														

阶級	工具						植物栽培收入	蚕茧								
								春蚕			夏蚕			秋蚕		
	蚕匾（只）	蚕台（張）	耙（把）	織布机（台）	魚网（条）	其他（件）	（糙米斤）	蚕种（張）	产量（市斤）	产值（糙米）	蚕种（張）	产量（市斤）	产值（ ）	蚕种（張）	产量（市斤）	产值（糙米）
甲	105	106	107	108	109	110	111	112	113	114	115	116	117	118	119	120
合計	1076	112		4.50		5.83	289324	128.95	5717	36476	1	62	393	46.25	1698	8047
地主	160	16					9731	7	348	2206				4.5	182	862
富农	55	5					16418	14.5	550	3481				4.5	150	711
中农	409	46		2		0.33	124537	48	2202	13862				20.50	736	3488
貧农	389	38		2.5		5.50	133447	53.45	2396	15420	1	62	393	16.25	608	2882
雇农							1901	0.5	28	178						
工商业主	5	1					1384	1.5	63	399				0.5	22	104
工人	48	6					1906	3	130	824						
其它农戶																

阶級	出售家畜收入			出雇收入	其它付业收入						在外人口寄回	出售財物收入	其它收入	其中：剝削收入	收入合計
	猪（糙米）	羊（糙米）	其它（糙米）		商品性手工业（糙米）	独立工匠（糙米）	教书行医（糙米）	經商（糙米）	运輸（糙米）	其它（ ）	（糙米）	（糙米）	（糙米）	（糙米）	（糙米）
甲	121	122	123	124	125	126	127	128	129	130	131	132	133	134	135
合計	9831	3510	30	5699	1761	3433	1684	8229	1668	6797	30156	3483	33150	15079	443671
地主													10610	10610	23409
富农	468				234								17098	1498	38416
中农	5256	1571		799	64	624		2521	168		8571	3033	23442	2030	166936
貧农	4107	1737	30	3966	1463	2809	1684	2675	1500	3389	10744	450	2882	941	189598
雇农				854											2933
工商业主		202						3033		780					5902
工人				80						2628	10841		218		16497
其它农戶															

江苏 省 无锡 县（市） 唐家岩 村庄

甲	户数	雇入户数			出雇户数			典入户数	典出户数	租入户数	租出户数	有耕畜户数	其中：有骡驴户数	养猪户数
		长工	短工	长、短工	长工	短工	长、短工							
甲	1	2	3	4	5	6	7	8	9	10	11	12	13	14
合計	100													34
地主	1													
富农	3													1
中农	32													14
貧农	57													17
雇农	1													1
工商业主	1													1
工人	5													
其它村户														

江苏省无锡（市）县 玉祁 乡 玉中 社 [illegible] 村庄

1957(1948前)年汇总資料

阶級	戶口	总人口数			常住人口			其中：劳动力				年內出生人数	年內死亡人数
		合計	男	女	合計	男	女	合計	男	女	参加劳动者		
甲	1	2	3	4	5	6	7	8	9	10	11	12	13
合計	102	518 520	277 278	241 242	449	229	220	226	112	114	217	16	6
地主	1	6 8	4 5	2 3	6	4	2	3	1	2	3		
富农	3	21	11	10	19	10	9	10	7	3	9		
中农	32	174	88	86	153	75	78	83	41	42	77	8	
貧农	57	283	152	131	246	124	122	120	56	64	118	6	5
雇农	1	8	5	3	8	5	3	3	2	1	3	1	
工商业主	1	5	4	1	5	4	1	3	2	1	3	1	
工人	5	21	13	8	12	7	5	4	3	1	4		1
其它村戶													

阶級	职业情况												
	主业										农民兼业		
	农民	手工业者	产业工人	教师	医生	其它自由职业者	小商販	工商业主	家务劳动者	其它劳动者	手工业	小商販	其它
甲	14	15	16	17	18	19	20	21	22	23	24	25	26
合計	147	2	9		1			3	55		6	1	3
地主	1								2				
富农	7							2			1		
中农	53	1	3						20			1	
貧农	80	1	6		1				30		5		3
雇农	2								1				
工商业主	1							1	1				
工人	3								1				
其它村戶													

阶级	文化状况									在外人口		
	7至13岁的学龄儿童	其中：在学人数	14岁以上的人数	文盲	初小程度	高小程度	初中程度	高中程度	大学程度	合計	男	女
甲	27	28	29	30	31	32	33	34	35	36	37	38
合計	81	69	266	137	61	53	13	2		69	48	21
地主	2	2	4	1	1	1	1					
富农	4	4	12	5	1	3	2	1		2	1	1
中农	18	15	95	44	22	20	8	1		21	13	5
貧农	51	42	140	79	36	23	2			37	28	9
雇农	2	2	3	2	1							
工商业主	2	2	3	1		2						
工人	2	2	9	5		4				9	6	3
其它村戶												

阶級	其中：劳动力			职业情况											
	合計	男	女	农民	手工业者	产业工人	教师	医生	其它自由职业者	小商販	工商业主	店員	~~軍政人員~~ 革命干部	家务劳动者	其它劳动者
甲	39	40	41	42	43	44	45	46	47	48	49	50	51	52	53
合計	67	47	20		6	39					1		4	7	7
地主	—	—	—												
富农	2	1	1			2									
中农	19	12	7			15							1	2	1
貧农	37	28	9		6	16							2	4	6
雇农															
工商业主															
工人	9	6	3			6					1		1	1	
其它农戶															

阶級	在外人口的文化状况									占有土地		典入土地	
	7至13岁的学龄儿童	其中：在学人数	14岁以上的人数	文盲	初小程度	高小程度	初中程度	高中程度	大学程度	計（市亩）	其中：农业用地(市亩)	計（市亩）	其中：农业用地（市亩）
甲	54	55	56	57	58	59	60	61	62 √	63	64	65	66
合計			67	13	18	21	11	3	1				
地主													
富农			2			1	1						
中农			19	5	6	4	3	1					
貧农			37	7	11	12	5	1	1				
雇农													
工商业主													
工人			9	1	1	4	2	1					
其它村戶													

阶級	典出土地		租入农业用地					租出农业用地				
			谷租			錢租		谷租			錢租	
	計（市亩）	其中：农业用地(市亩)	面积（市亩）	租額 糙米（市斤）	租額 小麦（市亩）	面积（市亩）	租額(糙米市斤)	面积（市亩）	租額 糙米（市斤）	租額 小麦（市斤）	面积（市亩）	租額（ ）
甲	67	68	69	70	71	72	73	74	75	76	77	78
合計												
地主												
富农												
中农												
貧农												
雇农												
工商业主												
工人												
其它农戶												

阶級	使用农地面积（市亩）	稻的播种面积（市亩）	小麦的播种面积（市亩）	桑的現有面积（市亩）	其中：可采桑的面积（市亩）	果园的面积（市亩）	大豆的播种面积（市亩）	其它面积（市亩）	农付业雇入			
									長工		短工	
									人数	工資（　）	工数（工）	工資（　）
甲	79	80	81	82	83	84	85	86	87	88	89	90
合計												
地主												
富农												
中农												
貧农												
雇农												
工商业主												
工人												
其它农戶												

阶級	农付业出雇				房屋間数（間）	家畜头数				主要生产				
	長工		短工											
	人数	工資（　）	工数	工資（　）		牛、馬、騾（头）	猪（头）	羊（只）	兎（只）	抽水机（部）	水車（部）	旧式犂（張）	打谷机（部）	船（条）
甲	91	92	93	94	95	96	97	98	99	100	101	102	103	104
合計														
地主														
富农														
中农														
貧农														
雇农														
工商业主														
工人														
其它农戶														

阶級	工具						植物栽培收入	蚕茧								
								春蚕			夏蚕			秋蚕		
	蚕（只）	蚕台（張）	耙（把）	織布机（台）	魚网（条）	其他（件）	（ ）	蚕种（張）	产量（市斤）	产値（ ）	蚕种（張）	产量（市斤）	产値（ ）	蚕种（張）	产量（市斤）	产値（ ）
甲	105	106	107	108	109	110	111	112	113	114	115	116	117	118	119	120
合計																
地主																
富农																
中农																
貧农																
雇农																
工商业主																
工人																
其它农戶																

阶級	出售家畜收入			出雇收入	其它付业收入						在外人口寄回	出售財物收入	其它收入	其中：剝削收入	收入合計
	猪（ ）	羊（ ）	其它（ ）		商品性手工业（ ）	独立工匠（ ）	教书行医（ ）	經商（ ）	运輸（ ）	其它（ ）	（ ）	（ ）	（ ）	（ ）	（ ）
甲	121	122	123	124	125	126	127	128	129	130	131	132	133	134	135
合計											7657.00				
地主											—				
富农											300.00				
中农											2691.00				
貧农											3790.00				
雇农											—				
工商业主											—				
工人											876.00				
其它农戶															

1929—1957 年无锡农村经济调查资料

苏巷村

苏巷村村戶的自然机械及阶級性变化統計表（自1929年至1936年）

	期初戶数	原戶的自然及机械変化						期末原阶級戶数	原戶的阶級性変化						期末新阶級戶数	其中来自：								期內迁入新戶	期末总戶数
		分家的母戶数	分家增加戶数	減少戶数					增加戶数			減少戶数													
				併戶	有嗣絕灭	无嗣絕灭	迁出		下升	上降	轉入	上升	下降	轉出		地主	富农	中农	貧农	雇农	工商业主	工人	其他		
合計	38	2	3	-	1		1	39	-	1	1	-	1	1	39	-	-	13	23	-	1	2		2	41
地主	-	-	-		-		-	-		-			-	-	-			-	-		-	-		-	-
富农	-	-	-		-		-	-		-	-		-	-	-			-	-		-	-		-	-
中农	11	2	3		1		-	13		-	-		1	-	12			12	-		-	-		1	13
貧农	24						1(6)	23		1	-			1	23			1	22		-	-		-	23
雇农	-							-			-				-			-	-		-	-		-	-
工商业主	1							1			-				1			-	-		1	-		-	1
工人	2							2			-				2			-	-		-	2		-	2
其他	-							-			1				1			-	1		-	-		1	2

江苏 省 无锡 县（市） 苏巷 村庄

1929

	户数	雇入户数			出雇户数			典入户数	典出户数	租入户数	租出户数	有耕畜户数	其中：有马骡户数	养猪户数
		长工	短工	长短工	长工	短工	长短工							
甲	1	2	3	4	5	6	7	8	9	10	11	12	13	14
合計	38	-	26	-	-	4	-	1	11	38	1	-	-	16
地主														
富农														
中农	11	-	11	-	-	-	-	-	-	11	1	-	-	8
貧农	24	-	15	-	-	4	-	1	11	24	-	-	-	8
雇农														
工商业主	1	-	-	-	-	-	-	-	-	1	-	-	-	-
工人	2	-	-	-	-	-	-	-	-	2	-	-	-	-
其它村户										[illegible]	[illegible]			

江苏省无锡（市）县东亭乡春联六社茄巷村庄

1929年汇总资料

阶级	戶口	总人口数			常住人口			其中：劳动力				年內出生人数	年內死亡人数
		合計	男	女	合計	男	女	合計	男	女	参加劳动者		
甲	1	2	3	4	5	6	7	8	9	10	11	12	13
合計	38	177	87 80	90	170	83	87	95	46	49	94 93	8	3
地主													
富农													
中农	11	53	25	28	53	26	28	32	15	17	31	3	1
貧农	24	110	54	56	108	52	56	58	28	30	58 57	4	2
雇农													
工商业主	1	5	3	2	5	3	2	2	1	1	2	1	—
工人	2	9	5	4	4	3	1	3	2	1	3	—	—
其它村戶													

阶級	职业情况												
	主业										农民兼业		
	农民	手工业者	产业工人	教师	医生	其它自由职业者	小商販	工商业主	家务劳动者	其它劳动者	手工业	小商販	其它
甲	14	15	16	17	18	19	20	21	22	23	24	25	26
合計	68	9				2			15		34		15
地主													
富农													
中农	26	2							3		11		7
貧农	40	6				1			11		22		7
雇农													
工商业主	1	1											1
工人	1					1			1		1		
其它村戶													

阶級	文化状况									在外人口		
	7至13岁的学龄儿童	其中：在学人数	14岁以上的人数	文盲	初小程度	高小程度	初中程度	高中程度	大学程度	合計	男	女
甲	27	28	29	30	31	32	33	34	35	36	37	38
合計	28	7	103	80	18	4	1			7	4	3
地主												
富农												
中农	7	4	35	23	8	3	1					
貧农	21	3	63	54	9					2	2	
雇农												
工商业主			2	2								
工人			3	1	1	1				5	2	3
其它村户												

阶級	其中：劳动力			职业情况												
	合計	男	女	农民	手工业者	产业工人	教师	医生	其它自由职业者	小商贩	工商业主	店員	軍政人員	家务劳动者	其它劳动者
甲	39	40	41	42	43	44	45	46	47	48	49	50	51	52	53
合計	4	2	2			2									1
地主															
富农															
中农															
貧农	1	1													
雇农															
工商业主															
工人	3	1	2			2									1
其它农戶															

阶级	在外人口的文化状况									占有土地		典入土地	
	7至13岁的学龄儿童	其中：在学人数	14岁以上的人数	文盲	初小程度	高小程度	初中程度	高中程度	大学程度	計（市亩）	其中：农业用地(市亩)	計（市亩）	其中：农业用地（市亩）
甲	54	55	56	57	58	59	60	61	62	63	64	65	66
合計			5	3	2					105.55	79.68	1.50	1.50
地主													
富农													
中农										55.06	47.50		
貧农			2	1	1					44.65	28.84	1.50	1.50
雇农										0.82	0.50		
工商业主			~~3~~	~~2~~									
工人			3	2	1					5.02	2.84		
其它村戶													

阶級	典出土地		租入农业用地					租出农业用地				
			谷租			錢租		谷租			錢租	
	計（市亩）	其中：农业用地(市亩)	面积（市亩）	租額 糙米（市斤）	租額 小麦（市亩）	面积（市亩）	租額 元 (~~糙米市斤~~)	面积（市亩）	租額 糙米（市斤）	租額 小麦（市斤）	面积（市亩）	租額（ ）
甲	67	68	69	70	71	72	73	74	75	76	77	78
合計	21.43	21.43	152.00	23762		1.75	19.40	3.50	544			
地主												
富农												
中农			47.51	7536		0.60	3.40	3.50	544			
貧农	21.43	21.43	99.36	15441		1.15	16.00					
雇农												
工商业主			3.55	568								
工人			1.58	217								
其它农戶												

阶　級	使用农地面　积（市亩）	稻的播种面　积（市亩）	小麦的播种面　积（市亩）	桑的現有面　积（市亩）	其中：可采桑的面积（市亩）	果园的面积（市亩）	大豆的播种面　积（市亩）	其它面积（市亩）	农付业雇入			
									长　工		短　工	
									人　数	工資（　）	工　数（工）	工　資（　）
甲	79	80	81	82	83	84	85	86	87	88	89	90
合　計	229.91	174.23	162.94	54.44	52.69		0.84	12.55			793	418.46
地　主												
富　农												
中　农	92.09	73.57	69.79	18.52	18.52			2.00			584	300.07
貧　农	129.35	94.94	87.88	33.17	31.42		0.84	10.55			204	116.14
雇　农												
工商业主	4.05	3.55	3.40	0.50	0.50							
工　人	4.42	2.17	1.87	2.25	2.25						5	2.25
其它农户												

阶　級	农付业出雇				房屋間数（間）	家畜头数				主要生产				
	长　工		短　工											
	人数	工資（　）	工数	工資（　）		牛、馬、驢（头）	猪（头）	羊（只）	兎（只）	抽水机（部）	水車（部）	旧式犂（張）	打谷机（部）	船（条）
甲	91	92	93	94	95	96	97	98	99	100	101	102	103	104
合　計			121	59.55	123		25			1	2			
地　主														
富　农														
中　农					40		12			1	1			
貧　农			121	59.55	76		13				1			
雇　农														
工商业主					1									
工　人					6									
其它农户														

阶级	工具						植物栽培收入	蚕茧								
								春蚕			夏蚕			秋蚕		
	蚕（只）	蚕台（張）	耙（把）	織布机（台）	魚网（条）	其他（件）	（ ）	蚕种（張）	产量（市斤）	产値（ ）	蚕种（張）	产量（市斤）	产値（ ）	蚕种（張）	产量（市斤）	产値（ ）
甲	105	106	107	108	109	110	111	112	113	114	115	116	117	118	119	120
合計	569	56					5064.28	74.5	2186.5	988.29	9	197	98.50	15.3	317	233.63
地主																
富农																
中农	218	22					2070.12	27	837	378.32	1	20	9.04	8.5	185	136.35 ~~228.48~~
貧农	327	31					2794.65	44	1239.5	560.25	7	147	67.35	5.8	112	82.54
雇农																
工商业主	11	2					105.12	2	80	36.16	1	30	22.11			
工人	13	1					94.39	1.5	30	13.56				1	20	14.74
其它农戶																

阶級	出售家畜收入			出雇收入	其它付业收入						在外人口寄回	出售財物收入	其它收入	其中：剝削收入	收入合計
	猪（ ）	羊（ ）	其它（ ）		商品性手工业（ ）	独立工匠（ ）	教书行医（ ）	經商（ ）	运輸（ ）	其它（ ）	（ ）	（ ）	（ ）	（ ）	（ ）
甲	121	122	123	124	125	126	127	128	129	130	131	132	133	134	135
合計	459.50			59.55	428.27	1237.58		30.24		166.00	210.00		335.90		9311.74
地主															
富农															
中农	245.95				158.27	387.71							278.00		3663.76
貧农	213.55			59.55	30.00	789.87		30.24		166.00			57.90		4851.90
雇农															
工商业主					240.00										403.39
工人						60.00					210.00				392.69
其它农戶															

江苏省 无锡 县(市) 黄巷 村庄

1936 前年

	户数	雇入户数			出雇户数			典入户数	典出户数	租入户数	租出户数	有耕畜户数	其中：有耕畜户数	养猪户数
		长工	短工	长短工	长工	短工	长短工							
甲	1	2	3	4	5	6	7	8	9	10	11	12	13	14
合计	39	-	27	-	-	5	-	1	11 ~~10~~	38	2	-	-	21
地主														
富农														
中农	13	-	11	-	-	1	-	-	-	12	1	-	-	8
贫农	23	-	14	-	-	4	-	-	10	23	1	-	-	12
雇农														
工商业主	1	-	1	-	-	-	-	1	1 -	1	-	-	-	-
工人	2	-	1	-	-	-	-	-	-	2	-	-	-	1
其它村户	-													

江苏省无锡（市）县东亭乡春联六社苏巷村庄

1936 年汇总資料

阶級	戶口	总人口数			常住人口			其中：劳动力				年内出生人数	年内死亡人数
		合計	男	女	合計	男	女	合計	男	女	參加劳动者		
甲	1	2	3	4	5	6	7	8	9	10	11	12	13
合計	39	199 193	103 100	96 93	184	92	92	96	46	50	96	7	2
地主													
富农													
中农	13	69	36	33	67	34	33	34	16	18	34	4	
貧农	23	113	58	55	104	51	53	57	27	30	57	2	2
雇农													
工商业主	1	6	3	3	6	3	3	2	1	1	2	1	
工人	2	11	6	5	7	4	3	3	2	1	3		
其它村戶	一												

阶級	职业情况												
	主业										农民兼业		
	农民	手工业者	产业工人	教师	医生	其它自由职业者	小商販	工商业主	家务劳动者	其它劳动者	手工业	小商販	其它
甲	14	15	16	17	18	19	20	21	22	23	24	25	26
合計	69	12	[illegible]			1			13	1	29		20
地主													
富农													
中农	24	6	[illegible]						3	1	9		10
貧农	43	5							9		19	[illegible]	9
雇农													
工商业主	1	1											1
工人	1					1			1		1		
其它村戶													

阶級	文化状况									在外人口		
	7至13岁的学龄儿童	其中：在学人数	14岁以上的人数	文盲	初小程度	高小程度	初中程度	高中程度	大学程度	合計	男	女
甲	27	28	29	30	31	32	33	34	35	36	37	38
合計	34	13	107	82	19	6				15	11	4
地主												
富农												
中农	13	6	36	23	9	4				2	2	-
貧农	16	4	66	56	9	1				9	7	2
雇农												
工商业主	3	1	2	2								
工人	2	2	3	1	1	1				4	2	2
其它村戶												

阶級	其中：劳动力			职业情况											
	合計	男	女	农民	手工业者	产业工人	教师	医生	其它自由职业者	小商販	工商业主	店員	軍政人員	家务劳动者	其它劳动者
甲	39	40	41	42	43	44	45	46	47	48	49	50	51	52	53
合計	14	10	4		3	3						2			6
地主															
富农															
中农	2	2	-									1			1
貧农	9	7	2		3							1			5
雇农															
工商业主															
工人	3	1	2			3									
其它农戶															

阶级	在外人口的文化状况									占有土地		典入土地	
	7至13岁的学龄儿童	其中：在学人数	14岁以上的人数	文盲	初小程度	高小程度	初中程度	高中程度	大学程度	計（市亩）	其中：农业用地(市亩)	計（市亩）	其中：农业用地（市亩）
甲	54	55	56	57	58	59	60	61	62	63	64	65	66
合計	1		14	6	6	1	1			106.76	80.02	2.45	2.45
地主													
富农													
中农			2		[illegible]	1	1			52.98	44.84		
貧农			9	4	5					45.29	29.89	~~20.39~~	~~20.39~~
雇农													
工商业主										2.77	2.45	2.45	2.45
工人	1		3	2	1					5.72	2.84		
其它村戶													

阶級	典出土地		租入农业用地					租出农业用地				
			谷租			錢租		谷租			錢租	
	計（市亩）	其中：农业用地(市亩)	面积（市亩）	租額 糙米（市斤）	租額 小麦（市亩）	面积（市亩）	租額（糙米市斤）	面积（市亩）	租額 糙米（市斤）	租額 小麦（市斤）	面积（市亩）	租額（ ）
甲	67	68	69	70	71	72	73	74	75	76	77	78
合計	20.89	20.89										
地主												
富农												
中农												
貧农	20.39	20.39	~~96.30~~									
雇农												
工商业主	0.50	0.50	~~2.80~~	~~468~~								
工人												
其它农戶												

阶 級	使用农地面 积（市亩）	稻的播种面 积（市亩）	小麦的播种面 积（市亩）	桑的現有面 积（市亩）	其中：可采桑的面积（市亩）	果园的面积（市亩）	大豆的播种面 积（市亩）	其它面积（市亩）	农付业雇入 长工 人 数	长工 工 資（ ）	短工 工 数（工）	短工 工 資（ ）
甲	79	80	81	82	83	84	85	86	87	88	89	90
合 計											921	465.77
地 主												
富 农												
中 农											604	295.81
貧 农											300	161.41
雇 农												
工商业主											12	6.30
工 人											5	2.25
其它农戶												

阶 級	农付业出雇 长工 人 数	长工 工 資（ ）	短工 工 数	短工 工 資（ ）	房屋間数（間）	家畜头数 牛、馬、騾（头）	猪（头）	羊（只）	兎（只）	主要生产 抽水机（部）	水 車（部）	旧式犁（張）	打谷机（部）	船（条）
甲	91	92	93	94	95	96	97	98	99	100	101	102	103	104
合 計			79	35.85	124		31	6		1.27	2		1	
地 主														
富 农														
中 农			10	4.8	45		11 8			1.1	1			
貧 农			69	31.05	72		19	4		0.17	1		1	
雇 农														
工商业主					1			2						
工 人					6		1							
其它农戶														

阶級	工具						植物栽培收入	蚕茧								
								春蚕			夏蚕			秋蚕		
	蚕(只)	蚕台(張)	耙(把)	織布机(台)	魚网(条)	其他(件)	( )	蚕种(張)	产量(市斤)	产値( )	蚕种(張)	产量(市斤)	产値( )	蚕种(張)	产量(市斤)	产値( )
甲	105	106	107	108	109	110	111	112	113	114	115	116	117	118	119	120
合計	585	57														
地主																
富农																
中农	208	22					1964.20	19.5	6.95	239.79						
貧农	351	32														
雇农																
工商业主	11	2														
工人	15	1														
其它农戶																

阶級	出售家畜收入			出雇收入	其它付业收入						在外人口寄回	出售財物收入	其它收入	其中：剝削收入	收入合計
	猪( )	羊( )	其它( )		商品性手工业( )	独立工匠( )	教书行医( )	經商( )	运輸( )	其它( )	( )	( )	( )	( )	( )
甲	121	122	123	124	125	126	127	128	129	130	131	132	133	134	135
合計															
地主															
富农															
中农															
貧农															
雇农															
工商业主															
工人															
其它农戶															

英巷 村村户的自然机械及阶級性变化統計表（自1936年至1948年）

	期初户数	原户的自然及机械变化						期末原阶級户数	原户的阶級性变化						期末新阶級户数	其中来自：								期内迁入新户	期末总户数
		分家的母户数	分家增加户数	减少户数					增加户数			减少户数													
				併户	有嗣絶灭	无嗣絶灭	迁出		下升	上降	轉入	上升	下降	轉出		地主	富农	中农	貧农	雇农	工商业主	工人	其他		
合计	41	3	3					44	4	3	4	4	3	4	44			13	26		1	2	2	11	55
地主																									
富农																									
中农	13							13	4				3		14			10	4					2	16
貧农	23	3	3					26		3	2	4		1	26			3	21		1	1		8	34
雇农																									
工商业主	1							1						1											
工人	2							2			1			1	2							1	1		2
其他	2							2			1			1	2				1				1	1	3

江苏省 无锡 县（市） 苏巷 村庄

1936年

	户数	雇入户数			出雇户数			典入户数	典出户数	租入户数	租出户数	有耕畜户数	其中：有[illegible]户数	养猪户数
		长工	短工	长短工	长工	短工	长短工							
甲	1	2	3	4	5	6	7	8	9	10	11	12	13	14
合计	41	—	29	—	—	5	—	1	11	40	2			22
地主														
富农														
中农	13	—	11		—	1		—	—x	12	1	—	—	7
贫农	23		15			4			10	23	—	—	—	13
雇农														
工商业主	1	—	1	—	—	—	—	1	1	1	—	—	—	—
工人	2	—	1	—	—	—	—	—	—	2	—	—	—	1
其它村户	2	—	1	—	—	—	—	—	—	2	1	—	—	1

江苏省无锡（市）县______乡______社 [illegible] 村庄

1936 年汇总資料

阶級	戶口	总人口数			常住人口			其中：劳动力				年內出生人数	年內死亡人数
		合計	男	女	合計	男	女	合計	男	女	参加劳动者		
甲	1	2	3	4	5	6	7	8	9	10	11	12	13
合計	41	206 ~~208~~	107	99 ~~101~~	191	96	95	102	49	53	102	8	2
地主													
富农													
中农	13	65 ~~67~~	33	32 ~~34~~	63	31	32	33	15	18	33	5	
貧农	23	118	62	56	109	55	54	59	29	30	59	2	2
雇农	~~8~~				~~6~~	~~3~~	~~3~~						
工商业主	1	6	3	3	6	3	3	2	1	1	2	1	—
工人	2	11	6	5	7	4	3	3	2	1	3		
其它村戶	2	6	3	3	6	3	3	5	2	3	5		

阶級	职业情况												
	主业										农民兼业		
	农民	手工业者	产业工人	教师	医生	其它自由职业者	小商販	工商业主	家务劳动者	其它劳动者	手工业	小商販	其它
甲	14	15	16	17	18	19	20	21	22	23	24	25	26
合計	71	15				1			14	1	29		21
地主													
富农													
中农	22	7							3	1	8		10
貧农	46	5							8		20		10
雇农													
工商业主	1	1											1
工人	1					1			1		1		
其它村戶	1	2							2				

阶级	文化状况									在外人口		
	7至13岁的学龄儿童	其中：在学人数	14岁以上的人数	文盲	初小程度	高小程度	初中程度	高中程度	大学程度	合計	男	女
甲	27	28	29	30	31	32	33	34	35	36	37	38
合計	34	13	113	86	21	6				15 17	11	46
地主												
富农												
中农	10	4	35	21	10	4				2 43	2	2
貧农	19	6	68	58	9	1				9	7	2
雇农												
工商业主	3	1	2	2								
工人	2	2	3	1	1	1				4	2	2
其它村戶			5	4	1							

阶级	其中：劳动力			职业情况											
	合計	男	女	农民	手工业者	产业工人	教师	医生	其它自由职业者	小商販	工商业主	店員	軍政人員	家务劳动者	其它劳动者
甲	39	40	41	42	43	44	45	46	47	48	49	50	51	52	53
合計	14	10	4		3	3						2			6
地主															
富农															
中农	2	2										1			1
貧农	9	7	2		3							1			5
雇农															
工商业主															
工人	3	1	2			3									
其它农戶															

阶級	在外人口的文化状况									占有土地		典入土地	
	7至13岁的学龄儿童	其中：在学人数	14岁以上的人数	文盲	初小程度	高小程度	初中程度	高中程度	大学程度	計（市亩）	其中：农业用地（市亩）	計（市亩）	其中：农业用地（市亩）
甲	54	55	56	57	58	59	60	61	62	63	64	65	66
合計	1		14	6	6	1	1			110.34	82.30	2.45	2.45
地主													
富农													
中农			2			1	1			53.76	44.82		
貧农			9	4	5					47.39	32.19		
雇农													
工商业主										2.77	2.45	2.45	2.45
工人	1		3	2	1					5.72	2.84		
其它村戶										0.70			

阶級	典出土地		租入农业用地					租出农业用地				
			谷租			錢租		谷租			錢租	
	計（市亩）	其中：农业用地（市亩）	面积（市亩）	租額 糙米（市斤）	租額 小麦（市亩）	面积（市亩）	租額 元（糙米市斤）	面积（市亩）	租額 糙米（市斤）	租額 小麦（市斤）	面积（市亩）	租額（　）
甲	67	68	69	70	71	72	73	74	75	76	77	78
合計	20.89	20.89 0.50	150.82	23151		1.85	18.58	2.75	152			
地主												
富农												
中农			44.39	6732				0.75	51			
貧农	20.39	20.39	97.85	15044		1.85	18.58					
雇农												
工商业主	0.50	0.50	2.80	468								
工人			0.88	131								
其它农戶			4.90	776				2.00	101			

阶級	使用农地面积（市亩）	稻的播种面积（市亩）	小麦的播种面积（市亩）	桑的現有面积（市亩）	其中：可采桑的面积（市亩）	果园的面积（市亩）	大豆的播种面积（市亩）	其它面积（市亩）	农付业雇入 长工 人数	长工 工資（ ）	短工 工数（工）	短工 工資（ ）
甲	79	80	81	82	83	84	85	86	87	88	89	90
合計	236.22	180.54	168.57	49.78	48.01		1.14	0.92			933	473.40
地主												
富农												
中农	88.45	70.31	65.73 ~~65.73~~	18.15	17.65						609	~~299.47~~ 299.47
貧农	131.90	101.71	94.77	28.28	27.31		1.14	0.92			303	162.91
雇农												
工商业主	5.25	4.55	4.40	0.70	0.70						12	6.30
工人	3.72	1.47	1.17	2.25	2.25						5	2.25
其它农戶	6.90	2.50	2.50	0.40	0.10						4	2.47

阶級	农付业出雇 长工 人数	长工 工資（ ）	短工 工数	短工 工資（ ）	房屋間数（間）	家畜头数 牛、馬、騾（头）	猪（头）	羊（只）	兎（只）	主要生产 抽水机（部）	水車（部）	旧式犂（張）	打谷机（部）	船（条）
甲	91	92	93	94	95	96	97	98	99	100	101	102	103	104
合計			79	35.85	129		32	6		1.27	2		1	
地主														
富农														
中农			10	4.80	45		10			1.10	1			
貧农			69	31.05	70		20	4		0.17	1		1	
雇农														
工商业主					1			2						
工人					6		1							
其它农戶					7		1							

阶級	工具						植物栽培收入	蚕茧								
								春蚕			夏蚕			秋蚕		
	蚕（只）	蚕台（張）	耙（把）	織布机（台）	魚网（条）	其他（件）	（ ）	蚕种（張）	产量（市斤）	产值（ ）	蚕种（張）	产量（市斤）	产值（ ）	蚕种（張）	产量（市斤）	产值（ ）
甲	105	106	107	108	109	110	111	112	113	114	115	116	117	118	119	120
合計	605	59					5132.39	54	1904	655.93	2.5	75	24.88	29	793	233.00
地主																
富农																
中农	220	23					1960.08	20	731	252.21				11.25	350	103.40
貧农	337	31					2874.38	30.5	1053	362.32	2.5	75	24.88	15.75	388	114.03
雇农																
工商业主	11	2					144.07	2	80	27.60				1	30	8.49
工人	15	1					80.20	1.5	40	13.80				1	25	7.08
其它农戶	22	2					73.66									

阶級	出售家畜收入			出雇收入	其它付业收入						在外人口寄回	出售財物收入	其它收入	其中：剝削收入	收入合計
	猪（ ）	羊（ ）	其它（ ）		商品性手工业（ ）	独立工匠（ ）	教书行医（ ）	經商（ ）	运輸（ ）	其它（ ）	（ ）	（ ）	（ ）	（ ）	（ ）
甲	121	122	123	124	125	126	127	128	129	130	131	132	133	134	135
合計	525.70	2.00		35.85	436.58	1445.85		43.20		336.00	337.00		185.23	31.12	9393.61
地主															
富农															
中农	215.60			4.8	136.18	607.49				240.00	15.00		69.12	15.12	3603.88
貧农	274.10	2.00		31.05	34.00	678.36		43.20		96.00	72.00		95.36		4701.68
雇农															
工商业主					236.40										416.56
工人	10.00					40.00					250.00		16.00	16.00	417.08
其它农戶	26.00				30.00	120.00							4.75		254.41

江苏省 无锡 县(市) 苏巷 村庄

1948 前后

	户数	雇入户数			出雇户数			典入户数	典出户数	租入户数	租出户数	有耕畜户数	其中:有骡马户数	养猪户数
		长工	短工	长短工	长工	短工	长短工							
甲	1	2	3	4	5	6	7	8	9	10	11	12	13	14
合計	44	-	28	-	-	5	-	3	5	43	2	—	—	25
地主														
富农														
中农	13	-	10	-	-	1	-	1	2	12	-	-	-	9
貧农	26	-	14	-	-	4	-	2	3	26	1	-	·	14
雇农														
工商业主	1		1							1				1
工人	2		2							2				1
其它村户	2		1							2	1			

江苏省无錫（市）县東亭乡春联之社前宅村庄

1948 年汇总資料

前宅

阶級	戶口	总人口数			常住人口			其中：劳动力				年內出生人数	年內死亡人数
		合計	男	女	合計	男	女	合計	男	女	参加劳动者		
甲	1	2	3	4	5	6	7	8	9	10	11	12	13
合計	44	223	121	102	194	102	92	108	50	58	107	6 5	2
地主													
富农													
中农	13	80	46	34	68	37	31	31	13	18	30	2	1
貧农	26	125	67	58	114	59	55	69	33	36	69	4	
雇农													
工商业主	1	3	1	2	3	1	2	2	1	1	2		1
工人	2	11	5	6	6	3	3	4	2	2	4		
其它村戶	2	4	2	2	3	2	1	2	1	1	2		

阶級	职业情况												
	主业										农民兼业		
	农民	手工业者	产业工人	教师	医生	其它自由职业者	小商販	工商业主	家务劳动者	其它劳动者	手工业	小商販	其它
甲	14	15	16	17	18	19	20	21	22	23	24	25	26
合計	74	17					1		15 ~~14~~		26		22
地主													
富农													
中农	23	4							3		6		8
貧农	46	12					1		10		18		12
雇农													
工商业主	2										1		1
工人	3								1		1		1
其它村戶		1							1				

阶級	文化状况									在外人口		
	7至13岁的学龄儿童	其中：在学人数	14岁以上的人数	文盲	初小程度	高小程度	初中程度	高中程度	大学程度	合計	男	女
甲	27	28	29	30	31	32	33	34	35	36	37	38
合計	33	24	126	83	32	11				29	19	10
地主												
富农												
中农	16	14	38	20	12	6				12	9	3
貧农	15	9	79	59	16	4				11	8	3
雇农												
工商业主	1		2	1	1							
工人			5	2	2	1				5	2	3
其它村戶	1	1	2	1	1					1		1

阶級	其中：劳动力			职业情况											
	合計	男	女	农民	手工业者	产业工人	教师	医生	其它自由职业者	小商販	工商业主	店員	軍政人員	家务劳动者	其它劳动者
甲	39	40	41	42	43	44	45	46	47	48	49	50	51	52	53
合計	26 ~~26~~	18	8		4	9					1	5	1		6
地主															
富农															
中农	11	9	2		2	2					1	2	1		3
貧农	9	7	2		2	3						2			2
雇农															
工商业主															
工人	5 2	2	3			3						1			1
其它农戶	1		1			1									

阶　級	在外人口的文化状况									占有土地		典入土地	
	7至13岁的学龄儿童	其中：在学人数	14岁以上的人数	文盲	初小程度	高小程度	初中程度	高中程度	大学程度	計（市亩）	其中：农业用地(市亩)	計（市亩）	其中：农业用地（市亩）
甲	54	55	56	57	58	59	60	61	62	63	64	65	66
合　計	2		28	12	6	8	2			146.77	122.87	2.66	2.66
地　主													
富　农													
中　农			12	4	2	5	1			58.14	50.11	0.60	0.60
貧　农	2		10	5	2	3				79.64	66.42	2.06	2.06
雇　农													
工商业主										1.62	1.50		
工　人			5	2	2		1	x		6.67	4.84		
其它村戶			1	1						0.70			

阶　級	典出土地		租入农业用地					租出农业用地					
			谷租			錢租		谷租			錢租		
	計（市亩）	其中：农业用地（市亩）	面积（市亩）	租額 糙米（市斤）	租額 小麦（市亩）	面积（市亩）	租額（糙米市斤）	面积（市亩）	租額 糙米（市斤）	租額 小麦（市斤）	面积（市亩）	租額（　）
甲	67	68	69	70	71	72	73	74	75	76	77	78
合　計	8.85	8.85										
地　主												
富　农												
中　农	3.05	3.05										
貧　农	5.80	5.80										
雇　农												
工商业主												
工　人												
其它农戶												

阶級	使用农地面积（市亩）	稻的播种面积（市亩）	小麦的播种面积（市亩）	桑的現有面积（市亩）	其中：可采桑的面积（市亩）	果园的面积（市亩）	大豆的播种面积（市亩）	其它面积（市亩）	农付业雇入 长工 人数	长工 工資（　）	短工 工数（工）	短工 工資（　）
甲	79	80	81	82	83	84	85	86)	87	88	89	90
合計											498	5792
地主												
富农												
中农											241	2646
貧农											231	2805
雇农												
工商业主											7	134
工人											15	154
其它农戶											4	53

阶級	农付业出雇 长工 人数	长工 工資（　）	短工 工数	短工 工資（　）	房屋間数（間）	家畜头数 牛、馬、騾（头）	豬（头）	羊（只）	兎（只）	主要生产 抽水机（部）	水車（部）	旧式犁（張）	打谷机（部）	船（条）
甲	91	92	93	94	95	96	97	98	99	100	101	102	103	104
合計			64	665.5	103^{00}		37			0.57			2^{00}	
地主														
富农														
中农			10	118	35^{00}	—	13							
貧农			54	547^{5}	58.50		20			0.57			2	
雇农														
工商业主					2^{00}		2							
工人					4^{50}		2							
其它农戶					3^{00}									

阶級	工具						植物栽培收入	蚕茧								
								春蚕			夏蚕			秋蚕		
	蚕（只）	蚕台（張）	耙（把）	織布机（台）	魚网（条）	其他（件）	（　）	蚕种（張）	产量（市斤）	产值（　）	蚕种（張）	产量（市斤）	产值（　）	蚕种（張）	产量（市斤）	产值（　）
甲	105	106	107	108	109	110	(111)	112	113	114	115	116	117	118	119	120
合計	366	41														
地主																
富农																
中农	142	18														
貧农	197	19														
雇农																
工商业主	5	2														
工人	22	2														
其它农戶																

阶級	出售家畜收入			出雇收入	其它付业收入						在外人口寄回	出售財物收入	其它收入	其中：剝削收入	收入合計
	猪（　）	羊（　）	其它（　）		商品性手工业（　）	独立工匠（　）	教书行医（　）	經商（　）	运輸（　）	其它（　）	（　）	（　）	（　）	（　）	（　）
甲	121	122	123	124	125	126	127	128	129	130	131	132	133	134	(135)
合計															
地主															
富农															
中农															
貧农															
雇农															
工商业主															
工人															
其它农戶															

苏巷 村村戶的自然机械及阶級性變化統計表（自1948年至1957年）

	期初戶数	原戶的自然及机械變化						期末原阶級戶数	原戶的阶級性變化						期末新阶級戶数	其中来自：								期内迁入新戶	期末总戶数
		分家的母戶数	分家增加戶数	減少戶数					增加戶数			減少戶数													
				併戶	有嗣絕灭	无嗣絕灭	迁出		下升	上降	轉入	上升	下降	轉出		地主	富农	中农	貧农	雇农	工商业主	工人	其他		
合計	55	9	9					64	34	1	5	34	1	5	64	-	-	19	40			2	3	2	66
地主	-							-														-	-		
富农	-							-														-	-		
中农	16	3	3					19	34		4		1		上33 下23 56			18	34			2	2	上1 下1	34 24 58
貧农	34	6	6					40		1	1	34			8			1	6				1		8
雇农	-							-																	
工商业主	-							-																	
工人	2							2						2											
其他	3							3						3											

______省______县(市) 苏苍 村庄

1948年

甲	戶数	雇入戶数			出雇戶数			典入戶数	典出戶数	租入戶数	租出戶数	有耕畜戶数	其中：有騾馬戶数	养猪戶数
		长工	短工	长、短工	长工	短工	长、短工							
甲	1	2	3	4	5	6	7	8	9	10	11	12	13	14
合計	55	-	37	-	-	8	-	4	5	50	2	-	-	32
地主														
富农														
中农	16	-	14	-	-	1	-	2	2	14	-	-	-	13
貧农	34	-	19	-	-	7	-	2	3	32	1	-	-	18
雇农														
工商业主														
工人	2	-	2	-	-	-	-	-	-	2	-	-	-	-
其它村戶	3	-	2	-	-	-	-	-	-	2	1	-	-	1

江苏省无锡（市）县 東亭 乡 春联六社 东巷 村庄

1948 年汇总資料

阶級	戶口	总人口数			常住人口			其中：劳动力				年內出生人数	年內死亡人数
		合計	男	女	合計	男	女	合計	男	女	参加劳动者		
甲	1	2	3	4	5	6	7	8	9	10	11	12	13
合計	55	274 ~~266~~	147 ~~144~~	127 ~~122~~	238	124	114	132	59	73	131	7	2
地主													
富农													
中农	16	89	53	36	76	42	34	37	17	20	36	4	1
貧农	34	167	87	80	149	76	23	85	37	48	85	3	1
雇农													
工商业主													
工人	2	10	4	6	5	3	2	3	2	1	3		
其它村戶	3	8	3	5	8	3	5	7	3	4	7		

阶級	职业情况										农民兼业		
	主业												
	农民	手工业者	产业工人	教师	医生	其它自由职业者	小商販	工商业主	家务劳动者	其它劳动者	手工业	小商販	其它
甲	14	15	16	17	18	19	20	21	22	23	24	25	26
合計	87	20					2		22		28	2	26
地主													
富农													
中农	26	6					~~1~~		4		9	1	10
貧农	57	11					2		15		18	1	14
雇农													
工商业主													
工人	1	1							1				
其它村戶	3	2							2		1		2

阶　級	文　化　状　况									在　外　人　口		
	7至13岁的学龄儿童	其中：在学人数	14岁以上的人数	文盲	初小程度	高小程度	初中程度	高中程度	大学程度	合計	男	女
甲	27	28	29	30	31	32	33	34	35	36	37	38
合計	44	29	153	105	34	14				36	23	13
地主												
富农												
中农	18	13	43	27	10	6				13	11	2
貧农	25	15	99	70	22	7				18	11	7
雇农												
工商业主												
工人	1	1	4	1	2	1				5	1	4
其它村戶			7	7								

阶　級	其中：劳动力			职　业　情　况											
	合計	男	女	农民	手工业者	产业工人	教师	医生	其它自由职业者	小商販	工商业主	店員	軍政人員	家务劳动者	其它劳动者
甲	39	40	41	42	43	44	45	46	47	48	49	50	51	52	53
合計	33	22	11		5	12					1	5	1	1	8
地主															
富农															
中农	12	11	1		1	2					1	3	1	[illegible]	4
貧农	16	10	6		4	6						1		1	4
雇农															
工商业主															
工人	5	1	4			4						1			
其它农戶															

阶级	在外人口的文化状况									占有土地		典入土地	
	7至13岁的学龄儿童	其中：在学人数	14岁以上的人数	文盲	初小程度	高小程度	初中程度	高中程度	大学程度	計（市亩）	其中：农业用地(市亩)	計（市亩）	其中：农业用地（市亩）
甲	54	55	56	57	58	59	60	61	62	63	64	65	66
合計	2		35	17	7	9	2			171.99	145.23	2.88	2.66
地主													
富农													
中农			13	5	2	5	1			79.21	68.75	1.72	1.50
貧农	2	-	17	9	4	4				82.47	68.29	1.16	1.16
雇农													
工商业主													
工人			5	3	1		1			4.30	3.30		
其它村戶										6.01	4.89		

阶級	典出土地		租入农业用地					租出农业用地				
			谷租			錢租		谷租			錢租	
	計（市亩）	其中：农业用地(市亩)	面积（市亩）	租额 糙米（市斤）	租额 小麦（市亩）	面积（市亩）	租额(糙米市斤)	面积（市亩）	租额 糙米（市斤）	租额 小麦（市斤）	面积（市亩）	租额（ ）
甲	67	68	69	70	71	72	73	74	75	76	77	78
合計	8.85	8.85	150.44	20081	92	1.65	249	3.00	257 ~~257~~			
地主												
富农												
中农	3.05	3.05	54.26	7342								
貧农	5.80	5.80	89.00	11,608	92	0.50	70	1.00	156			
雇农												
工商业主												
工人			3.60	573								
其它农戶			3.58	558		1.15	179	2.00	101			

阶級	使用农地面积（市亩）	稻的播种面积（市亩）	小麦的播种面积（市亩）	桑的現有面积（市亩）	其中：可采桑的面积（市亩）	果园的面积（市亩）	大豆的播种面积（市亩）	其它面积（市亩）	农付业雇入			
									長工		短工	
									人数	工資（ ）	工数（工）	工資（ ）
甲	79	80	81	82	83	84	85	86	87	88	89	90
合計	297.59	232.45	219.98	57.83	56.38		1.59	4.97			585	6785
地主												
富农												
中农	122.27	101.17	93.94	21.10	20.25			2.00			384	43.16
貧农	156.80	120.78	116.24	32.71	32.11		1.59	2.97			177	2179
雇农												
工商业主												
工人	6.90	4.40	4.10	2.50	2.50						14	148
其它农戶	11.62	6.10	5.70	1.52	1.52						10	142

阶級	农付业出雇				房屋間数（間）	家畜头数				主要生产				
	長工		短工											
	人数	工資（ ）	工数	工資（ ）		牛、馬、騾（头）	猪（头）	羊（只）	兎（只）	抽水机（部）	水車（部）	旧式犂（張）	打谷机（部）	船（条）
甲	91	92	93	94	95	96	97	98	99	100	101	102	103	104
合計			197	2237.5	121		48	5		0.57			2	
地主														
富农														
中农			10	118	42		20			0.4				
貧农			187	2119.5	70		26	5		0.17			2	
雇农														
工商业主														
工人					4									
其它农戶					5		2							

阶級	工具						植物栽培收入	蚕茧								
								春蚕			夏蚕			秋蚕		
	蚕（只）	蚕台（張）	耙（把）	織布机（台）	魚网（条）	其他（件）	（ ）	蚕种（張）	产量（市斤）	产値（ ）	蚕种（張）	产量（市斤）	产値（ ）	蚕种（張）	产量（市斤）	产値（ ）
甲	105	106	107	108	109	110	111	112	113	114	115	116	117	118	119	120
合計	403	45.5					139853	56.00	2091	13251				38.63	1149	5458
地主																
富农																
中农	170	19					58959	24.89?	913	5791				18.50	544	2575
貧农	213	24.5					73336	28.75	1045	6617				17.50	517	2467
雇农																
工商业主																
工人	13	1					3372	1.50	58	368				1.38	41	194
其它农戶	7	1					4186	1.75	75	475				1.25	47	222

阶級	出售家畜收入			出雇收入	其它付业收入						在外人口寄回	出售財物收入	其它收入	其中：[illegible]收入	收入合計
	猪（ ）	羊（ ）	其它（ ）		商品性手工业（ ）	独立工匠（ ）	教书行医（ ）	經商（ ）	运輸（ ）	其它（ ）	（ ）	（ ）	（ ）	（ ）	（ ）
甲	121	122	123	124	125	126	127	128	129	130	131	132	133	134	135
合計	13171	45		2037.5? / 2198	7995	31873		3197		1843	20924		11970	3419	~~251778~~ 251817.5
地主															
富农															
中农	5762			118		11518		168		340	5144		8786	3369	99161
貧农	6849	45		2119.5? / 2080	2047	20322		3029		1503	10472		3033		131839.5
雇农															
工商业主															
工人					1248						5308		50	50	10540
其它农戶	560				4700	33							101		10277

江苏 省 无锡 县（市） 前巷 村庄

1957年

	户数	雇入户数			出雇户数			典入户数	典出户数	租入户数	租出户数	有耕畜户数	其中：有马骡户数	养猪户数
		长工	短工	长短工	长工	短工	长短工							
甲	1	2	3	4	5	6	7	8	9	10	11	12	13	14
合计	64													26
地主														
富农														
中农	19													12
贫农	40													14
雇农														
工商业主														
工人	2													一
其它村户	3													一

江苏省无锡（市）县东亭乡春联六社苏巷村庄

1957年汇总資料

阶級	戶口	总人口数			常住人口			其中：劳动力				年內出生人数	年內死亡人数
		合計	男	女	合計	男	女	合計	男	女	参加劳动者		
甲	1	2	3	4	5	6	7	8	9	10	11	12	13
合計	64	333	177	156	247	123	124	131	61	70	128	5	1
地主													
富农													
中农	19	102	58	44	75	39	36	43	21	22	42	1	
貧农	40	211	110	101	157	78	79	79	36	43	77	4	1
雇农													
工商业主													
工人	2	10	5	5	5	2	3	3	1	2	3		
其它村戶	3	10	4	6	10	4	6	6	3	3	6		

阶級	职业情况												
	主业									革命干部?	农民兼业		
	农民	手工业者	产业工人	教师	医生	其它自由职业者	小商販	工商业主	家务劳动者	其它劳动者	手工业	小商販	其它
甲	14	15	16	17	18	19	20	21	22	23	24	25	26
合計	91	6					0		30	1	16	2×	18
地主													
富农													
中农	33	2					0		7		3	10	8
貧农	53	3							20	1	13		10
雇农													
工商业主													
工人		1							2				
其它村戶	5								1			1	

阶級	文化状况									在外人口		
	7至13岁的学龄儿童	其中：在学人数	14岁以上的人数	文盲	初小程度	高小程度	初中程度	高中程度	大学程度	合計	男	女
甲	27	28	29	30	31	32	33	34	35	36	37	38
合計	46	31	147	85	30	27	5			86	54	32
地主												
富农												
中农	15	11	47	24	8	12	3			27	19	8
貧农	30	19	89	51	21	15	2			54	32	22
雇农												
工商业主												
工人			4	3	1					5	3	2
其它村戶	1	1	7	7								

阶級	其中：劳动力			职业情况												
	合計	男	女	农民	手工业者	产业工人	教师	医生	其它自由职业者	小商販	工商业主	店員	軍政人員	家务劳动者	其它劳动者
甲	39	40	41	42	43	44	45	46	47	48	49	50	51	52	53
合計	74	49	25	1	12	31					1		8	6	9
地主															
富农															
中农	24	17	7		2	7					1		3	3	6
貧农	45	29	16		10	21							4	3	3
雇农															
工商业主															
工人	5	3	2	1		3							1		
其它农戶															

阶級	在外人口的文化状况									占有土地		典入土地	
	7至13岁的学龄儿童	其中：在学人数	14岁以上的人数	文盲	初小程度	高小程度	初中程度	高中程度	大学程度	計（市亩）	其中：农业用地（市亩）	計（市亩）	其中：农业用地（市亩）
甲	54	55	56	57	58	59	60	61	62	63	64	65	66
合計	2	1	74	18	26	17	10	3					
地主													
富农													
中农	2	1	24	5	8	6	3	2					
貧农			45	13	16	9	6	1					
雇农													
工商业主													
工人			5		2	2	1						
其它村戶													

阶級	典出土地		租入农业用地					租出农业用地				
			谷租			錢租		谷租			錢租	
	計（市亩）	其中：农业用地（市亩）	面积（市亩）	租額 糙米（市斤）	租額 小麦（市亩）	面积（市亩）	租額（糙米市斤）	面积（市亩）	租額 糙米（市斤）	租額 小麦（市斤）	面积（市亩）	租額（　）
甲	67	68	69	70	71	72	73	74	75	76	77	78
合計												
地主												
富农												
中农												
貧农												
雇农												
工商业主												
工人												
其它农戶												

阶級	使用农地面积（市亩）	稻的播种面积（市亩）	小麦的播种面积（市亩）	桑的現有面积（市亩）	其中：可采桑的面积（市亩）	果园的面积（市亩）	大豆的播种面积（市亩）	其它面积（市亩）	农村业雇入			
									长工		短工	
									人数	工資（ ）	工数（工）	工資（ ）
甲	79	80	81	82	83	84	85	86	87	88	89	90
合計												
地主												
富农												
中农												
貧农												
雇农												
工商业主												
工人												
其它农戶												

阶級	农村业出雇				房屋間数（間）	家畜头数				主要生产				
	长工		短工											
	人数	工資（ ）	工数	工資（ ）		牛、馬、騾（头）	豬（头）	羊（只）	兎（只）	抽水机（部）	水車（部）	旧式犁（張）	打谷机（部）	船（条）
甲	91	92	93	94	95	96	97	98	99	100	101	102	103	104
合計														
地主														
富农														
中农														
貧农														
雇农														
工商业主														
工人														
其它农戶														

阶级	工具						植物栽培收入	蚕茧								
								春蚕			夏蚕			秋蚕		
	蚕（只）	蚕台（張）	耙（把）	織布机（台）	魚网（条）	其他（件）	（ ）	蚕种（張）	产量（市斤）	产値（ ）	蚕种（張）	产量（市斤）	产値（ ）	蚕种（張）	产量（市斤）	产値（ ）
甲	105	106	107	108	109	110	111	112	113	114	115	116	117	118	119	120
合計																
地主																
富农																
中农																
貧农																
雇农																
工商业主																
工人																
其它农戶																

阶級	出售家畜收入			出雇收入	其它付业收入						在外人口寄回	出售財物收入	其它收入	其中：剝削收入	收入合計
	豬（ ）	羊（ ）	其它（ ）		商品性手工业（ ）	独立工匠（ ）	教书行医（ ）	經商（ ）	运輸（ ）	其它（ ）	（ ）	（ ）	（ ）	（ ）	（ ）
甲	121	122	123	124	125	126	127	128	129	130	(131)	132	133	134	135
合計											7753.00				
地主															
富农															
中农											2198.00				
貧农											5387.00				
雇农															
工商业主															
工人											168.00				
其它农戶											—				

1929—1957 年无锡农村经济调查资料

龚巷村

龚巷村村户的自然机械及阶級性變化統計表（自1929年至1936年）

	期初户数	原户的自然及机械變化						期末原阶級户数	原户的阶級性變化						期末新阶級户数	其中来自：								期内迁入新户	期末总户数
		分家的母户数	分家增加户数	减少户数					增加户数			减少户数				地主	富农	中农	貧农	雇农	工商业主	工人	其他		
				併户	有嗣絕灭	无嗣絕灭	迁出		下升	上降	轉入	上升	下降	轉出											
合計	42	1	1	2				41	1	2	2	1	2	2	41	1	1	16	19			3	1		41
地主	1	-	-	-				1	-	-	-	-	-	-	1	1	-	-	-			-	-		1
富农	1	-	-	-				1	-	-	-	-	-	-	1		1	-	-			-	-		1
中农	17	-	-	1				16	1	-	-	-	2	-	15			14	1			-	-		15
貧农	19	1	1	1				19		2	1	1	-	1	20			2	17			1	-		20
雇农	-	-	-	-				-			-	-	-	-	-				-			-	-		-
工商业主	-	-	-					-			-	-	-	-	-				-			-	-		-
工人	3	-	-	-				3			1	-	-	1	3				1			2	-		3
其他	1	-						1			-	-		-	1				-			-	1		1

1929年 江蘇 省 无錫 县（市） 龚巷 村庄

	户数	雇入户数			出雇户数			典入户数	典出户数	租入户数	租出户数	有耕畜户数	其中：有馬騾户数	养猪户数
		长工	短工	长短工	长工	短工	长短工							
甲	1	2	3	4	5	6	7	8	9	10	11	12	13	14
合計	42	—	23	—	1	7	—	1	20	24	6	8	~~2~~	27
地主	1	—	1	—	—	—	—	—	—	—	1	—	—	1
富农	1	—	1	—	—	—	—	—	—	—	1	—	—	1
中农	17	—	13	—	—	—	—	1	9	11	—	6	~~6~~	13
貧农	19	—	7	—	—	7	—	—	10	12	1	2	~~2~~	11
雇农	—													
工商业主	—													
工人	3	—	—	—	—	—	—	—	1	1	2	—	—	1
其它村户	1	—	1	—	1	—	—	—	—	—	1	—	—	—

江苏省无锡(市)县 华庄 乡 群湖 社 [illegible]巷 村庄

1929 年汇总資料

阶級	戶口	总人口数			常住人口			其中：劳动力				年內出生人数	年內死亡人数
		合計	男	女	合計	男	女	合計	男	女	参加劳动者		
甲	1	2	3	4	5	6	7	8	9	10	11	12	13
合計	42	170	95 55	84 49	159	80	79	89	42	47	88	11	4
地主	1	5	3	2	3	1	2	1	—	1	1	—	1
富农	1	9	4	5	8	3	5	3	—	3	3		
中农	17	70	35	35	66	34	32	40	19	21	39	6	1
貧农	19	79	45	35	71	37	34	39	21	18	39	4	2
雇农													
工商业主													
工人	3	11	8	3	8	5	3	4	2	2	4	1	
其它村戶	1	5	1	4	3	—	3	2	—	2	2		

阶級	职业情况												
	主业										农民兼业		
	农民	手工业者	产业工人	教师	医生	其它自由职业者	小商販	工商业主	家务劳动者	其它劳动者	手工业	小商販	其它
甲	14	15	16	17	18	19	20	21	22	23	24	25	26
合計	70	2							16		2		1
地主									1				
富农									3				
中农	35	≠							4				
貧农	34								5		2		1
雇农													
工商业主													
工人	1	2							1				
其它村戶									2				

阶級	文化状况									在外人口		
	7至13岁的学龄儿童	其中：在学人数	14岁以上的人数	文盲	初小程度	高小程度	初中程度	高中程度	大学程度	合計	男	女
甲	27	28	29	30	31	32	33	34	35	36	37	38
合計	21	8	97	72	20	4		1		20	15	5
地主			3	1	1			1		2	2	—
富农	2	2	5	4	1					1	1	—
中农	8	4	40	27	11	2				4	1	3
貧农	8	2	43	34	7	2				8	7	1
雇农												
工商业主												
工人	3		4	4						3	3	—
其它村戶			2	2						2	1	1

阶級	其中：劳动力			职业情况											
	合計	男	女	农民	手工业者	产业工人	教师	医生	其它自由职业者	小商販	工商业主	店員	軍政人員	家务劳动者	其它劳动者
甲	39	40	41	42	43	44	45	46	47	48	49	50	51	52	53
合計	16	11	5	1	8	3	2					1			1
地主	1	1	—				1								
富农	1	1	—									1			
中农	4	1	3		1	3									
貧农	5	4	1		4										1
雇农															
工商业主															
工人	3	3	—		3										
其它农戶	2	1	1	1			1								

阶級	在外人口的文化状况									占有土地		典入土地	
	7至13岁的学龄儿童	其中：在学人数	14岁以上的人数	文盲	初小程度	高小程度	初中程度	高中程度	大学程度	計（市亩）	其中：农业用地（市亩）	計（市亩）	其中：农业用地（市亩）
甲	54	55	56	57	58	59	60	61	62	63	64	65	66
合計			19	10	4	2	2	1		240.70	209.41	1.70	1.70
地主			2			1		1		19.17	17.47		
富农			1				1			20.09	18.90		
中农			4	3	1					126.48	112.05	1.70	1.70
貧农			7	4	2	1				63.89	54.49		
雇农													
工商业主													
工人			3	2	1					8.19	4.32		
其它村戶			2	1			1			2.88	2.18		

阶級	典出土地		租入农业用地					租出农业用地				
			谷租			錢租		谷租			錢租	
	計（市亩）	其中：农业用地（市亩）	面积（市亩）	租額 糙米（市斤）	租額 小麦（市亩）	面积（市亩）	租額元（糙米市斤）	面积（市亩）	租額 糙米（市斤）	租額 小麦（市斤）	面积（市亩）	租額（　）
甲	67	68	69	70	71	72	73	74	75	76	77	78
合計	61.84	61.84	75.04	12632		3.20	14.00	24.60	4224			
地主								4.50	864			
富农								11.30	1808			
中农	27.70	27.70	34.50	5647								
貧农	30.84	30.84	37.24	6505		3.20	14.00	3.00	480			
雇农												
工商业主												
工人	3.30	3.30	3.30	480				4.80	912			
其它农戶								1.00	160			

阶級	使用农地面积（市亩）	稻的播种面积（市亩）	小麦的播种面积（市亩）	桑的現有面积（市亩）	其中：可采桑的面积（市亩）	果园的面积（市亩）	大豆的播种面积（市亩）	其它面积（市亩）	农付业雇入 长工 人数	农付业雇入 长工 工資（ ）	农付业雇入 短工 工数（工）	农付业雇入 短工 工資（ ）
甲	79	80	81	82	83	84	85	86	87	88	89	90
合計	263.05	207.32	201.52	55.36	55.03			0.76			590	260.80
地主	12.97	9.10	8.70	3.87	3.87						150	61.50
富农	7.60	4.15	4.00	3.45	3.45						40	18.50
中农	146.55	117.54	114.47	28.64	28.64			0.37			340	150.80
貧农	91.93	76.53	74.35	15.40	15.07						55	27.50
雇农												
工商业主												
工人	2.82			2.82	2.82			0.39				
其它农戶	1.18			1.18	1.18						5	2.50

阶級	农付业出雇 长工 人数	农付业出雇 长工 工資（元）	农付业出雇 短工 工数	农付业出雇 短工 工資（元）	房屋間数（間）	家畜头数 牛、馬、騾（头）	家畜头数 豬（头）	家畜头数 羊（只）	家畜头数 兎（只）	主要生产 抽水机（部）	主要生产 水車（部）	主要生产 旧式犁（張）	主要生产 打谷机（部）	主要生产 船（条）
甲	91	92	93	94	95	96	97	98	99	100	101	102	103	104
合計	1	36.50	440.5	169.05	119.5	7	42	17			5.00	10		1
地主					11		2				0.14			
富农					10		2				0.14	1		
中农					43.5	5	25	4			3.05	7		1
貧农			440.5	169.05	46	2	12	11			1.53	2		
雇农														
工商业主														
工人					7		1	2			0.14			
其它农戶	1	36.50			2									

阶級	工具						植物栽培收入	蚕茧								
								春蚕			夏蚕			秋蚕		
	蚕蘆（只）	蚕台（張）	耙（把）	織布机（台）	魚网（条）	其他（件）	（元）	蚕种（張）	产量（市斤）	产値（元）	蚕种（張）	产量（市斤）	产値（ ）	蚕种（張）	产量（市斤）	产値（ ）
甲	105	106	107	108	109	110	111	112	113	114	115	116	117	118	119	120
合計	748	73				9.45	5783.07	72.00	2246	1016.70	8.25	246	111.19			
地主	42	3				1.00	300.95	4	120	54.24	0.5	10	4.52			
富农	40	4					169.25	3	100	45.20						
中农	361	36				7.45	3239.83	39.75	1233	557.33	5.25	170	76.84			
貧农	250	25				1.00	1971.78	23.25	727	328.60	2.00	57	25.76			
雇农																
工商业主																
工人	25	3					64.94	1.00	36	16.27	0.50	9	4.07			
其它农戶	30	2					56.32	1.00	30	15.06						

阶級	出售家畜收入			出雇收入	其它付业收入						在外人口寄回	出售財物收入	其它收入	其中：剥削收入	收入合計
	猪（元）	羊（ ）	其它（ ）		商品性手工业（元）	獨立工匠（ ）	教书行医（ ）	經商（ ）	运輸（ ）	其它（ ）	（ ）	（ ）	（元）	（元）	（元）
甲	121	122	123	124	125	126	127	128	129	130	131	132	133	134	135
合計	713.60	11.20		205.55	2.70	214.20	60.00			33.24	905.85	86.00	652.37	330.80	9795.67
地主	40.00										120.00		47.20	43.20	566.91
富农	39.60										160.00		125.40	125.40	539.45
中农	421.80	1.08				15.00				18.24	192.00	11.00	193.97	98.00	4727.09
貧农	200.20	6.04		169.05	2.70	69.20				15.00	185.85	75.00	213.00	57.00	3262.18
雇农															
工商业主															
工人	12.00	4.8				130.00					248.00		45.60		524.96
其它农戶				36.50			60.00						27.20	7.20	175.08

1936年(前) 1929

江蘇 省 无锡 县(市) 龚巷 村庄

	户数	雇入户数			出雇户数			典入户数	典出户数	租入户数	租出户数	有耕畜户数	其中：有馬騾户数	养猪户数
		长工	短工	长短工	长工	短工	长短工							
甲	1	2	3	4	5	6	7	8	9	10	11	12	13	14
合計	41	—	16	—	—	7	—	—	17	18	6	5	—	28
地主	1	—	1	—	—	—	—	—	—	—	—	—	—	1
富农	1	—	1	—	—	—	—	—	—	—	1	—	—	1
中农	16	—	9	—	-	-	-	—	6	7	1	5	—	12
貧农	19	—	5	—	—	7	—	—	10	10	1	—	—	12
雇农														
工商业主														
工人	3	-	-	—	—	—	—	—	1	1	2	—	-	2
其它村户	1	—	—	—	—	—	—	—	—	—	1	—	—	—

江苏省无锡（市）县 华庄乡 群湖 社 [illegible]巷 村庄

1936(前)年汇总資料

阶級	戶口	总人口数			常住人口			其中：劳动力				年內出生人数	年內死亡人数
		合計	男	女	合計	男	女	合計	男	女	参加劳动者		
甲	1	2	3	4	5	6	7	8	9	10	11	12	13
合計	41	183	92	91	164	79	85	85	37	48	83	8	5
地主	1	5	2	3	3	—	3	1	—	1	1		
富农	1	7	3	4	6	2	4	3	1	2	3	1	
中农	16	71	37	34	66	34	32	36	17	19	34	4	3
貧农	19	78	39	39	71	35	36	39	17	22	39	3	2
雇农													
工商业主													
工人	3	16	10	6	12	7	5	4	1	3	4		
其它村戶	1	6	1	5	6	1	5	2	1	1	2		

阶級	职业情况												
	主业										农民兼业		
	农民	手工业者	产业工人	教师	医生	其它自由职业者	小商販	工商业主	家务劳动者	其它劳动者	手工业	小商販	其它
甲	14	15	16	17	18	19	20	21	22	23	24	25	26
合計	68			1					14		5		1
地主									1				
富农									3				
中农	31								3		1		
貧农	33								6		3		1
雇农													
工商业主													
工人	4										1		
其它村戶				1					1				

阶級	文化状况									在外人口		
	7至13岁的学龄儿童	其中：在学人数	14岁以上的人数	文盲	初小程度	高小程度	初中程度	高中程度	大学程度	合計	男	女
甲	27	28	29	30	31	32	33	34	35	36	37	38
合計	41	22	99	69	23	5	2			19	13	6
地主	1		2	1	1					2	2	—
富农	1		5	3		1	1			1	1	—
中农	17	11	40	24	13	3				5	3	2
貧农	19	9	42	34	7	1				7	4	3
雇农												
工商业主												
工人	2	1	7	5	2					4	3	1
其它村戶	1	1	3	2			1					

阶級	其中：劳动力			职业情况											
	合計	男	女	农民	手工业者	产业工人	教师	医生	其它自由职业者	小商販	工商业主	店員	軍政人員	家务劳动者	其它劳动者
甲	39	40	41	42	43	44	45	46	47	48	49	50	51	52	53
合計	19	13	6		7	4	1	1				1		1	3
地主	2	2					1								
富农	1	1	—					1							
中农	5	3	2		1	3						1			
貧农	7	4	3		4									1	2
雇农															
工商业主															
工人	4	3	1		2	1									
其它农戶															1

阶級	在外人口的文化状况									占有土地		典入土地	
	7至13岁的学龄儿童	其中：在学人数	14岁以上的人数	文盲	初小程度	高小程度	初中程度	高中程度	大学程度	計（市亩）	其中：农业用地（市亩）	計（市亩）	其中：农业用地（市亩）
甲	54	55	56	57	58	59	60	61	62	63	64	65	66
合計			19	8	5	4		1	1	257.82	229.22		
地主			2					1	1	19.17	17.47		
富农			1			1				20.09	18.90		
中农			5	2	1	2				131.54	117.29		
貧农			7	3	3	1				75.85	66.49		
雇农													
工商业主													
工人			4	3	1					8.19	6.89		
其它村戶										2.88	2.18		

阶級	典出土地		租入农业用地					租出农业用地				
			谷租			錢租		谷租			錢租	
	計（市亩）	其中：农业用地（市亩）	面积（市亩）	租額 糙米（市斤）	租額 小麦（市亩）	面积（市亩）	租額（糙米市斤）	面积（市亩）	租額 糙米（市斤）	租額 小麦（市斤）	面积（市亩）	租額（　）
甲	67	68	69 x	70	71	72	73	74	75	76	77	78
合計	49.32	49.32										
地主												
富农												
中农	20.58	20.58										
貧农	25.44	25.44										
雇农												
工商业主												
工人	3.30	3.30										
其它农戶												

阶級	使用农地面积（市亩）	稻的播种面积（市亩）	小麦的播种面积（市亩）	桑的現有面积（市亩）	其中：可采桑的面积（市亩）	果园的面积（市亩）	大豆的播种面积（市亩）	其它面积（市亩）	农付业雇入			
									长工		短工	
									人数	工資（ ）	工数（工）	工資（ ）
甲	79	80	81	82	83	84	85	86	87	88	89	90
合計											542	230.82
地主											200	78.60
富农											30	14.10
中农											263	115.09
貧农											49	23.03
雇农												
工商业主												
工人												
其它农戶												

阶級	农付业出雇				房屋間数（間）	家畜头数				主要生产				
	长工		短工											
	人数	工資（ ）	工数	工資（ ）		牛、馬、騾（头）	猪（头）	羊（只）	兎（只）	抽水机（部）	水車（部）	旧式犁（張）	打谷机（部）	船（条）
甲	91	92	93	94	95	96	97	98	99	100	101	102	103	104
合計			343.5	131.95	128.50	5	47	26		0.33	3.48	10	2.66	0.33
地主					11.00		4				0.14			
富农					10.00		1				0.14	1		
中农					49.50	5	26	6		0.33	2.12	7	1.33	0.33
貧农			343.5	131.95	49.00		14	18			1.08	2	1.33	
雇农														
工商业主														
工人					7.00	[illegible]	2	2						
其它农戶					2.00									

阶級	工具						植物栽培收入	蚕茧								
								春蚕			夏蚕			秋蚕		
	蚕（只）	蚕台（張）	耙（把）	織布机（台）	魚网（条）	其他（件）	（　）	蚕种（張）	产量（市斤）	产値（　）	蚕种（張）	产量（市斤）	产値（　）	蚕种（張）	产量（市斤）	产値（　）
甲	105	106	107	108	109	110	111x	112	113	114	115	116	117	118	119	120
合計	612	※68				28.45										
地主	42	3				1.00										
富农	31	4														
中农	317	34				26.45										
貧农	166	21				1.00										
雇农																
工商业主																
工人	26	4														
其它农戶	30	2														

阶級	出售家畜收入			出雇收入	其它付业收入						在外人口寄回	出售財物收入	其它收入	其中：剝削收入	收入合計
	猪（　）	羊（　）	其它（　）		商品性手工业（　）	独立工匠（　）	教书行医（　）	經商（　）	运輸（　）	其它（　）	（　）	（　）	（　）	（　）	（　）
甲	121	122	123	124	125	126	127	128	129	130	131	132	133	134	135 x
合計															
地主															
富农															
中农															
貧农															
雇农															
工商业主															
工人															
其它农戶															

龔巷村村户的自然机械及阶級性變化統計表（自1936年至1948年）

	期初户数	原户的自然及机械變化						期末原阶級户数	原户的阶級性變化						期末新阶級户数	其中来自：								期内迁入新户	期末總户数
		分家的母户数	分家增加户数	減少户数					增加户数			減少户数													
				併户	有嗣絕灭	无嗣絕灭	迁出		下升	上降	轉入	上升	下降	轉出		地主	富农	中农	貧农	雇农	工商业主	工人	其他		
合計	41	7	9	1		1	3	45	5	4	5	5	4	5	45	1	3	15	22			3	1	1	46
地主	1							1							1	1									1
富农	1	1	2					3	3				2	1	3			3							3
中农	15	1	1	1				15	2	2		3	2		14		2	10	2						14
貧农	20	5	6			1	3(9)	22		2	3	2			25			2	20			2	1	1	26
雇农																									
工商业主											1				1							1			1
工人	3							3						3											
其他	1							1			1			1	1		1								1

江蘇 省 无錫 县（市） 楚巷 村庄

1936年

	户数	雇入户数			出雇户数			典入户数	典出户数	租入户数	租出户数	有耕畜户数	其中：有[illegible]户数	养猪户数
		长工	短工	长短工	长工	短工	长短工							
甲	1	2	3	4	5	6	7	8	9	10	11	12	13	14
合计	41	—	16	—	—	7	—	—	17	18	6	5		28
地主	1	—	1	—	—	—	—	—	—	—	—	—		1
富农	1	—	1	—	—	—	—	—	—	—	1	—		1
中农	15	—	9	—	—	—	—	—	6	7	1	4		12
貧农	20	—	5	—	—	7	—	—	10	10	—	1		13
雇农	—	—		—	—		—	—			—			
工商业主	—	—		—	—		—	—			—			
工人	3	—	—	—	—	—	—	—	1	1	3	—		1
其它村户	1	—	—	—	—	—	—	—	—	—	1	—		—

江苏省无锡（市）县 华庄 乡 群湖 社 奎巷 村庄

1936 年汇总資料

阶級	戶口	总人口数			常住人口			其中：劳动力				年內出生人数	年內死亡人数
		合計	男	女	合計	男	女	合計	男	女	参加劳动者		
甲	1	2	3	4	5	6	7	8	9	10	11	12	13
合計	41	183	92	91	164	79	85	85	37	48	83	8	5
地主	1	5	2	3	3	—	3	1	—	1	1	—	—
富农	1	7	3	4	6	2	4	3	1	2	3	1	—
中农	15	69	34	35	65	32	33	35	16	19	34	3	3
貧农	20	83	43	40	76	38	38	41	18	23	40	4	2
雇农													
工商业主													
工人	3	13	9	4	8	6	2	3	1	2	3	—	—
其它村戶	1	6	1	5	6	1	5	2	1	1	2	—	—

阶級	职业情况												
	主业										农民兼业		
	农民	手工业者	产业工人	教师	医生	其它自由职业者	小商販	工商业主	家务劳动者	其它劳动者	手工业	小商販	其它
甲	14	15	16	17	18	19	20	21	22	23	24	25	26
合計	68			1					14		5		1
地主									1				
富农									3				
中农	31								3		1		
貧农	35								5		3		1
雇农													
工商业主													
工人	2								1		1		
其它村戶				1					1				

阶級	文化状况									在外人口		
	7至13岁的学龄儿童	其中：在学人数	14岁以上的人数	文盲	初小程度	高小程度	初中程度	高中程度	大学程度	合計	男	女
甲	27	28	29	30	31	32	33	34	35	36	37	38
合計	41	22	99	69	23	5	2			19	13	6
地主	1		2	1	1					2	2	—
富农	1		5	3		1	1			1	1	—
中农	17	10	38	24	12	2				4	2	2
貧农	20	10	45	34	9	2				7	5	2
雇农												
工商业主												
工人	1	1	6	5	1					5	3	2
其它村戶	1	1	3	2			1					

阶級	其中：劳动力			职业情况											
	合計	男	女	农民	手工业者	产业工人	教师	医生	其它自由职业者	小商販	工商业主	店員	軍政人員	家务劳动者	其它劳动者
甲	39	40	41	42	43	44	45	46	47	48	49	50	51	52	53
合計	19	13	6		7	4	1	1				1		1	3≠
地主	2	2	—				1								
富农	1	1	—					1							
中农	4	2	2			3						1			
貧农	7	5	2		5										2
雇农															
工商业主															
工人	5	3	2		2	1								1	1
其它农戶															

阶級	在外人口的文化状况									占有土地		典入土地	
	7至13岁的学龄儿童	其中：在学人数	14岁以上的人数	文盲	初小程度	高小程度	初中程度	高中程度	大学程度	計（市亩）	其中：农业用地（市亩）	計（市亩）	其中：农业用地（市亩）
甲	54	55	56	57	58	59	60	61	62	63	64	65	66
合計	六		19	8	5	4		1	1	257.82	228.22		
地主			2					1	1	19.17	17.47		
富农			1			1				20.08	18.90		
中农			4	2		2				132.54	119.14		
貧农	六		7	3	3	1				73.13	62.82		
雇农													
工商业主													
工人			5	3	2					10.01	8.71		
其它村戶										2.88	2.18		

阶級	典出土地		租入农业用地					租出农业用地				
			谷租			錢租		谷租			錢租	
	計（市亩）	其中：农业用地（市亩）	面积（市亩）	租額 糙米（市斤）	租額 小麦（市亩）	面积（市亩）	租額（糙米市斤）	面积（市亩）	租額 糙米（市斤）	租額 小麦（市斤）	面积（市亩）	租額（　）
甲	67	68	69	70	71	72	73	74	75	76	77	78
合計	49.32	49.32	54.44	9398		3.20	14.00	27.60	5203			
地主												
富农								11.30	2215			
中农	19.74	19.74	24.06	3998				5.50	1056			
貧农	26.28	26.28	27.08	4920		3.20	14.00					
雇农												
工商业主												
工人	3.30	3.30	3.30	480				9.80	1712			
其它农戶								1.00	230			

阶級	使用农地面积（市亩）	稻的播种面积（市亩）	小麦的播种面积（市亩）	桑的現有面积（市亩）	其中：可采桑的面积（市亩）	果园的面积（市亩）	大豆的播种面积（市亩）	其它面积（市亩）	农村业雇入 长工 人数	长工 工資（ ）	短工 工数（工）	短工 工資（ ）
甲	79	80	81	82	83	84	85	86	87	88	89	90
合計	259.26	211.51	206.15	47.39	47.06			0.37			542	230.82
地主	17.47	13.60	13.20	3.87	3.87						200	78.60
富农	7.60	4.90	4.73	2.70	2.70						30	14.10
中农	137.70	115.79	112.78	21.82	21.82			0.10			263	115.09
貧农	93.10	77.22	75.44	15.61	15.28			0.27			49	23.03
雇农												
工商业主												
工人	2.21			2.21	2.21							
其它农戶	1.18			1.18	1.18							

阶級	农村业出雇 长工 人数	长工 工資（ ）	短工 工数	短工 工資（ ）	房屋間数（間）	家畜头数 牛、馬、騾（头）	猪（头）	羊（只）	兎（只）	主要生产 抽水机（部）	水車（部）	旧式犁（張）	打谷机（部）	船（条）
甲	91	92	93	94	95	96	97	98	99	100	101	102	103	104
合計			343.5	131.95	128.50	5	47	26		0.33	3.48	10	2.66	0.33
地主					11.00		4				0.14			
富农					10.00		1				0.14	1		
中农					48.50	4	25	7		0.33	2.45	7	1.33	0.33
貧农			343.5	131.95	48.00	1	16	19			0.75	2	1.33	
雇农														
工商业主														
工人					9.00		1							
其它农戶					2.00									

阶級	工具						植物栽培收入	蚕茧								
								春蚕			夏蚕			秋蚕		
	蚕（只）	蚕台（張）	耙（把）	織布机（台）	魚网（条）	其他（件）	（　）	蚕种（張）	产量（市斤）	产値（　）	蚕种（張）	产量（市斤）	产値（　）	蚕种（張）	产量（市斤）	产値（　）
甲	105	106	107	108	109	110	111	112	113	114	115	116	117	118	119	120
合計	612	68				28.45	5965.58	49.25	1651	569.65				27.75	817	231.24
地主	42	3				1.00	403.60	5	150	51.75				3	80	22.64
富农	31	4					177.28	3	120	41.40				2	50	14.10
中农	297	33				25.45	3217.85	22.25	759	261.87				12.50	378	106.58
貧农	183	22				2.00	2080.25	17.50	567	195.65				9.25	281	78.54
雇农																
工商业主																
工人	29	4					59.83	1	40	13.80				0.50	18	5.09
其它农戶	30	2					26.67	0.50	15	5.18				0.50	10	2.83

阶級	出售家畜收入			出雇收入	其它付业收入						在外人口寄回	出售財物收入	其它收入	其中：剝削收入	收入合計
	猪（　）	羊（　）	其它（　）		商品性手工业（　）	独立工匠（　）	教书行医（　）	經商（　）	运輸（　）	其它（　）	（　）	（　）	（　）	（　）	（　）
甲	121	122	123	124	125	126	127	128	129	130	131	132	133	134	135
合計	967.80	27.55		131.95	189.50	114.00	80.00	75.00		144.30	544.00		497.74	279.04	9538.31
地主	96.00										120.00		3.76		697.75
富农	24.00												104.11	104.11	360.84
中农	515.00	19.52			189.50	10.00				108.30			194.10	129.63	4623.23
貧农	320.80	8.03		131.95		54.00		75.00		6.00	252.00		87.60		3290.82
雇农															
工商业主															
工人	12.00					50.00				30.00	172.00		80.47	37.60	423.19
其它农戶							80.00						27.70	7.70	142.38

1948(前)年 1936 江蘇 省 无锡 县(市) [illegible]巷 村庄

	户数	雇入户数			出雇户数			典入户数	典出户数	租入户数	租出户数	有耕畜户数	其中：有[illegible]户数	养猪户数
		长工	短工	长短工	长工	短工	长短工							
甲	1	2	3	4	5	6	7	8	9	10	11	12	13	14
合計	45	—	19	—	—	13	—	—	1	8	7	2	—	36
地主	1	—	1	—	—	—	—	—	—	—	—	—	—	1
富农	3		3			1		—	—	1	2			2
中农	15	—	7	—	—	3	—	—	—	—	1	2	—	15
贫农	22	—	6	—	—	8	—	—	—	6	2	—	—	17
雇农														
工商业主														
工人	3	—	1	—	—	1	—	—	1	1	2	—	—	1
其它村户	1	—	1	—	—	—	—	—	—	—	—	—	—	—

江苏省无锡（市）县 华庄乡 群湖 社 盛巷 村庄

1948（前）[1936] 年汇总資料

阶級	戶口	总人口数			常住人口			其中：劳动力				年內出生人数	年內死亡人数
		合計	男	女	合計	男	女	合計	男	女	参加劳动者		
甲	1	2	3	4	5	6	7	8	9	10	11	12	13
合計	45	200	104	96	179	84	95	104	45	59	103	8	1
地主	1	8	3	5	7	2	5	2	—	2	2	1	
富农	3	13	7	6	11	5	6	4	1	3	4		
中农	15	75	39	36	70	34	36	45	22	23	45	3	1
貧农	22	85	44	41	77	36	41	45	20	25	44	4	
雇农													
工商业主													
工人	3	16	10	6	11	6	5	6	2	4	6		
其它村戶	1	3	1	2	3	1	2	2	-	2	2		

阶級	职业情况												
	主业										农民兼业		
	农民	手工业者	产业工人	教师	医生	其它自由职业者	小商販	工商业主	家务劳动者	其它劳动者	手工业	小商販	其它
甲	14	15	16	17	18	19	20	21	22	23	24	25	26
合計	89			1					12		4		
地主									2				
富农	2								2				
中农	40								5		1		
貧农	40			1					2		3		
雇农													
工商业主													
工人	5								1				
其它村戶	2												

阶級	文化状况									在外人口		
	7至13岁的学龄儿童	其中：在学人数	14岁以上的人数	文盲	初小程度	高小程度	初中程度	高中程度	大学程度	合計	男	女
甲	27	28	29	30	31	32	33	34	35	36	37	38
合計	31	21	119	73	30	13	2	1		21	20	1
地主	1	1	3		1	1		1		1	1	—
富农	3	3	4	1	1	1	1			2	2	—
中农	15	10	49	28	14	7				5	5	—
貧农	10	6	51	35	13	2	1			8	8	—
雇农												
工商业主												
工人	1		10	8	1	1				5	4	1
其它村戶	1	1	2	1		1						

阶級	其中：劳动力			职业情况											
	合計	男	女	农民	手工业者	产业工人	教师	医生	其它自由职业者	小商販	工商业主	店員	軍政人員	家务劳动者	其它劳动者
甲	39	40	41	42	43	44	45	46	47	48	49	50	51	52	53
合計	21	20	1		3	12	1	1			2			1	
地主	1	1	—				1								
富农	2	2	—			1		1							
中农	5	5	—		1	3									
貧农	8	8	—		2	6									
雇农															
工商业主															
工人	5	4	1			2					2			1	
其它农戶															

阶级	在外人口的文化状况									占有土地		典入土地	
	7至13岁的学龄儿童	其中：在学人数	14岁以上的人数	文盲	初小程度	高小程度	初中程度	高中程度	大学程度	計（市亩）	其中：农业用地(市亩)	計（市亩）	其中：农业用地（市亩）
甲	54	55	56	57	58	59	60	61	62	63	64	65	66
合計			21	2	12	3	2	1	1	296.84	269.52		
地主			1						1	14.07	12.37		
富农			2			1	1			18.16	16.87		
中农			5		3	1		1		158.33	144.73		
貧农			8	1	7					87.49	78.66		
雇农													
工商业主													
工人			5	1	2	1	1			14.11	12.81		
其它村戶										4.68	3.98		

阶級	典出土地		租入农业用地					租出农业用地				
			谷租			錢租		谷租			錢租	
	計（市亩）	其中：农业用地(市亩)	面积（市亩）	租額 糙米（市斤）	租額 小麦（市亩）	面积（市亩）	租額（糙米市斤）	面积（市亩）	租額 糙米（市斤）	租額 小麦（市斤）	面积（市亩）	租額（ ）
甲	67	68	69	70	71	72	73	74	75	76	77	78
合計	1.30	1.30										
地主												
富农												
中农												
貧农												
雇农												
工商业主												
工人	1.30	1.30										
其它农戶												

阶級	使用农地面积（市亩）	稻的播种面积（市亩）	小麦的播种面积（市亩）	桑的現有面积（市亩）	其中：可采桑的面积（市亩）	果园的面积（市亩）	大豆的播种面积（市亩）	其它面积（市亩）	农付业雇入			
									長工		短工	
									人数	工资（ ）	工数（工）	工资（ ）
甲	79	80	81	82	83	84	85	86	87	88	89	90
合計											553	4747
地主											190	1470
富农											48	426
中农											263	2358
貧农											38	365
雇农												
工商业主												
工人											4	48
其它农户											10	80

阶級	农付业出雇				房屋間数（間）	家畜头数				主要生产				
	長工		短工											
	人数	工资（ ）	工数	工资（ ）		牛、馬、騾（头）	猪（头）	羊（只）	兔（只）	抽水机（部）	水車（部）	旧式犁（張）	打谷机（部）	船（条）
甲	91	92	93	94	95	96	97	98	99	100	101	102	103	104
合計			455	3583	121.50	2	73	26			1.55	8	4.71	
地主					11.00		3						0.20	
富农			5	50	10.00		3					1		
中农			75	615	48.50	2	29	6			1.25	5	1.86	
貧农			285	2279	41.00		37	17			0.30	2	2.65	
雇农														
工商业主														
工人			90	639	9.00		1	3						
其它农户					2.00									

阶級	工具						植物栽培收入	蚕茧								
								春蚕			夏蚕			秋蚕		
	蚕（只）	蚕台（張）	耙（把）	織布机（台）	魚网（条）	其他（件）	（ ）	蚕种（張）	产量（市斤）	产値（ ）	蚕种（張）	产量（市斤）	产値（ ）	蚕种（張）	产量（市斤）	产値（ ）
甲	105	106	107	108	109	110	111	112	113	114	115	116	117	118	119	120
合計	473.5	64				155.25										
地主	45	3				29										
富农	25	4				7										
中农	224	30				116.25										
貧农	145.5	22				3.										
雇农																
工商业主																
工人	29	4														
其它农戶	5	1														

阶級	出售家畜收入			出雇收入	其它付业收入						在外人口寄回	出售財物收入	其它收入	其中：剝削收入	收入合計
	猪（ ）	羊（ ）	其它（ ）		商品性手工业（ ）	独立工匠（ ）	教书行医（ ）	經商（ ）	运输（ ）	其它（ ）	（ ）	（ ）	（ ）	（ ）	（ ）
甲	121	122	123	124	125	126	127	128	129	130	131	132	133	134	135
合計															
地主															
富农															
中农															
貧农															
雇农															
工商业主															
工人															
其它农戶															

[illegible] 村村戶的自然机械及阶級性變化統計表（自1948年至1957年）

	期初戶数	原戶的自然及机械變化						期末原阶級戶数	原戶的阶級性變化						期末新阶級戶数	其中来自：								期內迁入新戶	期末总戶数
		分家的母戶数	分家增加戶数	減少戶数					增加戶数			減少戶数													
				併戶	有嗣絶灭	无嗣絶灭	迁出		下升	上降	轉入	上升	下降	轉出		地主	富农	中农	貧农	雇农	工商业主	工人	其他		
合計	46	3	3			1		48	14	7	2	14	7	2	48	1	4	14	27		1		1	2	50
地主	1	-	-			-		1	-	-	-	-	1	-	-			-	-		-		-		-
富农	3	1	1			-		4	-	-	-	-	4	-	上中 15			-	-		-		-	上 1	16
中农	14	-	-			-		14	14	4	1	-	2		31 下 16	1	3	12 ≠	14		1		-	下 1	17 33
貧农	26	2	2			1		27		3	1	14	-		17		1	2	13				1		17
雇农	-							-																	-
工商业主	1							1						1											-
工人	-							-						-											-
其他	1							1						1											-

江蘇 省 无錫 县（市） 荣巷 村庄

1948年

	户数	雇入户数			出雇户数			典入户数	典出户数	租入户数	租出户数	有耕畜户数	其中：有[illegible]户数	养猪户数
		长工	短工	长、短工	长工	短工	长、短工							
甲	1	2	3	4	5	6	7	8	9	10	11	12	13	14
合计	46	—	19	—	—	14	—	—	1	9	7	2	—	37
地主	1	—	1	—	—	—	—	—	—	—	—	—	—	1
△富农	3	—	3	—	—	—	—	—	—	—	1	1	—	3
中农	14	—	6	—	—	4	—	—	—	3	1	1	—	14
贫农	26	—	8	—	—	10	—	—	1	6	3	—	—	19
雇农														
工商业主	1	—	—	—	—	—	—	—	—	—	1	—	—	—
工人														
其它村户	1	—	1	—	—	—	—	—	—	—	1	—	—	—

江苏省无锡（市）县 华庄 乡 群湖 社 [illegible]巷 村庄

1948 年汇总資料

阶級	戶口	总人口数			常住人口			其中：劳动力				年内出生人数	年内死亡人数
		合計	男	女	合計	男	女	合計	男	女	参加劳动者		
甲	1	2	3	4	5	6	7	8	9	10	11	12	13
合計	46	205	107	98	184	87	97	106	46	60	105	9	1
地主	1	8	3	5	7	2	5	2	—	2	2	1	—
富农	3	17	9	8	17	9	8	10	5	5	10		
中农	14	68	38	30	62	32	30	38	18	20	38	2	1
貧农	26	100	51	49	91	42	49	54	23	31	53	6	
雇农													
工商业主	1	6	4	2	2	1	1	1	—	1	1	—	
工人													
其它村戶	1	6	2	4	5	1	4	1	—	1	1	-	-

阶級	职业情况												
	主业										农民兼业		
	农民	手工业者	产业工人	教师	医生	其它自由职业者	小商販	工商业主	家务劳动者	其它劳动者	手工业	小商販	其它
甲	14	15	16	17	18	19	20	21	22	23	24	25	26
合計	91			1					12		4		
地主									2				
富农	9								1				
中农	32								6				
貧农	49			1					2		4		
雇农													
工商业主									1				
工人													
其它村戶	1												

阶級	文化状况									在外人口		
	7至13岁的学龄儿童	其中：在学人数	14岁以上的人数	文盲	初小程度	高小程度	初中程度	高中程度	大学程度	合計	男	女
甲	27	28	29	30	31	32	33	34	35	36	37	38
合計	33	23	121	75	30	13	2	1	—	21	20	1
地主	1	1	3	—	1	1	—	1	—	1	1	—
富农	6	5	11	5	4	2						
中农	10	6	42	23	13	5	1			6	6	—
貧农	14	9	62	45	12	4	1			9	9	—
雇农												
工商业主			2	2						4	3	1
工人												
其它村戶	2	2	1			1				1	1	—

阶級	其中：劳动力			职业情况											
	合計	男	女	农民	手工业者	产业工人	教师	医生	其它自由职业者	小商贩	工商业主	店員	軍政人員	家务劳动者	其它劳动者
甲	39	40	41	42	43	44	45	46	47	48	49	50	51	52	53
合計	21	20	1	—	3	12	1	1			2			1	
地主	1	1	—	—			1								
富农															
中农	6	6	—		1	4									
貧农	9	9	—		2	7									
雇农															
工商业主	4	3	1			1					2			1	
工人															
其它农戶	1	1	—					1							

阶　级	在外人口的文化状况									占有土地		典入土地	
	7至13岁的学龄儿童	其中：在学人数	14岁以上的人数	文盲	初小程度	高小程度	初中程度	高中程度	大学程度	計（市亩）	其中：农业用地(市亩)	計（市亩）	其中：农业用地（市亩）
甲	54	55	56	57	58	59	60	61	62	63	64	65	66
合　計			21	2	12	3	2	1	1	301.03	273.59		
地　主			1						1	14.07	12.37		
富　农										42.63	38.88		
中　农			6		3	2		1		126.75	115.96		
貧　农			9	1	8					103.31	92.91		
雇　农													
工商业主			4	1	1	1	1			8.00	7.60		
工　人													
其它村戶			1				1			6.27	5.87		

阶　级	典出土地		租入农业用地					租出农业用地				
			谷租			錢租		谷租			錢租	
	計（市亩）	其中：农业用地(市亩)	面积（市亩）	租額 糙米（市斤）	租額 小麦（市亩）	面积（市亩）	租額（糙米市斤）	面积（市亩）	租額 糙米（市斤）	租額 小麦（市斤）	面积（市亩）	租額（　）
甲	67	68	69	70	71	72	73	74	75	76	77	78
合　計	1.30	1.30	19.77	3,906		0.20	32	16.37	2,726			
地　主												
富　农								1.20	224			
中　农			5.77	1,041				1.10	216			
貧　农	1.30	1.30	14.00	2,865		0.20	32	3.87	654			
雇　农												
工商业主			7.60	1,216				7.60	1,216			
工　人												
其它农戶								2.60	416			

阶級	使用农地面积(市亩)	稻的播种面积(市亩)	小麦的播种面积(市亩)	桑的現有面积(市亩)	其中：可采桑的面积(市亩)	果园的面积(市亩)	大豆的播种面积(市亩)	其它面积(市亩)	农村业雇入			
									长工		短工	
									人数	工資( )	工数(工)	工資( )
甲	79	80	81	82	83	84	85	86	87	88	89	90
合計	277.19	232.51	226.74	43.53	38.26			1.67			553	4747
地主	12.37	8.50	8.10	3.87	3.87						190	1470
富农	37.68	32.87	32.37	4.81							160	1420
中农	120.63	103.31	98.91	17.23	17.23			0.10			123	1138
貧农	103.24	85.85	84.16	16.73	16.27			1.57			52	493
雇农												
工商业主												
工人												
其它农戶	3.27	2.38	2.20	0.89	0.89						28	226

阶級	农村业出雇				房屋間数(間)	家畜头数				主要生产				
	长工		短工											
	人数	工資( )	工数	工資( )		牛、馬、騾(头)	猪(头)	羊(只)	兎(只)	抽水机(部)	水車(部)	旧式犂(張)	打谷机(部)	船(条)
甲	91	92	93	94	95	96	97	98	99	100	101	102	103	104
合計			555	4358	123.5	2	74	27			1.67	8	4.71	
地主					11		3						0.20	
富农					12	1	9				1	2	0.86	
中农			80	617	42.5	1	36	7			0.25	4	1.33	
貧农			475	3741	48.5		26	20			0.42	2	2.32	
雇农														
工商业主					5									
工人														
其它农戶					3.5									

阶級	工具						植物栽培收入	蚕茧								
								春蚕			夏蚕			秋蚕		
	蚕（只）	蚕台（張）	耙（把）	織布机（台）	魚网（条）	其他（件）	（斤）	蚕种（張）	产量（市斤）	产値（ ）	蚕种（張）	产量（市斤）	产値（ ）	蚕种（張）	产量（市斤）	产値（ ）
甲	105	106	107	108	109	110	111	112	113	114	115	116	117	118	119	120
合計	487.5	65				155.25	140359	43.75	1479	9378				24.75	737	3,492
地主	45	3				29	6277	5	130	824				3.00	85	403
富农	79	9				52.25	21525	6.5	230	1458				3.50	105	497
中农	165	24				72	60800	17.75	655	4154				9.75	271	1283
貧农	178.5	26				2	50376	14.00	444	2815				8.00	258	1,224
雇农																
工商业主	13	2					100									
工人																
其它农戶	7	1					1281	0.50	20	127				0.50	18	85

阶級	出售家畜收入			出雇收入	其它付业收入						在外人口寄回	出售財物收入	其它收入	其中：剝削收入	收入合計
	猪（ ）	羊（ ）	其它（ ）		商品性手工业（ ）	独立工匠（ ）	教书行医（ ）	経商（ ）	运輸（ ）	其它（ ）	（ ）	（ ）	（ ）	（ ）	（ ）
甲	121	122	123	124	125	126	127	128	129	130	131	132	133	134	135
合計	35512	654		4358	24384	1,934		16944		360	13620	5280	28632	26794	284907
地主	2000				6720						2880		6480	6400	25584
富农	5496				17584					100			9170	9170	55830
中农	14526	206		617				16576			2480		6656	6456	107258
貧农	13490	448		3741	80	1934		368		260	4340	5280	3414	1856	87770
雇农															
工商业主											2000		1216	1216	3316
工人															
其它农戶											1920		1696	1696	5109

江蘇省无錫县(市)黄巷村庄

1957年(前)1948年

甲	户数	雇入户数			出雇户数			典入户数	典出户数	租入户数	租出户数	有耕畜户数	其中：有[illegible]户数	养猪户数
		长工	短工	长短工	长工	短工	长短工							
甲	1	2	3	4	5	6	7	8	9	10	11	12	13	14
合計	48													29
地主	1													1
富农	4													3
中农	14													13
貧农	27													12
雇农	—													—
工商业主	1													—
工人	—													—
其它村户	1													—

江苏省无锡（市）县 华庄乡 群湖 社 查巷 村庄

1957年(前) 1948 年汇总資料

阶級	戶口	总人口数 合計	总人口数 男	总人口数 女	常住人口 合計	常住人口 男	常住人口 女	其中：劳动力 合計	其中：劳动力 男	其中：劳动力 女	其中：劳动力 參加劳动者	年內出生人数	年內死亡人数
甲	1	2	3	4	5	6	7	8	9	10	11	12	13
合計	48	283	~~145~~ 147	138	206	93	113	102	36	66	98	6	2
地主	1	8	4	4	6	2	4	2	1	1	2		
富农	4	23	10	13	16	5	11	9	4	5	9		
中农	14	100	56	44	73	40	33	37	16	21	35	1	
貧农	27	140	70	70	102	43	59	51	14	37	50	4	2
雇农													
工商业主	1	6	4	2	2	1	1						
工人													
其它村戶	1	8	3	5	7	2	5	3	1	2	2	1	

阶級	职业情况 主业 农民	主业 手工业者	主业 产业工人	主业 教师	主业 医生	主业 其它自由职业者	主业 小商販	主业 工商业主	革干	主业 家务劳动者	主业 其它劳动者	农民兼业 手工业	农民兼业 小商販	农民兼业 其它
甲	14	15	16	17	18	19	20	21		22	23	24	25	26
合計	85								1	10		1		
地主														
富农	7									2				
中农	28								1	6		1		
貧农	48									2				
雇农														
工商业主														
工人														
其它村戶	2													

阶級	文化状况									在外人口		
	7至13岁的学龄儿童	其中：在学人数	14岁以上的人数	文盲	初小程度	高小程度	初中程度	高中程度	大学程度	合計	男	女
甲	27	28	29	30	31	32	33	34	35	36	37	38
合計	41	36	116	54	26	26	8	2		79	54	25
地主	3	3	3		1	1		1		2	2	—
富农			10	3	4	3				7	5	2
中农	14	12	42	18	11	8	5			27	16	11
貧农	21	18	50	31	10	12	3			38	27	11
雇农												
工商业主			2	2						4	3	1
工人												
其它村戶	3	3	3			2		1		1	1	—

阶級	其中：劳动力			职业情况											
	合計	男	女	农民	手工业者	产业工人	教师	医生	其它自由职业者	小商贩	工商业主	店員	~~軍政人員~~ 革务干部	家务劳动者	其它劳动者
甲	39	40	41	42	43	44	45	46	47	48	49	50	51 ✓	52	53
合計	55	42	13	2	2	29	2	1		1	2		3	9	1
地主	2	2	—				1								
富农	7	5	2		1	5									
中农	16	12	4		1	9							1	3	
貧农	26	20	6	2		14	1			1			2	5	1
雇农															
工商业主	4	3	1			1					2			1	
工人															
其它农戶								1							

阶級	在外人口的文化状况									占有土地		典入土地	
	7至13岁的学龄儿童	其中：在学人数	14岁以上的人数	文盲	初小程度	高小程度	初中程度	高中程度	大学程度	計（市亩）	其中：农业用地(市亩)	計（市亩）	其中：农业用地（市亩）
甲	54	55	56	57	58	59	60	61	62	63	64	65	66
合計	5	4	57	6	21	15	9	5	1				
地主			2					1	1				
富农			7		3	2	1	1					
中农	2	2	16	1	6	4	3	2					
貧农	3	2	27	4	11	8	3	1					
雇农													
工商业主			4	1	1	1	1						
工人													
其它村戶			1				1						

阶級	典出土地		租入农业用地					租出农业用地				
			谷租			錢租		谷租			錢租	
	計（市亩）	其中：农业用地(市亩)	面积（市亩）	租額 糙米（市斤）	租額 小麦（市亩）	面积（市亩）	租額(糙米市斤)	面积（市亩）	租額 糙米（市斤）	租額 小麦（市斤）	面积（市亩）	租額（ ）
甲	67	68	69	70	71	72	73	74	75	76	77	78
合計												
地主												
富农												
中农												
貧农												
雇农												
工商业主												
工人												
其它农戶												

阶級	使用农地面积（市亩）	稻的播种面积（市亩）	小麦的播种面积（市亩）	桑的現有面积（市亩）	其中：可采桑的面积（市亩）	果园的面积（市亩）	大豆的播种面积（市亩）	其它面积（市亩）	农村业雇入			
									长工		短工	
									人数	工資（ ）	工数（工）	工資（ ）
甲	79	80	81	82	83	84	85	86	87	88	89	90
合計												
地主												
富农												
中农												
貧农												
雇农												
工商业主												
工人												
其它农戶												

阶級	农村业出雇				房屋間数（間）	家畜头数				主要生产				
	长工		短工											
	人数	工資（ ）	工数	工資（ ）		牛、馬、騾（头）	猪（头）	羊（只）	兎（只）	抽水机（部）	水車（部）	旧式犁（張）	打谷机（部）	船（条）
甲	91	92	93	94	95	96	97	98	99	100	101	102	103	104
合計														
地主														
富农														
中农														
貧农														
雇农														
工商业主														
工人														
其它农戶														

阶級	工具						植物栽培收入	蚕茧								
								春蚕			夏蚕			秋蚕		
	蚕（只）	蚕台（張）	耙（把）	織布机（台）	魚网（条）	其他（件）	（　）	蚕种（張）	产量（市斤）	产值（　）	蚕种（張）	产量（市斤）	产值（　）	蚕种（張）	产量（市斤）	产值（　）
甲	105	106	107	108	109	110	111	112	113	114	115	116	117	118	119	120
合計																
地主																
富农																
中农																
貧农																
雇农																
工商业主																
工人																
其它农戶																

阶級	出售家畜收入			出雇收入	其它付业收入						在外人口寄回	出售財物收入	其宅收入	其中：剝削收入	收入合計
	猪（　）	羊（　）	其它（　）		商品性手工业（　）	独立工匠（　）	教书行医（　）	經商（　）	运輸（　）	其它（　）	（　）	（　）	（　）	（　）	（　）
甲	121	122	123	124	125	126	127	128	129	130	131	132	133	134	135
合計											6589.00				
地主											300.00				
富农											810.00				
中农											1327.00				
貧农											3552.00				
雇农															
工商业主											300.00				
工人															
其它农戶											300.00				

1929—1957 年无锡农村经济调查资料

邵巷村

邱巷村村户的自然机械及阶級性變化統計表（自1929年至1936年）

	期初户数	原户的自然及机械變化：分家的母户数	分家增加户数	減少户数：併户	有嗣絕灭	无嗣絕灭	迁出	期末原阶級户数	原户的阶級性變化：增加户数：下升	上降	轉入	減少户数：上升	下降	轉出	期末新阶級户数	其中來自：地主	富农	中农	貧农	雇农	工商业主	工人	其他	期內迁入新户	期末总户数
合計	84	8	10	-	2	4	-	88	3	15	3	3	15	3	88	6	26	23	31			2	-	2	90
地主	5	1	1		-	-		6	1	-	-	-	-	-	7	6	1	-	-			-		-	7
富农	19	5	7		-	-		26	-	-	-	1	11	1	13		13	-	-			-		-	13
中农	23	1	1		1	-		23	2	9	-	-	4	-	30		9	19	2			-		-	30
貧农	35	1	1		1	4		31	-	6	-	2		2	33		2	4	27			-		1	34
雇农	-							-	-	-	-	-		-	-		-	-	-			-		-	-
工商业主	-							-	-	-	-	-		-	-		-	-	-			-		-	-
工人	2							2	-	-	-	-		-	2		-	-	-			2		-	2
其他	-							-	-	-	3	-		-	3		1	-	2			-		1	4

江苏 省 无锡 县（市）邵巷 村庄　　1929年当年

	户数	雇入户数			出雇户数			典入户数	典出户数	租入户数	租出户数	有耕畜户数	其中：有马骡户数	养猪户数
		长工	短工	长短工	长工	短工	长短工							
甲	1	2	3	4	5	6	7	8	9	10	11	12	13	14
合计	84	23	47	18	6	19	2		33	62	26	48		61
地主	5	4	5	4							5	4		5
富农	19	18	15	14		1			4	15	10	18		19
中农	23	1	16			4			12	19	5	17		20
贫农	35		11		6	14	2		17	28	4	9		17
雇农														
工商业主														
工人	2										2			
其它村户														

江苏省无锡（市）县 胡埭乡 马鞍 社 郎巷 村庄

1929 年汇总資料 当年

阶級	戶口	总人口数			常住人口			其中：劳动力				年內出生人数	年內死亡人数
		合計	男	女	合計	男	女	合計	男	女	参加劳动者		
甲	1	2	3	4	5	6	7	8	9	10	11	12	13
合計	84	439	226	213	414	205	209	239	114	125	234	6	3
地主	5	35	14	21	33	12	21	16	4	12	11	1	
富农	19	134	61	73	131	58	73	79	34	45	26	3	3
中农	23	112	63	49	108	59	49	57	31	26	57		
貧农	35	153	86	67	141	76	65	86	45	41	86	2	
雇农													
工商业主													
工人	2	5	2	3	1		1	1		1	1		
其它村戶													

阶級	职业情况												
	主业										农民兼业		
	农民	手工业者	产业工人	教师	医生	其它自由职业者	小商販	工商业主	家务劳动者	其它劳动者	手工业	小商販	其它
甲	14	15	16	17	18	19	20	21	22	23	24	25	26
合計	145								86		5		1
地主	1								10				
富农	43								33				
中农	41								16		1		
貧农	60								26		4		1
雇农													
工商业主													
工人									1				
其它村戶													

阶級	文化状况									在外人口		
	7至13岁的学龄儿童	其中：在学人数	14岁以上的人数	文盲	初小程度	高小程度	初中程度	高中程度	大学程度	合計	男	女
甲	27	28	29	30	31	32	33	34	35	36	37	38
合計	58	28	272	205	47	17	3			25	21	4
地主	5	5	22	17	3	2				2	2	
富农	21	14	88	58	18	10	2			3	3	
中农	12	5	68	52	14	2				4	4	
貧农	20	4	93	77	12	3	1			12	10	2
雇农												
工商业主												
工人			1	1						4	2	2
其它村戶												

阶級	其中：劳动力			职业情况											
	合計	男	女	农民	手工业者	产业工人	教师	医生	其它自由职业者	小商販	工商业主	店員	軍政人員	家务劳动者	其它劳动者
甲	39	40	41	42	43	44	45	46	47	48	49	50	51	52	53
合計	23	19	4	2	3	4	4		1			5		2	1
地主	2	2					2								
富农	3	3					1					2			
中农	4	4			1		1					1			
貧农	10	8	2	2	1	1			1			2		2	1
雇农															
工商业主															
工人	4	2	2		1	3									
其它农戶															

阶級	在外人口的文化状况									占有土地		典入土地	
	7至13岁的学龄儿童	其中：在学人数	14岁以上的人数	文盲	初小程度	高小程度	初中程度	高中程度	大学程度	計（市亩）	其中：农业用地(市亩)	計（市亩）	其中：农业用地（市亩）
甲	54	55	56	57	58	59	60	61	62	63	64	65	66
合計			24	10	6	2	2	2	2	1083.46	869.88		
地主			2					1	1	328.40	292.15		
富农			3		1		2			494.56	401.32		
中农			4		1	1		1	1	134.44	106.02		
貧农			11	7	4					115.40	63.04		
雇农													
工商业主													
工人			4	3		1				10.16	7.35		
其它村戶													

阶級	典出土地		租入农业用地					租出农业用地				
			谷租			錢租		谷租			錢租	
	計（市亩）	其中：农业用地(市亩)	面积（市亩）	租额 糙米（市斤）	租额 小麦（市亩）	面积（市亩）	租额(糙米市斤)	面积（市亩）	租额 糙米（市斤）	租额 小麦（市斤）	面积（市亩）	租额（元）
甲	67	68	69	70	71	72	73	74	75	76	77	78
合計	223.23	220.86 ~~234.36~~	49167	55218	8140	12.24	69.00元	250.04	26780	4295	3.00	15.00元
地主								169.50	18680	3650		
富农	43.50	42.30 ~~[illegible]~~	136.20	13003	1179			45.68	4555	90		
中农	99.55	49.00	176.85	21718	3443	8.50	50.00元	21.40	2121	365		
貧农	80.18	79.56	178.62	20497	3518	3.74	19.00元	6.11	542	78	3.00	15.00元
雇农												
工商业主												
工人								7.35	882	112		
其它农戶												

阶級	使用农地面积（市亩）	稻的播种面积（市亩）	小麦的播种面积（市亩）	桑的現有面积（市亩）	其中：可采桑的面积（市亩）	果园的面积（市亩）	大豆的播种面积（市亩）	其它面积（市亩）	农付业雇入 长工 人数	农付业雇入 长工 工資（元）	农付业雇入 短工 工数（工）	农付业雇入 短工 工資（元）
甲	79	80	81	82	83	84	85	86	87	88	89	90
合計	1120.01	936.41	457.85	180.95	180.35		0.20	185.66	35	2496.39	1722	720.41
地主	122.65	100.68	45.00	21.57	21.57			22.40	11	726.80	250	107.50
富农	491.75	420.71	185.00	70.39	70.29			76.26	23	1723.83	500	208.83
中农	269.42	224.33	121.00	43.69	43.69			38.60	1	45.76	757	313.47
貧农	236.19	190.69	106.85	45.30	44.80		0.20	48.40			215	~~101.41~~ 90.61
雇农												
工商业主												
工人												
其它农戶												

阶級	农付业出雇 长工 人数	农付业出雇 长工 工資（元）	农付业出雇 短工 工数	农付业出雇 短工 工資（元）	房屋間数（間）	家畜头数 牛、馬、騾（头）	家畜头数 猪（头）	家畜头数 羊（只）	家畜头数 兎（只）	主要生产 抽水机（部）	主要生产 水車（部）	主要生产 旧式犁（張）	主要生产 打谷机（部）	主要生产 船（条）
甲	91	92	93	94	95	96	97	98	99	100	101	102	103	104
合計	6	215.88	720	286.15	403.30 399.8	40.40	109	60			47.16	64.68		
地主					46.5	4	13	10			6	7		
富农			5	2.00	146.00	19	47	25			20.33	27		
中农			152	58.96	90.5	13.16	27	14			14.48	18.99		
貧农	6	215.88	563	225.19	116.8	4.24	22	11			6.35	11.69		
雇农														
工商业主														
工人					2.5									
其它农戶														

阶級	工具						植物栽培收入	蚕茧								
								春蚕			夏蚕			秋蚕		
	蚕（只）	蚕台（張）	耙（把）	織布机（台）	魚网（条）	其他（件）	（元）	蚕种（張）	产量（市斤）	产值（元）	蚕种（張）	产量（市斤）	产值（元）	蚕种（張）	产量（市斤）	产值（元）
甲	105	106	107	108	109	110	111	112	113	114	115	116	117	118	119	120
合計	1670	162	11.82				21241.23	220.82	6317	2855.20	20.33	551	246.64	73.75	2065.5	1507.19
地主	235	19.	1				2430.65	30.00	255	341.26	2	60	27.12	7	170	125.29
富农	608	59	4				9343.27	84.5	2596	1173.35	4.5	115	49.84	30.75	916	675.03
中农	433	42	6.16				5089.47	58.57	1393	629.64	4.83	108	48.62	13.75	375	263.40
貧农	374	41	0.66				4377.84	54.75	1573	710.95	9	268	121.06	22.25	604.5	443.47
雇农																
工商业主																
工人	20	1														
其它农戶																

阶級	出售家畜收入			出雇收入	其它付业收入						在外人口寄回	出售財物收入	其它收入	其中：剝削收入	收入合計
	猪（元）	羊（元）	其它（元）		商品性手工业（元）	独立工匠（元）	教书行医（元）	經商（元）	运輸（元）	其它（元）	（元）	（元）	（元）	（元）	（元）
甲	121	122	123	124	125	126	127	128	129	130	131	132	133	134	135
合計	2595.98	47.90		502.03	4.30	226.00			60.00	2.00	304.00		1723.75	1743.71	31361.92
地主	274.93	9.60									80.00		1226.40	1226.40	4515.25
富农	1291.00	7.40		2.00							20.00		324.61	324.61	12886.50
中农	620.05	15.70		58.96		60.00					204.00		129.62	129.62	7119.46
貧农	410.00	15.20		441.07	4.30	166.00			60.00	2.00			43.98	42.03	6791.51
雇农															
工商业主															
工人													49.14	21.05	49.14
其它农戶															

江苏省 无锡县（市）邵村 村庄 1936年

	户数	雇入户数			出雇户数			典入户数	典出户数	租入户数	租出户数	有耕畜户数	其中：有骡驴户数	养猪户数
		长工	短工	长短工	长工	短工	长短工							
甲	1	2	3	4	5	6	7	8	9	10	11	12	13	14
合計	88	21	34	12	6	23		2	28	58	27	49		69
地主	6	6	5	5							6	6		6
富农	26	14	14	7	1			1	3	12	12	17		23
中农	23		10		2	7			10	22	4	16		18
貧农	31	1	5		3	16		1	15	24	3	10		22
雇农														
工商业主														
工人	2										2			
其它村户														

江苏省无锡（市）县 胡埭乡 马鞍社 邵巷村庄

1936年前年汇总資料

阶級	戶口	总人口数			常住人口			其中：劳动力				年內出生人数	年內死亡人数
		合計	男	女	合計	男	女	合計	男	女	参加劳动者		
甲	1	2	3	4	5	6	7	8	9	10	11	12	13
合計	88	449	237	212	415	212	203	240	116	124	230	10	3
地主	6	35	15	20	32	12	20	15	4	11	9		1
富农	26	137	65	72	130	58	72	71	27	44	69	3	
中农	23	123	74	49	119	71	48	68	37	31	66	4	
貧农	31	146	78	68	133	71	62	85	48	37	85	3	2
雇农													
工商业主													
工人	2	8	5	3	1	~~7~~	1	1		1	1		
其它村戶													

阶級	职业情况												
	主业										农民兼业		
	农民	手工业者	产业工人	教师	医生	其它自由职业者	小商販	工商业主	家务劳动者	其它劳动者	手工业	小商販	其它
甲	14	15	16	17	18	19	20	21	22	23	24	25	26
合計	144								86		6		3
地主									9				
富农	35								34				1
中农	49	~~1~~							17		1		1
貧农	60								25		5		1
雇农													
工商业主													
工人									1				
其它村戶													

阶級	文化状况									在外人口		
	7至13岁的学龄儿童	其中：在学人数	14岁以上的人数	文盲	初小程度	高小程度	初中程度	高中程度	大学程度	合計	男	女
甲	27	28	29	30	31	32	33	34	35	36	37	38
合計	75	37	268	191	48	20	8	1		34	25	9
地主	7	4	19	11	4	2	2			3	3	
富农	21	11	86	50	16	12	4			7	7	
中农	23	14	74	56	13	3	1	1		4	3	1
貧农	24	8	92	73	15	3	1			13	7	6
雇农												
工商业主												
工人										7	5	2
其它村戶			1	1								

阶級	其中：劳动力			职业情况											
	合計	男	女	农民	手工业者	产业工人	教师	医生	其它自由职业者	小商販	工商业主	店員	軍政人員	家务劳动者	其它劳动者
甲	39	40	41	42	43	44	45	46	47	48	49	50	51	52	53
合計	23	19	4	2	3	6	2			1		2		2	4
地主	3	3					2								
富农	5	5				1						2			2
中农	4	3	1		2									1	1
貧农	7	6	1	2		2				1				1	1
雇农															
工商业主															
工人	4	2	2		1	3									
其它农戶															

阶级	在外人口的文化状况									占有土地		典入土地	
	7至13岁的学龄儿童	其中：在学人数	14岁以上的人数	文盲	初小程度	高小程度	初中程度	高中程度	大学程度	計（市亩）	其中：农业用地(市亩)	計（市亩）	其中：农业用地（市亩）
甲	54	55	56	57	58	59	60	62	62	63	64	65	66
合計	3	2	26	8	7	4	5	1	1	1146.93	943.79	2.50	2.50
地主			3				1	1	1	350.40	319.05		
富农	1	1	6		1	1	4			495.65	406.11	1.00	1.00
中农			4	1	2	1				158.57	130.77		
貧农	2	1	9	4	4	1				132.15	80.51	1.50	1.50
雇农													
工商业主													
工人			4	3		1				10.16	7.35		
其它村戶													

阶級	典出土地		租入农业用地					租出农业用地				
			谷租			錢租		谷租			錢租	
	計（市亩）	其中：农业用地(市亩)	面积（市亩）	租額 糙米（市斤）	租額 小麦（市亩）	面积（市亩）	租額(糙米市斤)	面积（市亩）	租額 糙米（市斤）	租額 小麦（市斤）	面积（市亩）	租額（ ）
甲	67	68	69	70	71	72	73	74	75	76	77	78
合計	125.49	124.22										
地主												
富农	29.86	29.26										
中农	34.80	34.80										
貧农	60.83	60.16										
雇农												
工商业主												
工人												
其它农戶												

阶級	使用农地面积（市亩）	稻的播种面积（市亩）	小麦的播种面积（市亩）	桑的現有面积（市亩）	其中：可采桑的面积（市亩）	果园的面积（市亩）	大豆的播种面积（市亩）	其它面积（市亩）	农付业雇入			
									长工		短工	
									人数	工資（ ）	工数（工）	工資（ ）
甲	79	80	81	82	83	84	85	86	87	88	89	90
合計									29	1765.54	1121	447.20
地主									12	762.90	285	114.00
富农									16	967.44	481	192.10
中农											204	78.20
貧农									1	35.20	151	62.90
雇农												
工商业主												
工人												
其它农戶												

阶級	农付业出雇				房屋間数（間）	家畜头数				主要生产				
	长工		短工											
	人数	工資（ ）	工数	工資（ ）		牛、馬、騾（头）	猪（头）	羊（只）	兎（只）	抽水机（部）	水車（部）	旧式犁（張）	打谷机（部）	船（条）
甲	91	92	93	94	95	96	97	98	99	100	101	102	103	104
合計	6	257.04	900	372.78	439	36.73	118	52			44.33	62.18	5.66	
地主					54	5	13	13			7	8	1	
富农	1	24.20			171	15.5	49	18			12.33	25	4	
中农	2	86.80	240	96.80	100.5	11.49	24	10			14.98	17.49		
貧农	3	146.04	660	276.78	111	4.74	32	11			5.02	11.69	0.66	
雇农														
工商业主														
工人					2.5									
其它农戶														

阶級	工具						植物栽培收入	蚕茧								
								春蚕			夏蚕			秋蚕		
	蚕（只）	蚕台（張）	耙（把）	織布机（台）	魚网（条）	其他（件）	（　）	蚕种（張）	产量（市斤）	产値（　）	蚕种（張）	产量（市斤）	产値（　）	蚕种（張）	产量（市斤）	产値（　）
甲	105	106	107	108	109	110	111	112	113	114	115	116	117	118	119	120
合計	1529	148	11.82													
地主	244	19	1													
富农	567	55	4													
中农	367	36	6.16													
貧农	331	37	0.66													
雇农																
工商业主																
工人	20	1														
其它农户																

阶級	出售家畜收入			出雇收入	其它付业收入						在外人口寄回	出售財物收入	其它收入	其中：剩餘收入	收入合計
	猪（　）	羊（　）	其它（　）		商品性手工业（　）	独立工匠（　）	教书行医（　）	経商（　）	运輸（　）	其它（　）	（　）	（　）	（　）	（　）	（　）
甲	121	122	123	124	125	126	127	128	129	130	131	132	133	134	135
合計															
地主															
富农															
中农															
貧农															
雇农															
工商业主															
工人															
其它农户															

邱卷 村村戶的自然机械及阶級性变化統計表（自1936年至1948年）

	期初戶数	原戶的自然及机械变化						期末原阶級戶数	原戶的阶級性变化						期末新阶級戶数	其中来自：								期內迁入新戶	期末戶数
		分家的母戶数	分家增加戶数	減少戶数：併戶	減少戶数：有嗣絕灭	減少戶数：无嗣絕灭	減少戶数：迁出		增加戶数：下升	增加戶数：上降	增加戶数：轉入	減少戶数：上升	減少戶数：下降	減少戶数：轉出		地主	富农	中农	貧农	雇农	工商业主	工人	其他		
合計	90	15	22			1	1	110	12	23	3	12	23	3	110	9	16	39	41			22	3	6	116
地主	7	1	2					9	6						15	9	4	2							15
富农	13	2	3					16	2			4	6		8		6	2							8
中农	30	7	9					39	4	6		4	16		29		6	19	4						29
貧农	34	5	8			1		41		16	3	4	1		55			16	36			2	1	5	60
雇农										1					1				1						1
工商业主																									
工人	2							2						2	0							0		1	1
其他	4						1(5ᐱ)	3						1	2								2		2

江苏 省 无锡 县（市） 邵巷 村庄 1936年当年

	户数	雇入户数			出雇户数			典入户数	典出户数	租入户数	租出户数	有耕畜户数	其中：有马骡户数	养猪户数
		长工	短工	长短工	长工	短工	长短工							
甲	1	2	3	4	5	6	7	8	9	10	11	12	13	14
合计	90	21	34	12	6	24		2	28	58	27	49		69
地主	7	7	5	5							7	7		7
富农	13	12	8	7				1	1	11	9	13		13
中农	30	2	14		2	4		1	11	21	5	19		25
贫农	34		6		4	19			14	25	1	10		22
雇农														
工商业主														
工人	2										2			
其它村户	4		1			1			2	1	3			2

江苏省无锡（市）县 胡埭乡 马鞍社 郭巷村庄

1936 年汇总资料

阶级	戶口	总人口数			常住人口			其中：劳动力				年内出生人数	年内死亡人数
		合計	男	女	合計	男	女	合計	男	女	参加劳动者		
甲	1	2	3	4	5	6	7	8	9	10	11	12	13
合計	90	453	239	214	419	214	205	243 ~~244~~	117	126 ~~127~~	233	10	3
地主	7	38	16	22	35	13	22	16	4	12	10		1
富农	13	93	45	48	90	42	48	45	18	27	~~43~~ ~~44~~ 44	2	
中农	30	153	88	65	145	81	64	86 ~~87~~	43	43 ~~44~~	85	4	
貧农	34	146	80	66	140	75	65	88	50	38	87	4	2
雇农													
工商业主													
工人	2	8	5	3	1		1	1		1	1		
其它村戶	4	15	5	10	8	3	5	7	2	5	6		

阶級	职业情况												
	主业										农民兼业		
	农民	手工业者	产业工人	教师	医生	其它自由职业者	小商販	工商业主	家务劳动者	其它劳动者	手工业	小商販	其它
甲	14	15	16	17	18	19	20	21	22	23	24	25	26
合計	140						1		86		7		3
地主									10				
富农	19								25				1
中农	61								24		1		1
貧农	~~64~~ 63								24		6		1
雇农													
工商业主													
工人									1				
其它村戶	3						1		2[illegible]				

阶級	文化状况									在外人口		
	7至13岁的学龄儿童	其中：在学人数	14岁以上的人数	文盲	初小程度	高小程度	初中程度	高中程度	大学程度	合計	男	女
甲	27	28	29	30	31	32	33	34	35	36	37	38
合計	75	37	271	193	49	20	8	1		34	25	9
地主	7	4	21	13	4	2	2			3	3	
富农	17	10	54	30	13	8	3			3	3	
中农	27	15	94	69	17	6	1	1		8	7	1
貧农	24	8	93	25	14	3	1			6	5	1
雇农												
工商业主												
工人			1	1						7	5	2
其它村戶			8	5	1	1	1			7	2	5

阶級	其中：劳动力			职业情况											
	合計	男	女	农民	手工业者	产业工人	教师	医生	其它自由职业者	小商販	工商业主	店員	軍政人員	家务劳动者	其它劳动者
甲	39	40	41	42	43	44	45	46	47	48	49	50	51	52	53
合計	23	19	4	2	3	6	2			1		2		2	4
地主	3	3					2								
富农	2	2				1						1			
中农	7	6	1		2							1		1	3
貧农	5	5		2		2									1
雇农															
工商业主															
工人	4	2	2		1	3									
其它农戶	2	1	1							1				1	

阶级	在外人口的文化状况									占有土地		典入土地	
	7至13岁的学龄儿童	其中：在学人数	14岁以上的人数	文盲	初小程度	高小程度	初中程度	高中程度	大学程度	計（市亩）	其中：农业用地(市亩)	計（市亩）	其中：农业用地（市亩）
甲	54	55	56	57	58	59	60	61	62	63	64	65	66
合計	3	2	27	8	8	4	5	1	1	1148.83	945.19	2.50	2.50
地主			3				1	1	1	387.50	342.05		
富农	1	1	2		1	1				346.34	298.96	1.00	1.00
中农	[illegible]	[illegible]	9	1	3	1	4			262.39	209.62	1.50	1.50
貧农	1		5	2	2	1				122.72	71.29		
雇农													
工商业主													
工人			4	3		1				10.16	7.35		
其它村戶	1	1	4	2	2					19.72	15.92		

阶級	典出土地		租入农业用地					租出农业用地				
			谷租			錢租		谷租			錢租	
	計（市亩）	其中：农业用地(市亩)	面积（市亩）	租額 糙米（市斤）	租額 小麦（市亩）	面积（市亩）	租額(糙米市斤)	面积（市亩）	租額 糙米（市斤）	租額 小麦（市斤）	面积（市亩）	租額（元）
甲	67	68	69	70	71	72	73	74	75	76	77	78
合計	125.49	124.22	350.67	38753	7529	3.74	19.00元	238.66	26440	4075		
地主								121.00	19518	3682		
富农	8.00	8.00	46.20	5044	872			34.10	3598	153		
中农	57.36	56.76	151.08	15761	2815			12.83	460			
貧农	55.35	55.35	152.22	17870	3842	3.00	15.00元	0.85	31	3		
雇农												
工商业主												
工人								3.75	882	112		
其它农戶	4.78	4.11	1.17	78		0.74	4.00	16.13	1951	125		

阶級	使用农地面积（市亩）	稻的播种面积（市亩）	小麦的播种面积（市亩）	桑的現有面积（市亩）	其中：可采桑的面积（市亩）	果园的面积（市亩）	大豆的播种面积（市亩）	其它面积（市亩）	农付业雇入 长工 人数	长工 工資（元）	短工 工数（工）	短工 工資（元）
甲	79	80	81	82	83	84	85	86	87	88	89	90
合計	1058.44	912.31	455.75	140.41	140.31	0.77		204.89	29	1765.54	1121	447.20
地主	171.05	145.68	67.00	24.97	24.97			34.40	14	899.90	285	114.00
富农	310.76	277.31	128.30	32.03	31.93	0.77		64.99	13	800.02	335	129.20
中农	347.87	296.36	150.00	48.31	48.31			58.40	2	65.62	295	117.60
貧农	227.06	192.96	110.45	33.40	33.40			47.10			156	64.90
雇农												
工商业主												
工人												
其它农戸	1.70			1.70	1.70						50	21.50

阶級	农付业出雇 长工 人数	长工 工資（元）	短工 工数	短工 工資（元）	房屋間数（間）	家畜头数 牛、馬、騾（头）	猪（头）	羊（只）	兎（只）	主要生产 抽水机（部）	水車（部）	旧式犂（張）	打谷机（部）	船（条）
甲	91	92	93	94	95	96	97	98	99	100	101	102	103	104
合計	6	257.04	940	389.98	441.5	36.73	118	52			44.33	62.18	5.66	
地主					72	6	16	13			9	10	1	
富农					104.5	13	32	17			10.83	17	4	
中农	2	86.80	55	22.00	136.5	12.91	36	8	—		17.48	23.66		
貧农	4	170.24	825	343.98	116.5	4.82	30	14			7.02	10.52	0.33	
雇农														
工商业主														
工人					2.5									
其它农戸			60	24.00	9.5		4					1	0.33	

阶級	工具						植物栽培收入	蚕茧								
								春蚕			夏蚕			秋蚕		
	蚕（只）	蚕台（張）	耙（把）	織布机（台）	魚网（条）	其他（件）	（元）	蚕种（張）	产量（市斤）	产值（元）	蚕种（張）	产量（市斤）	产值（元）	蚕种（張）	产量（市斤）	产值（元）
甲	105	106	107	108	109	110	111	112	113	114	115	116	117	118	119	120
合計	1529	148	11.82				1897.60	149.50	4419	1524.11	3.5	90	31.03	58.50	1689.5	479.98
地主	284	23	1				3545.85	24.5	695	239.72	1.5	40	13.80	11.5	288	81.49
富农	368	35	4				6660.21	44.5	1271	438.50	1	.25	8.63	15.5	470	133.01
中农	503	49	5.16				7131.32	43.25	1320	455.30				17.75	559	160.27
貧农	312	35	1.66				4537.47	35.75	1088	375.07	1	25	8.60	12.75	347.5	98.14
雇农																
工商业主																
工人	20	1														
其它农戶	42	5					22.75	1.5	45	15.52				1	25	7.07

阶級	出售家畜收入			出雇收入	其它付业收入						在外人口寄回	出售財物收入	其它收入	其中：剝削收入	收入合計
	猪（元）	羊（元）	其它（元）	（元）	商品性手工业（元）	獨立工匠（元）	教书行医（元）	經商（元）	运輸（元）	其它（元）	（元）	（元）	（元）	（元）	（元）
甲	121	122	123	124	125	126	127	128	129	130	131	132	133	134	135
合計	2216.64	42.80		665.02		170.00		160.00	60.00	48.00	526.00		1856.53	1809.43	29659.71
地主	385.50	13.00									216.00		1392.69	1392.69	5888.05
富农	695.98	9.00			[illegible]						20.00		279.53	279.53	8244.86
中农	665.66	12.80		108.80		23.00				48.00	290.00		21.23	21.23	8916.38
貧农	441.70	8.00		534.28		147.00			60.00				21.40		6211.60 (6229.60 crossed out)
雇农															
工商业主															
工人													45.48	19.78	45.48
其它农戶	27.80			24.00				160.00					96.20	96.20	353.34

江苏 省 无锡 县（市） 邵巷 村庄

1948前[illegible]

	戶数	雇入戶数			出雇戶数			典入戶数	典出戶数	租入戶数	租出戶数	有耕畜戶数	其中有耕牛戶数	养猪戶数
		长工	短工	长短工	长工	短工	长短工							
甲	1	2	3	4	5	6	7	8	9	10	11	12	13	14
合計	110	23	31	9	5	31	1	3	9	72	28	53	30	87
地主	9	8	4	4						2	9	7	7	9
富农	16	10	10	5		1		1		8	9	14	14	16
中农	39	4	11		2	6		1	3	25	8	23	[illegible]	33
貧农	41	1	3		3	23	1	1	6	35	1	9	9	27
雇农														
工商业主														
工人	2		1			1				1				6
其它村戶	3		2							1	1			1

江苏省无锡（市）县 胡埭乡 马鞍社 郁巷村

1948年前[illegible]汇总资料

阶級	戶口	总人口数			常住人口			其中：劳动力				年內出生人数	年內死亡人数
		合計	男	女	合計	男	女	合計	男	女	参加劳动者		
甲	1	2	3	4	5	6	7	8	9	10	11	12	13
合計	110	543	270	273	496	236	260	288	139	149	267	19	4
地主	9	45	17	28	36	10	26	21	5	16	12	2	1
富农	16	114	55	59	106	49	57	57	25	32	50	4	
中农	39	194	104	90	183	95	88	111	57	54	108	6	1
貧农	4[illegible]	173	87	86	161	77	84	92	49	43	91	7	2
雇农													
工商业主													
工人	2	6	4	2	6	4	2	3	2	1	3		
其它村戶	3	11	3	8	4	1	3	4	1	3	3		

阶級	职业情况												
	主业										农民兼业		
	农民	手工业者	产业工人	教师	医生	其它自由职业者	小商販	工商业主	家务劳动者	其它劳动者	手工业	小商販	其它
甲	14	15	16	17	18	19	20	21	22	23	24	25	26
合計	163								102	1	8	2	
地主									12				
富农	23								27			1	
中农	74								32	1	1		
貧农	63								28		7	1	
雇农													
工商业主													
工人	2								1				
其它村戶	1								2				

阶級	文化状况									在外人口		
	7至13岁的学龄儿童	其中：在学人数	14岁以上的人数	文盲	初小程度	高小程度	初中程度	高中程度	大学程度	合計	男	女
甲	27	28	29	30	31	32	33	34	35	36	37	38
合計	72	60	323	189	59	51	21	3		47	34	13
地主	7	7	23	10	6	3	3	1		9	7	2
富农	15	14	69	34	13	14	7	1		8	6	2
中农	25	22	121	68	24	23	5	1		11	9	2
貧农	23	15	103	76	14	9	4			12	10	2
雇农												
工商业主												
工人	2	2	3	1	1	1						
其宅村戶			4		1	1	2			7	2	5

阶級	其中劳动力			职业情况											
	合計	男	女	农民	手工业者	产业工人	教师	医生	其宅自由职业者	小商販	工商业主	店員	軍政人員	家务劳动者	其宅劳动者
甲	39	40	41	42	43	44	45	46	47	48	49	50	51	52	53
合計	42	30	12	1	2	11	5			2		3		4	3
地主	8	6	2				3								
富农	8	6	2			2	1					1			
中农	11	9	2		1	5	1					2			2
貧农	9	7	2	1	1	4								2	1
雇农															
工商业主															
工人															
其宅农戶	6	2	4							2				2	

阶級	在外人口的文化状况									占有土地		典入土地	
	7至13岁的学龄儿童	其中：在学人数	14岁以上的人数	文盲	初小程度	高小程度	初中程度	高中程度	大学程度	計（市亩）	其中：农业用地(市亩)	計（市亩）	其中：农业用地（市亩）
甲	54	55	56	57	58	59	60	61	62	63	64	65	66
合計	2	1	45	9	4	6	16	9	1	1323.79	1150.18	3.05	3.05
地主			9				2	6	1	393.73	353.60		
富农			8	1		2	2	3		364.62	328.90	1.50	1.50
中农			11	2	1		8			374.32	330.02	1.00	1.00
貧农	2	1	10	4	2	1	2			165.91	116.76	0.55	0.55
雇农													
工商业主													
工人										9.77	7.96		
其它村戶			7	2	1	3	1			15.44	12.94		

阶級	典出土地		租入农业用地					租出农业用地				
			谷租			錢租		谷租			錢租	
	計（市亩）	其中：农业用地(市亩)	面积（市亩）	租额 糙米（市斤）	租额 小麦（市亩）	面积（市亩）	租额（糙米市斤）	面积（市亩）	租额 糙米（市斤）	租额 小麦（市斤）	面积（市亩）	租额（ ）
甲	67	68	69	70	71	72	73	74	75	76	77	78
合計	28.20	28.20										
地主												
富农												
中农	10.70	10.70										
貧农	17.50	17.50										
雇农												
工商业主												
工人												
其它农戶												

阶　級	使用农地面积（市亩）	稻的播种面积（市亩）	小麦的播种面积（市亩）	桑的現有面积（市亩）	其中：可采桑的面积（市亩）	果园的面积（市亩）	大豆的播种面积（市亩）	其它面积（市亩）	农付业雇入：长工 人数	农付业雇入：长工 工資（市斤）	农付业雇入：短工 工数（工）	农付业雇入：短工 工資（市斤）
甲	79	80	81	82	83	84	85	86	87	88	89	90
合　計									30	358.22	1038	7146
地　主									13	16549	213	1806
富　农									10	11301	320	2298
中　农									6	7382	257	1751
貧　农									1	590	201	952
雇　农												
工商业主												
工　人											6	42
其它农戶											41	297

阶　級	农付业出雇：长工 人数	农付业出雇：长工 工資（市斤）	农付业出雇：短工 工数	农付业出雇：短工 工資（市斤）	房屋間数（間）	家畜头数：牛、馬、驢（头）	家畜头数：猪（头）	家畜头数：羊（只）	家畜头数：兎（只）	主要生产：抽水机（部）	主要生产：水車（部）	主要生产：旧式犂（張）	主要生产：打谷机（部）	主要生产：船（条）
甲	91	92	93	94	95	96	97	98	99	100	101	102	103	104
合　計	5	5521	1423	9184.[illegible]	462.75	33.11	155	75	45		46.46	59.29	16.86	
地　主					82.00	6	15	7			9	9	1.82	
富　农			4	34	113.00	12	34	22			11.49	17	5.48	
中　农	2	1674	243	1482.[illegible]	137.50	11.38	59	17	5		18.14	22.48	6.03	
貧　农	3	3847	1096	7238	122.25	3.73	45	27	40		7.83	10.81	3.53	
雇　农														
工商业主														
工　人			80	430	1.50		1	2						
其它农戶					6.50		1							

阶级	工具						植物栽培收入	蚕茧								
								春蚕			夏蚕			秋蚕		
	蚕（只）	蚕台（張）	耙（把）	織布机（台）	魚网（条）	其他（件）	（　）	蚕种（張）	产量（市斤）	产値（　）	蚕种（張）	产量（市斤）	产値（　）	蚕种（張）	产量（市斤）	产値（　）
甲	105	106	107	108	109	110	111	112	113	114	115	116	117	118	119	120
合計	1142	112.33	14.23													
地主	243	18.5	1													
富农	285	27	4													
中农	366	40.83	7.57													
貧农	218	23	1.66													
雇农																
工商业主																
工人																
其它农戶	30	3														

阶级	出售家畜收入			出雇收入	其它付业收入						在外人口寄回	出售財物收入	其它收入	其中：剝削收入	收入合計
	猪（　）	羊（　）	其它（　）		商品性手工业（　）	独立工匠（　）	教书行医（　）	經商（　）	运輸（　）	其它（　）	（　）	（　）	（　）	（　）	（　）
甲	121	122	123	124	125	126	127	128	129	130	131	132	133	134	135
合計															
地主															
富农															
中农															
貧农															
雇农															
工商业主															
工人															
其它农戶															

邱巷村村户的自然机械及阶級性変化統計表（自1948年至1957年）

	期初户数	原户的自然及机械変化						期末原阶級户数	原户的阶級性変化						期末新阶級户数	其中来自：								期内迁入新户	期末总户数
		分家的母户数	分家增加户数	減少户数					增加户数			減少户数													
				併户	有嗣絶灭	无嗣絶灭	迁出		下升	上降	轉入	上升	下降	轉出		地主	富农	中农	貧农	雇农	工商业主	工人	其他		
合計	116	18	26	-	-	-	-	142	67	34	3	67	34	3	142	20	13	36	69	1		1	2	11	153
地主	15	3	5					20	-	-	-	-	20												
富农	8	3	5					13	-	-	-	-	13												
中农	29	6	7					36	66	33	3	-	1		上107 下30 137	20	13	35	66			1	2	上9 下1	116 31 147
貧农	60	6	9					69	1	1	-	66			5			1	3	1				1	6
雇农	1							1	-	-	-	1													
工商业主	-							-	-	-	-	-													
工人	1							1	-	-	-	-		1											
其他	2							2	-	-	-	-		2											

江苏省无锡县(市)邵巷村庄 1948年当年

	戶数	雇入戶数			出雇戶数			典入戶数	典出戶数	租入戶数	租出戶数	有耕畜戶数	其中:有驢騾戶数	养猪戶数
		长工	短工	长短工	长工	短工	长短工							
甲	1	2	3	4	5	6	7	8	9	10	11	12	13	14
合計	116	23	31	9	5	35	1	3	9	77	29	54		90
地主	15	14	7	7		1				6	14	13		15
富农	8	6	3	1						3	5	6		8
中农	29	3	14	1		3		1	1	20	8	19		28
貧农	60		5		4	31	1	2	8	47	1	16		37
雇农	1				1									
工商业主														
工人	1													1
其它村戶	2		2							1	1			1

江苏省无锡（市）县 胡埭乡 馬鞍社 郎蓬村庄

1948 年汇总資料 当年

阶級	戶口	总人口数			常住人口			其中：劳动力				年內出生人数	年內死亡人数
		合計	男	女	合計	男	女	合計	男	女	参加劳动者		
甲	1	2	3	4	5	6	7	8	9	10	11	12	13
合計	116	566 ~~404~~	283 ~~198~~	283 ~~206~~	519	249	270	302	147	155	281	19	4
地主	15	82	34	48	70	25	45	38	14	24	23	2	1
富农	8	54	28	26	52	26	26	28	12	16	27	3	
中农	29	160	83	77	148	73	75	92	43	49	89	4	
貧农	60	~~234~~ 256△	~~137~~ 131△	125	243	121	122	139	75	64	138	10	3
雇农	1	2	2	—	1	1	—	1	1		1		
工商业主													
工人	1	3	3		3	3		2	2		2		
其它村戶	2	9	2	7	2		2	2		2	1		

阶級	职业情况												
	主业										农民兼业		
	农民	手工业者	产业工人	教师	医生	其它自由职业者	小商販	工商业主	家务劳动者	其它劳动者	手工业	小商販	其它
甲	14	15	16	17	18	19	20	21	22	23	24	25	26
合計	170	2							107	1	9	2	
地主	3								20				
富农	13								14				
中农	58								31			1	
貧农	~~96~~ 95								41	1	9	1	
雇农	1												
工商业主													
工人		2											
其它村戶									1				

阶級	文化状况									在外人口		
	7至13岁的学龄儿童	其中：在学人数	14岁以上的人数	文盲	初小程度	高小程度	初中程度	高中程度	大学程度	合計	男	女
甲	27	28	29	30	31	32	33	34	35	36	37	38
合計	~~77~~ 76	~~64~~ 63	336 ~~335~~ 337	199 ~~198~~	62 ~~62~~ 61	52	21	3		47	34	13
地主	13	12	44	21	11	8	3	1		12	9	3
富农	6	5	34	16	6	8	3	1		2	2	
中农	20	19	99	51	25	14	8	1		12	10	2
貧农	~~37~~ 36	~~27~~ 26	155 ~~155~~ ~~154~~	110	18 ~~18~~ 17	21	6			13	10	3
雇农			1	1						1	1	
工商业主												
工人	1	1	2		2							
其它村戶			2			1	1			7	2	5

阶級	其中：劳动力			职业情况											
	合計	男	女	农民	手工业者	产业工人	教师	医生	其它自由职业者	小商販	工商业主	店員	軍政人員	家务劳动者	其它劳动者
甲	39	40	41	42	43	44	45	46	47	48	49	50	51	52	53
合計	42	30	12	1	2	11	5			2		3		4	3
地主	11	8	3				3					1			
富农	2	2					1								
中农	12	10	2			5	1					2			
貧农	11	8	3	1	2	6								1	2
雇农														1	1
工商业主															
工人															
其它农戶	6	2	4							2				2	

阶級	在外人口的文化状况									占有土地		典入土地	
	7至13岁的学龄儿童	其中：在学人数	14岁以上的人数	文盲	初小程度	高小程度	初中程度	高中程度	大学程度	計（市亩）	其中：农业用地（市亩）	計（市亩）	其中：农业用地（市亩）
甲	54	55	56	57	58	59	60	61	62	63	64	65	66
合計	2	1	45	9	4	6	16	9	1	1322.32 / 1327.59	1148.12 / 1153.75	3.05	3.05
地主			12	1			2	8	1	578.63	527.88		
富农			2				1	1		203.08	182.65		
中农			12	1		2	9			309.74	265.34	1.50	1.50
貧农	1	1	12	5	3	1	3			249.54	163.81	1.55	1.55
雇农	1												
工商业主													
工人										1.60	1.60		
其它村戸			7	2	1	3	1			15.00	12.50		

阶級	典出土地		租入农业用地					租出农业用地				
			谷租			錢租		谷租			錢租	
	計（市亩）	其中：农业用地（市亩）	面积（市亩）	租額 糙米（市斤）	租額 小麦（市亩）	面积（市亩）	租額（糙米市斤）	面积（市亩）	租額 糙米（市斤）	租額 小麦（市斤）	面积（市亩）	租額（糙米）市斤
甲	67	68	69	70	71	72	73	74	75	76	77	78
合計	28.20	28.20	319.98	39149	6222			283.67	34204	5184		
地主			19.62	1822	251			231.48	28132	4361		
富农			9.88	1317	187			20.27	2758	306		
中农	4.00	4.00	70.77	7915	1079			24.92	2456	377		
貧农	24.20	24.20	216.11	27658	4608			1.00	125			
雇农												
工商业主												
工人												
其它农戸			3.60	437	97			6.00	733	140		

阶級	使用农地面积（市亩）	稻的播种面积（市亩）	小麦的播种面积（市亩）	桑的現有面积（市亩）	其中：可采桑的面积（市亩）	果园的面积（市亩）	大豆的播种面积（市亩）	其它面积（市亩）	农村业雇入 长工 人数	长工 工資（糙米）	短工 工数（工）	短工 工資（糙米）
甲	79	80	81	82	83	84	85	86	87	88	89	90
合計	1476.93 / 1480.69	992.12 / 995.88	518.70 / 519.20	59.07	58.27	48.09	4.79	273.88	30	35822	1038 / 1032	7104 / 7146
地主	315.70	263.65	135.00	12.87	12.87	14.18		74.60	20	25197	443	3318
富农	172.26	145.23	61.00	9.47	9.47	7.14		35.34	7	8943	41	421
中农	311.15	262.84	140.80	18.62	17.82	13.37	0.79	56.60	3	1682	443	2620
貧农	373.32 / 377.08	317.60 / 321.36	180.30 / 181.30	16.41	16.41	13.40	4.00	106.14			64 / 70	448 / 490
雇农												
工商业主												
工人	1.60	1.60	1.60									
其它农戶	2.90	1.20		1.70	1.70			1.20			41	297

阶級	农村业出雇 长工 人数	长工 工資（糙米）	短工 工数	短工 工資（糙米）	房屋間数（間）	家畜头数 牛、馬、騾（头）	猪（头）	羊（只）	兎（只）	主要生产 抽水机（部）	水車（部）	旧式犁（張）	打谷机（部）	船（条）
甲	91	92	93	94	95	96	97	98	99	100	101	102	103	104
合計	5	5521	1643	10553 / 10554	468.75	33.36	160	78	45		46.46	59.29	16.86	
地主			4	.34	124	11	32	14			17	18.5	4.48	
富农					61	5.5	21	9			6.33	7	3.15	
中农			11	.72	124.25	11.31	49	23	45		12.81	18.99	5.09	
貧农	4	3265	1628	10447 / 10448	153	5.55	56	32			10.32	14.80	4.14	
雇农	1	2256												
工商业主														
工人							1							
其它农戶					6.5		1							

阶級	工具						植物栽培收入	蚕茧								
								春蚕			夏蚕			秋蚕		
	蚕（只）	蚕台（張）	耙（把）	織布机（台）	魚网（条）	其他（件）	（糙米）	蚕种（張）	产量（市斤）	产値（糙米）	蚕种（張）	产量（市斤）	产値（糙米）	蚕种（張）	产量（市斤）	产値（糙米）
甲	105	106	107	108	109	110	111	112	113	114	115	116	117	118	119	120
合計	1142	112.33	14.23				521514 ~~522247~~	47.33	1464	9195	0.25	9	57	18.00	495	2382
地主	407	34.5	4				144351	10.33	371	2351				5.50	153	724
富农	104	10	1				74412	7.5	210	1252	0.25	9	57	1.5	55	260
中农	342	36.33	6.24				134705	17.75	538	3408				7.25	191	945
貧农	259	28.5	2.99				166162 ~~167324~~	11.75	345	2184				3.75	96	453
雇农																
工商业主																
工人							803									
其它农戶	30	3					881									

阶級	出售家畜收入			出雇收入	其它付业收入						在外人口寄回（糙米）	出售财物收入（糙米）	其它收入（糙米）	其中：剝削收入（糙米）	收入合計（糙米）
	猪（糙米）	羊（糙米）	其它（糙米）		商品性手工业（糙米）	独立工匠（糙米）	教书行医（糙米）	經商（糙米）	运輸（糙米）	其它（糙米）					
甲	121	122	123	124	125	126	127	128	129	130	131	132	133	134	135
合計	59707	1147		16074	1872	4665			170	912	9131		59801	59132	686427 ~~687589~~
地主	13649	232		34							3120		48576	48576	213031
富农	7056	47			1560						312		5122	5122	90078
中农	16446	327		22							4997		4174	4074	165074
貧农	21842	541		13712	312	1749			170	912	702		569		209308 ~~210470~~
雇农				2256											2256
工商业主															
工人	420					2916									4139
其它农戶	300												1360	1360	2541

江苏 省 无锡 县(市) 部村 村庄 1957年前

	户数	雇入户数			出雇户数			典入户数	典出户数	租入户数	租出户数	有耕畜户数	其中：有马骡户数	养猪户数
		长工	短工	长短工	长工	短工	长短工							
甲	1	2	3	4	5	6	7	8	9	10	11	12	13	14
合計	142													132
地主	20													18
富农	13													12
中农	36													36
貧农	69													63
雇农	1													1
工商业主														
工人	1													1
其它村户	2													1

江苏省无锡（市）县 胡埭乡 马鞍社 邵巷村庄

1957年前 年汇总资料

阶級	戶口	总人口数			常住人口			其中：劳动力				年內出生人数	年內死亡人数
		合計	男	女	合計	男	女	合計	男	女	参加劳动者		
甲	1	2	3	4	5	6	7	8	9	10	11	12	13
合計	142	768 768 774	392 389	382 379	704	342	362	346	164	182	339	25	5
地主	20	90	36	54	75	27	48	38	16	22	36	2	
富农	13	73	39	34	65	32	33	31	15	16	30	2	
中农	36	228	122	106	209	110	99	103	50	53	102	8	2
貧农	69	362	186	176	336	165	171	165	79	86	162	13	3
雇农	1	6	3	3	6	3	3	2	1	1	2		
工商业主													
工人	1	6	3	3	6	3	3	3	2	1	3		
其它村戶	2	9	3	6	7	2	5	4	1	3	4		

阶級	职业情况												
	主业										农民兼业		
	农民	手工业者	产业工人	教师	医生	其它自由职业者	小商販	工商业主	家务劳动者	其它劳动者（革命干部）	手工业	小商販	其它
甲	14	15	16	17	18	19	20	21	22	23	24	25	26
合計	220	3							116	1		1	1
地主	21								15				
富农	16								14				
中农	67								35				
貧农	110	3							49	1		1	1
雇农	2												
工商业主													
工人	2								1				
其它村戶	2								2				

阶級	文化状况									在外人口		
	7至13岁的学龄儿童	其中：在学人数	14岁以上的人数	文盲	初小程度	高小程度	初中程度	高中程度	大学程度	合計	男	女
甲	27	28	29	30	31	32	33	34	35	36	37	38
合計	134	119	387	191	75	76	41	2	2	70	50	20
地主	13	9	44	19	10	8	6		1	15	9	6
富农	15	14	33	12	7	9	3	2		8	7	1
中农	40	39	116	50	25	21	20			19	12	7
貧农	62	53	184	106	31	36	10		1	26	21	5
雇农	2	2	2	2								
工商业主												
工人	1	1	3	1	1		1					
其它村戶	1	1	5	1	1	2	1			2	1	1

阶級	其中：劳动力			职业情况											
	合計	男	女	农民	手工业者	产业工人	教师	医生	其它自由职业者	小商販	工商业主	店員	革命干部 軍政人員	家务劳动者	其它劳动者
甲	39	40	41	42	43	44	45	46	47	48	49	50	51	52	53
合計	64	47	17		1	19	5						10	4	9
地主	15	9	6			2	3						2	1	4
富农	7	7				1	1						1		
中农	17	12	5			6							3	1	1
貧农	23	18	5		1	10							4	2	3
雇农	-														
工商业主	-														
工人	-														
其它农戶	2	1	1				1								1

阶級	在外人口的文化状况									占有土地		典入土地	
	7至13岁的学龄儿童	其中：在学人数	14岁以上的人数	文盲	初小程度	高小程度	初中程度	高中程度	大学程度	計（市亩）	其中：农业用地(市亩)	計（市亩）	其中：农业用地（市亩）
甲	54	55	56	57	58	59	60	62	62	63	64	65	66
合計	1	1	66	6	3	7	28	10	12				
地主			15				5	6	4				
富农			8				3	2	3				
中农	1	1	16		1	2	10		3				
貧农			25	6	2	5	9	2	1				
雇农													
工商业主													
工人													
其它村戶			2				1		1				

阶級	典出土地		租入农业用地					租出农业用地				
			谷租			錢租		谷租			錢租	
	計（市亩）	其中：农业用地(市亩)	面积（市亩）	租額 糙米（市斤）	租額 小麦（市亩）	面积（市亩）	租額(糙米市斤)	面积（市亩）	租額 糙米（市斤）	租額 小麦（市斤）	面积（市亩）	租額（　）
甲	67	68	69	70	71	72	73	74	75	76	77	78
合計												
地主												
富农												
中农												
貧农												
雇农												
工商业主												
工人												
其它农戶												

阶級	使用农地面积（市亩）	稻的播种面积（市亩）	小麦的播种面积（市亩）	桑的现有面积（市亩）	其中：可采桑的面积（市亩）	果园的面积（市亩）	大豆的播种面积（市亩）	其它面积（市亩）	农付业雇入			
									长工		短工	
									人数	工資（ ）	工数（工）	工資（ ）
甲	79	80	81	82	83	84	85	86	87	88	89	90
合計												
地主												
富农												
中农												
貧农												
雇农												
工商业主												
工人												
其它农戶												

阶級	农付业出雇				房屋間数（間）	家畜头数				主要生产				
	长工		短工											
	人数	工資（ ）	工数	工資（ ）		牛、馬、騾（头）	猪（头）	羊（只）	兎（只）	抽水机（部）	水車（部）	旧式犁（張）	打谷机（部）	船（条）
甲	91	92	93	94	95	96	97	98	99	100	101	102	103	104
合計														
地主														
富农														
中农														
貧农														
雇农														
工商业主														
工人														
其它农戶														

阶級	工具						植物栽培收入	蚕茧								
								春蚕			夏蚕			秋蚕		
	蚕（只）	蚕台（張）	耙（把）	織布机（台）	魚网（条）	其他（件）	（　）	蚕种（張）	产量（市斤）	产值（　）	蚕种（張）	产量（市斤）	产值（　）	蚕种（張）	产量（市斤）	产值（　）
甲	105	106	107	108	109	110	111	112	113	114	115	116	117	118	119	120
合計																
地主																
富农																
中农																
貧农																
雇农																
工商业主																
工人																
其它农戶																

阶級	出售家畜收入			出雇收入	其它付业收入						在外人口寄回	出售財物收入	其它收入	其中：剩餘收入	收入合計
	豬（　）	羊（　）	其它（　）		商品性手工业（　）	独立工匠（　）	教书行医（　）	經商（　）	运輸（　）	其它（　）	（元）	（　）	（　）	（　）	（　）
甲	121	122	123	124	125	126	127	128	129	130	131	132	133	134	135
合計											3833.00				
地主											945.00				
富农											440.00				
中农											870.00				
貧农											1270.00				
雇农															
工商业主															
工人															
其它农戶											308.00				

1929—1957年无锡农村经济调查资料

前刘巷村

前刘巷 村村戶的自然机械及階級性變化統計表（自1929年至1936年）

	期初戶数	原戶的自然及机械變化						期末原階級戶数	原戶的階級性變化						期末新階級戶数	其中来自：								期內迁入新戶	期末总戶数
		分家的母戶数	分家增加戶数	減少戶数					增加戶数			減少戶数													
				併戶	有嗣絕灭	无嗣絕灭	迁出		下升	上降	轉入	上升	下降	轉出		地主	富农	中农	貧农	雇农	工商业主	工人	其他		
合計	92	5	7	-	-	4	3	92	3	3	10	3	3	10	92	1	2	11	53	-	4	10	11	3	95
地主	1	-	-			-		1	-	-	-	-	-	-	1	1	-	-	-		-	-	-	.	1
富农	2	-	-			-		2	1	-	-	-	-	-	3		2	1	-		-	-	-	.	3
中农	9	1	2			-		11	2	-	2	1	3	1	10			6	2		-	1	1	.	10
貧农	52	4	5			3	1(4)	53		3	3	2		3	54			3	48		.	2	1	1	55
雇农	-					-		-			-	-		-	-			-	-		.	-	-	1	1
工商业主	4					-		4			1	-		1	4			1	-		3	-	-	-	4
工人	11					-	1(3)	10			4	-		3	11			-	3		1	7	-	-	11
其他	13					1	1(5)	11			-	-		2	9			-	-		-	-	9	1	10

江苏 省 无锡 县（市 前刘巷 村庄

	户数	雇入户数			出雇户数			典入户数	典出户数	租入户数	租出户数	有耕畜户数	其中：有骡马户数	养猪户数
		长工	短工	长短工	长工	短工	长短工							
甲	1	2	3	4	5	6	7	8	9	10	11	12	13	14
合计	92	8	22	4	9	13	2			77	6			18
地主	1	1									1			
富农	2	2	2	2						2				2
中农	9	2	3		1					7				4
贫农	52		8		3	11				50	1			8
雇农	/	/	/	/	/	/	/	/	/	/	/	/	/	
工商业主	4	3	3	2						3				3
工人	11		2		5	2	2			8	1			1
其它村户	13		4							7	3			

江苏省无锡（市）县堰桥乡新华社前刘巷村庄

1929 年汇总資料

阶級	戶口	总人口数 合計	总人口数 男	总人口数 女	常住人口 合計	常住人口 男	常住人口 女	其中：劳动力 合計	其中：劳动力 男	其中：劳动力 女	其中：劳动力 参加劳动者	年內出生人数	年內死亡人数
甲	1	2	3	4	5	6	7	8	9	10	11	12	13
合計	92	473 ~~473~~	253	220	456	237	219	272	134	138	264	5	1
地主	1	6	2	4	6	2	4	4	1	3			
富农	2	15	8	7	15	8	7	10	5	5	9	1	
中农	9	57	31	26	55	29	26	32	15	17	32	3	
貧农	52	272	144 ~~139~~	128	267	139	128	152	79	73	151	1	
雇农													
工商业主	4	25	15 ~~55~~	~~50~~ 10	25	15	10	15	7	8	15		
工人	11	54	32	22	48	27	21	34	19	15	33		1
其它村戶	13	44	21	27	40	17	23	25	8	17	24		

阶級	职业情况 主业 农民	手工业者	产业工人	教师	医生	其它自由职业者	小商販	工商业主	家务劳动者	其它劳动者	农民兼业 手工业	小商販	其它
甲	14	15	16	17	18	19	20	21	22	23	24	25	26
合計	107	11			1	1	5	5	123	8	8	58	8
地主													
富农	3							2	4			3	
中农	13						1		17	1		6	
貧农	77	1			1				70	2	4	43	6
雇农													
工商业主	4	1						3	7			3	
工人	6	9							12	5	4		2
其它村戶	4					1	4		13			3	

阶級	文化状况									在外人口		
	7至13岁的学龄儿童	其中：在学人数	14岁以上的人数	文盲	初小程度	高小程度	初中程度	高中程度	大学程度	合計	男	女
甲	27	28	29	30	31	32	33	34	35	36	37	38
合計	80	21	301	273	17	9	2			17	16	1
地主	1	1	4	2			2					
富农	2	1	10	9	1							
中农	7	2	35	31	3	1				2	2	
貧农	53	10	168	157	8	3				5	5	
雇农	—	—	—	—	—	—	—	—	—	—	—	—
工商业主	4	3	19	15	2	2						
工人	5	2	37	34	3					6	5	1
其它村戶	8	2	28	25		3				4	4	

阶級	其中：劳动力			职业情况											
	合計	男	女	农民	手工业者	产业工人	教师	医生	其它自由职业者	小商贩	工商业主	店員	軍政人員	家务劳动者	其它劳动者
甲	39	40	41	42	43	44	45	46	47	48	49	50	51	52	53
合計	14	13	1	2		1	1					3			7
地主															
富农															
中农	1	1										1			[illegible]
貧农	4	4				1									3
雇农	—	—	—	—	—	—	—	—	—	—	—	—	—	—	—
工商业主		[illegible]													
工人	6 6	5	1	2											4
其它农戶	3	3					1					2			

阶級	在外人口的文化状况									占有土地		典入土地	
	7至13岁的学龄儿童	其中：在学人数	14岁以上的人数	文盲	初小程度	高小程度	初中程度	高中程度	大学程度	計（市亩）	其中：农业用地(市亩)	計（市亩）	其中：农业用地（市亩）
甲	54	55	56	57	58	59	60	61	62	63	64	65	66
合計	1		16	10	5				1	223.63	206.43		
地主										91.50	90.00		
富农										16.99	16.70		
中农			2		2					33.28	32.10		
貧农	1		4	3	1					45.72	35.68		
雇农													
工商业主										12.84	12.40		
工人			6	6						9.76	7.65		
其它村戶			4	1	2				1	13.54	11.90		

阶級	典出土地		租入农业用地					租出农业用地				
			谷租			錢租		谷租			錢租	
	計（市亩）	其中：农业用地(市亩)	面积（市亩）	租額 糙米（市斤）	租額 小麦（市亩）	面积（市亩）	租額 元 (~~糙米市斤~~)	面积（市亩）	租額 糙米（市斤）	租額 小麦（市斤）	面积（市亩）	租額（ ）
甲	67	68	69	70	71	72	73	74	75	76	77	78
合計			350.91	31488		4.00	29.00	97.00	9576			
地主								78.00	7300			
富农			24.00	2075								
中农			28.40	2251								
貧农			249.23	21877		2.00	16.00	1.50	210			
雇农												
工商业主			17.80	1923								
工人			15.38	1597		0.50	3.00	3.50	273			
其它农戶			16.10	1759		1.50	10.00	14.00	1793			

阶级	使用农地面积（市亩）	稻的播种面积（市亩）	小麦的播种面积（市亩）	荬的现有面积（市亩）	其中：可采荬的面积（市亩）	果园的面积（市亩）	大豆的播种面积（市亩）	其它面积（市亩）	农付业雇入 长工 人数	长工 工资（元）	短工 工数（工）	短工 工资（元）
甲	79	80	81	82	83	84	85	86	87	88	89	90
合計	464.17	421.79	271.27	41.78	41.78				16	1748.00 / 1708.00	921	438.50 (483.50 crossed out)
地主	12.80	10.00	10.00	2.00	2.00				1	100.00		
富农	40.70	36.00	27.00	4.70	4.70				4	460.00	200	96.50
中农	60.50	54.05	34.85	6.45	6.45				2	108.00	115	49.00
貧农	235.41	265.31	156.64	19.50	19.50						153	84.70
雇农												
工商业主	30.03	28.35	24.70	1.68	1.68				9	1080.00	366	160.50
工人	20.03	17.78	8.03	2.25	2.25						40	21.30
其它农戶	15.50	10.30	10.05	5.20	5.20						47	26.50

阶級	农付业出雇 长工 人数	长工 工资（元）	短工 工数	短工 工資（元）	房屋間数（間）	家畜头数 牛、馬、騾（头）	豬（头）	羊（只）	兎（只）	主要生产 抽水机（部）	水車（部）	旧式犂（張）	打谷机（部）	船（条）
甲	91	92	93	94	95	96	97	98	99	100	101	102	103	104
合計	11	864.00	592	281.70	153.00 / 153.31		29				18.60	2		19
地主					5.00						2.00			
富农					5.00		4				2.00			2
中农	1	105.00			13.00		9				4.00	1		3
貧农	3	272.00	522	245.70	83.50		9				7.60	1		9
雇农														
工商业主					10		5				2.00			2
工人	7	487.00	70	36.00	21		2				1.00			1
其它农戶					15.50									2

阶级	工具						植物栽培收入	蚕茧								
								春蚕			夏蚕			秋蚕		
	蚕(只)	蚕台(張)	耙(把)	織布机(台)	魚网(条)	其他(件)	(元)	蚕种(張)	产量(市斤)	产值(元)	蚕种(張)	产量(市斤)	产值(元)	蚕种(張)	产量(市斤)	产值(元)
甲	105	106	107	108	109	110	111	112	113	114	115	116	117	118	119	120
合計	502	64	1	36			10603.65	61.00	2271	1036.49				8.75	221	162.86
地主	20	2					283.01	4.00	130	58.76						
富农	36	4		2			1637.35	10.00	352	159.10				3	60	44.22
中农	73	8	1	4			1353.91	9.00	333	150.51				3	80	58.95
貧农	232	33		22			5747.21	25.00	937	423.53				2.50	70	51.58
雇农																
工商业主	34	7		5			903.59	5.00	195	88.14				0.25	11	8.11
工人	63	8	0	2			367.89	4.50	174	78.65						
其它农戶	44	6		1			310.69	3.50	150	67.80						

阶級	出售家畜收入			出雇收入	其它付业收入						在外人口寄回	出售財物收入	其它收入	其中：剝削收入	收入合計
	猪(元)	羊(元)	其它(元)	(元)	商品性手工业(元)	独立工匠(元)	教节行医(元)	經商(元)	运輸(元)	其它(元)	(元)	(元)	(元)	(元)	(元)
甲	121	122	123	124	125	126	127	128	129	130	131	132	133	134	135
合計	435.60			1145.70	1095.20	144.00	50.00	5942.20	590.00	330.00	347.00		938.24	748.09	22811.94
地主													365.00	365.00	706.77
富农	90.00				18.00			1815.00							3763.67
中农	86.20			105.00	194.00			232.00	160.00	100.00	30.00		231.20	231.20	2702.77
貧农	145.40			517.70	400.40	50.00	50.00	1479.20	240.00	130.00	67.00		57.44	37.44	9358.46
雇农															
工商业主	84.00				49.20			1900.00	190.00				61.20	61.20	3284.24
工人	30.00			523.00	399.60	94.00		52.00		50.00	80.00		22.45	8.80	1697.59
其它农戶					34.00			465.00		50.00	170.00		200.95	44.45	1298.44

江苏 省 无锡 县（市） 前刘巷 村庄

	户数	雇入户数			出雇户数			典入户数	典出户数	租入户数	租出户数	有耕畜户数	其中：有[illegible]户数	养猪户数
		长工	短工	长短工	长工	短工	长短工							
甲	1	2	3	4	5	6	7	8	9	10	11	12	13	14
合计	92	8	18	5	8	14	1		1	86	6	1	1	18
地主	1	1									1			
富农	2	2	2	2						2				2
中农	11	2	4	1						10		1	0	4
贫农	53		6		6	12			1	50				8
雇农														
工商业主	4	3	2	2		1				3				2
工人	10		3		2	1	1			7	1			2
其它村户	11		1							8	4			

江苏省无錫（市）县 [illegible]乡 新華社 前刘巷村庄

1936/29 年汇总资料

阶級	戶口	总人口数			常住人口			其中：劳动力				年內出生人数	年內死亡人数
		合計	男	女	合計	男	女	合計	男	女	参加劳动者		
甲	1	2	3	4	5	6	7	8	9	10	11	12	13
合計	92	462	242	220	439	227	212	277	137	140	269	1	2
地主	1	4	1	3	4	1	3	3	1	2			
富农	2	20	9	11	20	9	11	11	6	5	11		
中农	11	61	34	27	58	32	26	32	17	15	33		
貧农	53	265	142	123	251	134	117	154	79	75	151	1	
雇农													
工商业主	4	31	17	14	29	15	14	20	10	10	18		
工人	10	42	21	21	39	19	20	30	14	16	29		1
其它村戶	11	39	18	21	38	17	21	27	10	17	27		1

阶級	职业情况												
	主业										农民兼业		
	农民	手工业者	产业工人	教师	医生	其它自由职业者	小商販	工商业主	家务劳动者	其它劳动者	手工业	小商販	其它
甲	14	15	16	17	18	19	20	21	22	23	24	25	26
合計	107	10		2		1	5	4	129	11	9	57	4
地主													
富农	4							2	5			1	
中农	12						1	1	17	2	2	8	
貧农	72	3							70	6	5	38	4
雇农													
工商业主	7	1						1	9			3	
工人	6	6					1		13	3	2	2	
其它村戶	6			2		1	3		15			5	

阶級	文化状况									在外人口		
	7至13岁的学龄儿童	其中：在学人数	14岁以上的人数	文盲	初小程度	高小程度	初中程度	高中程度	大学程度	合計	男	女
甲	27	28	29	30	31	32	33	34	35	36	37	38
合計	71	26	304	259	28	12	3	1	1	23	15	8
地主	1		3	1			1	1				
富农	4	2	12	10	1	1						
中农	11	8	35	30	4	1				3	2	1
貧农	41	9	173	155	14	4				14	8	6
雇农												
工商业主	4	3	20	15	4	1				2	2	
工人	5	2	32	27	5					3	2	1
其它村戶	5	2	29	21		5	2		1	1	1	

阶級	其中：劳动力			职业情况											
	合計	男	女	农民	手工业者	产业工人	教师	医生	其它自由职业者	小商販	工商业主	店員	軍政人員	家务劳动者	其它劳动者
甲	39	40	41	42	43	44	45	46	47	48	49	50	51	52	53
合計	23	15	8			9					1	1		2	8
地主															
富农															
中农	3	2	1									1		1	
貧农	14	8	6			7					1			1	4
雇农															
工商业主	2	2				2									
工人	3	2	1												3
其它农戶	1	1													1

阶級	在外人口的文化状况									占有土地		典入土地	
	7至13岁的学龄儿童	其中：在学人数	14岁以上的人数	文盲	初小程度	高小程度	初中程度	高中程度	大学程度	計（市亩）	其中：农业用地(市亩)	計（市亩）	其中：农业用地（市亩）
甲	54	55	56	57	58	59	60	61	62	63	64	65	66
合計			23	13	6	3	1			336.97	237.92		
地主										91.50	90.00		
富农										37.63	37.30		
中农			3	1	1		1			33.48	32.22		
貧农			14	9	4	1				131.60	39.05		
雇农													
工商业主			2			2				15.40	14.95		
工人			3	3						13.94	12.15		
其它村戶			1		1					13.36	12.25		

阶級	典出土地		租入农业用地					租出农业用地				
			谷租			錢租		谷租			錢租	
	計（市亩）	其中：农业用地(市亩)	面积（市亩）	租额 糙米（市斤）	租额 小麦（市亩）	面积（市亩）	租额（糙米市斤）	面积（市亩）	租额 糙米（市斤）	租额 小麦（市斤）	面积（市亩）	租额（ ）
甲	67	68	69	70	71	72	73	74	75	76	77	78
合計	3.50	3.50										
地主								78.00	7300			
富农												
中农												
貧农	3.50	3.50										
雇农												
工商业主												
工人												
其它农戶												

阶　級	使用农地面积（市亩）	稻的播种面积（市亩）	小麦的播种面积（市亩）	桑的現有面积（市亩）	其中：可采桑的面积（市亩）	果园的面积（市亩）	大豆的播种面积（市亩）	其它面积（市亩）	农付业雇入			
									长工		短工	
									人数	工資（　）	工数（工）	工資（　）
甲	79	80	81	82	83	84	85	86	87	88	89	90
合　計									18	1857.00	861.5	448.25
地　主									1	100		
富　农									4	460	220	106.00
中　农									4	277	165	87.50
貧　农											226.5	121.25
雇　农											5	3.50
工商业主									9	1020	155	78.00
工　人											90	52.00
其它农戶												

阶　級	农付业出雇				房屋間数（間）	家畜头数				主要生产				
	长工		短工											
	人数	工資（　）	工数	工資（　）		牛、馬、騾（头）	豬（头）	羊（只）	兔（只）	抽水机（部）	水車（部）	旧式犁（張）	打谷机（部）	船（条）
甲	91	92	93	94	95	96	97	98.	99	100	101	102	103	104
合　計	10	836.90	621	309.10	153.5	2	27				18.9	1		20.1
地　主					5						2			
富　农					10		6				2			2
中　农					15	2	6				3	1		3.1
貧　农	7	625.90	571	283.10	81		9				8.6			10
雇　农														
工商业主			20	8.00	8		3				2			2
工　人	3	211.00	30	18.00	19		3				1.3			1
其它农戶					15.5									2

阶級	工具						植物栽培收入	蚕茧								
								春蚕			夏蚕			秋蚕		
	蚕（只）	蚕台（張）	耙（把）	織布机（台）	漁网（条）	其他（件）	（ ）	蚕种（張）	产量（市斤）	产値（ ）	蚕种（張）	产量（市斤）	产値（ ）	蚕种（張）	产量（市斤）	产値（ ）
甲	105	106	107	108	109	110	111	112	113	114	115	116	117	118	119	120
合計	491	65.3	1	19		3										
地主	20	2					256.29	4								
富农	36	4		2			1478.06	4								
中农	71	8.3	1	2		1										
貧农	223	34		12		2										
雇农																
工商业主	34	3		2												
工人	63	8		1												
其它农戶	44	6														

阶級	出售家畜收入			出雇收入	其它付业收入						在外人口寄回	出售財物收入	其它收入	其中：剝削收入	收入合計
	猪（ ）	羊（ ）	其它（ ）		商品性手工业（ ）	独立工匠（ ）	教书行医（ ）	經商（ ）	运輸（ ）	其它（ ）	（ ）	（ ）	（ ）	（ ）	（ ）
甲	121	122	123	124	125	126	127	128	129	130	131	132	133	134	135
合計															
地主															
富农															
中农															
貧农															
雇农															
工商业主															
工人															
其它农戶															

前刘卷村村户的自然机械及阶級性變化統計表（自1936年至1948年）

	期初户数	原户的自然及机械變化		減少户数				期末原阶級户数	原户的阶級性變化						期末新阶級户数	其中来自：								期内迁入新户	期末总户数
		分家的母户数	分家增加户数	併户	有嗣絕灭	无嗣絕灭	迁出		增加户数：下升	上降	轉入	減少户数：上升	下降	轉出		地主	富农	中农	貧农	雇农	工商业主	工人	其他		
合計	95	10	13		1	3	3	101	3	3	21	3	3	21	101	1	4	10	61	1	4	11	9	4	105
地主	1							1							1	1									1
富农	3	1	1					4					1		3		3								3
中农	10							10	3	1	2		1	2	13		1	7	3		2				13
貧农	55	6	8			1	1(5)	61		1	7	3	1	6	59			1	51			6	1	3	62
雇农	1							1		1					2				1	1					2
工商业主	4							4						3	1						1				1
工人	11	2	3		1		2(4)	11			5			7	9				3			4	2	1	10
其他	10	1	1			2		9			7			3	13			2	3		1	1	6		13

江苏省 无锡县（市） 前刘巷村庄

1936年

	戶数	雇入戶数			出雇戶数			典入戶数	典出戶数	租入戶数	租出戶数	有耕畜戶数	其中：有[illegible]戶数	养猪戶数
		长工	短工	长短工	长工	短工	长短工							
甲	1	2	3	4	5	6	7	8	9	10	11	12	13	14
合計	95	5	17	2	8	14	1		1	73	6	1	1	18
地主	1	1									1			
富农	3									3		1	1	3
中农	10		5		[illegible]									5
貧农	55		8		5	11	1		1	54	1			7
雇农	1					1								
工商业主	4	4	2	2						3				2
工人	11		1		3	2				7				1
其它村戶	10		1							6	4			

江苏省无锡（市）县 坊桥乡 新华社 前刘巷村庄

1936 年汇总資料

阶級	戶口	总人口数			常住人口			其中：劳动力				年内出生人数	年内死亡人数
		合計	男	女	合計	男	女	合計	男	女	参加劳动者		
甲	1	2	3	4	5	6	7	8	9	10	11	12	13
合計	95	470	246	224	447	231	216	284	140	144	274	1	2
地主	1	4	1	3	4	1	3	3	1	2			
富农	3	29	14	15	28	13	15	16	9	7	15		
中农	10	56	30	26	53	28	25	32	14	18	32		1
貧农	55	275	148	127	264	142	122	160	83	77	158	1	
雇农	1	1	1		1	1		1	1		1		
工商业主	4	26	13	13	26	13	13	18	9	9	17		
工人	11	51	28	23	44	23	21	34	16	18	31		1
其它村戶	10	28	11	17	27	10	17	20	7	13	20		

阶級	职业情况												
	主业										农民兼业		
	农民	手工业者	产业工人	教师	医生	其它自由职业者	小商販	工商业主	家务劳动者	其它劳动者	手工业	小商販	其它
甲	14	15	16	17	18	19	20	21	22	23	24	25	26
合計	109	10		2		1	6	4	131	11	9	57	4
地主													
富农	6							2	7		2	1	
中农	12	3							16	1		10	
貧农	76								75	7	5	41	2
雇农	1												
工商业主	5	1					1	2	8			3	
工人	7	6					1		14	3	2		2
其它村戶	2			2		1	4		11			2	

阶级	文化状况									在外人口		
	7至13岁的学龄儿童	其中：在学人数	14岁以上的人数	文盲	初小程度	高小程度	初中程度	高中程度	大学程度	合計	男	女
甲	27	28	29	30	31	32	33	34	35	36	37	38
合計	73	26	309	264	28	12	3	1	1	23	15	8
地主	1		3	1			1	1				
富农	6	4	16	14	1	1				1	1	
中农	9	2	35	29	5	1				3	2	1
貧农	44	11	179	161	14	4				11	6	5
雇农			1	1								
工商业主	4	3	18	15	2	1						
工人	6	4	35	28	6	1				7	5	2
其宅村戶	3	2	22	15		4	2		1	1	1	

阶級	其中：劳动力			职业情况											
	合計	男	女	农民	手工业者	产业工人	教师	医生	其宅自由职业者	小商販	工商业主	店員	軍政人員	家务劳动者	其宅劳动者
甲	39	40	41	42	43	44	45	46	47	48	49	50	51	52	53
合計	22	15	7			9						2		2	8
地主															
富农	1	1													
中农	3	2	1									2		1	
貧农	10	6	4			6								1	3
雇农															
工商业主															
工人	7	5	2			3									4
其宅农戶	1	1													1

阶级	在外人口的文化状况									占有土地		典入土地	
	7至13岁的学龄儿童	其中：在学人数	14岁以上的人数	文盲	初小程度	高小程度	初中程度	高中程度	大学程度	計（市亩）	其中：农业用地(市亩)	計（市亩）	其中：农业用地（市亩）
甲	54	55	56	57	58	59	60	61	62	63	64	65	66
合計			23	13	6	3	1			253.37	237.92		
地主										91.50	90.00		
富农			1				1			38.78	38.30		
中农			3	1	2					35.53	34.17		
貧农			11	7	3	1				49.54	40.73		
雇农													
工商业主										19.90	19.45		
工人			7	5		2				9.71	7.77		
其它村戶			1		1					8.41	7.50		

阶級	典出土地		租入农业用地					租出农业用地				
			谷租			錢租		谷租			錢租	
	計（市亩）	其中：农业用地(市亩)	面积（市亩）	租額 糙米（市斤）	租額 小麦（市亩）	面积（市亩）	租額（糙米市斤）	面积（市亩）	租額 糙米（市斤）	租額 小麦（市斤）	面积（市亩）	租額（ ）
甲	67	68	69	70	71	72	73	74	75	76	77	78
合計	3.50	3.50	441.16	37671				16.50	2346			
地主			78.00	7300								
富农			13.40	1039								
中农			51.15	3565								
貧农	3.50	3.50	249.11	20728				1.50	210			
雇农												
工商业主			10.35	847								
工人			24.55	2587								
其它农戶			14.60	1605				15.00	2136			

阶級	使用农地面积（市亩）	稻的播种面积（市亩）	小麦的播种面积（市亩）	桑的現有面积（市亩）	其中：可采桑的面积（市亩）	果园的面积（市亩）	大豆的播种面积（市亩）	其它面积（市亩）	农付业雇入 长工 人数	长工 工資（ ）	短工 工数（工）	短工 工資（ ）
甲	79	80	81	82	83	84	85	86	87	88	89	90
合計	503.08	463.98	302.64	36.48	36.48			0.62	18	1857.00	856.50	552.75
地主	12.00	10.00	10.00	2.00	2.00				1	100.00		
富农	51.70	47.00	35.30	4.70	4.70				5	557.00	340.00	166.00
中农	85.32	76.90 ~~76.90~~	46.15	8.30	8.30			0.12			145.00	73.50
貧农	288.34	271.84	169.47	14.00	14.00			0.50			196.50	115.25
雇农												
工商业主	29.80	27.97	22.00	1.83	1.83				12	1200.00	155.00	78.00
工人	28.82	26.87	16.32	1.95	1.95						20.00	120.00
其它农戶	7.10	3.40	3.40	3.70	3.70							

阶級	农付业出雇 长工 人数	长工 工資（ ）	短工 工数	短工 工資（ ）	房屋間数（間）	家畜头数 牛、馬、騾（头）	猪（头）	羊（只）	兎（只）	主要生产 抽水机（部）	水車（部）	旧式犂（張）	打谷机（部）	船（条）
甲	91	92	93	94	95	96	97	98	99	100	101	102	103	104
合計	10	836.90 ~~826.90~~	861	379.10	154.50 ~~148.5~~	2	27				19.9	2		20.1
地主					5						2			
富农					13	2	7				3	1		2
中农			3	2.10	14.5		8				3			3
貧农	6	545.90 ~~535.90~~	478 ~~498~~	239.[illegible]	83.5		7				7.6	1		11.1
雇农			240	70.00										
工商业主					8		3				2			2
工人	4	291.00	140	68.00	16		2				2.3			1
其它农戶					14.50									1

阶級	工具						植物栽培收入	蚕茧								
								春蚕			夏蚕			秋蚕		
	蚕(只)	蚕台(張)	耙(把)	織布机(台)	魚网(条)	其他(件)	( )	蚕种(張)	产量(市斤)	产值(元)	蚕种(張)	产量(市斤)	产值( )	蚕种(張)	产量(市斤)	产值( )
甲	105	106	107	108	109	110	111	112	113	114	115	116	117	118	119	120
合計	491	65.3	1	20		3	11226.67	51	1837	633.72				7.25	201	56.86
地主	20	2					256.29	4	130	44.85						
富农	46	5	1	2		1	1714.70	5	192	66.24				3.00	65	18.39
中农	80	9		4		1	1753.09	13	445	153.51				1.50	45	12.73
貧农	228	35.3		10		1	6034.21	18.5	689	237.68				2.50	80	22.63
雇农																
工商业主	29	3		2			795.47	4	141	48.64				0.25	11	3.11
工人	54	6		2			538.13	2.5	100	34.50						
其它农戶	34	5					134.78	4	140	48.30						

阶級	出售家畜收入			出雇收入	其它付业收入						在外人口寄回	出售財物收入	其它收入	其中：剝削收入	收入合計
	猪( )	羊( )	其它( )		商品性手工业( )	独立工匠( )	教书行医( )	經商( )	运輸( )	其它( )	( )	( )	( )	( )	( )
甲	121	122	123	124	125	126	127	128	129	130	131	132	133	134	135
合計	466.00			1216.00	1257.00	189.00	560.00	6497.70	1158.29	251.00	687.00		567.62	433.34	24766.86
地主													341.64	341.64	642.78
富农	178.00				319.00			1800.00							4096.33
中农	114.00			2.10	104.20	25.00		490.00	150.00	100.00					2904.63
貧农	94.00			784.90	494.80	70.00		1585.70	588.29	121.00	265.00		32.64	12.64	10330.85
雇农				70.00											70.00
工商业主	50.00				21.00			1975.00	420.00				29.20	29.20	3342.42
工人	30.00			359.00	318.00	94.00		52.00		30.00	[illegible]		68.78		1946.41
其它农戶							560.00	595.00					95.36	49.86	1433.44

江苏 省 丹阳 县（市）前刘巷 村庄

	戶数	雇入戶数			出雇戶数			典入戶数	典出戶数	租入戶数	租出戶数	有耕畜戶数	其中：有耕牛戶数	养猪戶数
		长工	短工	长、短工	长工	短工	长、短工							
甲	1	2	3	4	5	6	7	8	9	10	11	12	13	14
合計	101	3	20	2	5	24	—	—	—	86	14-15	1	1	33
地主	1		1								1			
富农	4	2	3	2						4	1#	1	1	4
中农	16		2			1				8	3			6
貧农	61		19		2	17				57	4			18
雇农	1					1								
工商业主	4	1	1							3	2			2
工人	11		1		3	5				9				3
其它村戶	9		3							5	3			

江苏省无锡(市)县 堰桥乡 新华社 前刘巷村庄

1948年前至1936年汇总资料

阶级	戶口	总人口数			常住人口			其中：劳动力				年內出生人数	年內死亡人数
		合計	男	女	合計	男	女	合計	男	女	参加劳动者		
甲	1	2	3	4	5	6	7	8	9	10	11	12	13
合計	101	499 ~~500~~	251	248 ~~250~~ 248	448 ~~450~~	215	233 ~~235~~	250 248	122	128 ~~128~~	237	3	6
地主	1 ~~3~~ +	7	2	5	6	~~4~~ 1	~~4~~ 5	2	~~8~~	~~4~~ 2	~~13~~		~~7~~
富农	4	32 ~~34~~	14	~~20~~ 18	28 ~~30~~	12	~~18~~ 16	13	7	6	12		1
中农	10	64	33	31	57	28	29	33	16	17	32	1	1
貧农	61	291	153	138	266	135	131	146	73	73	141	2	3
雇农	1	1	1		1	1		1	1		1		
工商业主	~~4~~ 〃	~~26~~ 27 〃	~~12~~ 〃	~~15~~ 〃	~~24~~ 〃	~~10~~ 〃	~~14~~ 〃	~~16~~ 〃	~~7~~ 〃	~~〃~~ 9	~~13~~ 〃	~~〃~~	~~〃~~ 1
工人	11	43	21	22	40	18	22	26 ~~24~~	13	13	25		
其它村戶	9	34	15	19	26	10	16	13	5	8	13		

阶級	职业情况												
	主业										农民兼业		
	农民	手工业者	产业工人	教师	医生	其它自由职业者	小商販	工商业主	家务劳动者	其它劳动者	手工业	小商販	其它
甲	14	15	16	17	18	19	20	21	22	23	24	25	26
合計	103	4		1		1	5	3	116	4	6	64	6
地主	~~5~~						~~1~~	~~1~~	~~6~~			~~2~~	
富农	4							2	6		2	2	
中农	14	1							17			12	
貧农	~~69~~ 71						1		68	1	2	44	6
雇农	1												
工商业主	~~〃~~ 5	—	—	—	—	—	~~〃~~ 1	~~〃~~ 1	~~〃~~ 6	—	—	~~〃~~ 3	—
工人	7	3					1		11	3	2	2	
其它村戶	1			1		1	2		8			1	

阶級	文化状况									在外人口		
	7至13岁的学龄儿童	其中：在学人数	14岁以上的人数	文盲	初小程度	高小程度	初中程度	高中程度	大学程度	合計	男	女
甲	27	28	29	30	31	32	33	34	35	36	37	38
合計	81 82	44	284	223	42	13	6			51 50	36 35	15
地主	5 2	3 2	2 3	14 1	4 1	1	1			1	1	[illegible]
富农	8	7	18	13	4	1				4	2	2
中农	9 8	5	36	27	7	1	1			7	5	2
貧农	55	26	164	135	22	7				25	18	7
雇农			1	1							[illegible]	
工商业主	3	1	18	13	3	1	1			3	2	1
工人	2 25	1	29	23	4		2			3	3	
其它村戶	3	2	15	10	1	3	1			8	5	3

阶級	其中：劳动力			职业情况											
	合計	男	女	农民	手工业者	产业工人	教师	医生	其它自由职业者	小商贩	工商业主	店員	軍政人員	家务劳动者	其它劳动者
甲	39	40	41	42	43	44	45	46	47	48	49	50	51	52	53
合計	44 45	32	12		1	19	1			1	4	6 5	1	2 4	8
地主	1	1				1						5			
富农	4	2	2			2					1	1			
中农	6	4	2			1				1	1	1		1	
貧农	23	17	6		1	13						2	1	[illegible]	6
雇农															
工商业主	3 4	3	1			2						1			
工人	3	3									2	1			
其它农戶	4	3	1				1							1	2

阶　級	在外人口的文化状况									占有土地		典入土地	
	7至13岁的学龄儿童	其中：在学人数	14岁以上的人数	文盲	初小程度	高小程度	初中程度	高中程度	大学程度	計（市亩）	其中：农业用地(市亩)	計（市亩）	其中：农业用地（市亩）
甲	54	55	56	57	58	59	60	61	62	63	64	65	66
合　計	3	3	46	19	11	6	9		1	~~234.82~~ 235.40	220.07		
地　主			~~4~~ 1	~~5~~	~~3~~		~~4~~ 1			46.50 ~~47.10~~	~~49.00~~ 45.00		
富　农	~~4~~		4	1			3			39.98	39.50		
中　农	~~4~~		7	4	3					41.53	39.92		
貧　农	1	1	24	12	7	4	1			67.47 ~~66.89~~	58.08		
雇　农													
工商业主			δ 3	δ 1	δ 3		δ 2			δ 24.60	δ 24.00		
工　人			3			2	1			5.79	5.07		
其它村戶	2	2	4	1	1		1		1	9.53	8.50		

阶　級	典出土地		租入农业用地					租出农业用地				
			谷租			錢租		谷租			錢租	
	計（市亩）	其中：农业用地(市亩)	面积（市亩）	租额 糙米（市斤）	租额 小麦（市亩）	面积（市亩）	租额（糙米市斤）	面积（市亩）	租额 糙米（市斤）	租额 小麦（市斤）	面积（市亩）	租额（　）
甲	67	68	69	70	71	72	73	74	75	76	77	78
合　計												
地　主												
富　农												
中　农												
貧　农												
雇　农												
工商业主	—	—	—	—	—	—	—	—	—	—	—	—
工　人			~~37.14~~									
其它农戶			~~10.90~~	~~716~~				9.00	~~1481~~			

阶級	使用农地面积（市亩）	稻的播种面积（市亩）	小麦的播种面积（市亩）	桑的現有面积（市亩）	其中：可采桑的面积（市亩）	果园的面积（市亩）	大豆的播种面积（市亩）	其它面积（市亩）	农村业雇入			
									长工		短工	
									人数	工資（市斤）	工数（工）	工資（市斤）
甲	79	80	81	82	83	84	85	86	87	88	89	90
合計									4	6714	1030	10387
地主										~~3600~~	170.50	500 ~~2000~~
富农									2	3114	290	2708
中农											115	1287
貧农											369	3684
雇农												
工商业主	—	—	—	—	—	—	—	—	2	3600	140	1500
工人											40	520
其它农户											26	188

阶級	农村业出雇				房屋間数（間）	家畜头数				主要生产				
	长工		短工											
	人数	工資（市斤）	工数	工資（市斤）		牛、馬、騾（头）	豬（头）	羊（只）	兎（只）	抽水机（部）	水車（部）	旧式犂（張）	打谷机（部）	船（条）
甲	91	92	93	94	95	96	97	98	99	100	101	102	103	104
合計	5	5818	1222	10074 ~~10082~~	169.50 157.50	~~2~~ 1	47				17 ~~14~~	2	1.00	21.30 ~~19.30~~
地主					5.00						2			
富农					16.50	1	11				3	1		2
中农			4	43	21.50		9				2			4
貧农	2	2496	763	6909	91.50		19				7 ~~6~~	1		11.30
雇农			250	1060										
工商业主	—	—	—	—	11.00	—	3	—	—	—	2	—	1	2
工人	3	3322	205	2002	11.00	[illegible]	5				1			1
其它农户					11.00									1

阶級	工具						植物栽培收入	蚕茧								
								春蚕			夏蚕			秋蚕		
	蚕（只）	蚕台（張）	耙（把）	織布机（台）	魚网（条）	其他（件）	（　）	蚕种（張）	产量（市斤）	产値（　）	蚕种（張）	产量（市斤）	产値（　）	蚕种（張）	产量（市斤）	产値（　）
甲	105	106	107	108	109	110	111	112	113	114	115	116	117	118	119	120
合計	421 415	55.30 54.30	1	2		1										
地主	15	2														
富农	40 38	5 4	1			1										
中农	72	9														
貧农	198 200	28.30		2												
雇农																
工商业主	29	3														
工人	30	4														
其它农戶	31	4														

阶級	出售家畜收入			出雇收入	其它付业收入						在外人口寄回	出售財物收入	其它收入	其中：剝削收入	收入合計
	猪（　）	羊（　）	其它（　）		商品性手工业（　）	独立工匠（　）	教书行医（　）	經商（　）	运輸（　）	其它（　）	（　）	（　）	（　）	（　）	（　）
甲	121	122	123	124	125	126	127	128	129	130	131	132	133	134	135
合計															
地主															
富农															
中农															
貧农															
雇农															
工商业主	—	—	—	—	—	—	—	—	—	—	—	—	—	—	—
工人															
其它农戶															

前刘巷村村戶的自然机械及阶級性变化統計表（自1948年至1951年）

	期初戶数	原戶的自然及机械变化						期末原阶級戶数	原戶的阶級性变化						期末新阶級戶数	其中来自：								期內迁入新戶	期末总戶数
		分家的母戶数	分家增加戶数	減少戶数					增加戶数			減少戶数													
				併戶	有嗣絕灭	无嗣絕灭	迁出		下升	上降	轉入	上升	下降	轉出		地主	富农	中农	貧农	雇农	工商业主	工人	其他		
合計	105	12	16		3		4	114	61	7	22	61	7	22	114	1	3	17	69	2	1	11	10	5	119
地主	1							1					1												
富农	3							3					3		1-50									2 上42	52
中农	13	3	4					17	60	4	16		3		94	1	3	14	59	1	1	9	6	1 下4	45
貧农	62	7	10		2		1 (1)	69	1	3	6	59			下44 20			3	10	1		2	4	2	22
雇农	2							2				2													
工商业主	1							1						1											
工人	10	1	1					11						11											
其他	13	1	1		1		3 (8)	10						10											

江苏 省 无锡 县（市）前刘巷 村庄

	戶数	雇入戶数			出雇戶数			典入戶数	典出戶数	租入戶数	租出戶数	有耕畜戶数	其中：有騾馬戶数	养猪戶数
		长工	短工	长短工	长工	短工	长短工							
甲	1	2	3	4	5	6	7	8	9	10	11	12	13	14
合計	105	3	22	2	5	25	1	—	—	89	14	1	1	33
地主	1		1								1			
富农	3	2	3	2						3	1	1	1	3
中农	13		7			1				8	3			7
貧农	62		8		1	18				62	1			19
雇农	2					2				1				
工商业主	1	1								1				1
工人	10		3		4	2	1			8	1			3
其它村戶	13					2				6	7			

江苏省无锡（市）县 堰桥乡 新华社 前刘巷村庄

1948 年汇总資料

阶級	戶口	总人口数			常住人口			其中：劳动力				年内出生人数	年内死亡人数
		合計	男	女	合計	男	女	合計	男	女	參加劳动者		
甲	1	2	3	4	5	6	7	8	9	10	11	12	13
合計	105	512	258	254	459	220	239	256	124	132	243	3	6
地主	1	7	2	5	6	1	5	2		2			
富农	3	28	12	16	24	10	14	11	6	5	10		1
中农	13	87	42	45	75	32	43	45	20	25	41	1	2
貧农	62	301	156	145	279	141	138	151	77	74	146	2	3
雇农	2	4	3	1	4	3	1	3	2	1	3		
工商业主	1	7	4	3	7	4	3	5	3	2	5		
工人	10	34	16	18	29	11	18	17	6	11	17		
其它村戶	13	44	23	21	35	18	17	22	10	12	21		

阶級	职业情况												
	主业										农民兼业		
	农民	手工业者	产业工人	教师	医生	其它自由职业者	小商販	工商业主	家务劳动者	其它劳动者	手工业	小商販	其它
甲	14	15	16	17	18	19	20	21	22	23	24	25	26
合計	105	4	3	1		1	5	3	120	4	~~5~~6	~~65~~ ~~68~~ 68	6
地主	[illegible]												
富农	4							1	5		2	2	
中农	16	1						1	23			13	
貧农	76								70		3	40	6
雇农	2								1				
工商业主	2							1	2				
工人	1	3	3						9	4		1	
其它村戶	4			1		1	5		10	x	1	5	

阶級	文化状况									在外人口		
	7至13岁的学龄儿童	其中：在学人数	14岁以上的人数	文盲	初小程度	高小程度	初中程度	高中程度	大学程度	合計	男	女
甲	27	28	29	30	31	32	33	34	35	36	37	38
合計	83	45	290	228	42	14	6			53	38	15
地主	2	2	3	1	1		1			1	1	
富农	7	6	15	10	4	1				4	2	2
中农	12	9	51	39	8	2	2			12	10	2
貧农	52	23	~~155~~ 172	136	25	9	2			22	15	7
雇农	1	1	3	3								
工商业主	1		5	5								
工人	3	2	18	15	2	1				5	5	
其它村戶	5	2	23	19	2	1	1			9	5	4

阶級	其中：劳动力			职业情况											
	合計	男	女	农民	手工业者	产业工人	教师	医生	其它自由职业者	小商販	工商业主	店員	軍政人員	家务劳动者	其它劳动者
甲	39	40	41	42	43	44	45	46	47	48	49	50	51	52	53
合計	46	34	12		1	20	1 ~~24~~			1	4	6	1	2	9
地主	1	1				1									
富农	4	2	2			2					1	1			
中农	10	8	2			7					1			1	
貧农	21	15	6			8					2	3	1		7
雇农															
工商业主															
工人	5	5			1	2	0								2
其它农戶	5	3	2				1			1		2		1	4

阶級	在外人口的文化状况									占有土地		典入土地	
	7至13岁的学龄儿童	其中：在学人数	14岁以上的人数	文盲	初小程度	高小程度	初中程度	高中程度	大学程度	計（市亩）	其中：农业用地(市亩)	計（市亩）	其中：农业用地（市亩）
甲	54	55	56	57	58	59	60	61	62	63	64	65	66
合計	3	3	48	20	11 ~~12~~ 11	7 ~~8~~	9 ~~5~~	0	1	237.08	221.37		
地主			1				1			46.50	45.00		
富农			4	1			3	0		33.39	33.00		
中农			12	5	4	2	1	×		76.41	73.97		
貧农	1	1	~~20~~ 21	11	4	4	2	×		51.48	42.93		
雇农										0.60	0.20		
工商业主										2.35	2.20		
工人			5	2	2	1				4.81	3.82		
其它村戶	2	2	5	1	1 ~~2~~	0	2		1	21.54	20.25		

阶級	典出土地		租入农业用地					租出农业用地				
			谷租			錢租		谷租			錢租	
	計（市亩）	其中：农业用地(市亩)	面积（市亩）	租額 糙米（市斤）	租額 小麦（市亩）	面积（市亩）	租額（糙米市斤）	面积（市亩）	租額 糙米（市斤）	租額 小麦（市斤）	面积（市亩）	租額（ ）
甲	67	68	69	70	71	72	73	74	75	76	77	78
合計			252.91	28920				83.60	8302	400		
地主								40.00	3744			
富农			13.65	888				4.00	187			
中农			47.20	4883				8.05	366			
貧农			251.39	19442				1.50	210			
雇农			1.34	142								
工商业主			4.5	491								
工人			14.90	1321								
其它农戶			19.55	1753				30.05	3795	400		

阶級	使用农地面积（市亩）	稻的播种面积（市亩）	小麦的播种面积（市亩）	桑的現有面积（市亩）	其中：可采桑的面积（市亩）	果园的面积（市亩）	大豆的播种面积（市亩）	其它面积（市亩）	农村业雇入			
									长工		短工	
									人数	工資（ ）	工数（工）	工資（米斤）
甲	79	80	81	82	83	84	85	86	87	88	89	90
合計	488.64	452.69	306.47	30.28	30.28		2.25		4	6714	1040	10485
地主	5.00	3.00	3.00	2.00	2.00						50	500
富农	42.65	38.95	23.00	3.70	3.70				2	3114	290	2708
中农	113.12	106.02	73.30	6.98	6.98						505	5333
貧农	293.20	277.55	186.15	11.30	11.30		2.25				164	1641
雇农	1.50	1.30	1.30									
工商业主	6.70	6.70	6.50						2	3600		
工人	16.72	15.47	13.22	1.00	1.00						31	303
其它农戶	9.75	3.70		5.30	5.30							

阶級	农村业出雇				房屋間数（間）	家畜头数				主要生产				
	长工		短工			牛、馬、驢（头）	猪（头）	羊（只）	兎（只）	抽水机（部）	水車（部）	旧式犁（張）	打谷机（部）	船（条）
	人数	工資（斤）	工数	工資（粮米斤）										
甲	91	92	93	94	95	96	97	98	99	100	101	102	103	104
合計	5	5818	1272	10620 ~~10560~~	173.50	1	47				17.00	2	1	21.30
地主					5.00						2.00			
富农					13.50	1	9				2.50	1		1.50
中农			4	43	33.50		12				3.80		1	4.50
貧农	1	936	654	5967	87.5 ~~86.50~~		21				7.70	1		11.80
雇农			410	2640	2.00									
工商业主					3.00		1				1.00			1.00
工人	4	4882	150	1558	10.50		4							0.50
其它农戶			54	412.00	18.50									2.00

阶級	工具						植物栽培收入	蚕茧								
								春蚕			夏蚕			秋蚕		
	蚕（只）	蚕台（張）	耙（把）	織布机（台）	魚网（条）	其他（件）	（米斤）	蚕种（張）	产量（市斤）	产值（米斤）	蚕种（張）	产量（市斤）	产值（ ）	蚕种（張）	产量（市斤）	产值（斤）
甲	105	106	107	108	109	110	111	112	113	114	115	116	117	118	119	120
合計	425	56.30	1	2		1	221960	31.20	1080	6848				4.25	131	620
地主	15	2.00					1904	3.00	100	634						
富农	38	4.00	1			1	25630	3.00	103	654				1.00	30	142
中农	84	8.00					55249	9.20	302	1910				1.75	56	265
貧农	224	32.30		2			124744	12.50	442	2803				1.50	45	213
雇农							619									
工商业主							3595									
工人	20	3.00					7606	1.00	35	222						
其它农戶	44	7.00					2613	2.50	98	621						

阶級	出售家畜收入			出雇收入	其它付业收入						在外人口寄回	出售財物收入	其它收入	其中：剝削收入	收入合計
	猪（ ）	羊（ ）	其它（ ）	米斤	商品性手工业（ ）	獨立工匠（米斤）	教书行医（斤）	經商（斤）	运输（斤）	其它（斤）	（ ）	（ ）	（ ）	（ ）	（折米市斤）
甲	121	122	123	124	125	126	127	128	129	130	131	132	133	134	135
合計	11609			16438	6076	4572	1042	65776	20266	3434	26174		11380	9931	395535
地主											858		3744	3744	7140
富农	2268				2800			16068					2215	2215	49777
中农	3311			43		624		13211	5304		4290		1301	989	85512
貧农	4830			6903		3588		27115	11154	1094	11924		919	250	195337
雇农				2640											3259
工商业主	300								2560						6455
工人	900			6440	3276				1248		6352		62		26106
其它农戶				412		300	1042	8782		2340	2900		3139	2737	21949

江苏 省 新沂 县（市） 前刘庄 村庄

	戶数	雇入戶数			出雇戶数			典入戶数	典出戶数	租入戶数	租出戶数	有耕畜戶数	其中：有馬騾戶数	养猪戶数
		长工	短工	长短工	长工	短工	长短工							
甲	1	2	3	4	5	6	7	8	9	10	11	12	13	14
合計	114													65
地主	1													
富农	3													3
中农	17													10
貧农	69													~~45~~ 44
雇农	2													
工商业主	1													1
工人	11													4
其它村戶	10													3

江苏省无锡（市）县 堰桥乡 新华 社 前刘巷村庄

1957年前到1958年 年汇总资料

阶級	戶口	总人口数			常住人口			其中：劳动力				年内出生人数	年内死亡人数
		合計	男	女	合計	男	女	合計	男	女	参加劳动者		
甲	1	2	3	4	5	6	7	8	9	10	11	12	13
合計	114	568	298	270	488	239	249	262	126	136	247	13	2
地主	1	1	[illegible]	1	1		1	1		1	1		
富农	3	28	15	13	22	12	10	13	6	7	12		
中农	17	90	50	40	73	35	38	38	17	21	34	2	1
貧农	69	347	179	168	307	151	156	167	83	84	161	11	
雇农	2	4	3	1	4	3	1	4	3	1	4		1
工商业主	1	7	4	3	5	3	2	3	2	1	3		
工人	11	50	27	23	41	18	23	17	4	13	14		
其它村戶	10	41	20	21	35	17	18	19	11	8	18		

阶級	职业情况												
	主业										农民兼业		
	农民	手工业者	产业工人	教师	医生	其它自由职业者	小商販	工商业主	家务劳动者	其它劳动者	手工业	小商販	其它
甲	14	15	16	17	18	19	20	21	22	23	24	25	26
合計	136	2					3		106		5	9	2
地主							1						
富农	5								7		1		
中农	18								16		1	1	
貧农	92	2					1		66		3	7	2
雇农	3								1				
工商业主	2								1				
工人	6								8				
其它村戶	10						1		7			1	

阶級	文化状况									在外人口		
	7至13岁的学龄儿童	其中：在学人数	14岁以上的人数	文盲	初小程度	高小程度	初中程度	高中程度	大学程度	合計	男	女
甲	27	28	29	30	31	32	33	34	35	36	37	38
合計	105	63	295	193	47	37	17	1		80	59	21
地主			1				1					
富农	5	3	14	6	3	3	2			6	3	3
中农	19	11	42	26	8	4	3	1		17	15	2
貧农	63	36	188	124	31	27	6			40	28	12
雇农			4	3			1					
工商业主	1	1	3	3						2	1	1
工人	11	9	21	5	2	3	1			9	9	
其它村戶	~~10~~ 6	3	22	16	3		3			6	3	3

阶級	其中：劳动力			职业情况											
	合計	男	女	农民	手工业者	产业工人	教师	医生	其它自由职业者	小商販	工商业主	~~店員~~	~~軍政人員~~ 革命军人	家务劳动者	其它劳动者
甲	39	40	41	42	43	44	45	46	47	48	49	50	51	52	53
合計	75	~~56~~ 57	~~17~~ 18	1	6	31				1	2		9	1	8
地主															
富农	5	3	2			2					1		1		
中农	17	15	2			9					1		2	1	
貧农	36	26	10	1	4	16							5		3
雇农															
工商业主	2	1	1			1									1
工人	9	9			2	2									4
其它农戶	6	3	3			1				1			1		

阶级	在外人口的文化状况									占有土地		典入土地	
	7至13岁的学龄儿童	其中：在学人数	14岁以上的人数	文盲	初小程度	高小程度	初中程度	高中程度	大学程度	計（市亩）	其中：农业用地(市亩)	計（市亩）	其中：农业用地（市亩）
甲	54	55	56	57	58	59	60	61	62	63	64	65	66
合計			77	25	18	10	16	5	3				
地主										0.50	0.50		
富农			5		1		4						
中农			17	1	7	3	4	1	1				
貧农			38	17	7	5	5	3	1				
雇农													
工商业主			2	1		1							
工人			9	5	3	1							
其它村戶			6	1			3	1	1				

阶級	典出土地		租入农业用地					租出农业用地				
			谷租			錢租		谷租			錢租	
	計（市亩）	其中：农业用地(市亩)	面积（市亩）	租額 糙米（市斤）	租額 小麦（市亩）	面积（市亩）	租額（糙米市斤）	面积（市亩）	租額 糙米（市斤）	租額 小麦（市斤）	面积（市亩）	租额（ ）
甲	67	68	69	70	71	72	73	74	75	76	77	78
合計												
地主												
富农												
中农												
貧农												
雇农												
工商业主												
工人												
其它农戶												

阶級	使用农地面积（市亩）	稻的播种面积（市亩）	小麦的播种面积（市亩）	桑的現有面积（市亩）	其中：可采桑的面积（市亩）	果园的面积（市亩）	大豆的播种面积（市亩）	其它面积（市亩）	农付业雇入			
									长工		短工	
									人数	工資（　）	工数（工）	工資（　）
甲	79	80	81	82	83	84	85	86	87	88	89	90
合計												
地主												
富农												
中农												
貧农												
雇农												
工商业主												
工人												
其它农戶												

阶級	农付业出雇				房屋間数（間）	家畜头数				主要生产				
	长工		短工											
	人数	工資（　）	工数	工資（　）		牛、馬、騾（头）	猪（头）	羊（只）	兔（只）	抽水机（部）	水車（部）	旧式犂（張）	打谷机（部）	船（条）
甲	91	92	93	94	95	96	97	98	99	100	101	102	103	104
合計														
地主														
富农														
中农														
貧农														
雇农														
工商业主														
工人														
其它农戶														

阶級	工具						植物栽培收入	蚕茧								
								春蚕			夏蚕			秋蚕		
	蚕（只）	蚕台（張）	耙（把）	織布机（台）	魚网（条）	其他（件）	（ ）	蚕种（張）	产量（市斤）	产値（ ）	蚕种（張）	产量（市斤）	产値（ ）	蚕种（張）	产量（市斤）	产値（ ）
甲	105	106	107	108	109	110	111	112	113	114	115	116	117	118	119	120
合計																
地主																
富农																
中农																
貧农																
雇农																
工商业主																
工人																
其它农戶																

阶級	出售家畜收入			出雇收入	其它付业收入						在外人口寄回	出售财物收入	其它收入	其中：剝削收入	收入合計
	豬（ ）	羊（ ）	其它（ ）		商品性手工业（ ）	独立工匠（ ）	教书行医（ ）	經商（ ）	运輸（ ）	其它（ ）	（元）	（ ）	（ ）	（ ）	（ ）
甲	121	122	123	124	125	126	127	128	129	130	131	132	133	134	135
合計											10,229.00				
地主															
富农											120.00				
中农											2,756.00				
貧农											5,133.00				
雇农															
工商业主															
工人											1,760.00				
其它农戶											460.00				

1929—1957 年无锡农村经济调查资料

曹庄村

曹庄 村村户的自然机械及阶級性变化統計表（自1929年至1936年）

	期初户数	原户的自然及机械变化：分家的母户数	分家增加户数	减少户数：併户	有嗣絕灭	无嗣絕灭	迁出	期末原阶級户数	原户的阶級性变化：增加户数：下升	上降	轉入	减少户数：上升	下降	轉出	期末新阶級户数	其中来自：地主	富农	中农	貧农	雇农	工商业主	工人	其他	期内迁入新户	期末总户数
合計	65	1	1				1	65	4	4	2	4	4	2	65	2	10	21	30			1	1	1	66
地主	2	-	-				-0	2	1	-	-	-	-	-	3	2	1	-	-			-	-	-	3
富农	10	-	-				-	10	1	-	-	1	1	1-	9		8	1	-			-	-	-	9
中农	21	-	-				-	21	2	1	-	1	2	-	21		1	18	2			-	-	-	21
貧农	30	1	1				1(3)	30		2	-	2	1	2	27			2	25			-	-	1	28
雇农	-							-		1	-	-			1				1			-	-		1
工商业主	-							-			-	-			-				-			-	-		-
工人	1							1			2	-			3				2			1	-		3
其他	1							1			-	-			1				-			-	1		1

江苏 省 无锡 县(市) 曹 村庄

当1929年

	戶数	雇入戶数			出雇戶数			典入戶数	典出戶数	租入戶数	租出戶数	有耕畜戶数	其中:有… 戶数	养猪戶数
		长工	短工	长短工	长工	短工	长短工							
甲	1	2	3	4	5	6	7	8	9	10	11	12	13	14
合計	65	16	36	14	2	18	1	5	17	42	13	9		35
地主	2	2	2	2				0	4	0	2			2
富农	10	9	10	9				3	0	5	4	7		10
中农	21	5	13	3		3		1	5	13	3	2		16
貧农	30		10		2	15	1	1	7	23	2	—		7
雇农														
工商业主														
工人	1								1	1	1			
其它村戶	1		1								1			

江苏省元锡（市）县______乡______社 [illegible] 村庄

1929______年汇总資料

阶級	戶口	总人口数			常住人口			其中：劳动力				年內出生人数	年內死亡人数
		合計	男	女	合計	男	女	合計	男	女	其中：参加劳动者		
甲	1	2	3	4	5	6	7	8	9	10	11	12	13
合計	65	254	123	131	239	111	128	162	73	89	159	5	2
地主	2	12	8	4	10	6	4	5	1	4	5		
富农	10	43	20	23	43	20	23	31	14	17	30		1
中农	21	78	30	48	76	29	47	51	20	31	51	3	
貧农	30	114	62	52	106	56	50	71	36	35	71	2	1
雇农													
工商业主													
工人	1	2	2										
其它村戶	1	5	1	4	4	—	4	4	2	2	2	—	—

阶級	职业情况												
	主业										农民兼业		
	农民	手工业者	产业工人	教师	医生	其它自由职业者	小商販	工商业主	家务劳动者	其它劳动者	手工业	小商販	其它
甲	14	15	16	17	18	19	20	21	22	23	24	25	26
合計	133	1							21	3	3	3	11
地主	3								2				
富农	26								3	1		2	3
中农	44								7			1	3
貧农	60	1							8	2	3		5
雇农													
工商业主													
工人													
其它村戶									1				

阶 級	文化状况									在外人口		
	7至13岁的学龄儿童	其中：在学人数	14岁以上的人数	文盲	初小程度	高小程度	初中程度	高中程度	大学程度	合計	男	女
甲	27	28	29	30	31	32	33	34	35	36	37	38
合計	27	8	166	103	37	21	4	1		15	12	3
地主	1	1	5	3		1. 2				2	2	
富农	5	3	32	15	10	4	2	1				
中农	7	2	53	34	9	9	1			2	1	1
貧农	13	2	74	49	18	6	1			8	6	2
雇农												
工商业主												
工人	~~1~~	~~1~~	~~1~~	~~1~~	~~1~~					2	2	
其宅村戶	1		2	2						1	1	

阶 級	其中：劳动力			职业情况											
	合計	男	女	农民	手工业者	产业工人	教师	医生	其它自由职业者	小商販	工商业主	店員	軍政人員	家务劳动者	其宅劳动者
甲	39	40	41	42	43	44	45	46	47	48	49	50	51	52	53
合計	13	11	2	1	2	3	3					1		1	2
地主	2	2					2								
富农															
中农	1	1										1			
貧农	8	6	2	1	2	2								1	2
雇农															
工商业主															
工人	1	1				1									
其宅农戶	1	1					1								

阶級	在外人口的文化状况									占有土地		典入土地	
	7至13岁的学龄儿童	其中：在学人数	14岁以上的人数	文盲	初小程度	高小程度	初中程度	高中程度	大学程度	計（市亩）	其中：农业用地(市亩)	計（市亩）	其中：农业用地（市亩）
甲	54	55	56	57	58	59	60	61	62	63	64	65	66
合計	1	1	13	4	6		3			692.62 ~~683.22~~	655.21 655.61	25.22	~~24.27~~ 25.23
地主			2				2			188.80	184.50		
富农										221.37	213.46	21.53	21.53
中农			1		1					173.72	161.01	2.00	2.00
貧农			8	3	5					98.23	86.49	1.70	1.70
雇农													
工商业主													
工人	1	1	1	1						1.10	0.75	~~0.80~~	~~0.80~~
其它村戶			1				1			9.40	~~9.40~~ 9.00		~~9.00~~

阶級	典出土地		租入农业用地					租出农业用地				
			谷租			錢租		谷租			錢租	
	計（市亩）	其中：农业用地(市亩)	面积（市亩）	租額 糙米（市斤）	租額 小麦（市亩）	面积（市亩）	租額 〃（糙米市斤）	面积（市亩）	租額 糙米（市斤）	租額 小麦（市斤）	面积（市亩）	租額（〃）
甲	67	68	69	70	71	72	73	74	75	76	77	78
合計	40.85	40.70	107.18	11,691	2527	7.75	49.08	172.85	16974	910	12.25	181.00
地主								134.70	12007			
富农			11.80	1256	307			17.30	2420	606	11.00	176.00
中农	25.45	25.20	39.85	4280	982	0.50	3.00	9.55	1227	30		
貧农	14.20	14.70	55.53	6155	1238	6.00	41.08	5.40	680	34		
雇农												
工商业主												
工人	0.80	0.80				1.25	5.00				1.25	5.00
其它农戶								6.00	640	240		

阶級	使用农地面积（市亩）	稻的播种面积（市亩）	小麦的播种面积（市亩）	桑的現有面积（市亩）	其中：可采桑的面积（市亩）	果园的面积（市亩）	大豆的播种面积（市亩）	其它面积（市亩）	农付业雇入 长工 人数	农付业雇入 长工 工資（元）	农付业雇入 短工 工数（工）	农付业雇入 短工 工資（元）
甲	79	80	81	82	83	84	85	86	87	88	89	90
合計	583.94	365.04	302.99	211.45	211.45		5.45	73.85	19.00	1199.73	1419	387.03
地主	49.80	33.10	27.50	16.70	16.70			5.60	3.00	219.72	100	30.50
富农	196.96	143.60	114.10	50.36	50.36			35.50	12.25	727.87	793	142.50
中农	191.81	110.09	92.44	79.22	79.22		2.50	21.45	3.25	252.14	408	147.16
貧农	141.62	78.25	68.95	61.42	61.42		2.95	11.30			118	66.87
雇农												
工商业主												
工人	0.25			0.25	0.25							
其它农户	3.00			3.00	3.00	[illegible]					5	2.20

阶級	农付业出雇 长工 人数	农付业出雇 长工 工資（元）	农付业出雇 短工 工数（工）	农付业出雇 短工 工資（元）	房屋間数（間）	家畜头数 牛、馬、騾（头）	家畜头数 豬（头）	家畜头数 羊（只）	家畜头数 兔（只）	主要生产 抽水机（部）	主要生产 水車（部）	主要生产 旧式犁（張）	主要生产 打谷机（部）	主要生产 船（条）
甲	91	92	93	94	95	96	97	98	99	100	101	102	103	104
合計	2	122.20	630	224.95 ~~218.15~~	262.25	7.50	55	37			23.83	13.33	1.25	2
地主					18.00		4				1.50		0.25	
富农					57.00	6.00	19				9.50	12.00	1.00	1
中农			60	24.01	84.50	1.50	21	14			8.83	1.00		1
貧农	2	122.20	565	200.94 ~~171.98~~	96.50		11	23			2.00	0.33		
雇农														
工商业主														
工人					2.75									
其它农户			5	2.20	4.00						2.00			

阶级	工具						植物栽培收入	蚕茧								
								春蚕			夏蚕			秋蚕		
	蚕匾（只）	蚕台（張）	耙（把）	織布机（台）	魚网（条）	其他（件）	（元）	蚕种（張）	产量（市斤）	产值（元）	蚕种（張）	产量（市斤）	产值（元）	蚕种（張）	产量（市斤）	产值（元）
甲	105	106	107	108	109	110	111	112	113	114	115	116	117	118	119	120
合計	1246	132		1	1	8.5	15,761.28	233.50	2,704.50	3,482.45	72.70	387	167.29	136.80	4391.50	3233.72
地主	50	5					1264.36	13.00	473.00	213.81				7.00	290.00	213.73
富农	308	32			1	7.5	5524.36	50.20	1725.00	779.20	4.20	100	45.20	29.30	935.00	686.25
中农	471	50				1	5265.94	81.10	2450.50	1107.63	2.50	78	27.66	46.80	1424.50	1049.86
貧农	388	42		1			3618.29	86.20	2956.00	1336.11	66.00	209	94.43	52.70	1702.00	1254.41
雇农																
工商业主																
工人	7	1					7.88									
其它农户	22	2					80.96	3.00	100.00	45.20				1.00	40.00	29.48

阶级	出售家畜收入			出雇收入	其它付业收入						在外人口寄回	出售財物收入	其它收入	其中：剝削收入	收入合計
	猪（元）	羊（元）	其它（ ）		商品性手工业（元）	独立工匠（元）	教书行医（元）	經商（元）	运輸（ ）	其它（元）	（元）	（元）	（元）	（元）	（元）
甲	121	122	123	124	125	126	127	128	129	130	131	132	133	134	135
合計	1238.22	58.50		347.15	901.48	93.90	192.00	80.00		769.08	485.00	10.00	1789.15	1272.82	18,609.74
地主	53.00										48.00		470.65	470.65	2263.55
富农	428.60	30.00			100.00			10.00			390.00	10.00	647.91	647.91	8625.02
中农	510.40	18.00		24.01	431.25			70.00		60.00	30.00		201.76	145.76	8796.51
貧农	246.22	37.50		323.14	310.23	93.90				650.94	17.00		468.83	8.50	8451.00
雇农															
工商业主															
工人															7.88
其它农户					60.00		192.00			58.14					465.78

江苏省 无锡 县（市） 曹 村庄

	户数	雇入户数			出雇户数			典入户数	典出户数	租入户数	租出户数	有耕畜户数	其中有耕畜户数	养猪户数
		长工	短工	长短工	长工	短工	长短工							
甲	1	2	3	4	5	6	7	8	9	10	11	12	13	14
合計	65	13	37	12	5	21	2	6	6	37	15	10	10	~~42~~ 39
地主	2	1	2	1							2			2
富农	10	9	9	8				5	1	5	5	6	6	9
中农	21	3	15	3		6			2	12	2	2	2	18
貧农	30		10		5	15	2	1	2	19	4	2	2	10
雇农														
工商业主														
工人	1								1	1	1			
其它村户	1		1								1			

江苏省无锡（市）县张泾乡红光社 曹 村庄

前36/29年汇总资料

阶級	戶口	总人口数			常住人口			其中：劳动力				年内出生人数	年内死亡人数
		合計	男	女	合計	男	女	合計	男	女	參加劳动者		
甲	1	2	3	4	5	6	7	8	9	10	11	12	13
合計	65	273	131	142	252	116	136	144	64	80	144	3	
地主	2	16	10	6	14	8	6	4	1	3	4		
富农	10	53	25	28	48	22	26	29	12	17	29		
中农	21	91	37	54	90	36	54	51	20	31	51	2	
貧农	30	106	56	50	96	52	46	59	31	28	59	1	
雇农													
工商业主													
工人	1	1	1										
其它村戶	1	6	2	4	4		4	1		1	1		

阶級	职业情况												
	主业										农民兼业		
	农民	手工业者	产业工人	教师	医生	其它自由职业者	小商販	工商业主	家务劳动者	其它劳动者	手工业	小商販	其它
甲	14	15	16	17	18	19	20	21	22	23	24	25	26
合計	123							2	16	3	3	1	8
地主	3								1				
富农	23							2	4	2			2
中农	45								6			1	2
貧农	51								5	3	3		4
雇农													
工商业主													
工人													
其它村戶	1												

阶級	文化状况									在外人口		
	7至13岁的学龄儿童	其中：在学人数	14岁以上的人数	文盲	初小程度	高小程度	初中程度	高中程度	大学程度	合計	男	女
甲	27	28	29	30	31	32	33	34	35	36	37	38
合計	45	29	163	95	42	23	3			21	15	6
地主	5	5	6	3		3				2	2	
富农	5	5	32	15	10	5	2			5	3	2
中农	15	8	56	35	11	9	1			1	1	
貧农	19	10	69	41	21	5				10	6	4
雇农												
工商业主												
工人										1	1	
其它村戶	1	1	2	1		1				2	2	

阶級	其中：劳动力			职业情况											
	合計	男	女	农民	手工业者	产业工人	教师	医生	其它自由职业者	小商販	工商业主	店員	軍政人員	家务劳动者	其它劳动者
甲	39	40	41	42	43	44	45	46	47	48	49	50	51	52	53
合計	19	14	5	1	2	3	3		1		1	1		2	5
地主	2	2					2								
富农	3	2	1						1		1			1	
中农	1	1										1			
貧农	10	6	4	1	1	3								1	4
雇农															
工商业主															
工人	1	1			1										
其它农戶	2	2					1								1

阶级	在外人口的文化状况									占有土地		典入土地	
	7至13岁的学龄儿童	其中：在学人数	14岁以上的人数	文盲	初小程度	高小程度	初中程度	高中程度	大学程度	計（市亩）	其中：农业用地(市亩)	計（市亩）	其中：农业用地（市亩）
甲	54	55	56	57	58	59	60	61	62	63	64	65	66
合計	1	1	19	5	7	2	4	1		744.89	709.81	47.15	47.15
地主			2				2			179.30	177.00		
富农	1	1	3	1			1	1		257.04	249.13	46.45	46.45
中农			1		1					193.35	180.81		
貧农			10	4	5	1				105.65	94.12	0.70	0.70
雇农													
工商业主													
工人			1		1					2.15	1.75		
其它村戶			2			1	1			7.40	7.00		

阶級	典出土地		租入农业用地					租出农业用地				
			谷租			錢租		谷租			錢租	
	計（市亩）	其中：农业用地(市亩)	面积（市亩）	租额 糙米（市斤）	租额 小麦（市亩）	面积（市亩）	租额（糙米市斤）	面积（市亩）	租额 糙米（市斤）	租额 小麦（市斤）	面积（市亩）	租额（ ）
甲	67	68	69	70	71	72	73	74	75	76	77	78
合計	15.65	15.65										
地主								~~145.80~~	~~141.34~~	~~+076~~		
富农	1.80	1.80										
中农	8.50	8.50										
貧农	4.55	4.55										
雇农												
工商业主												
工人	0.80	0.80										
其它农戶												

阶級	使用农地面积（市亩）	稻的播种面积（市亩）	小麦的播种面积（市亩）	桑的現有面积（市亩）	其中：可采桑的面积（市亩）	果园的面积（市亩）	大豆的播种面积（市亩）	其它面积（市亩）	农付业雇入			
									长工		短工	
									人数	工资（ ）	工数（工）	工资（ ）
甲	79	80	81	82	83	84	85	86	87	88	89	90
合計									12.00	654.00	1335	402.06
地主									1	70.00	100	31.50
富农									9.50	478.53	458	106.65
中农									1.50	105.47	550	189.59
貧农											221	71.86
雇农												
工商业主												
工人												
其它农戶											6	2.46

阶級	农付业出雇				房屋間数（間）	家畜头数				主要生产				
	长工		短工											
	人数	工资（ ）	工数	工资（ ）		牛、馬、騾（头）	猪（头）	羊（只）	兎（只）	抽水机（部）	水車（部）	旧式犂（張）	打谷机（部）	船（条）
甲	91	92	93	94	95	96	97	98	99	100	101	102	103	104
合計	3.50	230.94	701	237.80	282.25	9	57	41			25.16	17.33	2.00	1
地主			1		21		3				1.50		0.25	
富农					64.00	6	16				10.50	12	1.50	
中农			190	68.40	95.50	2	24	21			7.33	1	0.25	1
貧农	3.50	230.94	511	169.40	95.00	1	14	20			5.83	4.33		
雇农														
工商业主														
工人					2.75									
其它农戶					4									

阶級	工具						植物栽培收入( )	蚕茧								
								春蚕			夏蚕			秋蚕		
	蚕(只)	蚕台(張)	耙(把)	織布机(台)	魚网(条)	其他(件)		蚕种(張)	产量(市斤)	产值( )	蚕种(張)	产量(市斤)	产值( )	蚕种(張)	产量(市斤)	产值( )
甲	105	106	107	108	109	110	111	112	113	114	115	116	117	118	119	120
合計	1114	124				9.50										
地主	80	8														
富农	308	32				7.50										
中农	389	42				1										
貧农	308	39				1										
雇农																
工商业主																
工人	7	1					5.47									
其它农戶	22	2														

阶級	出售家畜收入			出雇收入	其它付业收入						在外人口寄回( )	出售财物收入( )	其它收入( )	其中：剥削收入( )	收入合計( )
	猪( )	羊( )	其它( )		商品性手工业( )	独立工匠( )	教书行医( )	經商( )	运輸( )	其它( )					
甲	121	122	123	124	125	126	127	128	129	130	131	132	133	134	135
合計															
地主															
富农															
中农															
貧农															
雇农															
工商业主															
工人															
其它农戶															

曹庄村村户的自然机械及阶級性变化統計表（自1936年至1948年）

	期初户数	原户的自然及机械变化						期末原阶級户数	原户的阶級性变化						期末新阶級户数	其中来自：								期內迁入新户	期末总户数
		分家的母户数	分家增加户数	減少户数					增加户数			減少户数													
				併户	有嗣絕灭	无嗣絕灭	迁出		下升	上降	轉入	上升	下降	轉出		地主	富农	中农	貧农	雇农	工商业主	工人	其他		
合計	66	3	3	1		3		65	2	10	3	2	10	3	65	3	9	23	25	1		3	1	1	66
地主	3							3							3	3									3
富农	9							9					1	1	7		7								7
中农	21	2	2					23	1	1			9		16		1	14	1					1	17
貧农	28	1	1	1		3		25	1	9	2	1			36			9	24	1		2			36
雇农	1							1				1													
工商业主																									
工人	3							3						2	1							1			1
其他	1							1			1				2		1						1		2

江苏省无锡县（市）曹村庄

当年 36年

甲	户数	雇入户数			出雇户数			典入户数	典出户数	租入户数	租出户数	有耕畜户数	其中：有[illegible]户数	养猪户数
		长工	短工	长短工	长工	短工	长短工							
甲	1	2	3	4	5	6	7	8	9	10	11	12	13	14
合计	66	13	37	12	5	22	2	6	6	37	15	10	10	39
地主	3	2	3	1				1		1	3	1	1	3
富农	9	8	9	8				4		4	4	5	5	9
中农	21	3	15	3		5			4	12	2	4	4	17
贫农	28		4		4	15	2	1	1	18	4			10
雇农	1				1	1								
工商业主														
工人	3					1			1	2	1			
其它村户	1		1								1			

江苏省无锡（市）县 張泾乡 红光社 曹 村庄

一九三六年汇总资料

阶級	戶口	总人口数			常住人口			其中：劳动力				年內出生人数	年內死亡人数
		合計	男	女	合計	男	女	合計	男	女	参加劳动者		
甲	1	2	3	4	5	6	7	8	9	10	11	12	13
合計	66	279	133	146	258	118	140	147	66	81	147	4	
地主	3	22	13	9	20	11	9	8	3	5	8		
富农	9	48	21	27	44	19	25	25	10	15	25		
中农	21	94	42	52	92	40	52	50	22	28	50	2	
貧农	28	100	49	51	91	44	47	59	29	30	59	2	
雇农	1	2	1	1	2	1	1	2	1	1	2		
工商业主													
工人	3	7	5	2	5	3	2	2	1	1	2		
其宅村戶	1	6	2	4	4		4	1		1	1		

阶級	职业情况										农民兼业		
	主业												
	农民	手工业者	产业工人	教师	医生	其宅自由职业者	小商販	工商业主	家务劳动者	其宅劳动者	手工业	小商販	其宅
甲	14	15	16	17	18	19	20	21	22	23	24	25	26
合計	125							2	16	3	3	1	8
地主	6								2				
富农	21							2	2				2
中农	42								6	2		1	1
貧农	53								6		2		5
雇农	2										1		
工商业主													
工人	1									1			
其宅村戶	1												

阶級	文化状况									在外人口		
	7至13岁的学龄儿童	其中：在学人数	14岁以上的人数	文盲	初小程度	高小程度	初中程度	高中程度	大学程度	合計	男	女
甲	27	28	29	30	31	32	33	34	35	36	37	38
合計	46	29	166	97	43	23	3			21	15	6
地主	5	5	10	5	1	4				2	2	
富农	5	5	28	13	9	5	1			4	2	2
中农	19	10	56	34	12	8	2			2	2	
貧农	14	7	65	39	21	5				9	5	4
雇农			2	2								
工商业主												
工人	2	1	3	3						2	2	
其它村戶	1	1	2	1		1				2	2	

阶級	其中：劳动力			职业情况											
	合計	男	女	农民	手工业者	产业工人	教师	医生	其它自由职业者	小商販	工商业主	店員	軍政人員	家务劳动者	其它劳动者
甲	39	40	41	42	43	44	45	46	47	48	49	50	51	52	53
合計	19	14	5	1	2	3	3		1		1	1		2	5
地主	2	2					2								
富农	2	1	1								1			1	
中农	2	2							1			1			
貧农	9	5	4	1	1	2								1	4
雇农															
工商业主							1								
工人	2	2			1	1									
其它农戶	2	2					1								1

阶级	在外人口的文化状况									占有土地		典入土地	
	7至13岁的学龄儿童	其中：在学人数	14岁以上的人数	文盲	初小程度	高小程度	初中程度	高中程度	大学程度	計（市亩）	其中：农业用地(市亩)	計（市亩）	其中：农业用地（市亩）
甲	54	55	56	57	58	59	60	62	62	63	64	65	66
合計	1	1	19	5	7	2	4	1		750.19	715.11	47.15	47.15
地主			2				2			230.10	227.50	21.00	21.00
富农	1	1	2	1				1		211.56	203.78	25.45	25.45
中农			2		1		1			183.40	169.71		
貧农			9	4	4	1				110.07	100.77	0.70	0.70
雇农										2.16	2.00		
工商业主													
工人			2		2					5.50	4.35		
其它村戶			2			1	1			7.40	7.00		

阶級	典出土地		租入农业用地					租出农业用地				
			谷租			錢租		谷租			錢租	
	計（市亩）	其中：农业用地(市亩)	面积（市亩）	租额 糙米（市斤）	租额 小麦（市亩）	面积（市亩）	租额（糙米市斤）	面积（市亩）	租额 糙米（市斤）	租额 小麦（市斤）	面积（市亩）	租额（ ）
甲	67	68	69	70	71	72	73	74	75	76	77	78
合計	15.65	15.65	91.28	10028	2307	8.80	56.55	230.65	24645	4158	2.55	14.80
地主			6.00	947	278			171.80	17122	1232		
富农			8.80	986	217			35.30	4476	2473	1.30	9.80
中农	12.10	12.10	34.70	3972	885	3.55	33.36	6.25	749			
貧农	2.75	2.75	38.28	3889	896	4.00	18.19	10.30	1435	222		
雇农												
工商业主												
工人	0.80	0.80	3.50	234	31	1.25	5.00	3.00	181	31	1.25	5.00
其它农戶								4.00	680	200		

阶級	使用农地面积（市亩）	稻的播种面积（市亩）	小麦的播种面积（市亩）	桑的現有面积（市亩）	其中：可采桑的面积（市亩）	果园的面积（市亩）	大豆的播种面积（市亩）	其它面积（市亩）	农付业雇入 长工 人数	长工 工資（　）	短工 工数（工）	短工 工資（　）
甲	79	80	81	82	83	84	85	86	87	88	89	90
合計	583.94	374.39	312.31	190.75	190.75		17.80	81.45	12.00	654.00	1335	402.06
地主	61.70	36.00	31.00	18.70	18.70		3.00	16.00	3	144.03	160	34.65
富农	175.98	132.52	106.32	41.46	41.46		2.00	28.20	7.50	412.50	434	114.39
中农	204.41	130.09	107.29	68.22	68.22		9.10	25.30	1.50	97.47	610	213.90
貧农	132.00	75.28	67.70	52.52	52.52		3.70	11.95			125	36.66
雇农	2.00			2.00	2.00							
工商业主												
工人	4.85			4.85	4.85							
其它农戸	3.00			3.00	3.00						6	2.46

阶級	农付业出雇 长工 人数	长工 工資（　）	短工 工数	短工 工資（　）	房屋間数（間）	家畜头数 牛、馬、驢（头）	猪（头）	羊（只）	兎（只）	主要生产 抽水机（部）	水車（部）	旧式犁（張）	打谷机（部）	船（[illegible]）
甲	91	92	93	94	95	96	97	98	99	100	101	102	103	104
合計	3.50	230.94	721	242.80	282.25	9.00	57	47			25.16	17.33	2.00	1
地主					26	1	5				3.50	1	1.25	1
富农					53.00	5	15	1			8.50	11	0.50	
中农			186	68.20	117.50	3.00	22	16			11.33	5	0.25	
貧农	3.00	199.64	495	162.24	73.00		15	29			1.83	0.33		
雇农	0.50	31.30	20	6.66	3			1						
工商业主														
工人			20	5.70	5.75									
其它农戸					4									

阶級	工具						植物栽培收入	蚕茧								
								春蚕			夏蚕			秋蚕		
	蚕（只）	蚕台（張）	耙（把）	織布机（台）	魚网（条）	其他（件）	（元）	蚕种（張）	产量（市斤）	产値（元）	蚕种（張）	产量（市斤）	产値（元）	蚕种（張）	产量（市斤）	产値（元）
甲	105	106	107	108	109	110	111	112	113	114	115	116	117	118	119	120
合計	1125	125			1	8.50	14283.77	161.00	5752	1883.31	1.20	40	14.87	107.40	2368.93	1003.28
地主	120	12			1	1	1474.95	15	510	175.95				8.50	278	78.67
富农	277	28				6.50	4435.29	35.50	1240	426.81				22.50	707	211.78
中农	350	40					5068.35	55.50	1951	673.10				37.10	83.93	344.01
貧农	319	39				1	3113.64	50.90	1845	636.38	1.20	40	14.87	36.30	1196	339.39
雇农	10	1					35.43	1	36	12.42				1	24	6.79
工商业主																
工人	27	3					90.59	2.10	80	27.60				1	30	8.49
其它农戶	22	2					65.52	2	90	31.05				1	50	14.15

阶級	出售家畜收入			出雇收入	其它付业收入						在外人口寄回	出售財物收入	其它收入	其中：剝削收入	收入合計
	猪（ ）	羊（ ）	其它（ ）		商品性手工业（元）	独立工匠（ ）	教书行医（ ）	經商（元）	运輸（ ）	其它（ ）	（ ）	（ ）	（ ）	（ ）	（ ）
甲	121	122	123	124	125	126	127	128	129	130	131	132	133	134	135
合計	1208.32	90.10		473.74	915.39	60.00	192.00	426.00		620.38	195.00		1814.17	1530.36	23280.33
地主	113.00										46.00		833.98	833.98	2722.55
富农	342.00	2.00			70.00			300.00		330.00			576.64	576.64	6694.52
中农	549.20	26.30		68.20	365.89			126.00		73.00	50.00		162.74	108.74	7506.79
貧农	204.12	58.80		361.88	419.50	60.00				86.38	39.00		179.05	11.00	5513.01
雇农		3.00		37.96						20.00			4.80		120.40
工商业主															
工人				5.90						111.00	60.00		7.48		310.86
其它农戶					60.00		192.00						49.48		412.20

江苏 省 无锡 县(市) 曹 村庄

甲	户数	雇入户数			出雇户数			典入户数	典出户数	租入户数	租出户数	有耕畜户数	其中：有骡马户数	养猪户数
		长工	短工	长短工	长工	短工	长短工							
甲	1	2	3	4	5	6	7	8	9	10	11	12	13	14
合計	65	10	35	10	2	25	1	5	5	37	19	13		41
地主	3	1	3	1				1		1	3	1		2
富农	9	6	7	6				2	1	2	8	6		8
中农	23	3	13	3		9		2	3	15	3	4		20
貧农	25	0	10	0	2	15	1		1	15	3	1		10
雇农	1		1							1		1		
工商业主														
工人	3		[illegible]			1				3	1			
其它村户	1		1								1			1

江苏省无錫（市）县 ____乡 ____社 豊____村庄

48/36.____年汇总資料

阶級	戶口	总人口数			常住人口			其中：劳动力				年內出生人数	年內死亡人数
		合計	男	女	合計	男	女	合計	男	女	参加劳动者		
甲	1	2	3	4	5	6	7	8	9	10	11	12	13
合計	65	322	157	165	297	142	155	164	75	89	157	9	4
地主	3	29	17	12	18	10	8	9	4	5	7		
富农	9	50	20	30	48	18	30	26	9	19	24		1
中农	23	117	57	60	109	54	55	59	27	32	58	4	
貧农	25	105	52	53	104	51	53	62	31	31	60	4	2
雇农	1	2	2		2	2		1	1		1		1
工商业主													
工人	3	11	5	6	10	4	6	5	2	3	5	1	
其它村戶	1	8	4	4	6	3	3	2	1	1	2		

阶級	职业情况												
	主业										农民兼业		
	农民	手工业者	产业工人	教师	医生	其它自由职业者	小商販	工商业主	家务劳动者	其它劳动者	手工业	小商販	其它
甲	14	15	16	17	18	19	20	21	22	23	24	25	26
合計	140				1				15	1	3	3	6
地主	6								1				
富农	21				1				2				1
中农	51								7		1	2	1
貧农	56								4		1	1	3
雇农	1												
工商业主													
工人	3								1	1	1		
其它村戶	2												1

阶 級	文化状况									在外人口		
	7至13岁的学龄儿童	其中：在学人数	14岁以上的人数	文盲	初小程度	高小程度	初中程度	高中程度	大学程度	合計	男	女
甲	27	28	29	30	31	32	33	34	35	36	37	38
合計	57	39	186	89	49	35	13			25	15	10
地主	5	5	11	3	1	5	2			11	7	4
富农	9	6	30	11	8	6	5			2	2	
中农	21	14	65	33	16	12	4			8	3	5
貧农	18	11	72	36	23	12	1			1	1	
雇农			1	1								
工商业主												
工人	3	2	5	4	1					1	1	
其它村戶	1	1	2	1			1			2	1	1

阶 級	其中：劳动力			职业情况											
	合計	男	女	农民	手工业者	产业工人	教师	医生	其它自由职业者	小商販	工商业主	店員	軍政人員	家务劳动者	其它劳动者
甲	39	40	41	42	43	44	45	46	47	48	49	50	51	52	53
合計	24	14	10			3	2	2		⑨		5		5	3
地主	10	6	4				2					2		3	
富农	2	2										1			1
中农	8	3	5			2		2		①		1		1	2
貧农	1	1								②				≠	
雇农															
工商业主															
工人	1	1				1				④					
其它农戶	2	1	1							②		1		1	

阶級	在外人口的文化状况									占有土地		典入土地	
	7至13岁的学龄儿童	其中：在学人数	14岁以上的人数	文盲	初小程度	高小程度	初中程度	高中程度	大学程度	計（市亩）	其中：农业用地(市亩)	計（市亩）	其中：农业用地（市亩）
甲	54	55	56	57	58	59	60	61	62	63	64	65	66
合 計	1	1	24	1	5	6	10	2		760.44 ~~753.51~~	717.24	39.50	39.50
地 主	1	1	10	1			8	1		245.30	242.00	21.00	21.00
富 农			2				1	1		175.82 ~~252.32~~	168.00 ~~224.04~~	16.15 ~~37.15~~	~~37.15~~ 16.15
中 农	~~8~~		8		4	3	1			205.12	190.57	2.35	2.35
貧 农			1			1				~~175.8~~ ~~110.88~~ 110.69	101.83		
雇 农										3.56	3.40		
工商业主													
工 人			1		1					13.30	5.15		
其它村戸			2			2				6.65	6.25		

阶級	典出土地		租入农业用地					租出农业用地				
			谷租			錢租		谷租			錢租	
	計（市亩）	其中：农业用地(市亩)	面积（市亩）	租額 糙米（市斤）	租額 小麦（市亩）	面积（市亩）	租額（糙米市斤）	面积（市亩）	租額 糙米（市斤）	租額 小麦（市斤）	面积（市亩）	租額（ ）
甲	67	68	✓69	70	71	72	73	74	75	76	77	78
合 計	6.70	6.70										
地 主												
富 农	2.00	2.00										
中 农	3.80	3.80										
貧 农	.90	0.90										
雇 农												
工商业主												
工 人												
其它农戸								~~4.00~~	~~760~~	~~220~~		

阶級	使用农地面积（市亩）	稻的播种面积（市亩）	小麦的播种面积（市亩）	桑的現有面积（市亩）	其中：可采桑的面积（市亩）	果园的面积（市亩）	大豆的播种面积（市亩）	其它面积（市亩）	农付业雇入 长工 人数	长工 工資（ ）	短工 工数（工）	短工 工資（市斤）粗米
甲	79	80	81	82	83	84	85	86 ✓	87	88	89	90
合計									9	10783	1100.50	7244
地主									2	2115	160	933
富农									5	6469	281	1541
中农									2	2199	430	2997
貧农									0		130.50	993
雇农											95	713
工商业主												
工人												
其它农戶	2.25			2.25	2.25						4	65

阶級	农付业出雇 长工 人数	长工 工資（ ）	短工 工数	短工 工資（糙米斤）	房屋間数（間）	家畜头数 牛、馬、騾（头）	猪（头）	羊（只）	兎（只）	主要生产 抽水机（部）	水車（部）	旧式犂（張）	打谷机（部）	船（条）
甲	91	92	93	94	95	96	97	98	99	100	101	102	103	104
合計	1.25	1819	956	7154	289.25	11.00	54	49			6.16	23	5.16	3.5
地主	[illegible]				32.00	1.00	4				3.50	1	1.25	1
富农					64.00	5.00	12	1			9.50	12	0.83	[illegible]
中农			370	2573	123.50	3.50	26	21			10.33	8	0.83	1.50
貧农	1.25	1819	571	4476	65.00	1.00	11	27			2.83	2	1.25	1
雇农					3.00	0.50	[illegible]	[illegible]			[illegible]	[illegible]	[illegible]	
工商业主														
工人			15	105	7.75									
其它农戶					4.00		1							

阶級	工具：蚕箔（只）	工具：蚕台（張）	工具：耙（把）	工具：織布机（台）	工具：魚网（条）	工具：其他（件）	植物栽培收入（ ）	蚕茧·春蚕：蚕种（張）	蚕茧·春蚕：产量（市斤）	蚕茧·春蚕：产值（ ）	蚕茧·夏蚕：蚕种（張）	蚕茧·夏蚕：产量（市斤）	蚕茧·夏蚕：产值（ ）	蚕茧·秋蚕：蚕种（張）	蚕茧·秋蚕：产量（市斤）	蚕茧·秋蚕：产值（ ）
甲	105	106	107	108	109	110	111	112	113	114	115	116	117	118	119	120
合計	916	105			1	14.5	✓									
地主	100	11			1	1										
富农	170	19				6.5										
中农	340	39				5										
貧农	250	30				2										
雇农	10	1														
工商业主																
工人	24	3														
其它农户	22	2														

阶級	出售家畜收入：猪（ ）	出售家畜收入：羊（ ）	出售家畜收入：其它（ ）	出雇收入	其它付业收入：商品性手工业（ ）	其它付业收入：独立工匠（ ）	其它付业收入：教书行医（ ）	其它付业收入：經商（ ）	其它付业收入：运輸（ ）	其它付业收入：其它（ ）	在外人口寄回（ ）	出售財物收入（ ）	其它收入（ ）	其中：剝削收入（ ）	收入合計（ ）
甲	121	122	123	124	125	126	127	128	129	130	131	132	133	134	✓135
合計															
地主															
富农															
中农															
貧农															
雇农															
工商业主															
工人															
其它农户															

曹庄 村村户的自然机械及阶級性变化統計表（自1948年至1957年）

	期初户数	原户的自然及机械变化						期末原阶級户数	原户的阶級性变化						期末新阶級户数	其中来自：								期内迁入新户	期末总户数
		分家的母户数	分家增加户数	減少户数					增加户数			減少户数													
				併户	有嗣絕灭	无嗣絕灭	迁出		下升	上降	轉入	上升	下降	轉出		地主	富农	中农	貧农	雇农	工商业主	工人	其他		
合計	66	13	14		2		3	75	24	15	3	24	15	3	75	3	11	18	40			1	2	-	75
地主	3	1	1		1		-	3	-	-	-	-	3	-		-	-	-	-			-	-	-	
富农	7	3	4		-		-	11	-	-	-	-	11	-	上41 55 下14	3	9	17	24			1	1	-	上41 55 下14
中农	17	3	3		-		2(3)	18	24	12	2	-	1	-	20	0	2	1	16			-	1	-	20
貧农	36	5	5		1		-	40		3	1	24	-	-	-	-	-	-	-			-	-	-	
雇农	-	-	-		-		-	-					-	-	-	-	-	-	-			-	-	-	
工商业主	-	-	-		-		-	-					-		-	-		-	-			-	-	-	
工人	1	-	-		-		-	1					-	1	-	-	-		-			-	-	-	
其他	2	1	1		-		1(2)	2					-	2	-	-	-	-	-			-	-	-	

江苏 省 无锡 县(市) 曹 村庄

	户数	雇入户数			出雇户数			典入户数	典出户数	租入户数	租出户数	有耕畜户数	其中：有騾馬户数	养猪户数
		长工	短工	长短工	长工	短工	长短工							
甲	1	2	3	4	5	6	7	8	9	10	11	12	13	14
合計	66	10	36	10	2	25	1	5	5	37	19	13	—	41
地主	3	1	3	1	—	—	—	1	—	1	3	1	—	2
富农	7	6	6	6	—	—	—	2	1	2	7 6	6	—	7
中农	17	3	11	3	—	6	—	2	2	11	2	5	—	15
貧农	36	~~7~~	15	—	2	19	1	—	2	22	6 7	1	—	16
雇农														
工商业主														
工人	1	—	—	—	—	—	—	—	—	1	—	—	—	—
其它村户	2	—	1	—	—	—	—	—	—	—	2	—	—	1

江苏省无锡（市）县 ____乡 ____社 ____村庄

1948 年汇总資料

阶級	戶口	总人口数 合計	总人口数 男	总人口数 女	常住人口 合計	常住人口 男	常住人口 女	其中：劳动力 合計	其中：劳动力 男	其中：劳动力 女	其中：劳动力 参加劳动者	年內出生人数	年內死亡人数
甲	1	2	3	4	5	6	7	8	9	10	11	12	13
合計	66	325	159	166	301	144	157	166	76	90	159	10	4
地主	3	29	17	12	18	10	8	9	4	5	7		
富农	7	44	18	26	43	17	26	25	9	16	22		
中农	17	91	44	47	84	40	44	49	23	26	48	5	1
貧农	36	148	75	72	144	74	70	78	39	39	77	5	3
雇农													
工商业主													
工人	1	5	1	4	4		4	2		2	2		
其它村戶	2	10	4	6	8	3	5	3	1	2	3		

阶級	职业情况 主业 农民	手工业者	产业工人	教师	医生	其它自由职业者	小商販	工商业主	家务劳动者	其它劳动者	农民兼业 手工业	小商販	其它
甲	14	15	16	17	18	19	20	21	22	23	24	25	26
合計	141				1				16	1 0	3	3	6
地主	6								1				
富农	19				1				2	1			1
中农	43								5				1
貧农	69								7	1	3	3	3
雇农													
工商业主													
工人	1								1				
其它村戶	3									0			1

阶級	文化状况									在外人口		
	7至13岁的学龄儿童	其中：在学人数	14岁以上的人数	文盲	初小程度	高小程度	初中程度	高中程度	大学程度	合計	男	女
甲	27	28	29	30	31	32	33	34	35	36	37	38
合計	58	40	188	89	51	35	13			26	16	10
地主	5	5	11	3	1	5	2			11	7	4
富农	8	5	28	9	8	6	5			1	1	
中农	13	11	53	27	12	11	3			7	4	3
貧农	28	15	91	46	30	13	2			4	2	2
雇农												
工商业主												
工人	2	2	2	2						1	1	
其它村戶	2	2	3	2			1			2	1	1

阶級	其中：劳动力			职业情况											
	合計	男	女	农民	手工业者	产业工人	教师	医生	其它自由职业者	小商販	工商业主	店員	軍政人員	家务劳动者	其它劳动者
甲	39	40	41	42	43	44	45	46	47	48	49	50	51	52	53
合計	25	15	10			3	3	2				5		5	3
地主	10	6	4				2					2		3	
富农	1	1													
中农	7	4	3			1	1	2				1		1	1
貧农	4	2	2			1						1			2
雇农															
工商业主															
工人	1	1				1									
其它农戶	2	1	1									1		1	

阶級	在外人口的文化状况：7至13岁的学龄儿童	其中：在学人数	14岁以上的人数	文盲	初小程度	高小程度	初中程度	高中程度	大学程度	占有土地：計（市亩）	其中：农业用地(市亩)	典入土地：計（市亩）	其中：农业用地（市亩）
甲	54	55	56	57	58	59	60	61	62	63	64	65	66
合計	2 [illegible]	1	~~28~~ 25	1	5	6	11	2		759.[illegible] ~~840.55~~	723.09 296.22	39.50	39.50
地主	1	1	10	1			8	1		245.30	242.00	21.00	21.00
富农			1				1	[illegible]		158.57	151.64	16.15	16.15
中农	[illegible]		7		3	1	2 [illegible]	1		173.40	161.10	2.35	2.35
貧农	1		4		1	3				167.22	154.00		
雇农										~~80.89~~	~~73.13~~		
工商业主													
工人			1		1					0.77	0.70		
其它村戶	[illegible]		2			2				14.40	13.65		

阶級	典出土地：計（市亩）	其中：农业用地(市亩)	租入农业用地：谷租：面积（市亩）	谷租：租額：糙米（市斤）	谷租：租額：小麦（市亩）	錢租：面积（市亩）	錢租：租額（糙米市斤）	租出农业用地：谷租：面积（市亩）	谷租：租額：糙米（市斤）	谷租：租額：小麦（市斤）	錢租：面积（市亩）	錢租：租額（ ）
甲	67	68	69	70	71	72	73	74	75	76	77	78
合計	6.70	6.70	109.18	15128	2370	7.25	361.00	261.17	31881	4171	1.80	105.00
地主			3.00	270	90			186.30	19789	1807		
富农	2.00	2.00	4.00	397	124			39.92	6959	1578		
中农	3.00	3.00	42.45	6623	1350	3.00	72.00	8.05	1368	62		
貧农	1.70	1.70	58.23	7791	806	4.25	289.00	17.50	2033	234	1.80	105.00
雇农												
工商业主												
工人			1.50	47								
其它农戶								9.40	1732	490		

阶級	使用农地面积（市亩）	稻的播种面积（市亩）	小麦的播种面积（市亩）	桑的现有面积（市亩）	其中：可采桑的面积（市亩）	果园的面积（市亩）	大豆的播种面积（市亩）	其它面积（市亩）	农付业雇入			
									长工		短工	
									人数	工資（糙米斤）	工数（工）	工資（糙米斤）
甲	79	80	81	82	83	84	85	86	87	88	89	90
合計	463.23 / 578.95	290.32	243.69	143.18	143.18		27.73	88.13	9.00	10848 / 10783	1106.80	6224 / 6889 / 7289
地主	58.20	32.00	27.00	19.20	19.20		5.00	14.00	2.00	2115	160.00	935
富农	115.72							21.00	5.00	6469	261.00	1381
中农	198.50	136.19	122.75	53.36	53.36		8.95	25.90	2.00	2199	392.00	2729
貧农	199.58	122.13	93.82	63.67	63.67		13.78	27.23	2.50	2179	289.50	2179
雇农												
工商业主												
工人	2.20			2.20	2.20							
其它农戶	4.25			4.25	4.25				[illegible]	[illegible]	4.00	65

阶級	农付业出雇				房屋間数（間）	家畜头数				主要生产				
	长工		短工											
	人数	工資（糙米）	工数	工資（糙米）		牛、馬、騾（头）	猪（头）	羊（只）	兎（只）	抽水机（部）	水車（部）	旧式犂（張）	打谷机（部）	船（条）
甲	91	92	93	94	95	96	97	98	99	100	101	102	103	104
合計	1.25	1819	936	7154 / 6629	292.25	11.0	54	49			26.16	23	5.16	3.5
地主					32.00	1.0	4				3.50	1	1.25	1.0
富农					46.50	5.0	10	1			9.50	12	0.83	
中农			137	1631 / 1106	94.00	4.5	21	13			10.33	10	2.08	2.0
貧农	1.25	1819	799	5523	110.25	0.5	18	35			2.83		1.00	0.5
雇农														
工商业主														
工人					2.00									
其它农戶					7.50		1							

阶級	工具						植物栽培收入	蚕茧								
								春蚕			夏蚕			秋蚕		
	蚕（只）	蚕台（張）	耙（把）	織布机（台）	魚网（条）	其他（件）	（　）	蚕种（張）	产量（市斤）	产値（　）	蚕种（張）	产量（市斤）	产値（　）	蚕种（張）	产量（市斤）	产値（　）
甲	105	106	107	108	109	110	111	112	113	114	115	116	117	118	119	120
合計	935	105			1	14.5	275702	81.10	3279	20789	4.5	170	805	49.80	1790	8448
地主	100	11			1	1.0	27382	4.80	170	1078				4.90	123	583
富农	120	14				6.5	57019	10.00	378	2396	4.5	170	805			
中农	284	32				7.0	97193	31.50	1364	8647				22.30	868	4115
貧农	371	42					91690	32.50	1277	8098				21.70	749	3513
雇农																
工商业主																
工人	8	1					762	0.80	30	190				0.30	15	21
其它农戶	52	5					1656	1.50	60	380				0.60	35	166

阶級	出售家畜收入			出雇收入	其它付业收入						在外人口寄回	出售財物收入	其它收入	其中：	收入合計
	猪（　）	羊（〃）	其它（〃）		商品性手工业（　）	独立工匠（米）	教书行医（米）	經商（米）	运输（米）	其它（　）	（　）	（　）	（　）	（　）收入	（　）
甲	121	122	123	124	125	126	127	128	129	130	131	132	133	134	135
合計	35307	1673	1189	8448 ~~8508~~	60	1152	624	2396		5983	14682	2624	39220 ~~39760~~ ~~42468~~	37272 ~~39220~~ ~~40570~~	419042
地主	2633										2400		19220	19220	53296
富农	6441						624			2400			10447	10447	80132
中农	15568	427	1189	1106	30			820			6640		3470	3470	139205
貧农	10275	1246		7342 ~~7402~~	30	1152		1576		3583	2834	2624	2614 ~~[illegible]~~ ~~2154~~	666	136517
雇农															
工商业主															
工人											2808				3831
其它农戶	390												~~3469~~ ~~16717~~	~~3469~~ ~~16717~~	6061

江苏 省 无锡 县（市） 曹 村庄

甲	户数	雇入户数			出雇户数			典入户数	典出户数	租入户数	租出户数	有耕畜户数	其中有[illegible]户数	养猪户数
		长工	短工	长短工	长工	短工	长短工							
甲	1	2	3	4	5	6	7	8	9	10	11	12	13	14
合计	75													42
地主	3													1
富农	11													7
中农	18													16
贫农	40													17
雇农														
工商业主														
工人	1													
其它村户	2													1

江苏省无锡（市）县 ____乡 ____社 曹____林庄

1957/48 年汇总资料

阶级	戶口	总人口数			常住人口			其中：劳动力				年內出生人数	年內死亡人数
		合計	男	女	合計	男	女	合計	男	女	参加劳动者		
甲	1	2	3	4	5	6	7	8	9	10	11	12	13
合計	75	365	184	181	338	166	172	180	88	92	166	5	4
地主	3	22	14	8	16	9	7	10	5	5	10		
富农	11	59	27	32	53	24	29	28	11	17	28	1	
中农	18	104	52	52	97	47	50	49	24	25	44	2	2
貧农	40	165	85	80	159	81	78	87	46	41	79	2	2
雇农													
工商业主													
工人	1	7	2	5	5	1	4	2		2	1		
其它村戶	2	8	4	4	8	4	4	4	2	2	4		

阶級	职业情况												
	主业										农民兼业		
	农民	手工业者	产业工人	教师	医生	其它自由职业者	小商販	工商业主	家务劳动者	其它劳动者	手工业	小商販	其它
甲	14	15	16	17	18	19	20	21	22	23	24	25	26
合計	141			1	1				21		3	1	4
地主	7			1									
富农	24								4				
中农	36								8				
貧农	70				1				8		3	1	4
雇农													
工商业主													
工人	1												
其它村戶	3								1				

阶級	文化状况									在外人口		
	7至13岁的学龄儿童	其中：在学人数	14岁以上的人数	文盲	初小程度	高小程度	初中程度	高中程度	大学程度	合計	男	女
甲	27	28	29	30	31	32	33	34	35	36	37	38
合計	68	53	210	73	60	48	27	2		27	18	9
地主	2	2	12	3	2	4	2	1		6	5	1
富农	8	6	32	9	11	5	7			6	3	3
中农	24	19	57	19	16	13	8	1		7	5	2
貧农	29	22	102	40	31	24	7			6	4	2
雇农												
工商业主												
工人	2	1	2	1			1			2	1	1
其它村戶	3	3	5	1		2	2					

阶級	其中：劳动力			职业情况											
	合計	男	女	农民	手工业者	产业工人	教师	医生	其它自由职业者	小商販	工商业主	店員	革命军人干部 ~~軍政人員~~	家务劳动者	其它劳动者
甲	39	40	41	42	43	44	45	46	47	48	49	50	51	52	53
合計	27	18	9		2	6	4	2	1				5		1
地主	6	5	1			1	2						1		
富农	6	3	3		1		2								1
中农	7	5	2			1		2	1				2		
貧农	6	4	2		1	3							2		
雇农															
工商业主															
工人	2	1	1			1									
其它农戶															

阶級	在外人口的文化状况									占有土地		典入土地	
	7至13岁的学龄儿童	其中：在学人数	14岁以上的人数	文盲	初小程度	高小程度	初中程度	高中程度	大学程度	計（市亩）	其中：农业用地（市亩）	計（市亩）	其中：农业用地（市亩）
甲	54	55	56	57	58	59	60	61	62	63	64	65	66
合計			27		5	6	7	7	2				
地主	[illegible]		6				2	2	2				
富农			6		1	3		2					
中农			7		1		4	2					
貧农			6		2	3	1						
雇农													
工商业主													
工人			2		1			1					
其它村戶													

阶級	典出土地		租入农业用地					租出农业用地				
			谷租			錢租		谷租			錢租	
	計（市亩）	其中：农业用地（市亩）	面积（市亩）	租額 糙米（市斤）	租額 小麦（市亩）	面积（市亩）	租額（糙米市斤）	面积（市亩）	租額 糙米（市斤）	租額 小麦（市斤）	面积（市亩）	租額（ ）
甲	67	68	69	70	71	72	73	74	75	76	77	78
合計												
地主												
富农												
中农												
貧农												
雇农												
工商业主												
工人												
其它农戶												

阶級	使用农地面积（市亩）	稻的播种面积（市亩）	小麦的播种面积（市亩）	桑的現有面积（市亩）	其中：可采桑的面积（市亩）	果园的面积（市亩）	大豆的播种面积（市亩）	其它面积（市亩）	农付业雇入			
									長工		短工	
									人数	工資（　）	工数（工）	工資（　）
甲	79	80	81	82	83	84	85	86	87	88	89	90
合計												
地主												
富农												
中农												
貧农												
雇农												
工商业主												
工人												
其它农戶												

阶級	农付业出雇				房屋間数（間）	家畜头数				主要生产				
	長工		短工											
	人数	工資（　）	工数	工資（　）		牛、馬、騾（头）	猪（头）	羊（只）	兎（只）	抽水机（部）	水車（部）	旧式犁（張）	打谷机（部）	船（条）
甲	91	92	93	94	95	96	97	98	99	100	101	102	103	104
合計														
地主														
富农														
中农														
貧农														
雇农														
工商业主														
工人														
其它农戶														

阶級	工具						植物栽培收入	蚕茧								
								春蚕			夏蚕			秋蚕		
	蚕（只）	蚕台（張）	耙（把）	織布机（台）	魚网（条）	其他（件）	（　）	蚕种（張）	产量（市斤）	产值（　）	蚕种（張）	产量（市斤）	产值（　）	蚕种（張）	产量（市斤）	产值（　）
甲	105	106	107	108	109	110	111	112	113	114	115	116	117	118	119	120
合計																
地主																
富农																
中农																
貧农																
雇农																
工商业主																
工人																
其它农戶																

阶級	出售家畜收入			出雇收入	其它付业收入						在外人口寄回	出售[illegible]物收入	其它收入	其中：[illegible]收入	收入合計
	猪（　）	羊（　）	其它（　）		商品性手工业（　）	独立工匠（　）	教书行医（　）	經商（　）	运輸（　）	其它（　）	（元）	（　）	（　）	（　）	（　）
甲	121	122	123	124	125	126	127	128	129	130	131	132	133	134	135
合計											2423.91				
地主											300.00				
富农											520.00				
中农											767.91				
貧农											596.00				
雇农															
工商业主															
工人											240.00				
其它农戶															

张塘巷村

叻塘巷 村村户的自然机械及阶級性变化統計表（自1929年至1936年）

	期初户数	原户的自然及机械变化：分家的母户数	分家增加户数	減少户数：併户	有嗣絕灭	无嗣絕灭	迁出	期末原阶級户数	原户的阶級性变化：增加户数：下升	上降	轉入	減少户数：上升	下降	轉出	期末新阶級户数	其中来自：地主	富农	中农	貧农	雇农	工商业主	工人	其他	期内迁入新户	期末总户数
合計	37	1	1				1	37	1	1	-	1	1	-	37	2		10	21	1	1	1	1	-	37
地主	2	-	-				-	2	-	-		-	-		2	2		-	-	-	-	-	-		2
富农	-	-	-				-	-	-	-		-	-		-			-	-	-	-	-	-		-
中农	9	1	1				-	10	1	-		-	-		11			10	1	-	-	-	-		11
貧农	22						1(5)	21		-		1	1		19				19	-	-	-	-		19
雇农	1							1		1					2				1	1	-	-	-		2
工商业主	1							1							1				-	-	1	-	-		1
工人	1							1							1				-	-	-	1	-		1
其他	1							1							1				-	-	-	-	1		1

江苏 省 无锡 县（市）吗塘巷 村庄

1929年

	户数	雇入户数			出雇户数			典入户数	典出户数	租入户数	租出户数	有耕畜户数	其中：有马骡户数	养猪户数
		长工	短工	长短工	长工	短工	长短工							
甲	1	2	3	4	5	6	7	8	9	10	11	12	13	14
合计	37	2	29	2		3				~~12~~ 34	~~23~~ 1	1	1	16
地主	2	1	2	1							1			1
富农														
中农	9		9							9			1	7
贫农	22		16			2				22	~~22~~			7
雇农	1					1								
工商业主	1	1	1	1						1		1		
工人	1									1				1
其它村户	1		1							1				

江苏省无锡（市）县 洪声乡 曙光社 鸭塘巷村庄

1929 年汇总資料

阶級	戶口	总人口数			常住人口			其中：劳动力				年內出生人数	年內死亡人数
		合計	男	女	合計	男	女	合計	男	女	參加劳动者		
甲	1	2	3	4	5	6	7	8	9	10	11	12	13
合計	37	184	87	97	165	77	88	92	44	48	88		
地主	2	12	4	8	6	2	4	5	2	3	2		
富农													
中农	9	50	21	29	48	20	28	27	11	16	27		
貧农	22	100	46	54	92	42	50	52	27	25	51		
雇农	1	1	1		1	1		1	1		1		
工商业主	1	12	7	5	12	7	5	6	3	3	6		
工人	1	4	3	1	3	2	1	1		1	1		
其它村戶	1	5	5		3	3							

阶級	职业情况												
	主业										农民兼业		
	农民	手工业者	产业工人	敎师	医生	其它自由职业者	小商販	工商业主	家务劳动者	其它劳动者	手工业	小商販	其它
甲	14	15	16	17	18	19	20	21	22	23	24	25	26
合計	73	10						1	2	2	8		1
地主	1								1				
富农													
中农	23	3							1		2		
貧农	44	5								2	6		1
雇农	1												
工商业主	3	2						1					
工人	1												
其它村戶													

阶級	文化状况									在外人口		
	7至13岁的学龄儿童	其中：在学人数	14岁以上的人数	文盲	初小程度	高小程度	初中程度	高中程度	大学程度	合計	男	女
甲	27	28	29	30	31	32	33	34	35	36	37	38
合計	30	6	~~99~~ 100	84	11	2	2	1		19	10	9
地主			5	2			2	1		6	2	4
富农												
中农	8	1	29	25	4					2	1	1
貧农	19	4	56	48	6	2				8	4	4
雇农			1	1								
工商业主	2		7	6	1							
工人	1	1	1	1						1	1	
其它村戶			1	1						2	2	

阶級	其中：劳动力			职业情况												
	合計	男	女	农民	手工业者	产业工人	教师	医生	其它自由职业者	小商販	工商业主	店員	軍政人員	家务劳动者	其它劳动者
甲	39	40	41	42	43	44	45	46	47	48	49	50	51	52	53
合計	12	7	5 ~~4~~					1	1			2		3	3
地主	3	2	1					1						1	
富农															
中农	1		1												
貧农	5	2	3						1					2	2
雇农															
工商业主	1	1													
工人	12	12													1
其它农戶	2	2										2			

阶级	在外人口的文化状况									占有土地		典入土地	
	7至13岁的学龄儿童	其中：在学人数	14岁以上的人数	文盲	初小程度	高小程度	初中程度	高中程度	大学程度	計（市亩）	其中：农业用地(市亩)	計（市亩）	其中：农业用地（市亩）
甲	54	55	56	57	58	59	60	61	62	63	64	65	66
合計	1		13	5	6	1			1	1087.25	1058.54	9.30	9.30
地主			3	1		1			1	1014.48	1004.88		
富农													
中农			2		2					34.43	30.61	9.30	9.30
貧农	1		5	4	1					24.39	12.05		
雇农													
工商业主										3.10	2.05		
工人			1		1					7.40	5.50		
其它村戶			2		2					3.45	3.45		

阶級	典出土地		租入农业用地					租出农业用地				
			谷租			錢租		谷租			錢租	
	計（市亩）	其中：农业用地(市亩)	面积（市亩）	租额 糙米（市斤）	租额 小麦（市亩）	面积（市亩）	租额 元 ~~(糙米市斤)~~	面积（市亩）	租额 糙米（市斤）	租额 小麦（市斤）	面积（市亩）	租额（ ）
甲	67	68	69	70	71	72	73	74	75	76	77	78
合計			219.07	27,707	6758	10.80	69.20	970.00	137,233	29,768		
地主								970.00	137,233	29,768		
富农												
中农			62.59	7,981	1,913	8.00	48.00					
貧农			126.73	16,176	3,924	2.80	21.20					
雇农												
工商业主			22.25	2,670	689							
工人			2.50	300	77							
其它农戶			5.00	600	155							

阶級	使用农地面积（市亩）	稻的播种面积（市亩）	小麦的播种面积（市亩）	桑的現有面积（市亩）	其中：可采桑的面积（市亩）	果园的面积（市亩）	大豆的播种面积（市亩）	其它面积（市亩）	农付业雇入 长工 人数	农付业雇入 长工 工資（元）	农付业雇入 短工 工数（工）	农付业雇入 短工 工資（元）
甲	79	80	81	82	83	84	85	86	87	88	89	90
合計	318.36	248.60	221.07	67.14	67.14		2.05	29.65	3	191.00	1,436	756.93
地主	34.88	11.88	9.58	23.00	23.00			2.30	2	121.00	476	196.94
富农												
中农	101.20	87.75	76.05	12.20	12.20			12.95			364	262.00
貧农	141.63	116.32	107.64	23.94	23.94		1.05	9.55			418	208.99
雇农												
工商业主	24.30	20.80	16.80	3.50	3.50			4.00	1	70.00	88	44.00
工人	8.00	6.50	6.00	1.50	1.50			0.50			50	25.00
其它农戶	8.35	5.35	5.00	3.00	3.00		1.00	0.35			40	20.00

阶級	农付业出雇 长工 人数	农付业出雇 长工 工資（ ）	农付业出雇 短工 工数 工	农付业出雇 短工 工資（元）	房屋間数（間）	家畜头数 牛、馬、騾（头）	家畜头数 猪（头）	家畜头数 羊（只）	家畜头数 兔（只）	主要生产 抽水机（部）	主要生产 水車（部）	主要生产 旧式犁（張）	主要生产 打谷机（部）	主要生产 船（条）
甲	91	92	93	94	95	96	97	98	99	100	101	102	103	104
合計			164	82.00	264.0	0.5	12	7		1	2	1		1
地主					127.5									
富农														
中农					40.5									
貧农			36	18.00	63.0	~~10~~	10	5			2			
雇农			128	64.00										
工商业主					15.0	0.5	2	2		1		1		1
工人					14.0									
其它农戶					4.0									

阶級	工具						植物栽培收入	蚕茧								
								春蚕			夏蚕			秋蚕		
	蚕（只）	蚕台（張）	耙（把）	織布机（台）	魚网（条）	其他（件）	（元）	蚕种（張）	产量（市斤）	产値（元）	蚕种（張）	产量（市斤）	产値（元）	蚕种（張）	产量（市斤）	产値（元）
甲	105	106	107	108	109	110	111	112	113	114	115	116	117	118	119	120
合計	504	53	1				6975.95	50.00	1826	826.98	5.50	148	70.60	5.25	172	126.77
地主	87	10					729.05	18.00	700	316.40						
富农	~~123~~	~~13~~														
中农	123	13					2272.38	17.25	560	253.48	4.25	108	52.52	1.25	55	40.54
貧农	194	22					3090.69	9.75	389	176.19	1.25	40	18.08	1.00	32	23.58
雇农																
工商业主	20	2	1				535.67	3.50	119	53.79				2.00	50	36.85
工人	60	4					183.67	1.50	60	27.12				1.00	35	25.80
其它农戶	20	2					164.49									

阶級	出售家畜收入			出雇收入	其它付业收入						在外人口寄回	出售財物收入	其它收入	其中：剝削收入	收入合計
	猪（元）	羊（元）	其它（ ）		商品性手工业（ ）	独立工匠（ ）	教书行医（ ）	經商（ ）	运輸（ ）	其它（ ）	（ ）	（ ）	（ ）	（ ）	（ ）
甲	121	122	123	124	125	126	127	128	129	130	131	132	133	134	135
合計	438.00	54.00		82.00		747.00		750.00			1,056.00		11,495.00	10642.00	22,622.30
地主	40.00												10792.00	10642.00	11,877.45
富农															
中农	230.50	18.00				399.00					18.00		81.00		3,365.42
貧农	132.50	25.00		18.00		348.00					48.00		222.00		4,102.04
雇农				64.00											64.00
工商业主	35.00	8.00						750.00					400.00		1819.31
工人		3.00									700.00				939.59
其它农戶											290.00				454.49

江苏 省 无锡 县(市) 鸣塘巷 村庄

1936年前年桌 1929年的

	户数	雇入户数			出雇户数			典入户数	典出户数	租入户数	租出户数	有耕畜户数	其中:有[illegible]户数	养猪户数
		长工	短工	长短工	长工	短工	长短工							
甲	1	2	3	4	5	6	7	8	9	10	11	12	13	14
合 計	37	1	28	1	1	4		1	1	1		1	(2)	17
地 主	2	1	2	1										1
富 农														
中 农	10		10					1				[illegible]	(1)	7
貧 农	21		13		1	3			1	1		1	(1)	7
雇 农	1					1								
工商业主	1		1											1
工 人	1		1											1
其它村戶	1		1											

江苏省无锡（市）县 洪声 乡 曙光 社 峡塘巷村庄

1936年前年头1929年的

1936 年汇总資料

阶級	戶口	总人口数			常住人口			其中：劳动力				年内出生人数	年内死亡人数
		合計	男	女	合計	男	女	合計	男	女	參加劳动者		
甲	1	2	3	4	5	6	7	8	9	10	11	12	13
合計	37	183	87	96	170	80	90	112	49	63	108	4	
地主	2	12	3	9	7	2	5	4	2	2	1	1	
富农													
中农	10	51	26	25	48	25	23	27 28	11	16	27 23	1	
貧农	21	91	41	50	89	39	50	67	28	39	66	2	
雇农	1	1	1		1	1		1	1		1		
工商业主	1	16	7	9	16	7	9	10	6	4	10		
工人	1	6	4	2	5	3	2	2	1	1	2		
其它村戶	1	6	5	1	4	3	1	1		1	1		

阶級	职业情况												
	主业										农民兼业		
	农民	手工业者	产业工人	教师	医生	其它自由职业者	小商販	工商业主	家务劳动者	其它劳动者	手工业	小商販	其它
甲	14	15	16	17	18	19	20	21	22	23	24	25	26
合計	88	12				2		1	3	2	12		2
地主	1												
富农													
中农	23	2							1	1	4		1
貧农	56	5				2			2	1	8		1
雇农	1												
工商业主	4	5						1					
工人	2												
其它村戶	1												

阶級	文化状况									在外人口		
	7至13岁的学龄儿童	其中：在学人数	14岁以上的人数	文盲	初小程度	高小程度	初中程度	高中程度	大学程度	合計	男	女
甲	27	28	29	30	31	32	33	34	35	36	37	38
合計	32	13	117	95	17	3	1	1		13	7	6
地主	1	1	4	2			1	1		5	1	4
富农												
中农	12	6	29	24	4	1				3	1	2
貧农	12	3	70	57	11	2				2	2	
雇农			1	1								
工商业主	3	1	10	9	1						~~1~~	
工人	2	2	2	1	1					1	1	
其它村戶	2		1	1						2	2	

阶級	其中：劳动力			职业情况											
	合計	男	女	农民	手工业者	产业工人	教师	医生	其它自由职业者	小商販	工商业主	店員	軍政人員	家务劳动者	其它劳动者
甲	39	40	41	42	43	44	45	46	47	48	49	50	51	52	53
合計	10	7	3		2	1		1				2		1	3
地主	2	1	1					1						1	
富农															
中农	3	1	2		1										2
貧农	2	2			1	1									
雇农															
工商业主															
工人	1	1													1
其它农戶	2	2										2			

阶級	在外人口的文化状况：7至13岁的学龄儿童	其中：在学人数	14岁以上的人数	文盲	初小程度	高小程度	初中程度	高中程度	大学程度	占有土地：計（市亩）	其中：农业用地（市亩）	典入土地：計（市亩）	其中：农业用地（市亩）
甲	54	55	56	57	58	59	60	61	62	63	64	65	66
合計	3	3	10	1	7	1			1	1082.41	1053.59	5.30	5.30
地主	3	3	2			1			1	1013.48	1003.88		
富农													
中农			3		3					31.18	27.61	5.30	5.30
貧农			2	1	1					26.65	14.05		
雇农													
工商业主										3.10	2.05		
工人			1		1					4.55	2.65		
其它村戶			2		2					3.45	3.35		

阶級	典出土地：計（市亩）	其中：农业用地（市亩）	租入农业用地：谷租：面积（市亩）	租额：糙米（市斤）	小麦（市亩）	錢租：面积（市亩）	租额（糙米市斤）	租出农业用地：谷租：面积（市亩）	租额：糙米（市斤）	小麦（市斤）	錢租：面积（市亩）	租额（　）
甲	67	68	69	70	71	72	73	74	75	76	77	78
合計	1.00	1.00										
地主												
富农												
中农												
貧农	1.00	1.00										
雇农												
工商业主												
工人												
其它农戶												

阶級	使用农地面积（市亩）	稻的播种面积（市亩）	小麦的播种面积（市亩）	桑的現有面积（市亩）	其中：可采桑的面积（市亩）	果园的面积（市亩）	大豆的播种面积（市亩）	其它面积（市亩）	农付业雇入			
									长工		短工	
									人数	工資（元）	工数（工）	工資（元）
甲	79	80	81	82	83	84	85	86	87	88	89	90
合計									2	102.60	1,525	735.78
地主									2	102.60	456	188.53
富农												
中农											508	256.50
貧农											398	208.05
雇农												
工商业主											88	44.00
工人											25	10.70
其它农戶											50	28.00

阶級	农付业出雇				房屋間数（間）	家畜头数				主要生产				
	长工		短工											
	人数	工資（元）	工数	工資（元）		牛、馬、騾（头）	豬（头）	羊（只）	兔（只）	抽水机（部）	水車（部）	旧式犁（張）	打谷机（部）	船（条）
甲	91	92	93	94	95	96	97	98	99	100	101	102	103	104
合計	1	50	207	103.50	260.5	1.00	27	20		1	2	1		1
地主					125.5		2							
富农					[illegible]	[illegible]								
中农					42.0	0.5	12	5						
貧农	1	50	87	43.50	60.0	0.5	9	11			2			
雇农			120	60.00										
工商业主			[illegible]		15.0		2	2		1		1		1
工人					14.0		2	2						
其它农戶					4.0									

阶級	工具						植物栽培收入	蚕茧								
								春蚕			夏蚕			秋蚕		
	蚕（只）	蚕台（張）	耙（把）	織布机（台）	魚网（条）	其他（件）	（ ）	蚕种（張）	产量（市斤）	产値（ ）	蚕种（張）	产量（市斤）	产値（ ）	蚕种（張）	产量（市斤）	产値（ ）
甲	105	106	107	108	109	110	111	112	113	114	115	116	117	118	119	120
合計	464	54	1													
地主	87	10														
富农																
中农	145	16														
貧农	196	23														
雇农																
工商业主	20	2	1													
工人	16	3														
其它农戶																

阶級	出售家畜收入			出雇收入	其它付业收入						在外人口寄回	出售財物收入	其它收入	其中：救济收入	收入合計
	猪（ ）	羊（ ）	其它（ ）		商品性手工业（ ）	独立工匠（ ）	教书行医（ ）	經商（ ）	运輸（ ）	其它（ ）	（ ）	（ ）	（ ）	（ ）	（ ）
甲	121	122	123	124	125	126	127	128	129	130	131	132	133	134	135
合計															
地主															
富农															
中农															
貧农															
雇农															
工商业主															
工人															
其它农戶															

張塘巷 村村戶的自然机械及阶級性變化統計表（自1936年至1948年）

	期初戶数	原戶的自然及机械變化						期末原阶級戶数	原戶的阶級性變化						期末新阶級戶数	其中来自：								期內迁入新戶	期末总戶数
		分家的母戶数	分家增加戶数	減少戶数					增加戶数			減少戶数													
				併戶	有嗣絕灭	无嗣絕灭	迁出		下升	上降	轉入	上升	下降	轉出		地主	富农	中农	貧农	雇农	工商业主	工人	其他		
合計	37	9	12			4		45	4	3	9	4	3	9	45	2		15	21	1	4	1	1	1	46
地主	2							2							2	2									2
富农																									
中农	11	4	4					15	4		2		3		18			12	4			1	1		18
貧农	19	4	5			3		21		3	3	4		3	20			3	14		3			1	21
雇农	2					1		1						1											
工商业主	1	1	3					4						3	1						1				1
工人	1							1						1											
其他	1							1			4			1	4				3	1					4

江苏 省 无锡 县（市） [illegible]塘巷 村庄

1936年

甲	户数	雇入户数			出雇户数			典入户数	典出户数	租入户数	租出户数	有耕畜户数	其中：有[illegible]户数	养猪户数
		长工	短工	长短工	长工	短工	长短工							
甲	1	2	3	4	5	6	7	8	9	10	11	12	13	14
合计	37	1	28	1	1	4		1	1	23	1	2		17
地主	2	1	2	1							1			1
富农														
中农	11		11					1		1		1		8
贫农	19		12			3			1	19		1		6
雇农	2				1	1								
工商业主	1		1							1				1
工人	1		1							1				1
其它村户	1		1							1				

江苏省无锡（市）县 洪声 ■ 曙光 社 吟塘巷村庄

1936 年汇总資料

阶級	戶口	总人口数 合計	男	女	常住人口 合計	男	女	其中：劳动力 合計	男	女	参加劳动者	年內出生人数	年內死亡人数
甲	1	2	3	4	5	6	7	8	9	10	11	12	13
合計	37	178	86	92	170	80	90	112	49	63	108	4	
地主	2	12 7	3	9 5	7	2	5	4	2	2	1	1	
富农													
中农	11	58	29	29	55	28	27	31	13	18	31	1	
貧农	19	82	36	46	80	34	46	61	24	37	60	2	
雇农	2	3	3		3	3	4	3	3		2		
工商业主	1	16	7	9	16	7	9	10	6	4	10		
工人	1	6	4	2	5	3	2	2	1	1	2		
其它村戶	1	6	5	1	4	3	1	1		1	1		

阶級	职业情况 主业 农民	手工业者	产业工人	教师	医生	其它自由职业者	小商贩	工商业主	家务劳动者	其它劳动者	农民兼业 手工业	小商贩	其它
甲	14	15	16	17	18	19	20	21	22	23	24	25	26
合計	88	12				2		1	3	2	12		2
地主	1												
富农													
中农	26	3							1	1	5		1
貧农	52	4				2			1	1	7		1
雇农	2								1				
工商业主	4	5						1					
工人	2												
其它村戶	1												

阶級	文化状况									在外人口		
	7至13岁的学龄儿童	其中：在学人数	14岁以上的人数	文盲	初小程度	高小程度	初中程度	高中程度	大学程度	合計	男	女
甲	27	28	29	30	31	32	33	34	35	36	37	38
合計	37	12	117	95	17	2	1	1		13	7	6
地主	1	1	4	2			1	1		5	1	4
富农												
中农	14	6	33	27	5	1				3	1	2
貧农	10	3	64	53	10	1				2	2	~~2~~
雇农			3	2		1						
工商业主	3	1	10	9	1							
工人	2	2	2	1	1					1	1	~~1~~
其它村戶	2		1	1						2	2	~~2~~

阶級	其中：劳动力			职业情况											
	合計	男	女	农民	手工业者	产业工人	教师	医生	其它自由职业者	小商販	工商业主	店員	軍政人員	家务劳动者	其它劳动者
甲	39	40	41	42	43	44	45	46	47	48	49	50	51	52	53
合計	10	~~6~~7	2		2	1		1				2		1	3
地主	2	1	1					1						1	
富农															
中农	3	1	2		1										2
貧农	2	2			1	1									
雇农															
工商业主		~~1~~										~~2~~			
工人	1	1													1
其它农戶	2	2										2			

阶级	在外人口的文化状况									占有土地		典入土地	
	7至13岁的学龄儿童	其中：在学人数	14岁以上的人数	文盲	初小程度	高小程度	初中程度	高中程度	大学程度	計（市亩）	其中：农业用地(市亩)	計（市亩）	其中：农业用地（市亩）
甲	54	55	56	57	58	59	60	61	62	63	64	65	66
合計	3	3	10	1	7 ~~6~~	1			1	1082.41	1053.59	5.32	5.30
地主	3	3	2			1			1	1013.48	1003.88		
富农													
中农			3		3					36.08	32.11	5.30	5.30
貧农			2	1	1					21.60	9.55	~~1.00~~	~~1.00~~
雇农										0.15			
工商业主		~~2~~	2		2					3.[illegible]	2.[illegible]5		
工人		~~1~~	1		1					4.55	2.65		
其它村戶			2		2					3.45	2.35		

阶級	典出土地		租入农业用地					租出农业用地				
			谷租			錢租		谷租			錢租	
	計（市亩）	其中：农业用地（市亩）	面积（市亩）	租額 糙米（市斤）	租額 小麦（市亩）	面积（市亩）	租額 元 (~~糙米市斤~~)	面积（市亩）	租額 糙米（市斤）	租額 小麦（市斤）	面积（市亩）	租額（ ）
甲	67	68	69	70	71	72	73	74	75	76	77	78
合計	1.00	1.00	230.28	280.04	7,094	10.85	69.20	984.00	137,732	29,997		
地主								984.00	137,732	29,997		
富农												
中农			76.70	8,850	2,351	8.00	48.00					
貧农	1.00	1.00	121.58	15,31[illegible]	3,752	2.85	21.20					
雇农												
工商业主			22.25	2,670	688							
工人			4.75	570	147							
其它农戶			5.00	600	155							

阶級	使用农地面积（市亩）	稻的播种面积（市亩）	小麦的播种面积（市亩）	桑的現有面积（市亩）	其中：可采桑的面积（市亩）	果园的面积（市亩）	大豆的播种面积（市亩）	其它面积（市亩）	农村业雇入 长工 人数	长工 工资（ ）	短工 工数（工）	短工 工资（ ）
甲	79	80	81	82	83	84	85	86	87	88	89	90
合計	310.72	263.35	229.17	47.17	46.87			32.93	2	102.60	1525	735.78
地主	19.88	11.38	9.08	8.50	8.50			2.30	2	102.60	456	188.53
富农												
中农	116.81	104.98	89.98	11.83	11.53			15.00			520	263.70
貧农	133.98	114.54	103.21	19.14	19.14			10.78			386	200.85
雇农												
工商业主	24.30	20.80	16.80	3.50	3.50			4.00			88	44.00
工人	7.40	6.20	5.10	1.20	1.20			0.50			25	10.70
其它农户	8.35	5.35	5.00	3.00	3.00			0.35			50	28.00

阶級	农村业出雇 长工 人数	长工 工资（ ）	短工 工数	短工 工资（ ）	房屋間数（間）	家畜头数 牛、馬、騾（头）	猪（头）	羊（只）	兎（只）	主要生产 抽水机（部）	水車（部）	旧式犁（張）	打谷机（部）	船（条）
甲	91	92	93	94	95	96	97	98	99	100	101	102	103	104
合計	1	50.0	207	103.50	260.5	1.00	27	20		1	2	1		1
地主					125.5		2							
富农														
中农					47.0	0.5	14	7						
貧农			87	43.50	50.0	0.5	7	9			2			
雇农	1	50.0	120	60.00	5.0									
工商业主					15.0		2	2		1		1		1
工人					14.0		2	2						
其它农户					4.0									

阶級	工具						植物栽培收入	蚕茧								
								春蚕			夏蚕			秋蚕		
	蚕（只）	蚕台（張）	耙（把）	織布机（台）	魚网（条）	其他（件）	（ ）	蚕种（張）	产量（市斤）	产値（ ）	蚕种（張）	产量（市斤）	产値（ ）	蚕种（張）	产量（市斤）	产値（ ）
甲	105	106	107	108	109	110	111	112	113	114	115	116	117	118	119	120
合計	464	54	1				6909.65	38.50	1316	454.07	1.00	57	18.86	13.00	364	102.68
地主	87	10					424.33	7.00	278	95.91						
富农																
中农	175	22					2710.51	12.50	405	139.74	0.50	38	12.30	3.75	102	28.59
貧农	166	17					2912.09	12.50	415	143.21	0.50	19	6.56	5.00	163	46.07
雇农																
工商业主	20	2	1				529.26	3.50	123	42.43	~~1.50~~	~~27~~	~~7.64~~	2.00	57	14.72
工人	16	3	~~1~~				177.77	1.00	35	12.08	~~0.75~~	~~20~~	~~5.66~~	0.75	20	5.66
其它农戶	~~20~~	~~2~~	~~1~~				155.69	2.00	60	20.70	~~2.00~~	~~57~~	~~14.72~~	1.50	37	7.64

阶級	出售家畜收入			出雇收入	其它付业收入						在外人口寄回	出售財物收入	其它收入	其中：剝削收入	收入合計
	豬（ ）	羊（ ）	其它（ ）		商品性手工业（ ）	独立工匠（ ）	教书行医（ ）	經商（ ）	运輸（ ）	其它（ ）	（ ）	（ ）	（ ）	（ ）	（ ）
甲	121	122	123	124	125	126	127	128	129	130	131	132	133	134	135
合計	435.50	129.00		153.50		990.00		750.00		104.00	1358.00		9860.00	9252.00	21265.26
地主	35.00												9,287.00	9,207.00	9,842.24
富农															
中农	267.20	54.00				585.00					48.00		103.00	45.00	3948.34
貧农	86.30	48.00		43.50		405.00				104.00	120.00		70.00		3,985.73
雇农				110.00											110.00
工商业主	35.00	12.00						750.00			~~390.00~~		400.00		1783.41
工人	12.00	14.00									800.00				1021.51
其它农戶	~~35.00~~	~~12.00~~						~~750.00~~			390.00				574.03

江苏 省 无锡 县(市) 山塘巷 村庄

1948年前年是1936年的

	户数	雇入户数			出雇户数			典入 户数	典出 户数	租入 户数	租出 户数	有耕畜 户数	其中:有耕畜 户数	养猪 户数
		长工	短工	长、短工	长工	短工	长、短工							
甲	1	2	3	4	5	6	7	8	9	10	11	12	13	14
合计	45		27			11		4	1			1		21
地主	2		1											1
富农														
中农	15		11			2		3				1		8
贫农	21		12					1	1					9
雇农	1					9		4						
工商业主	4		2											2
工人	1													1
其它村户	1		1											

江苏省无锡（市）县 洪声 乡 曙光 社 吟塘巷 村庄

1948年前即1936年的

1936 年汇总资料

阶級	戶口	总人口数			常住人口			其中：劳动力				年內出生人数	年內死亡人数
		合計	男	女	合計	男	女	合計	男	女	参加劳动者		
甲	1	2	3	4	5	6	7	8	9	10	11	12	13
合計	45	198	99	99	182	87	95	112	51	61	108	5	
地主	2	9	3	6	4	2	2	3	2	1			
富农													
中农	15	69	35	34	66	32	34	42	19	23	41	2	
贫农	21	90	45	45	85	40	45	50	20	30	50	2	
雇农	1	1	1		1	1		1	1		1		
工商业主	4	17	7	10	16	6	10	10	5	5	10	1	
工人	1	7	5	2	7	5	2	5	4	1	5		
其它村戶	1	5	3	2	3	1	2	1		1	1		

阶級	职业情况												
	主业										农民兼业		
	农民	手工业者	产业工人	教师	医生	其它自由职业者	小商販	工商业主	家务劳动者	其它劳动者	手工业	小商販	其它
甲	14	15	16	17	18	19	20	21	22	23	24	25	26
合計	89	9	1	1		1	2		4	1	9		2
地主													
富农													
中农	35	4		1						1	5		
贫农	42	2	1			1	1		3		4		2
雇农							1						
工商业主	6	3							1				
工人	5												
其它村戶	1												

阶級	文化状况									在外人口		
	7至13岁的学龄儿童	其中：在学人数	14岁以上的人数	文盲	初小程度	高小程度	初中程度	高中程度	大学程度	合計	男	女
甲	27	28	29	30	31	32	33	34	35	36	37	38
合計	29	19	117	85	22	5	4	1		16	12	4
地主	1	1	3	1			1	1		5	1	4
富农												
中农	9	5	44	28	11	2	3			3	3	
貧农	14	9	52	44	6	2				5	5	
雇农			1	1								
工商业主	3	2	10	8	1	1				1	1	
工人	~~2~~	~~2~~	6	2	4						~~3~~	
其它村戶	2	2	1	1						2	2	

阶級	其中：劳动力			职业情况											
	合計	男	女	农民	手工业者	产业工人	教师	医生	其它自由职业者	小商販	工商业主	店員	軍政人員	家务劳动者	其它劳动者
甲	39	40	41	42	43	44	45	46	47	48	49	50	51	52	53
合計	14	10	4		2	2		1		1		3		1	1
地主	5	1	4					1						1	
富农															
中农	3	3				1						1			1
貧农	4	4			1	1				1		1			
雇农		[illegible]													
工商业主	1	1			1										
工人															
其它农戶	1	1										1			

阶级	在外人口的文化状况									占有土地		典入土地	
	7至13岁的学龄儿童	其中：在学人数	14岁以上的人数	文盲	初小程度	高小程度	初中程度	高中程度	大学程度	計（市亩）	其中：农业用地(市亩)	計（市亩）	其中：农业用地（市亩）
甲	54	55	56	57	58	59	60	61	62	63	64	65	66
合計			16	4	4	3	1	2	2	1090.47	1063.63	3.60	3.60
地主			5			1		2	2	1013.33	1003.88		
富农													
中农			3		1	1	1			47.03	41.93	2.80	2.80
貧农			5	2	2	1				19.58	9.82	0.80	0.80
雇农										0.12			
工商业主			1	1						2.41	2.00		
工人										4.55	2.65		
其它村戶			2	1	1					3.45	3.35		

阶級	典出土地		租入农业用地					租出农业用地				
			谷租			錢租		谷租			錢租	
	計（市亩）	其中：农业用地(市亩)	面积（市亩）	租额 糙米（市斤）	租额 小麦（市亩）	面积（市亩）	租額（糙米市斤）	面积（市亩）	租额 糙米（市斤）	租额 小麦（市斤）	面积（市亩）	租额（ ）
甲	67	68	69	70	71	72	73	74	75	76	77	78
合計	1.00	1.00										
地主												
富农												
中农												
貧农	1.00	1.00										
雇农												
工商业主												
工人												
其它农戶												

阶級	使用农地面积（市亩）	稻的播种面积（市亩）	小麦的播种面积（市亩）	桑的現有面积（市亩）	其中：可采桑的面积（市亩）	果园的面积（市亩）	大豆的播种面积（市亩）	其它面积（市亩）	农付业雇入			
									長工		短工	
									人数	工資（ ）	工数（工）	工資（ ）
甲	79	80	81	82	83	84	85	86	87	88	89	90
合計											1210	12650.00
地主											251	2427.00
富农												
中农											447	5013.00
貧农											395	4215.00
雇农												
工商业主											67	580.00
工人												
其它农戶											50	415.00

阶級	农付业出雇				房屋間数（間）	家畜头数				主要生产				
	長工		短工											
	人数	工資（ ）	工数	工資（ ）		牛、馬、驢（头）	猪（头）	羊（只）	兎（只）	抽水机（部）	水車（部）	旧式犁（張）	打谷机（部）	船（条）
甲	91	92	93	94	95	96	97	98	99	100	101	102	103	104
合計			276	2969.00	263.00	2	30	27			1	半1	1.50	
地主					125.50	半	2							
富农														
中农			42	446.00	56.50	1	13	11						
貧农			234	2523.00	48.50		11	12			1			
雇农					3.00									
工商业主					11.50		2	2				1	1	
工人					14.00	1	2	2				半		
其它农戶					4.00									

阶级	工具						植物栽培收入	蚕茧								
								春蚕			夏蚕			秋蚕		
	蚕（只）	蚕台（張）	耙（把）	織布机（台）	魚网（条）	其他（件）	（　）	蚕种（張）	产量（市斤）	产值（　）	蚕种（張）	产量（市斤）	产值（　）	蚕种（張）	产量（市斤）	产值（　）
甲	105	106	107	108	109	110	111	112	113	114	115	116	117	118	119	120
合計	455	56														
地主	70	6														
富农																
中农	183	24														
貧农	164	19														
雇农																
工商业主	22	4														
工人	16	3														
其它农户																

阶級	出售家畜收入			出雇收入	其它付业收入						在外人口寄回	出售財物收入	其它收入	其中：剝削收入	收入合計
	猪（　）	羊（　）	其它（　）		商品性手工业（　）	独立工匠（　）	教书行医（　）	經商（　）	运输（　）	其它（　）	（　）	（　）	（　）	（　）	（　）
甲	121	122	123	124	125	126	127	128	129	130	131	132	133	134	135
合計															
地主															
富农															
中农															
貧农															
雇农															
工商业主															
工人															
其它农户															

张增巷 村村户的自然机械及阶級性变化統計表（自1948年至1957年）

	期初户数	原户的自然及机械变化						期末原阶級户数	原户的阶級性变化						期末新阶級户数	其中来自：								期内迁入新户	期末总户数
		分家的母户数	分家增加户数	减少户数					增加户数			减少户数													
				併户	有嗣絕灭	无嗣絕灭	迁出		下升	上降	轉入	上升	下降	轉出		地主	富农	中农	貧农	雇农	工商业主	工人	其他		
合計	46	5	6	1	1		3	47	13	2	5	13	2	5	47	1		22	19		1		4	2	49
地主	2						1(7)	1					1								3				
富农															上 23									54	23
中农	18	5	6	1			1(3)	22	13	1	4		1		下16 39	1		21	13		1		3	2下4	18
貧农	21				1		1(4)	19		1	1	13			8			1	6				1		8
雇农																									
工商业主	1							1						1											
工人																									
其他	4							4						4											

江苏省 无锡 县(市) 吼塘巷 村庄

1948年

甲	户数	雇入户数			出雇户数			典入户数	典出户数	租入户数	租出户数	有耕畜户数	其中:有马骡户数	养猪户数
		长工	短工	长短工	长工	短工	长短工							
甲	1	2	3	4	5	6	7	8	9	10	11	12	13	14
合计	46		29			11		4	1	41	1	2		20
地主	2		2								1			1
富农														
中农	18		15			1		2		17		2		13
贫农	21		8			8		2	1	20				6
雇农														
工商业主	1		1							1				
工人														
其它村户	4		3			2				3				

江苏省无锡（市）县 洪声乡 曙光社 吹塘巷村庄

1948 年汇总資料

阶級	戶口	总人口数			常住人口			其中：劳动力				年内出生人数	年内死亡人数
		合計	男	女	合計	男	女	合計	男	女	参加劳动者		
甲	1	2	3	4	5	6	7	8	9	10	11	12	13
合計	46	202	101	101	187	~~89~~ 90	97	114	52	62	110	5	
地主	2	9	3	6	4	2	2	3	2	1			
富农													
中农	18	86	46	40	78	38	40	49	21	28	48	2	
貧农	21	90	44	46	88	42	46	54	25	29	54	3	
雇农						[illegible]	[illegible]		[illegible]	[illegible]	[illegible]		
工商业主	1	3	1	2	3	1	2	2	1	1	2		
工人													
其它村戶	4	14 ~~十~~ 15	7 ~~8~~	7	14	7 ~~6~~	7	6	3	3	6		

阶級	职业情况												
	主业										农民兼业		
	农民	手工业者	产业工人	教师	医生	其它自由职业者	小商販	工商业主	家务劳动者	其它劳动者	手工业	小商販	其它
甲	14	15	16	17	18	19	20	21	22	23	24	25	26
合計	90	9	1	1		1	2		4	1	9		2
地主													
富农													
中农	43	4								1	3		
貧农	43	2	1	1		1	1		4		6		2
雇农													
工商业主	1	1											
工人													
其它村戶	3	2					1						

阶 級	文化状况									在外人口		
	7至13岁的学龄儿童	其中：在学人数	14岁以上的人数	文盲	初小程度	高小程度	初中程度	高中程度	大学程度	合計	男	女
甲	27	28	29	30	31	32	33	34	35	36	37	38
合計	31	19	119	87	22	5	4	1		16	12	4
地主	1	1	3	1			1	1		5	1	4
富农												
中农	13	10	53	35	15	2	1			8	8	
貧农	13	5	55	43	7	3	2			2	2	
雇农												
工商业主	1	1	2	2								
工人												
其它村戶	3	2	6	6						1	1	

阶 級	其中：劳动力			职业情况											
	合計	男	女	农民	手工业者	产业工人	教师	医生	其它自由职业者	小商販	工商业主	店員	軍政人員	家务劳动者	其它劳动者
甲	39	40	41	42	43	44	45	46	47	48	49	50	51	52	53
合計	14	10	4		2	2		1		1		3		1	1
地主	5	1	4					1						1	
富农															
中农	7	7			1	2						3			1
貧农	2	2			1					1					
雇农															
工商业主															
工人															
其它农戶															

阶級	在外人口的文化状况									占有土地		典入土地	
	7至13岁的学龄儿童	其中：在学人数	14岁以上的人数	文盲	初小程度	高小程度	初中程度	高中程度	大学程度	計（市亩）	其中：农业用地（市亩）	計（市亩）	其中：农业用地（市亩）
甲	54	55	56	57	58	59	60	61	62	63	6	65	66
合計			16	4	4	3	1	2	2	1,090.47	1063.63	3.60	3.60
地主			5			1		2	2	1,013.33	1003.88		
富农													
中农			8	2	3	2	1			52.73	44.23	2.00	2.00
貧农			2	2	[illegible]	[illegible]				21.86	13.97	1.60	1.60
雇农										0.53	0.50		
工商业主													
工人													
其它村戶			1		1					2.02	1.05		

阶級	典出土地		租入农业用地					租出农业用地				
			谷租			錢租		谷租			錢租	
	計（市亩）	其中：农业用地（市亩）	面积（市亩）	租額 糙米（市斤）	租額 小麦（市亩）	面积（市亩）	租額（糙米市斤）	面积（市亩）	租額 糙米（市斤）	租額 小麦（市斤）	面积（市亩）	租額（　）
甲	67	68	69	70	71	72	73	74	75	76	77	78
合計	1.00	1.00	217.74	17,919		8.00	8.00	992.00	79,499	20,320		
地主								992.00	79,499	20320		
富农												
中农			108.31	8877		8.00	800					
貧农	1.00	1.00	83.98	6956								
雇农			12.10	992								
工商业主												
工人												
其它农戶			13.35	10.94								

阶級	使用农地面积（市亩）	稻的播种面积（市亩）	小麦的播种面积（市亩）	桑的現有面积（市亩）	其中：可采桑的面积（市亩）	果园的面积（市亩）	大豆的播种面积（市亩）	其它面积（市亩）	农村业雇入 长工 人数	长工 工資（ ）	短工 工数（工）	短工 工資（斤）
甲	79	80	81	82	83	84	85	86	87	88	89	90
合計	297.37	256.75	223.02	40.59	40.29		7.70	32.19			1,210	12650.00
地主	11.88	7.38	6.08	4.50	4.50			1.30			251	2427.00
富农												
中农	160.54	140.99	121.50	19.55	19.55		4.00	18.34			609	6500.00
貧农	97.95	83.98	74.54	13.94	13.64		2.70	9.35			20[illegible]	2226.00
雇农					1.10		1.00	1.00			50	427.00
工商业主	12.60	11.50	10.50	1.10								
工人	≠											
其它农戶	14.40	12.90	10.40	1.50	1.50			2.20			96	1070.00

阶級	农村业出雇 长工 人数	长工 工資（ ）	短工 工数	短工 工資（斤）	房屋間数（間）	家畜头数 牛、馬、騾（头）	猪（头）	羊（只）	兎（只）	主要生产 抽水机（部）	水車（部）	旧式犂（張）	打谷机（部）	船（条）
甲	91	92	93	94	95	96	97	98	99	100	101	102	103	104
合計			276	2969.00	263.0	2	30	27			1	1	1	
地主					125.5		2							
富农														
中农			12	156.00	79.5	2	19	13			~~1~~	1		
貧农			25[illegible]	2631.00	47.5		9	13			1		1	
雇农														
工商业主					1.0									
工人														
其它农戶			14	182.00	9.5			1						

阶級	工具						植物栽培收入（斤）	蚕茧								
								春蚕			夏蚕			秋蚕		
	蚕（只）	蚕台（張）	耙（把）	織布机（台）	魚网（条）	其他（件）		蚕种（張）	产量（市斤）	产値（斤）	蚕种（張）	产量（市斤）	产値（斤）	蚕种（張）	产量（市斤）	产値（斤）
甲	105	106	107	108	109	110	111	112	113	114	115	116	117	118	119	120
合計	455	56					1404.00	28.25	10.[illegible]	6,413				13.75	413	1,992
地主	70	6					4,754	0.50	20	127				0.5	15	71
富农																
中农	230	3[illegible]					75,929	15.75	520	3,294	~~8.00~~	~~230~~		8.00	230	1,124
貧农	134	~~16~~ 17					46,636	10.00	405	2,567				4.00	130	617
雇农																
工商业主	15	2					6,229	1.50	50	311				1.00	28	133
工人																
其宅农戶	6						6852	0.50	18	114				0.25	10	47

阶級	出售家畜收入			出雇收入	其宅付业收入						在外人口寄回（ ）	出售財物收入（ ）	其宅收入（ ）	其中：剝削收入（ ）	收入合計（ ）
	猪（斤）	羊（斤）	其宅（斤）		商品性手工业（斤）	独立工匠（斤）	教书行医（斤）	經商（ ）	运輸（ ）	其宅（ ）					
甲	121	122	123	124	125	126	127	128	129	130	131	132	133	134	135
合計	6982	1370		2969		28658		6855		3550	10611		103695	100671	313495 ~~313,489~~
地主	250												99,387	99,387	104,589
富农															
中农	4,970	870		156		4955					7,201		3,251	1,284	101,750
貧农	1,362	500		[illegible]		6703				3050	1,700		1057		~~66,817~~ 66823
雇农															
工商业主	400							6855							13,928
工人															
其宅农戶				182		17,000				500	1710				26,405

江苏 省 无锡 县(市) 吼塘巷 村庄

1957年前年是1948年的

	户数	雇入户数			出雇户数			典入户数	典出户数	租入户数	租出户数	有耕畜户数	其中:有马骡户数	养猪户数
		长工	短工	长短工	长工	短工	长短工							
甲	1	2	3	4	5	6	7	8	9	10	11	12	13	14
合计	47													28
地主	1													1
富农														
中农	22													13
贫农	19													11
雇农														
工商业主	1													
工人														
其它村户	4													3

江苏省无锡（市）县 [illegible]乡 曙光 社 [illegible]巷村庄

1948 年汇总资料

1957年前年是1948年的

阶級	戶口	总人口数			常住人口			其中：劳动力				年內出生人数	年內死亡人数
		合計	男	女	合計	男	女	合計	男	女	参加劳动者		
甲	1	2	3	4	5	6	7	8	9	10	11	12	13
合計	47	226	115	111	196	90	106	98	40	58	91	4	
地主	1	2	1	1	1	1		1	1		1		
富农													
中农	22	98	53	45	81	38	43	44	16	28	43		
貧农	19	103	52	51	93	44	49	43	19	24	38	4	
雇农													
工商业主	1	3	1	2	2		2	1		1	1		
工人													
其它村戶	4	20	8	12	19	7	12	9	4	5	8		

阶級	职业情况												
	主业										农民兼业		
	农民	手工业者	产业工人	教师	医生	其它自由职业者	小商販	工商业主	家务劳动者	其它劳动者	手工业	小商販	其它
甲	14	15	16	17	18	19	20	21	22	23	24	25	26
合計	76	5			1				4	1 4	5		2
地主										1			
富农													
中农	38	2							3		1		
貧农	33	1			1				1	1 1	4		2
雇农													
工商业主	1												
工人													
其它村戶	4	2								2			

阶級	文化状况									在外人口		
	7至13岁的学龄儿童	其中：在学人数	14岁以上的人数	文盲	初小程度	高小程度	初中程度	高中程度	大学程度	合計	男	女
甲	27	28	29	30	31	32	33	34	35	36	37	38
合計	39	31	105	71	17	11	6			30	25	5
地主			1	1						1	~~1~~	1
富农												
中农	12	10	48	30	10	5	3			17	15	2
貧农	22	17	44	32	5	5	2			10	8	2
雇农												
工商业主		2	2	1		1				1	1	—
工人												
其它村戶	5	4	10	7	2		1			1	1	

阶級	其中：劳动力			职业情况											
	合計	男	女	农民	手工业者	产业工人	教师	医生	其它自由职业者	小商販	工商业主	店員	軍政人員	家务劳动者	其它劳动者
甲	39	40	41	42	43	44	45	46	47	48	49	50	51	52	53
合計	26	21	5		4	7	1						9	1	4
地主	1		1												1
富农															
中农	16	14	2		1	5	1						8	1	1
貧农	9	7	2		2	2							1		2
雇农															
工商业主					1										
工人															
其它农戶															

阶級	在外人口的文化状况									占有土地		典入土地	
	7至13岁的学龄儿童	其中：在学人数	14岁以上的人数	文盲	初小程度	高小程度	初中程度	高中程度	大学程度	計（市亩）	其中：农业用地(市亩)	計（市亩）	其中：农业用地（市亩）
甲	54	55	56	57	58	59	60	61	62	63	64	65	66
合計	1		27	4	9	6	6	2	[illegible]	1.58	0.38		
地主			1			1							
富农													
中农			15	1	6	3	4	1					
貧农	1		9	2	2	2	2	1					
雇农													
工商业主			1	1									
工人													
其它村戶			1		1								

阶級	典出土地		租入农业用地					租出农业用地				
			谷租			錢租		谷租			錢租	
			面积	租額		面积	租額	面积	租額		面积	租額
	計（市亩）	其中：农业用地(市亩)	（市亩）	糙米（市斤）	小麦（市亩）	（市亩）	(糙米市斤)	（市亩）	糙米（市斤）	小麦（市斤）	（市亩）	（　）
甲	67	68	69	70	71	72	73	74	75	76	77	78
合計												
地主												
富农												
中农												
貧农												
雇农												
工商业主												
工人												
其它农戶												

阶級	使用农地面积（市亩）	稻的播种面积（市亩）	小麦的播种面积（市亩）	桑的現有面积（市亩）	其中：可采桑的面积（市亩）	果园的面积（市亩）	大豆的播种面积（市亩）	其它面积（市亩）	农付业雇入			
									长工		短工	
									人数	工資（　）	工数（工）	工資（　）
甲	79	80	81	82	83	84	85	86	87	88	89	90
合計												
地主												
富农												
中农												
貧农												
雇农												
工商业主												
工人												
其它农戶												

阶級	农付业出雇				房屋間数（間）	家畜头数				主要生产				
	长工		短工											
	人数	工資（　）	工数	工資（　）		牛、馬、騾（头）	猪（头）	羊（只）	兎（只）	抽水机（部）	水車（部）	旧式犁（張）	打谷机（部）	船（条）
甲	91	92	93	94	95	96	97	98	99	100	101	102	103	104
合計														
地主														
富农														
中农														
貧农														
雇农														
工商业主														
工人														
其它农戶														

阶級	工具						植物栽培收入	蚕茧								
								春蚕			夏蚕			秋蚕		
	蚕（只）	蚕台（張）	耙（把）	織布机（台）	魚网（条）	其他（件）	（　）	蚕种（張）	产量（市斤）	产值（　）	蚕种（張）	产量（市斤）	产值（　）	蚕种（張）	产量（市斤）	产值（　）
甲	105	106	107	108	109	110	111	112	113	114	115	116	117	118	119	120
合計																
地主																
富农																
中农																
貧农																
雇农																
工商业主																
工人																
其它农户																

阶級	出售家畜收入			出雇收入	其它付业收入						在外人口寄回	出售財物收入	其它收入	其中：剝削收入	收入合計
	猪（　）	羊（　）	其它（　）		商品性手工业（　）	独立工匠（　）	教书行医（　）	經商（　）	运輸（　）	其它（　）	（　）	（　）	（　）	（　）	（　）
甲	121	122	123	124	125	126	127	128	129	130	131	132	133	134	135
合計											3306.00				
地主											30.00				
富农															
中农											2158.00				
貧农											902.00				
雇农															
工商业主											120.00				
工人															
其它农户											96.00				

东吴塘村

东关塘村村戶的自然机械及阶級性變化統計表（自1929年至1936年）

	期初戶数	原戶的自然及机械變化						期末原阶級戶数	原戶的阶級性變化						期末新阶級戶数	其中来自：								期內迁入新戶	期末总戶数
		分家的母戶数	分家增加戶数	減少戶数					增加戶数			減少戶数				地主	富农	中农	貧农	雇农	工商业主	工人	其他		
				併戶	有嗣絕灭	无嗣絕灭	迁出		下升	上降	轉入	上升	下降	轉出											
合計	52	3	4	－	1	2	4	49	2	1	4	2	1	4	49	1	5	12	27		1		3	2	51
地主	1	－	－			－	－	1	－	－	－	－	－	－	1	1	－	－	－		－		－	－	1
富农	4	1	1			－	－	5	1	－	－	－	－	2	4		3	1	－		－		－	－	4
中农	12	－	－			－	－	12	1	－	－	1	1	－	11			10	1		－		－	1	12
貧农	30	1	2		1	1	3(16)	27		1	1	1		1	27			1	25		－		1	1	28
雇农	－						－	－							－			－	－		－		－		－
工商业主	2						1(5)	1							1			－	－		1		－		1
工人	－						－	－							－			－	－		－		－		－
其他	3	1	1			1	－	3			3			1	5		2	－	1		－		2		5

江苏 省 无锡 县（市） 東吳塘 村庄

1929年

	戶数	雇入戶数			出雇戶数			典入戶数	典出戶数	租入戶数	租出戶数	有耕畜戶数	其中：有騾馬戶数	养猪戶数
		长工	短工	长短工	长工	短工	长短工							
甲	1	2	3	4	5	6	7	8	9	10	11	12	13	14
合計	52	6	31	4		10		2	8	31	14			38
地主	1	1	1	1	—	—	—	—	—	—	1	—	—	1
富农	4	—	4	—	—	—	—	—	—	—	1	—	—	4
中农	12	4	10	3	—	1	—	1	3	6	3	—	—	12
貧农	30	1	14	—	—	9	—	1	5	25	5	—	—	20
雇农	2	—	—	—	—	—	—	—	—	—	—	—	—	—
工商业主	2	—	1	—	—	—	—	—	—	—	2	—	—	—
工人	—	—	—	—	—	—	—	—	—	—	—	—	—	—
其它村戶	3	—	1	—	—	—	—	—	—	—	2	—	—	1

江苏省无锡（市）县 南泉 乡 太湖十社 东吴塘村庄

1929 年汇总資料

阶級	戶口	总人口数			常住人口			其中：劳动力				年內出生人数	年內死亡人数
		合計	男	女	合計	男	女	合計	男	女	參加劳动者		
甲	1	2	3	4	5	6	7	8	9	10	11	12	13
合計	52	244	118	126	218	92	126	134	53	81	134	6	1
地主	1	6	3	3	5	2	3	1	–	1	1	–	–
富农	4	27	9	18	26	8	18	16	6	10	16	2	–
中农	12	56	28	28	52	24	28	31	12	19	31	2	1
貧农	30	138	69	69	121	52	69	80	34	46	80	1	–
雇农	–												
工商业主	2	11	6	5	9	4	5	2	–	2	2	–	–
工人	–												
其它村戶	3	6	3	3	5	2	3	4	1	3	4	1	–

阶級	职业情况												
	主业										农民兼业		
	农民	手工业者	产业工人	教师	医生	其它自由职业者	小商贩	工商业主	家务劳动者	其它劳动者	手工业	小商贩	其它
甲	14	15	16	17	18	19	20	21	22	23	24	25	26
合計	100	5	1	–	–	–	–	7	16	5	1	2	6
地主	–	–	–	–	–	–	–	–	1	–	–	–	–
富农	14	–	–	–	–	–	–	–	2	–	–	–	–
中农	25	1	–	–	–	–	–	2	3	–	–	–	–
貧农	60	4	1	–	–	–	–	5	6	4	1	2	6
雇农	–												
工商业主	1	–	–	–	–	–	–	–	1	–	–	–	–
工人													
其它村戶	–	–	–	–	–	–	–	–	3	1	–	–	–

阶級	文化状况									在外人口		
	7至13岁的学龄儿童	其中：在学人数	14岁以上的人数	文盲	初小程度	高小程度	初中程度	高中程度	大学程度	合計	男	女
甲	27	28	29	30	31	32	33	34	35	36	37	38
合計	37	18	143	114	21	8	—	—	—	26	26	—
地主	2	2	2	1	—	1		—	—	1	1	—
富农	4	2	16	12	4	—	—	—	—	1	1	—
中农	10	6	34	24	5	5	—	—	—	4	4	—
貧农	20	7	84	70	12	2				17	17	—
雇农	—											
工商业主	1	1	3	3	—	—	—	—	—	2	2	—
工人												
其它村戶	—	—	4	4	—	—	—	—	—	1	1	—

阶級	其中：劳动力			职业情况											
	合計	男	女	农民	手工业者	产业工人	教师	医生	其它自由职业者	小商販	工商业主	店員	軍政人員	家务劳动者	其它劳动者
甲	39	40	41	42	43	44	45	46	47	48	49	50	51	52	53
合計	25	25	—	—	1	3	5	—	—	—	3	3	—	—	9
地主	1	1	—	—	—	—	—	—	—	—	—	—	—	—	1
富农	1	1	—	—	—	—	—	—	—	—	—	—	—	—	—
中农	4	4	—	—	—	—	2	—	—	—	1	1	—	—	—
貧农	16	16	—		1	3	2	—	—	—	—	2	—	—	8
雇农	—														
工商业主	2	2	—	—	—	—	—	—	—	—	2	—	—	—	—
工人															
其它农戶	1	1	—	—	—	—	1	—	—	—	—	—	—	—	—

阶级	在外人口的文化状况									占有土地		典入土地	
	7至13岁的学龄儿童	其中：在学人数	14岁以上的人数	文盲	初小程度	高小程度	初中程度	高中程度	大学程度	計（市亩）	其中：农业用地(市亩)	計（市亩）	其中：农业用地（市亩）
甲	54	55	56	57	58	59	60	61	62	63	64	65	66
合計	—	—	26	3	10	7	4	2	—	363.08	204.49	0.90	0.90
地主	—	—	1	—	—	—	—	1	—	26.50	18.00	—	—
富农	—	—	1	—	—	—	—	1	—	68.89	45.79	—	—
中农	—	—	4	—	2	—	2	—	—	115.34	68.30	0.60	0.60
貧农		—	17	3	8	4	2	—	—	126.29	57.04	0.30	0.30
雇农	—												
工商业主	—	—	2	—	—	2	—	—	—	15.15	8.05	—	—
工人													
其它村戶	—	—	1	—	—	1	—	—	—	10.91	7.31	—	—

阶級	典出土地		租入农业用地					租出农业用地				
			谷租			錢租		谷租			錢租	
	計（市亩）	其中：农业用地(市亩)	面积（市亩）	租额 糙米（市斤）	租额 小麦（市亩）	面积（市亩）	租额（糙米市斤）	面积（市亩）	租额 糙米（市斤）	租额 小麦（市斤）	面积（市亩）	租额（元）
甲	67	68	69	70	71	72	73	74	75	76	77	78
合計	17.70	17.70	113.50	1,9021.20		3.60	11.00	34.72	5817.60			
地主	—	—	—	—	—	—	—	9.20	1,472	—	—	—
富农	—	—	—	—	—	~~[illegible]~~	~~480~~	3.50	480	—	—	—
中农	5.70	5.70	20.60	3746	—	—	—	5.00	880	—	—	—
貧农	12.00	12.00	92.90	15275.20	—	3.60	11.00	6.56	992	—	—	—
雇农												
工商业主	—	—	—	—	—	—	—	5.30	992	—	—	—
工人												
其它农戶	—	—	—	—	—	—	—	5.66	1,001.6	—	—	—

阶級	使用农地面积（市亩）	稻的播种面积（市亩）	小麦的播种面积（市亩）	桑的現有面积（市亩）	其中：可采桑的面积（市亩）	果园的面积（市亩）	大豆的播种面积（市亩）	其它面积（市亩）	农付业雇入			
									长工		短工	
									人数	工資（元）	工数（工）	工資（元）
甲	79	80	81	82	83	84	85	86	87	88	89	90
合計	287.37	208.25	197.98	78.31	78.31	0.80			9	1234.00	795	397.50
地主	8.80	3.30	3.30	5.50	5.50	—			1	92.00	40	20.00
富农	42.79	32.87	30.25	9.92	9.92	—			—	—	213	106.50
中农	84.40	59.39	56.66	25.01	25.01	—			7	1050.00	314	157.00
貧农	146.98	112.54	107.77	33.63	33.63	0.80			1	92.00	199	99.50
雇农	—	—	—	—	—	—			—	—	—	—
工商业主	2.75	0.15	—	2.60	2.60	—			—	—	14	7.00
工人	—	—	—	—	—	—			—	—	—	
其它农戶	1.65	—	—	1.65	1.65	—			—	—	15	7.50

阶級	农付业出雇				房屋間数（間）	家畜头数				主要生产				
	长工		短工											
	人数	工資（ ）	工数	工資（元）		牛、馬、騾（头）	猪（头）	羊（只）	兎（只）	抽水机（部）	水車（部）	旧式犁（張）	打谷机（部）	船（条）
甲	91	92	93	94	95	96	97	98	99	100	101	102	103	104
合計			538	259.70	198		69	56			22.23		1.85	5.00
地主			—	—	6		5	2			1.00		—	—
富农			—	—	19		10	5			5.00		—	—
中农			18	9.00	56		23	17			7.73		0.60	2.00
貧农			520	250.70	100		30	32			7.50		1.25	3.00
雇农			—	—	—		—	—			—		—	—
工商业主			—	—	8		—	—			—		—	—
工人			—	—	—		—	—			—		—	—
其它农戶			—	—	9		1	—			1.00		—	—

阶级	工具						植物栽培收入	蚕茧								
								春蚕			夏蚕			秋蚕		
	蚕匾（只）	蚕台（張）	耙（把）	織布机（台）	魚网（条）	其他（件）	（元）	蚕种（張）	产量（市斤）	产値（元）	蚕种（張）	产量（市斤）	产値（元）	蚕种（張）	产量（市斤）	产値（元）
甲	105	106	107	108	109	110	111	112	113	114	115	116	117	118	119	120
合計	623	98					6432.98	161.25	3674	1674.16	10.75	170	86.80	15.50	360	265.41
地主	44	7					282.11	10.00	254	114.81	—	—	—	4.00	90	66.33
富农	113	25					961.33	20.00	520	235.04	3.00	25	11.30		—	—
中农	219	28					2127.40	52.25	1122	507.14	3.50	60	27.12	4.00	105	77.39
貧农	222	39					2956.80	67.00	1447	667.56	4.25	85	48.38	7.25	160	118.00
雇农	—	—					—	—	—	—	—	—	—	—	—	—
工商业主	10	3					57.51	4.50	131	57.21	—	—	—	0.25	5	3.69
工人	—	—					—	—	—	—	—	—	—	—	—	—
其它农户	15	1					37.83	7.50	200	90.40	—	—	—	—	—	—

阶級	出售家畜收入			出雇收入（元）	其它付业收入						在外人口寄回（元）	出售財物收入（元）	其它收入（元）	其中：贈与收入（元）	收入合計（元）
	猪（元）	羊（元）	其它（元）		商品性手工业（元）	独立工匠（元）	教书行医（元）	經商（元）	运輸（元）	其它（元）					
甲	121	122	123	124	125	126	127	128	129	130	131	132	133	134	135
合計	1584.30	153.00		~~230.00~~ 259.70	310.10	~~219.70~~ 280.00	500.00	210.00	996.00	258.00	1872.00	500.00	1112.69	641.96	16505.14
地主	180.00	8.00		—	—	—	—	—		—	1,000.00	—	92.10	73.60	1760.35
富农	233.00	15.00		—	4.00	—	—	—		—		—	471.92	400.98	1921.59
中农	498.70	45.00		9.00	101.00	220.00	140.00	—	410.00	40.00	120.00	—	174.02	68.60	4506.77
貧农	646.80	85.00		~~221.00~~ 250.70	192.10	88.90	100.00	210.00	586.00	218.00	412.00	500.00	217.14	50.40	2269.48
雇农	—	—		—	—	—	—	—	—	—	—	—	—	—	—
工商业主	—	—		—	10.00	—	—	—	—	—	340.00	—	92.10	71.10	562.51
工人	—	—		—	—	—	—	—	—	—	—	—	—	—	—
其它农户	25.80	—		—	2.00	—	260.00	—	—	—	—	—	58.41	21.28	474.44

江苏省 无锡 县(市) 東吴塘 村庄

36/1929年度资料

甲	户数	雇入户数			出雇户数			典入户数	典出户数	租入户数	租出户数	有耕畜户数	其中有[illegible]户数	养猪户数
		长工	短工	长短工	长工	短工	长短工							
甲	1	2	3	4	5	6	7	8	9	10	11	12	13	14
合計	49	4	24	2		15			3	30	13			35
地主	1		1								1			1
富农	5	1	3							2	3			4
中农	12	3	7	2		2			2	7	3			8
贫农	27		11			13				21	4			18
雇农														
工商业主	1								1		1			
工人														
其它村户	3		2								1			2

江苏省无锡（市）县 南泉乡 5周上 社 東吴塘村庄

36/1929 年汇总資料

阶級	戶口	总人口数			常住人口			其中：劳动力				年内出生人数	年内死亡人数
		合計	男	女	合計	男	女	合計	男	女	參加劳动者		
甲	1	2	3	4	5	6	7	8	9	10	11	12	13
合計	48	226	113	113	201	91	110	118	45	73	113	3	3
地主	1	7	3	4	5	1	4	3		3	3		
富农	5	30	13	17	30	13	17	14	6	8	14		
中农	12	63	33	30	57	27	30	33	13	20	33	3	
貧农	27	114	59	55	100	48	52	63	26	37	62		3
雇农													
工商业主	1	5	2	3	3		3	2		2	2		
工人													
其它村戶	3	7	3	4	6	2	4	3		3	2		

阶級	职业情况												
	主业										农民兼业		
	农民	手工业者	产业工人	教师	医生	其它自由职业者	小商販	工商业主	家务劳动者	其它劳动者	手工业	小商販	其它
甲	14	15	16	17	18	19	20	21	22	23	24	25	26
合計	90	3		1				3	17	4	2		7
地主									3				
富农	9			1				1	3				
中农	26	2						2	3		1		2
貧农	54	1							5	3	1		5
雇农													
工商业主	1								1				
工人													
其它村戶									2	1			

阶级	文化状况									在外人口		
	7至13岁的学龄儿童	其中：在学人数	14岁以上的人数	文盲	初小程度	高小程度	初中程度	高中程度	大学程度	合計	男	女
甲	27	28	29	30	31	32	33	34	35	36	37	38
合計	31	21	133	93	31	8		1		25	22	3
地主	1	1	4	1	1	2				2	2	
富农	7	4	17	10	6			1				
中农	8	6	36	24	8	4				6	6	
貧农	12	7	71	53	16	2				14	11	3
雇农												
工商业主	1	1	2	2						2	2	
工人												
其它村戶	2	2	3	3						1	1	

阶級	其中：劳动力			职业情况											
	合計	男	女	农民	手工业者	产业工人	教师	医生	其它自由职业者	小商販	工商业主	店員	軍政人員	家务劳动者	其它劳动者
甲	39	40	41	42	43	44	45	46	47	48	49	50	51	52	53
合計	24	22	2		1	5	4				1	4	1		7
地主	2	2											1		
富农															
中农	6	6			[illegible]	1	2					2			1
貧农	13	11	2		1	4	1					2			5
雇农															
工商业主	2	2									1				1
工人															
其它农戶	1	1					1								

阶級	在外人口的文化状况									占有土地		典入土地	
	7至13岁的学龄儿童	其中：在学人数	14岁以上的人数	文盲	初小程度	高小程度	初中程度	高中程度	大学程度	計（市亩）	其中：农业用地(市亩)	計（市亩）	其中：农业用地（市亩）
甲	54	55	56	57	58	59	60	61	62	63	64	65	66
合計	1	1	24	3	7	8	2	4		368.68	215.29		
地主			2					2		33.80	23.40		
富农										8142	6132		
中农			6		2	1	2	1		11661	6728		
貧农	1	1	13	3	5	4		1		112.07	5361		
雇农													
工商业主			2			2				5.55	3.05		
工人													
其它村戶			1			1				1013	663		

阶級	典出土地		租入农业用地					租出农业用地				
			谷租			錢租		谷租			錢租	
	計（市亩）	其中：农业用地(市亩)	面积（市亩）	租额 糙米（市斤）	租额 小麦（市亩）	面积（市亩）	租额（糙米市斤）	面积（市亩）	租额 糙米（市斤）	租额 小麦（市斤）	面积（市亩）	租额（ ）
甲	67	68	69 ✗	70	71	72	73	74	75	76	77	78
合計	6.30	6.30										
地主								[illegible]	[illegible]			
富农												
中农	5.30	5.30										
貧农												
雇农												
工商业主	1.00	1.00						[illegible]	[illegible]			
工人												
其它农戶												

阶級	使用农地面积（市亩）	稻的播种面积（市亩）	小麦的播种面积（市亩）	桑的現有面积（市亩）	其中：可采桑的面积（市亩）	果园的面积（市亩）	大豆的播种面积（市亩）	其它面积（市亩）	农付业雇入			
									长工		短工	
									人数	工資（ ）	工数（工）	工資（ ）
甲	79	80	81	82	83	84	85	86	87	88	89	90
合計									9	1184.00	615	307.50
地主											80	40.00
富农									4	362.00	140	70.00
中农									5	822.00	235	117.50
貧农											143	71.50
雇农												
工商业主												
工人												
其它农户											17	8.50

阶級	农付业出雇				房屋間数（間）	家畜头数				主要生产				
	长工		短工											
	人数	工資（ ）	工数	工資（ ）		牛、馬、騾（头）	猪（头）	羊（只）	兎（只）	抽水机（部）	水車（部）	旧式犁（張）	打谷机（部）	船（条）
甲	91	92	93	94	95	96	97	98	99	100	101	102	103	104
合計			491	245.50	176		77	44			23.23		1.85	5.50
地主					6		5	2			1			
富农					23		18	4			5			
中农			50	25.00	55		22	19			7.73		0.60	3.50
貧农			441	220.50	79.50		30	18			8.50		1.25	2
雇农														
工商业主					4									
工人														
其它农户					8.50		2	1			1			

阶級	工具						植物栽培收入	蚕茧								
								春蚕			夏蚕			秋蚕		
	蚕（只）	蚕台（張）	耙（把）	織布机（台）	魚网（条）	其他（件）	（ ）	蚕种（張）	产量（市斤）	产値（ ）	蚕种（張）	产量（市斤）	产値（ ）	蚕种（張）	产量（市斤）	产値（ ）
甲	105	106	107	108	109	110	111	112	113	114	115	116	117	118	119	120
合計	623	94														
地主	44	7														
富农	104	18														
中农	217	27														
貧农	228	38														
雇农																
工商业主		1														
工人																
其它农戶	30	2														

阶級	出售家畜收入			出雇收入	其它付业收入						在外人口寄回	出售財物收入	其它收入	其中：剝削收入	收入合計
	猪（ ）	羊（ ）	其它（ ）		商品性手工业（ ）	独立工匠（ ）	教书行医（ ）	經商（ ）	运輸（ ）	其它（ ）	（ ）	（ ）	（ ）	（ ）	（ ）
甲	121	122	123	124	125	126	127	128	129	130	131	132	133	134	135
合計															
地主															
富农															
中农															
貧农															
雇农															
工商业主															
工人															
其它农戶															

东吴塘村村户的自然机械及阶級性變化統計表（自1936年至1948年）

	期初户数	原户的自然及机械變化						期末原阶級户数	原户的阶級性變化						期末新阶級户数	其中来自：								期内迁入新户	期末总户数
		分家的母户数	分家增加户数	減少户数					增加户数			減少户数													
				併户	有嗣絕灭	无嗣絕灭	迁出		下升	上降	轉入	上升	下降	轉出		地主	富农	中农	貧农	雇农	工商业主	工人	其他		
合計	51	2	3	1	1	2	1	49	2	7		2	7		49	1	4	14	26		1		x3	4	53
地主	1							1							1	1									1
富农	4							4					2		2		2								2
中农	12	2	3			1		14	2	2			5		13		2	9	2						13
貧农	28			1		1		26		5		2			29			5	24					3	32
雇农																									
工商业主	1							1							1						1				1
工人																									
其他	5			x	1		1(3)	3							3								3	1	4

江苏 省 无锡 县（市）東吴塘 村庄

1936年度资料

	户数	雇入户数			出雇户数			典入户数	典出户数	租入户数	租出户数	有耕畜户数	其中有骡驴户数	养猪户数
		长工	短工	长短工	长工	短工	长短工							
甲	1	2	3	4	5	6	7	8	9	10	11	12	13	14
合計	51	2	23	2		15			3	30	14			35
地主	1		1								1			1
富农	4	1	3	1						3	2			4
中农	12	2	7 8	1		2			2	7	3			9
貧农	28		11			13				20	3			19
雇农														
工商业主	1								1		1			
工人														
其它村户	5	1	1	*							4			2

江苏省无錫（市）县南泉乡太明十社東吴塘村庄

1936 年汇总資料

阶級	戶口	总人口数			常住人口			其中：劳动力				年內出生人数	年內死亡人数
		合計	男	女	合計	男	女	合計	男	女	参加劳动者		
甲	1	2	3	4	5	6	7	8	9	10	11	12	13
合計	51	233	115	118	208	93	115	122	47	75	121	3	3
地主	1	7	3	4	5	1	4	3		3	3		
富农	4	23	10	13	22	8	13	10	4	6	10	1	
中农	12	64	32	32	59	27	32	36	15	21	36	2	
貧农	28	114	60	54	101	48	52	62	26	36	61		3
雇农													
工商业主	1	5	2	3	3		3	2		2	2		
工人													
其它村戶	5	20	8	12	18	7	11	9	2	7	9		

阶級	职业情况												
	主业										农民兼业		
	农民	手工业者	产业工人	教师	医生	其它自由职业者	小商販	工商业主	家务劳动者	其它劳动者	手工业	小商販	其它
甲	14	15	16	17	18	19	20	21	22	23	24	25	26
合計	81	4	1	1				3	18	4	2		7
地主									3				
富农	9								1				
中农	27	2	1					2	4		1		2
貧农	53	2							5	2	1	[illegible]	5
雇农													
工商业主	1								1				
工人													
其它村戶	1			1				1	4	2			

阶級	文化状况									在外人口		
	7至13岁的学龄儿童	其中：在学人数	14岁以上的人数	文盲	初小程度	高小程度	初中程度	高中程度	大学程度	合計	男	女
甲	27	28	29	30	31	32	33	34	35	36	37	38
合計	33	21	137	97	31	8		1		25	22	3
地主	1	1	4	1	1	2				2	2	
富农	5	2	12	9	3					1	1	
中农	8	6	40	28	9	3				5	5	
貧农	15	8	69	51	15	3				13	11	2
雇农												
工商业主	1	1	2	2						2	2	
工人												
其它村戶	3	3	10	6	3			1		2	1	1

阶級	其中：劳动力			职业情况											
	合計	男	女	农民	手工业者	产业工人	教师	医生	其它自由职业者	小商販	工商业主	店員	軍政人員	家务劳动者	其它劳动者
甲	39	40	41	42	43	44	45	46	47	48	49	50	51	52	53
合計	24	22	2		1	5	4				1	4	1		7
地主	2	2											1		
富农	1	1										1			
中农	5	5				1	2					1			1
貧农	12	11	1		1	3	1					2			5
雇农															
工商业主	2	2									1				1
工人															
其它农戶	2	1	1			1	1								

阶级	在外人口的文化状况									占有土地		典入土地	
	7至13岁的学龄儿童	其中：在学人数	14岁以上的人数	文盲	初小程度	高小程度	初中程度	高中程度	大学程度	計（市亩）	其中：农业用地(市亩)	計（市亩）	其中：农业用地（市亩）
甲	54	55	56	57	58	59	60	61	62	63	64	65	66
合計	1	1	24	3	7	8	2	4		377.90	220.96		
地主			2					2		33.10	23.40		
富农			1		1					6482	42.57		
中农			5		1	1	2	1		109.69	62.50		
貧农	1	1	12	2	5	4		1		110.83	51.18	[illegible]	
雇农													
工商业主			2			2				5.55	3.05	[illegible]	
工人													
其它村戸			2	1		1				53.11	38.26		

阶級	典出土地		租入农业用地					租出农业用地				
			谷租			錢租		谷租			錢租	
	計（市亩）	其中：农业用地(市亩)	面积（市亩）	租额 糙米（市斤）	租额 小麦（市亩）	面积（市亩）	租额（糙米市斤）	面积（市亩）	租额 糙米（市斤）	租额 小麦（市斤）	面积（市亩）	租额（　）
甲	67	68	69	70	71	72	73	74	75	76	77	78
合計	6.30	6.30	105.15	17,575		0.50	300	54.10	9,280			
地主								11.60	1856			
富农			12.80	12.80				8.16	1371			
中农	5.30	5.30	27.80	51.70				8.07	1,288			
貧农			6445	11,125.40		0.50	300	2.86	416			
雇农												
工商业主	1.00	1.00						2.30	400			
工人												
其它农戸								21.01	3,949			

阶級	使用农地面积（市亩）	稻的播种面积（市亩）	小麦的播种面积（市亩）	桑的現有面积（市亩）	其中：可采桑的面积（市亩）	果园的面积（市亩）	大豆的播种面积（市亩）	其它面积（市亩）	农付业雇入 长工 人数	长工 工资（ ）	短工 工数（工）	短工 工资（ ）
甲	79	80	81	82	83	84	85	86	87	88	89	90
合計	273.31	110.66	177.31	60.80	60.80	11.30			9	1184.00	615	307.50
地主	11.80	7.30	7.00	4.50	4.50						80	40.00
富农	47.21	28.18	27.11	7.52	7.52	10.50			1	86.00	180	85.00
中农	82.33	60.23	54.25	22.10	22.10				4	726.00	183	86.50
貧农	113.57	93.79	88.95	18.38	18.38	0.80					145	72.50
雇农												
工商业主	0.75	0.15		0.60	0.60							
工人												
其它农戶	17.25			6.70	6.70				4	362.00	7	3.50

阶級	农付业出雇 长工 人数	长工 工资（ ）	短工 工数	短工 工资（ ）	房屋間数（間）	家畜头数 牛、馬、驢（头）	豬（头）	羊（只）	兎（只）	主要生产 抽水机（部）	水車（部）	旧式犂（張）	打谷机（部）	船（条）
甲	91	92	93	94	95	96	97	98	99	100	101	102	103	104
合計			491	245.50	181		77	44			23.23		1.85	5.50
地主					6		5	2			1			
富农					17		11	8			4.20		0.20	
中农			90	45.00	55		22	16			8.53		0.40	3.50
貧农			401	200.50	84.50		28	18			7.50		1.25	2
雇农														
工商业主					4									
工人														
其它农戶					14.50		11				2			

阶級	工具						植物栽培收入	蚕茧								
								春蚕			夏蚕			秋蚕		
	蚕（只）	蚕台（張）	耙（把）	織布机（台）	魚网（条）	其他（件）	（ ）	蚕种（張）	产量（市斤）	产値（ ）	蚕种（張）	产量（市斤）	产値（ ）	蚕种（張）	产量（市斤）	产値（ ）
甲	105	106	107	108	109	110	111	112	113	114	115	116	117	118	119	120
合計	623	94					641.32	88.55	2453	815.33				45.25	1141.50	323.05
地主	44	7					340.20	7	210	72.48				5	100	28.30
富农	91	14					188.34	13.5	413	142.48				8	214.50	60.70
中农	210	26					2007.85	28.50	843	280.85				12.50	315	87.15
貧农	222	36					2574.82	31.05	898	309.83				12.00	310	87.73
雇农																
工商业主		1					17.20	0.5	14	4.83				0.25	7	1.98
工人																
其它农戶	56	10					482.71	9	275	94.88				7.50	185	55.18

阶級	出售家畜收入			出雇收入	其它付业收入						在外人口寄回	出售財物收入	其它收入	其中：剝削收入	收入合計
	豬（ ）	羊（ ）	其它（ ）		商品性手工业（ ）	獨立工匠（ ）	教书行医（ ）	經商（ ）	运輸（ ）	其它（ ）	（ ）	（ ）	（ ）	（ ）	（ ）
甲	121	122	123	124	125	126	127	128	129	130	131	132	133	134	135
合計	2289.85	156.00		245.50 ~~270.50~~	178.00	631.00 ~~646.00~~	520.00	300.00	430.00	309.00	1207.00	1101.00	1295.41	543.11	16313.46
地主	195.00	8.00			4.00						360.00		122.83	87.23	1130.88
富农	454.60	28.00									120.00		250.32	184.86	2044.46
中农	612.03	46.00		45.00	93.50	311.00	160.00	88.00	230.00	83.00	40.00	1025.00	477.68	66.54	5581.16
貧农	738.62	74.00		200.50 ~~185.50~~	78.00	320.00 ~~335.00~~			200.00	226.00	447.00	76.00	191.11		5525.31
雇农															
工商业主											240.00		23.30	18.80	287.31
工人															
其它农戶	288.60				2.50		360.00	300.00					230.07	185.58	1813.85

江苏 省 无锡 县（市） 东吴塘 村庄

48/ 1936年度资料

	户数	雇入户数			出雇户数			典入户数	典出户数	租入户数	租出户数	有耕畜户数	其中：有[illegible]户数	养猪户数
		长工	短工	长短工	长工	短工	长短工							
甲	1	2	3	4	5	6	7	8	9	10	11	12	13	14
合計	49		29			15				28	11			39
地主	1		1								1	/	/	1
富农	4		4								4	/	/	4
中农	14		10			3				9	2	/	/	12
貧农	26		11			11				18	2	/	/	18
雇农														
工商业主	1		1								1	/	/	1
工人														
其它村户	3		2			1					1	/	/	3

江苏省无锡（市）县 南泉乡 太湖十社 东吴塘村庄

48 / 1956 年汇总資料

阶級	戶口	总人口数 合計	男	女	常住人口 合計	男	女	其中：劳动力 合計	男	女	參加劳动者	年內出生人数	年內死亡人数
甲	1	2	3	4	5	6	7	8	9	10	11	12	13
合計	48	235	112	123	183	67	116	103	32	71	102	3	1
地主	1	6	3	3	2	1	1	1		1	1	1	
富农	4	21	9	12	18	6	12	9	1	8	9		
中农	14	67	31	36	55	20	35	30	9	21	30		
貧农	26	116	57	59	91	34	57	53	19	34	52	2	
雇农													
工商业主	1	8	4	4	5	2	3	2		2	2		
工人													
其它村戶	3	17	8	9	12	4	8	8	3	5	8		1

阶級	职业情况 主业 农民	手工业者	产业工人	教师	医生	其它自由职业者	小商販	工商业主	家务劳动者	其它劳动者	农民兼业 手工业	小商販	其它
甲	14	15	16	17	18	19	20	21	22	23	24	25	26
合計	85	1		1				1	13	1	1		4
地主	1												
富农	9												
中农	26								4		1		1
貧农	43	1							7	1			3
雇农													
工商业主	1								1				
工人													
其它村戶	5			1				1	1				

阶級	文化状况									在外人口		
	7至13岁的学龄儿童	其中：在学人数	14岁以上的人数	文盲	初小程度	高小程度	初中程度	高中程度	大学程度	合計	男	女
甲	27	28	29	30	31	32	33	34	35	36	37	38
合計	30	25	117	81	21	15				52	45	7
地主	1	1	1		1					4	2	2
富农	4	4	11	8	1	1				3	3	
中农	11	10	35	26	4	5				12	11	1
貧农	12	8	60	41	13	6				25	23	2
雇农												
工商业主			2	2						3	2	1
工人												
其它村戶	2	2	8	3	2	3				5	4	1

阶級	其中：劳动力			职业情况											
	合計	男	女	农民	手工业者	产业工人	教师	医生	其它自由职业者	小商販	工商业主	店員	軍政人員	家务劳动者	其它劳动者
甲	39	40	41	42	43	44	45	46	47	48	49	50	51	52	53
合計	41	35	6		1	17	3	1		1	1	7	1	3	3
地主	4	2	2				1						1	1	
富农	3	3													1
中农	11	11			1	6	1					2			1
貧农	17	15	2			10	1	1				2		2	1
雇农															
工商业主	3	2	1			1					1	1			
工人															
其它农戶	3	2	1							1		2			

阶級	在外人口的文化状况									占有土地		典入土地	
	7至13岁的学龄儿童	其中：在学人数	14岁以上的人数	文盲	初小程度	高小程度	初中程度	高中程度	大学程度	計（市亩）	其中：农业用地(市亩)	計（市亩）	其中：农业用地（市亩）
甲	54	55	56	57	58	59	60	61	62	63	64	65	66
合計	1	1	50	7	14	17	8	3	1	358.64	212.85		
地主			4	1			1	1	1	35.80	25.30		
富农			3			1	2			64.82	42.57		
中农			12	2	3	4	2	1		108.23	63.84		
貧农			24	3	10	7	3	1		100.48	46.78		
雇农													
工商业主			3			3				7.85	5.35		
工人													
其它村戶	1	1	4	1	1	2				41.46	28.81		

阶級	典出土地		租入农业用地					租出农业用地				
			谷租			錢租		谷租			錢租	
	計（市亩）	其中：农业用地(市亩)	面积（市亩）	租額 糙米（市斤）	租額 小麦（市亩）	面积（市亩）	租額(糙米市斤)	面积（市亩）	租額 糙米（市斤）	租額 小麦（市斤）	面积（市亩）	租額（ ）
甲	67	68	69	70	71	72	73	74	75	76	77	78
合計												
地主												
富农												
中农												
貧农												
雇农												
工商业主												
工人												
其它农戶												

阶級	使用农地面积（市亩）	稻的播种面积（市亩）	小麦的播种面积（市亩）	桑的現有面积（市亩）	其中：可采桑的面积（市亩）	果园的面积（市亩）	大豆的播种面积（市亩）	其它面积（市亩）	农付业雇入 长工 人数	长工 工資（ ）	短工 工数（工）	短工 工資（ ）
甲	79	80	81	82	83	84	85	86	87	88	89	90
合計											704	6336
地主											50	450
富农											149	1341
中农											256	2304
貧农											194	1746
雇农												
工商业主											10	90
工人												
其它农戶											45	405

阶級	农付业出雇 长工 人数	长工 工資（ ）	短工 工数	短工 工資（ ）	房屋間数（間）	家畜头数 牛、馬、騾（头）	猪（头）	羊（只）	兎（只）	主要生产 抽水机（部）	水車（部）	旧式犁（張）	打谷机（部）	船（条）
甲	91	92	93	94	95	96	97	98	99	100	101	102	103	104
合計			590	5310	186.50		65	32			16.48		3.57	1
地主					6.00		2				1			
富农					16.00		9	6			3.33		0.33	
中农			100	900	62.00		24	12			5.66		0.66	1
貧农			420	3780	84.00		23	14			4.50		2.25	
雇农														
工商业主					4.00		1							
工人														
其它农戶			70	630	14.50		6				2		0.33	

阶級	工具						植物栽培收入	蚕茧								
								春蚕			夏蚕			秋蚕		
	蚕（只）	蚕台（張）	耙（把）	織布机（台）	魚网（条）	其他（件）	（ ）	蚕种（張）	产量（市斤）	产值（ ）	蚕种（張）	产量（市斤）	产值（ ）	蚕种（張）	产量（市斤）	产值（ ）
甲	105	106	107	108	109	110	111	112	113	114	115	116	117	118	119	120
合計	586	94														
地主	44	7														
富农	67	14														
中农	195	26														
貧农	226	37														
雇农																
工商业主		1														
工人																
其它农戶	54	9														

阶級	出售家畜收入			出雇收入	其它付业收入						在外人口寄回	出售財物收入	其它收入	其中：剝削收入	收入合計
	猪（ ）	羊（ ）	其它（ ）		商品性手工业（ ）	独立工匠（ ）	教书行医（ ）	經商（ ）	运輸（ ）	其它（ ）	（ ）	（ ）	（ ）	（ ）	（ ）
甲	121	122	123	124	125	126	127	128	129	130	131	132	133	134	135
合計															
地主															
富农															
中农															
貧农															
雇农															
工商业主															
工人															
其它农戶															

东吴塘村村戶的自然机械及阶級性变化統計表（自1948年至1957年）

	期初戶数	原戶的自然及机械变化						期末原阶級戶数	原戶的阶級性变化						期末新阶級戶数	其中来自：								期內迁入新戶	期末总戶数
		分家的母戶数	分家增加戶数	減少戶数					增加戶数			減少戶数													
				併戶	有嗣絕灭	无嗣絕灭	迁出		下升	上降	轉入	上升	下降	轉出		地主	富农	中农	貧农	雇农	工商业主	工人	其他		
合計	53	1	1				5	49	11	3	6	11	3	6	49	1	2	11	29		1		5	7	56
地主	1							1					1												
富农	2							2					2		上16									2上4	18
中农	13						2(8)	11	11	3	5				30 下14	1	2	11	11		1		4	3工4	17
貧农	32						3(10)	29			1	11			19				18				1	2	21
雇农																									
工商业主	1							1						1											
工人																									
其他	4	1	1					5						5											

江苏 省 无锡 县（市）東吴塘 村庄

1948年度资料

	户数	雇入户数			出雇户数			典入户数	典出户数	租入户数	租出户数	有耕畜户数	其中：有[illegible]户数	养猪户数
		长工	短工	长短工	长工	短工	长短工							
甲	1	2	3	4	5	6	7	8	9	10	11	12	13	14
合計	53		30			18				31	12			40
地主	1		1								1	/	/	1
富农	2		2								2	/	/	2
中农	13		12			2				7	4	/	/	13
貧农	32		11			15				22	2	/	/	19
雇农														
工商业主	1		1								1	/	/	1
工人														
其它村户	4		3			1				2	2	/	/	4

江苏省无锡（市）县 南泉乡 太湖上社 东吴塘村庄

1948 年汇总資料

阶級	戶口	总人口数			常住人口			其中：劳动力				年內出生人数	年內死亡人数
		合計	男	女	合計	男	女	合計	男	女	參加劳动者		
甲	1	2	3	4	5	6	7	8	9	10	11	12	13
合計	53	241	116	125	188	70	118	108	35	73	107	3	1
地主	1	6	3	3	2	1	1	1		1	1	1	
富农	2	10	4	6	8	3	6	5		5	5		
中农	13	68	32	37	58	21	37	30	8	22	30		
貧农	32	128	64	65	101	39	62	61	24	37	60	2	[illegible]
雇农													
工商业主	1	8	4	4	5	2	3	2		2	2		
工人													
其它村戶	4	18	8	10	13	4	9	9	3	6	8		1

阶級	职业情况												
	主业										农民兼业		
	农民	手工业者	产业工人	敎师	医生	其它自由职业者	小商贩	工商业主	家务劳动者	其它劳动者	手工业	小商贩	其它
甲	14	15	16	17	18	19	20	21	22	23	24	25	26
合計	89	1		1				1	13	2	1		4
地主	1												
富农	5												
中农	27								3		1		
貧农	49	1							8	2		[illegible]	4
雇农													
工商业主	1								1				
工人													
其它村戶	6			1				1	1				

阶級	文化状况									在外人口		
	7至13岁的学龄儿童	其中：在学人数	14岁以上的人数	文盲	初小程度	高小程度	初中程度	高中程度	大学程度	合計	男	女
甲	27	28	29	30	31	32	33	34	35	36	37	38
合計	30	25	122	86	21	15				53	46	7
地主	1	1	1		1					4	2	2
富农	2	2	5	5						1	1	
中农	12	11	38	28	4	6				11	11	
貧农	13	9	67	47	14	6				28	25	3
雇农												
工商业主			2	2						3	2	1
工人												
其它村戶	2	2	9	4	2	3				6	5	1

阶級	其中：劳动力			职业情况											
	合計	男	女	农民	手工业者	产业工人	教师	医生	其它自由职业者	小商販	工商业主	店員	軍政人員	家务劳动者	其它劳动者
甲	39	40	41	42	43	44	45	46	47	48	49	50	51	52	53
合計	42	36	6		1	18	3	1		1	1	7	1	3	3
地主	4	2	2				1						1	1	
富农	1	1													1
中农	11	11			1	5	1	1							1
貧农	18	17	2			11	1					4		2	1
雇农															
工商业主	3	2	1			1					1	1			
工人															
其它农戶	4	3	1			1				1		2			

阶級	在外人口的文化状况									占有土地		典入土地	
	7至13岁的学龄儿童	其中：在学人数	14岁以上的人数	文盲	初小程度	高小程度	初中程度	高中程度	大学程度	計（市亩）	其中：农业用地(市亩)	計（市亩）	其中：农业用地（市亩）
甲	54	55	56	57	58	59	60	61	62	63	64	65	66
合計	1	1	51	7	14	18	8	3	1	375.62	21983		
地主			4	1			1	1	1	35.80	2530		
富农			1			1				38.07	2427		
中农			11	2	2	4	2	1		126.59	8734		
貧农			27	3	11	7	5	1		116.85	4701		
雇农													
工商业主			3			3				7.85	535		
工人													
其它村戶	1	1	5	1	1	3				50.46	3556		

阶級	典出土地		租入农业用地					租出农业用地				
			谷租			錢租		谷租			錢租	
	計（市亩）	其中：农业用地(市亩)	面积（市亩）	租额 糙米（市斤）	租额 小麦（市亩）	面积（市亩）	租额（糙米市斤）	面积（市亩）	租额 糙米（市斤）	租额 小麦（市斤）	面积（市亩）	租额（ ）
甲	67	68	69	70	71	72	73	74	75	76	77	78
合計			86.82	14468.60 10268.03		0.80	93	50.33	8252.80 ~~1454.56~~			
地主								18.00	3040			
富农								9.80	1648			
中农			22.80	4103		0.80		0.81	1763.2			
貧农			62.22	10226.60		0.80	93	1.46	176			
雇农												
工商业主								2.30	400			
工人												
其它农戶			1.80	140				6.86	1225.60			

阶級	使用农地面积（市亩）	稻的播种面积（市亩）	小麦的播种面积（市亩）	桑的現有面积（市亩）	其中：可采桑的面积（市亩）	果园的面积（市亩）	大豆的播种面积（市亩）	其它面积（市亩）	农付业雇入 长工 人数	农付业雇入 长工 工資（ ）	农付业雇入 短工 工数（工）	农付业雇入 短工 工資（ ）
甲	79	80	81	82	83	84	85	86	87	88	89	90
合計	318.75	188.48	182.14	57.82	57.82	0.80		~~372~~			712	6408
地主	6.30	2.80	2.50	3.50	3.50						50	450
富农	14.47	10.40	8.82	4.07	4.07			~~372~~			88	881
中农	155.76	72.23	67.11	22.00	22.00						316	2844
貧农	108.57	87.56	80.66	20.20	20.20	0.80					184	1656
雇农												
工商业主	3.05	2.45	1.40	0.60	0.60						10	90
工人												
其它农戶	30.60	23.05	21.65	7.55	7.55						53	477

阶級	农付业出雇 长工 人数	农付业出雇 长工 工資（ ）	农付业出雇 短工 工数	农付业出雇 短工 工資（ ）	房屋間数（間）	家畜头数 牛、馬、驢（头）	家畜头数 猪（头）	家畜头数 羊（只）	家畜头数 兔（只）	主要生产 抽水机（部）	主要生产 水車（部）	主要生产 旧式犁（張）	主要生产 打谷机（部）	主要生产 船（条）
甲	91	92	93	94	95	96	97	98	99	100	101	102	103	104
合計			680	6120	182.50		67	33			16.49		3.57	1
地主					6		2				1			
富农					9		5	2			2			
中农			80	720	61		27	19			6.49		0.99	1
貧农			530	4770	85		24	11			5.[illegible]		2.25	
雇农														
工商业主					4		2							
工人														
其它农戶			70	630	18.50		8	1			2		0.33	

阶級	工具						植物栽培收入	蚕茧								
								春蚕			夏蚕			秋蚕		
	蚕（只）	蚕台（張）	耙（把）	織布机（台）	魚网（条）	其他（件）	（ ）	蚕种（張）	产量（市斤）	产値（ ）	蚕种（張）	产量（市斤）	产値（ ）	蚕种（張）	产量（市斤）	产値（ ）
甲	105	106	107	108	109	110	111	112	113	114	115	116	117	118	119	120
合計	583	95					117089.13	72.00	2236	14176.90				40.00	1048	4980.70
地主	44	7					2724	5	150	451				3	70	331.80
富农	21	9					7084.82	5	134	850				3.50	80	426.40
中农	207	28					43865.33	24.25	761	4824.56				14.50	378	1811.36
貧农	252	40					46692.62	27.75	864	5478.36				10.25	264	1250.64
雇农																
工商业主		1					1365.94	0.50	14	88.16				0.25	7	33.18
工人																
其它农户	61	10					15276.42	9.50	313	1884.22				8.50	240	1137.22

阶級	出售家畜收入			出雇收入	其它付业收入						在外人口寄回	出售財物收入	其它收入	其中：剝削收入	收入合計
	猪（ ）	羊（ ）	其它（ ）		商品性手工业（ ）	独立工匠（ ）	教书行医（ ）	經商（ ）	运輸（ ）	其它（ ）	（ ）	（ ）	（ ）	（ ）	（ ）
甲	121	122	123	124	125	126	127	128	129	130	131	132	133	134	135
合計	32526.78	1516.00		6120 5480.32	1820.00	2130.00		1600.00		2539.00	45583.52/21085.74	6981.44	24683.25	11431.70	261767.62
地主	1304										3840/		3816.50	3040	13107.30
富农	3360	80									1536		2961	1648	16308.22
中农	12889	861		720	1316	1170				480	18500/8800	472	7824.30	4664.20	95013.94
貧农	11387.78	527		4770	426	960				2059	16087.92/11315.76	6509.44	6487.35	248	102636.11
雇农															
工商业主	450				78						3840		535	400	6390.88
工人															
其它农户	2996	48		630 6.30				1600			1780/1780		2859.60	1444.50	28311.56 27687.86

江苏 省 无锡 县(市) 東吳塘 村庄

	户数	雇入户数			出雇户数			典入户数	典出户数	租入户数	租出户数	有耕畜户数	其中有[illegible]户数	养猪户数
		长工	短工	长短工	长工	短工	长短工							
甲	1	2	3	4	5	6	7	8	9	10	11	12	13	14
合計	49													33
地主	1													
富农	2													2
中农	11													9
貧农	29													17
雇农														
工商业主	1													1
工人														
其它村户	5													4

江苏省无锡（市）县胡泉乡大湖十社东吴塘村庄

前48/57年汇总資料

阶級	戶口	总人口数			常住人口			其中：劳动力				年内出生人数	年内死亡人数
		合計	男	女	合計	男	女	合計	男	女	参加劳动者		
甲	1	2	3	4	5	6	7	8	9	10	11	12	13
合計	49	272	132	140	160	65	95	91	30	61	86	6	1
地主	1	7	5	2	3	2	1	1		1	1	1	
富农	2	11	6	5	9	5	4	4	2	2	4		
中农	11	74	33	41	42	14	28	27	8	19	27	3	
貧农	29	147	71	76	83	34	49	48	16	32	43	2	1
雇农													
工商业主	1	9	6	3	6	3	3	2		2	2		
工人													
其它村戶	5	24	11	13	17	7	10	9	4	5	9		

阶級	职业情况												
	主业										农民兼业		
	农民	手工业者	产业工人	教师	医生	其它自由职业者	小商販	工商业主	家务劳动者	其它劳动者	手工业	小商販	其它
甲	14	15	16	17	18	19	20	21	22	23	24	25	26
合計	69								16		1		
地主	1												
富农	3												
中农	21								6		1		
貧农	35								8				
雇农													
工商业主	1								1				
工人													
其它村戶	8								1				

阶級	文化状况									在外人口		
	7至13岁的学龄儿童	其中：在学人数	14岁以上的人数	文盲	初小程度	高小程度	初中程度	高中程度	大学程度	合計	男	女
甲	27	28	29	30	31	32	33	34	35	36	37	38
合計	32	30	98	58	21	13	6			112	67	45
地主	1	1	1		1					4	3	1
富农	2	2	5	2		1	2			2	1	1
中农	5	5	29	19	4	4	2			32	19	13
貧农	20	18	52	32	12	6	2			64	37	27
雇农												
工商业主	2	2	2	2						3	3	
工人												
其宅村戶	2	2	9	3	4	2				7	4	3

阶級	其中：劳动力			职业情况											
	合計	男	女	农民	手工业者	产业工人	教师	医生	其宅自由职业者	小商販	工商业主	店員	革命干部 軍政人員	家务劳动者	其宅劳动者
甲	39	40	41	42	43	44	45	46	47	48	49	50	51	52	53
合計	79	48	31	1	1	33	4			1			11	22	6
地主	3	2	1				1							1	1
富农	2	1	1			1									1
中农	22	14	8		1	8	1						5	5	2
貧农	44	26	18	1		21	2						3	15	2
雇农															
工商业主	1	1											1		
工人															
其宅农戶	7	4	3			3				1			2	1	

阶級	在外人口的文化状况									占有土地		典入土地	
	7至13岁的学龄儿童	其中：在学人数	14岁以上的人数	文盲	初小程度	高小程度	初中程度	高中程度	大学程度	計（市亩）	其中：农业用地(市亩)	計（市亩）	其中：农业用地（市亩）
甲	54	55	56	57	58	59	60	61	62	63	64	65	66
合計	6	6	85	19	23	18	17	5	3				
地主			4	1				2	1				
富农			2	1			1						
中农	1	1	25	5	2	7	8	1	2				
貧农	4	4	45	10	20	8	6	1					
雇农													
工商业主	1	1	2			1	1						
工人													
其它村户			7	2	1	2	1	1					

阶級	典出土地		租入农业用地					租出农业用地				
			谷租			錢租		谷租			錢租	
	計（市亩）	其中：农业用地(市亩)	面积（市亩）	租額 糙米（市斤）	租額 小麦（市亩）	面积（市亩）	租額（糙米市斤）	面积（市亩）	租額 糙米（市斤）	租額 小麦（市斤）	面积（市亩）	租額（ ）
甲	67	68	69	70	71	72	73	74	75	76	77	78
合計												
地主												
富农												
中农												
貧农												
雇农												
工商业主												
工人												
其它农戶												

阶級	使用农地面积（市亩）	稻的播种面积（市亩）	小麦的播种面积（市亩）	桑的現有面积（市亩）	其中：可采桑的面积（市亩）	果园的面积（市亩）	大豆的播种面积（市亩）	其它面积（市亩）	农付业雇入 长工 人数	农付业雇入 长工 工資（　）	农付业雇入 短工 工数（工）	农付业雇入 短工 工資（　）
甲	79	80	81	82	83	84	85	86	87	88	89	90
合計												
地主												
富农												
中农												
貧农												
雇农												
工商业主												
工人												
其它农戶												

阶級	农付业出雇 长工 人数	农付业出雇 长工 工資（　）	农付业出雇 短工 工数	农付业出雇 短工 工資（　）	房屋間数（間）	家畜头数 牛、馬、騾（头）	家畜头数 猪（头）	家畜头数 羊（只）	家畜头数 兎（只）	主要生产 抽水机（部）	主要生产 水車（部）	主要生产 旧式犁（張）	主要生产 打谷机（部）	主要生产 船（条）
甲	91	92	93	94	95	96	97	98	99	100	101	102	103	104
合計														
地主														
富农														
中农														
貧农														
雇农														
工商业主														
工人														
其它农戶														

阶級	工具						植物栽培收入	蚕茧								
								春蚕			夏蚕			秋蚕		
	蚕（只）	蚕台（張）	耙（把）	織布机（台）	魚网（条）	其他（件）	（ ）	蚕种（張）	产量（市斤）	产值（ ）	蚕种（張）	产量（市斤）	产值（ ）	蚕种（張）	产量（市斤）	产值（ ）
甲	105	106	107	108	109	110	111	112	113	114	115	116	117	118	119	120
合計																
地主																
富农																
中农																
貧农																
雇农																
工商业主																
工人																
其它农戶																

阶級	出售家畜收入			出雇收入	其它付业收入						在外人口寄回	出售实物收入	其它收入	其中：[illegible]收入	收入合計
	猪（ ）	羊（ ）	其它（ ）		商品性手工业（ ）	獨立工匠（ ）	教书行医（ ）	經商（ ）	运輸（ ）	其它（ ）	（ ）	（ ）	（ ）	（ ）	（ ）
甲	121	122	123	124	125	126	127	128	129	130	131	132	133	134	135
合計											8648.00				
地主											180.00				
富农											235.00				
中农											2380.00				
貧农											4052.00				
雇农															
工商业主											615.00				
工人															
其它农戶											1186.00				

1929—1957年无锡农村经济调查资料

综合表

無錫市農村經濟調查綜合表

各阶級户数与人口情况

表 1

阶級	1929年							1936年							1948年							1957年						
	户数	常住人口			在外人口			户数	常住人口			在外人口			户数	常住人口			在外人口			户数	常住人口			在外人口		
		計	男	女	計	男	女		計	男	女	計	男	女		計	男	女	計	男	女		計	男	女	計	男	女
总計	716	3137	1543	1594	299	220	79	751	3230	1584	1646	348	248	100	834	3445	1651	1794	566	422	144	945	3962	1890	2072	989	686	303
地主	23	116	49	67	20	14	6	26	129	50	79	22	18	4	36	175	69	106	56	39	17	×	×	×	×	×	×	×
富农	60	355	154	201	21	19	2	47	280	128	152	20	15	5	34	211	99	112	21	13	8	×	×	×	×	×	×	×
中农	174	784	376	408	57	39	18	214	997	484	513	76	57	19	248	1093	519	574	195	145	50	789	3324	1587	1737	935	647	288
其中：上中农	×	×	×	×	×	×	×	×	×	×	×	×	×	×	×	×	×	×	×	×	×	511	2143	1012	1131	722	494	228
貧农	404	1707	874	833	150	113	37	403	1643	840	803	165	120	45	457	1803	885	918	229	182	47	156	638	303	335	54	39	15
雇农	7	18	11	7	2	1	1	10	24	16	8	1	/	1	8	13	11	2	1	1	/	×	×	×	×	×	×	×
其他	48	157	79	78	49	34	15	51	157	66	91	64	38	26	51	150	68	82	64	42	22	×	×	×	×	×	×	×

阶级变化情况

表(二)

阶级	1929年		1936年		1948年		1952年		1957年		备註
	户数	%	户数	%	户数	%	户数	%	户数	%	
总计	716	100	751	100	834	100	893	100	945	100	
地主	23	3.21	26	3.46	36	4.32	34	3.81	×	×	
富农	60	8.38	47	6.26	34	4.08	33	3.69	×	×	
中农	174	24.3	214	28.5	248	29.74	262	29.34	789	83.49	
其中：上中农	×	×	×	×	×	×	100	11.2	511	54.07	
贫农	404	56.42	403	53.66	457	54.69	509	57	156	16.51	
雇农	7	0.98	10	1.33	8	0.95	6	0.67	×	×	
其他	48	6.71	51	6.79	51	6.22	49	5.49	×	×	

综合表

1929——1936年阶級变化原因

表1之六 [illegible]3

阶級	1929年户数	1936年户数 小計	地主	富农	中农	貧农	雇农	其他	上升原因 合計户数	剥削和掠夺 户数	剥削和掠夺 %	投机获利 户数	投机获利 %	善于经营管理 户数	善于经营管理 %	家庭成员就业 户数	家庭成员就业 %	副业收入多 户数	副业收入多 %	人口劳力多 户数	人口劳力多 %	自田增加 户数	自田增加 %	其他 户数	其他 %
总計	668	728	26	47	(191) 207	(410) 394	8	46	43	8	18.60	1	2.33	12	27.91	8	18.60	2	4.65	2	4.65	3	6.98	7	16.28
地主	21	23	22		1																				
富农	60	71	4	43	15	4		5	4	3	75.00	1	25.00												
中农	169	188(204)		4	160	23		1	5	4	80.00													1	20.00
貧农	371	399(383)			30	364	2	3	32					12	37.50	8	25.00	2	6.25	2	6.25	3	9.37	5	15.63
雇农	7	7			1		6		1															1	100.00
其他	40	40				3		37	1	1	100.00														

阶級	下降原因 合計户数	被剥削和掠夺 户数	被剥削和掠夺 %	投机失败 户数	投机失败 %	分家 户数	分家 %	天灾人祸 户数	天灾人祸 %	赌吃嫖浪 户数	赌吃嫖浪 %	人多劳力少 户数	人多劳力少 %	商业经营衰落 户数	商业经营衰落 %	其他 户数	其他 %
总計	49	4	8.16	3	6.12	16	32.65	10	20.41	5	10.20	8	16.33	1	2.04	2	4.08
地主	1											1	100.00				
富农	21			2	9.52	10	47.62	3	14.29	2	9.52	3	14.29	1	4.76		
中农	23	3	13.04			6	26.09	7	30.43	3	13.04	4	17.40				
貧农	2	1	50.00													1	50.00
雇农																	
其他	2			1	50.00											1	50.00

说明："总計"栏、29年歇业户48户不計在内，到36年絶户一户，增加新分家户61户。

1936——1948年阶级变化原因

综合表　　　　表1之三 新表号4

阶级	1936年户数	1948年户数 小计	地主	富农	中农	贫农	雇农	其他	上升原因 合计户数	剥削和掠夺 户数	%	投机获利 户数	%	善于经营管理 户数	%	家庭成员就业 户数	%	劳动力增 户数	%	在外人口寄回负担小 户数	%	付业收入多开店 户数	%	其他 户数	%
总计	678	787	35	34	241	428	6	43	61	13	21.31	3	4.92	15	24.59	13	21.31	7	11.48	2	3.27	3	4.92	5	8.20
地主	25	32	27		1	1		3																	
富农	42	45	5	30	18			2	5	5	100														
中农	208	247	2	4	178	57		5	6	5	83.33	1	16.67												
贫农	244	161			41	243	2	5	43	2	4.65	2	4.65	14	32.56	12	27.91	7	16.28	2	4.65	2	4.65	2	4.65
雇农	7	7				2	4	1	3							1	33.33					1	33.33	1	33.34
其他	41	45	1		2	15		27	4	1	25			1	25									2	50

阶级	下降原因 合计户数	被剥削和掠夺 户数	%	投机失败 户数	%	分家 户数	%	天灾人祸 户数	%	赌吃嫖逸 户数	%	劳力少人口多负担大、田少 户数	%	经商不善收入少、管理不善 户数	%	其他 户数	%
总计	~~96~~ 95	8	~~8.33~~ 8.42	1	~~1.04~~ 1.05	~~45~~ 44	~~46.88~~ 46.32	14	~~14.58~~ 14.74	5	5.26	11	~~11.46~~ 11.58	5	5.26	7	~~7.29~~ 7.37
地主	2					2	100										
富农	20					10	50	2	10			3	15	3	15	2	10
中农	60	5	8.33	1	1.67	28	46.67	9	15	5	8.33	8	13.33	1	1.67	3	5
贫农	~~5~~ 4	3	~~60~~ 75.00			~~1~~	~~20~~	1	~~20~~ 25.00								
雇农																	
其他	9					4	44.44	2	22.22					1	11.11	2	22.22

36年历史户66户迁出户6户 36年有1户只有15年度故未计该在36年内 36年迁入户22户 36年调查户为751户

1948——1952年阶级变化原因

綜合表　　　　　　　　　　　　　　　　　　　　　　　　　　　　表5 ~~之四 新表是5~~

阶级	1948年户數	1952年户數 小計	地主	富农	中农	其中：上中农	貧农	雇农	其他	合計户数	上升原因：剥削和掠夺 户数	%	投机获利 户数	%	善于经营管理 户数	%	家庭成员就业 户数	%	土地改革 户数	%	其他 户数	%
总計	815	877	35	35	261	114	489	6	51	35					10	28.57	12	34.29	8	22.86	5	14.28
地主	35	40	35	2	2	1			1													
富农	34	43		32	7	7			4													
中农	242	259		1	233	103	23		2	13					5	38.46	5	38.46			3	23.08
貧农	446	476			19	3	455		2	19					5	26.32	7	36.84	5	26.32	2	10.52
雇农	8	8					2	6		2									2	100.00		
其他	50	51					9		42	1									1	100.00		

阶级	合計户数	下降原因：被剥削和掠夺 户数	%	投机失败 户数	%	分家 户数	%	天灾人祸 户数	%	嫖赌吸烟 户数	%	土地改革 户数	%	缺乏劳动力 户数	%	其他 户数	%
总計	44	1	2.27	3	6.82	13	29.55	6	13.64	1	2.27	1	2.27	4	9.09	15	34.09
地主	4			1	25.00	2	50.00									1	25.00
富农	10			1	10.00	3	30.00	1	10.00			1	10.00	1	10.00	3	30.00
中农	23	1	4.35	1	4.35	8	34.78	5	21.74	1	4.35			3	13.04	4	17.39
貧农	1															1	100.00
雇农																	
其他	6															6	100.00

说明：48年历史户14户不计在内，迁出户一户不计在内，52年增加迁入户43户，新分家户62户。

数江二

新编46

1952—1957年经济生活变化原因

汇总

阶级	1952年户数	1957年户数				上升原因											下降原因												
		小计	上中农	下中农	贫农	合计户数	在外人口寄回		副业收入多		劳动力多		合作化后增加		其他		合计户数	劳动力少		人口多负担重		家庭成员特殊事故		劳动不好		分家		其他	
							户数	%	户数	%	户数	%	户数	%	户数	%		户数	%	户数	%	户数	%	户数	%	户数	%	户数	%
总计	852	911	498	263	150	498	194	38.96	68	13.65	79	15.86	131	26.31	26	5.22	41	13	31.71	10	24.39	5	12.20	6	14.63	4	9.76	3	7.31
地主	33	34	31	3													3	1	33.33					1	33.33			1	33.34
富农	33	37	31	4	2												3	2	66.67	1	33.33								
下中农	142	154	94	50	10	94	50	53.19	7	7.45	8	8.51	29	30.85			10	4	40.00	3	30.00	1	10.00	1	10.00			1	10.00
上中农	110	120	101	15	4																								
贫农	485	518	211	182	125	389	139	35.73	61	15.68	67	17.22	97	24.94	25	6.43	19	5	26.32	4	21.05	3	15.79	2	10.53	4	21.05	1	5.26
雇农	6	6	1	3	2	5					3	60.00	2	40.00															
其他	43	42	29	6	7	10	5	50.00			1	10.00	3	30.00	1	10.00	6	1	16.66	2	33.33	1	16.66	2	33.35				

说明、48年—52年共877户 52年除历史户27户 迁出11户 新迁入户13 应有852户 57年新分家59户 共计911

上升其他、贫农二户收入6户 经商收入1户 [illegible] 善於经营1户 无负担3户

调查户 52年度有3户是(52年度有)故不统计在内，但调查户中52年度有此3户 故调查户为893

57年度迁入34户(+以上新分家59户)故调查户共计945户

十一个村案偕　　各階級土地占有　　7-1

階級	1929年 常住人口 計	構成%	占有土地 計	構成%	其中农地 計	構成%	每人平均占有 計	其中农地	1936年 常住人口 計	構成%	占有土地 計	構成%	其中农地 計	構成%	每人平均占有 計	其中农地
总計	3137	100	5230.22	100	4581.22	100	1.67	1.46	3230	100	5587.99	100	4970.31	100	1.73	1.54
地主	116	3.70	2110.73	40.36	2034.8	44.40	18.20	17.50	129	3.99	2299.17	41.14	2216.21	44.59	17.82	17.18
富農	355	11.31	1080.53	20.66	935.88	20.42	3.04	2.64	280	8.67	847.59	15.17	764.58	15.38	3.03	2.73
中農	784	25.00	1056.42	20.20	904.87	19.75	1.35	1.15	997	30.86	1370.06	24.52	1177.41	23.69	1.37	1.18
貧農	1707	54.41	890.60	17.03	635.22	13.82	0.52	0.37	1643	50.86	898.18	16.07	670.85	13.50	0.55	0.41
雇農	18	0.58	0.28		0.06		0.02		24	0.75	2.60	0.05	2.23	0.05	0.11	0.09
其他	157	5.00	91.65	1.75	73.37	1.61	0.58	0.47	157	4.87	170.38	3.05	138.92	2.79	1.09	0.88

階級	1948年 常住人口 計	構成%	占有土地 計	構成%	其中农地 計	構成%	每人平均占有 計	其中农地	1952年 常住人口 計	構成%	占有土地 計	構成%	其中农地 計	構成%	每人平均占有 計	其中农地
总計	3445	100	6032.40	100	5435.22	100	1.75	1.58	3590	100	5836.27	100	5255.98	100	1.63	1.47
地主	175	5.08	2345.68	38.93	2263.41	41.65	13.02	12.93	140	4.15	271.81	5.00	257.86	4.91	1.96	1.73
富農	211	6.12	597.95	9.91	544.28	10.02	2.83	2.58	180	5.01	505.95	8.67	462.58	8.80	2.81	2.57
中農	1093	31.73	1685.17	27.94	1497.28	27.44	1.54	1.36	1176	32.76	2080.38	35.64	1880.41	35.78	1.77	1.60
貧農	1803	52.33	1150.85	19.08	917.07	16.87	0.64	0.51	1919	53.45	2706.27	46.37	2435.03	46.33	1.41	1.27
雇農	13	0.38	0.78	0.01	0.20		0.06	0.02	12	0.34	15.78	0.28	15.07	0.28	1.32	1.26
其他	150	4.35	248.87	4.13	218.97	4.02	1.66	1.46	154	4.29	236.04	4.04	204.97	3.90	1.53	1.33

備註：

十个村合计　　豐东作占有

各阶级土地占有

表7

阶级	1929年 常住人口 计	1929年 常住人口 构成%	1929年 占有土地 计	1929年 占有土地 构成%	1929年 其中：农地 计	1929年 其中：农地 构成%	1929年 每人平均占有 计	1929年 每人平均占有 其中：农地	1936年 常住人口 计	1936年 常住人口 构成%	1936年 占有土地 计	1936年 占有土地 构成%	1936年 其中：农地 计	1936年 其中：农地 构成%	1936年 每人平均占有 计	1936年 每人平均占有 其中：农地
总计	3137	100	5661.15	100	5008.74	100	1.80	1.60	3230	100	5761.21	100	5141.74	100	1.78	1.59
地主	116	3.70	1997.23	35.28	1820.81	36.34	17.22	16.54	128	3.88	2116.67	36.74	2033.71	39.55	16.41	15.77
富农	355	11.32	1118.75	19.75	972.81	19.42	3.15	2.74	280	8.67	848.20	14.74	765.60	14.89	3.03	2.73
中农	784	24.99	1226.12	21.66	1,073.35	21.42	1.56	1.37	997	30.87	1484.04	25.83	1360.57	26.46	1.50	1.30
贫农	1707	54.42	1214.27	21.45	956.44	19.09	0.71	0.56	1643	50.86	1122.07	19.48	894.41	17.40	0.68	0.54
雇农	18	0.57	0.38	0.01	0.06	0.01	0.02	0	24	0.75	2.60	0.04	2.23	0.04	0.11	0.09
其他	157	5.00	104.48	1.85	86.27	1.72	0.67	0.55	157	4.86	176.63	3.07	145.22	2.82	1.13	0.92

阶级	1948年 常住人口 计	1948年 常住人口 构成%	1948年 占有土地 计	1948年 占有土地 构成%	1948年 其中：农地 计	1948年 其中：农地 构成%	1948年 每人平均占有 计	1948年 每人平均占有 其中：农地	1952年 常住人口 计	1952年 常住人口 构成%	1952年 占有土地 计	1952年 占有土地 构成%	1952年 其中：农地 计	1952年 其中：农地 构成%	1952年 每人平均占有 计	1952年 每人平均占有 其中：农地
总计	3445	100	6017.05	100	5418.68	100	1.75	1.57	3580	100	5832.53	100	5252.52	100	1.62	1.46
地主	175	5.08	2288.18	38.03	2202.01	40.63	13.08	12.58	148	4.16	291.85	5.00	257.86	4.91	1.96	1.73
富农	211	6.12	581.45	9.66	527.78	9.74	2.76	2.50	180	5.01	504.45	8.65	461.09	8.78	2.80	2.56
中农	1093	31.73	1688.05	28.07	1495.38	27.58	1.55	1.37	1,176	32.76	2077.09	35.61	1877.46	35.74	1.77	1.60
贫农	1803	52.34	1214.18	20.18	978.84	18.08	0.67	0.54	1918	53.45	2707.32	46.42	2436.08	46.38	1.41	1.27
雇农	13	0.38	0.78	0.01	0.20	0	0.06	0.02	12	0.33	15.78	0.27	15.57	0.28	1.31	1.26
其他	150	4.35	243.41	4.05	214.47	3.95	1.62	1.43	154	4.28	236.04	4.05	[illegible]	2.90	1.53	1.33

备注：

典天佑有　川村贫增

各阶级占有不同土地数量户数的分组

表8之二

阶級	1929年 合計户数	无土地户	1亩以下户	1—3亩户	3—5亩户	5—10亩户	10—15亩户	15—20亩户	20—30亩户	30—50亩户	50—100亩户	100—500亩户	500亩以上户
总計	716	25	135	164	118	155	59	15	23	10	8	1	1
地主	23					1	5	1	2	4	8	1	1
富农	60			2	2	8	16	5	18	6	1		
中农	174	2	7	27	28	71	30	7	1				
貧农	404	15	106	122	81	70	8	2					
雇农	7	6	1										
其他	48	2	21	13	7	4			1				

阶級	1936年 合計户数	无土地户	1亩以下户	1—3亩户	3—5亩户	5—10亩户	10—15亩户	15—20亩户	20—30亩户	30—50亩户	50—100亩户	100—500亩户	500亩以上户
总計	751	34	124	183	113	158	68	14	26	11	7	1	1
地主	26					2	1	1	6	7	7	1	1
富农	47			2	1	5	11	8	16	4			
中农	214	5	6	34	40	74	48	5	2				
貧农	403	16	100	145	68	67	7						
雇农	10	7	2	1									
其他	51	6	16	11	4	10	2		2				

阶級	1948年 合計户数	无土地户	1亩以下户	1—3亩户	3—5亩户	5—10亩户	10—15亩户	15—20亩户	20—30亩户	30—50亩户	50—100亩户	100—500亩户	500亩以上户
总計	834	37	137	218	149	168	62	20	18	18	3	1	1
地主	36					3	1	3	8	16	3	1	1
富农	34			1	1	4	9	8	8	2			
中农	248	2	8	35	57	95	45	6					
貧农	457	21	117	170	88	55	6						
雇农	8	6	2										
其他	51	8	10	12	3	12	1	3	2				

典玉作庄

各阶级占有不同土地畝量户数的分组（摘以）

表8二

阶级	1929年 合計户数	无土地户	1畝以下户	1—3畝户	3—5畝户	5—10畝户	10—15畝户	15—20畝户	20—30畝户	30—50畝户	50—100畝户	100—500畝户	500畝以上户
总计	100	3.49	18.85	22.71	16.62	21.68	8.24	2.90	3.21	1.40	1.26	0.14	0.14
地主	100					4.35	21.74	4.35	8.70	17.39	34.78	4.35	4.34
富农	100			3.33	3.33	15	26.67	8.33	31.67	10	1.67		
中农	100	1.15	4.02	15.52	16.67	40.80	17.24	4.02	0.58				
贫农	100	3.71	26.24	30.20	20.05	17.33	1.98	0.49					
雇农	100	85.71	14.21										
其他	100	4.17	43.75	27.08	14.58	8.33			2.08				

阶级	1936年 合計户数	无土地户	1畝以下户	1—3畝户	3—5畝户	5—10畝户	10—15畝户	15—20畝户	20—30畝户	30—50畝户	50—100畝户	100—500畝户	500畝以上户
总计	100	4.59	16.51	28.70	15.05	21.04	9.10	1.86	3.46	1.46	0.93	0.13	0.14
地主	100					7.69	3.85	3.85	23.08	26.92	26.92	3.85	3.84
富农	100			4.26	2.13	10.64	23.40	17.02	34.04	8.51			
中农	100	2.34	2.80	15.89	18.69	34.58	22.43	2.34	0.93				
贫农	100	3.87	24.81	35.98	16.87	16.63	1.73						
雇农	100	70	20	10									
其他	100	11.76	31.37	21.57	7.84	17.62	3.92		3.92				

阶级	1948年 合計户数	无土地户	1畝以下户	1—3畝户	3—5畝户	5—10畝户	10—15畝户	15—20畝户	20—30畝户	30—50畝户	50—100畝户	100—500畝户	500畝以上户
总计	100	4.44	16.43	26.14	17.87	20.26	7.43	2.40	2.28	2.16	0.36	0.12	0.12
地主	100					8.33	2.78	8.33	22.22	44.44	8.33	2.78	2.78
富农	100			2.94	2.94	11.76	26.47	23.53	26.47	5.88			
中农	100	0.81	3.23	14.11	22.98	38.31	18.15	2.42					
贫农	100	4.60	25.60	37.20	18.26	12.04	1.30						
雇农	100	75	25										
其他	100	15.69	19.61	23.53	5.89	23.53	1.96	5.89	3.91				

汇总表

各阶级农业用地的租典

表9 計量单位：亩

阶级	1929年									1936年								
	占有农地	典出农地	典出为占有的%	租出农地	租出为占有的%	典入农地	典入为占有的%	租入农地	租入为使用农地的%	占有农地	典出农地	典出为占有的%	租出农地	租出为占有的%	典入农地	典入为占有的%	租入农地	租入为使用农地的%
总計	5,009.24	592.16	11.82	1,938.70	38.70	164.67	3.28	2409.51	47.87	5,141.24	396.88	7.72	2068.63	40.23	225.45	4.38	2194.45	43.24
地主	1,920.81	—	—	1668.10	86.84	113.50	5.91	2.75	0.75	2,033.71	—	—	1,739.17	85.52	180.50	8.87	11.62	2.38
富农	973.81	63.07	6.48	111.93	11.50	26.33	2.71	223.68	21.38	765.60	29.26	3.82	103.41	13.52	28.25	3.68	119.72	15.35
中农	1,073.25	188.52	17.57	57.25	5.33	20.40	1.90	619.48	40.23	1,300.57	133.01	10.23	97.50	7.50	9.85	0.76	666.93	38.22
贫农	956.44	327.46	34.24	59.84	6.26	4.24	0.44	1,502.23	72.28	894.41	228.11	25.50	55.52	6.21	4.65	0.52	1,321.68	68.88
雇农	0.06	—	—	—	—	—	—	2.80	97.90	2.23	—	—	—	—	—	—	5.60	71.52
其他	86.27	13.10	15.18	41.58	48.20	0.20	0.23	78.55	71.18	145.22	6.50	4.48	72.83	50.15	0.20	0.14	68.90	51.04

阶级	1948年									1952年								
	占有农地	典出农地	典出为占有的%	租出农地	租出为占有的%	典入农地	典入为占有的%	租入农地	租入为使用农地的%	占有农地	典出农地	典出为占有的%	租出农地	租出为占有的%	典入农地	典入为占有的%	租入农地	租入为使用农地的%
总計	5,419.68	87.78	1.62	2003.18	36.96	103.21	1.91	1,878.38	35.46	5,252.52	2.60	0.05	102.88	19.58	6.00	0.11	135.17	2.56
地主	2202.01	—	—	1,683.14	76.44	60.30	2.74	26.20	4.33	257.86	—	—	—	—	—	—	—	—
富农	527.78	2.00	0.38	86.94	16.47	18.50	3.51	25.73	5.33	461.08	—	—	26.63	5.78	1.50	0.33	4.35	0.99
中农	1,495.38	16.45	1.10	84.90	5.68	12.35	0.83	540.45	27.70	1,877.46	—	—	26.06	1.38	2.95	0.16	44.34	2.38
贫农	979.84	69.33	7.08	41.21	4.21	6.56	0.67	1,222.43	58.37	2436.08	2.60	0.11	19.08	0.78	1.55	0.06	74.98	3.01
雇农	0.20	—	—	—	—	—	—	3.90	95.12	15.07	—	—	—	—	—	—	2.60	17.25
其他	214.07	—	—	106.99	49.89	5.60	2.61	59.58	37.17	204.97	—	—	31.11	15.17	—	—	8.90	4.85

彙总表（典入作佔有） 各阶级占有不同土地亩量户数的分组

表8之2

阶级	1929年 合計户数	无土地户	1亩以下户	1—3亩户	3—5亩户	5—10亩户	10—15亩户	15—20亩户	20—30亩户	30—50亩户	50—100亩户	100—500亩户	500亩以上户
总计	716	30	168	182	106	118	47	17	15	10	8	2	1
地主	23	—	—	—	—	2	4	2	—	4	8	2	1
富农	60	1	—	2	3	10	13	8	15	6	1	—	—
中农	174	4	10	30	30	67	28	4	—	—	—	—	—
贫农	404	17	135	148	67	35	1	1	—	—	—	—	—
雇农	7	6	1	—	—	—	—	—	—	—	—	—	—
其他	48	2	23	12	6	4	—	1	—	—	—	—	—

阶级	1936年 合計户数	无土地户	1亩以下户	1—3亩户	3—5亩户	5—10亩户	10—15亩户	15—20亩户	20—30亩户	30—50亩户	50—100亩户	100—500亩户	500亩以上户
总计	751	38	153	214	111	127	56	8	18	14	7	2	1
地主	26	—	—	—	—	2	1	1	3	8	7	2	1
富农	47	1	—	2	1	7	11	7	13	5	—	—	—
中农	214	5	8	40	47	71	41	1	1	—	—	—	—
贫农	403	18	125	162	58	37	2	—	—	—	—	—	—
雇农	10	7	2	1	—	—	—	—	—	—	—	—	—
其他	51	6	18	8	5	10	1	—	2	—	—	—	—

阶级	1948年 合計户数	无土地户	1亩以上户	1—3亩户	3—5亩户	5—10亩户	10—15亩户	15—20亩户	20—30亩户	30—50亩户	50—100亩户	100—500亩户	500亩以上户
总计	834	35	138	218	145	171	64	18	18	18	5	1	1
地主	36	—	—	—	—	3	1	3	7	15	5	1	1
富农	34	—	—	1	1	4	7	8	8	3	—	—	—
中农	248	2	7	35	54	85	48	6	—	—	—	—	—
贫农	457	20	118	170	87	57	5	—	—	—	—	—	—
雇农	8	6	2	—	—	—	—	—	—	—	—	—	—
其他	51	7	11	12	3	12	2	1	3	—	—	—	—

彙总表(典入作佔有)　　各阶级占有不同土地亩量户数的分组(构成)　　表9之2

阶级	1929年 合计户数	无土地户	1亩以下户	1—3亩户	3—5亩户	5—10亩户	10—15亩户	15—20亩户	20—30亩户	30—50亩户	50—100亩户	100—500亩户	500亩以上户
总计	100	4.15	23.60	26.60	14.60	16.95	6.56	2.37	2.05	1.40	1.06	0.25	0.15
地主	100	—	—	—	—	8.70	17.39	8.70	—	17.39	34.78	8.70	4.34
富农	100	1.67	—	3.33	5	16.67	21.67	15	25	10	1.66	—	—
中农	100	2.05	5.75	17.24	17.24	38.51	16.67	2.30	—	—	—	—	—
贫农	100	4.21	33.42	36.63	16.58	8.66	0.25	0.25	—	—	—	—	—
雇农	100	85.71	14.29	—	—	—	—	—	—	—	—	—	—
其他	100	4.17	47.92	25	12.50	8.33	—	2.08	—	—	—	—	—

阶级	1936年 合计户数	无土地户	1亩以下户	1—3亩户	3—5亩户	5—10亩户	10—15亩户	15—20亩户	20—30亩户	30—50亩户	50—100亩户	100—500亩户	500亩以上户
总计	100	5.06	20.37	28.50	14.75	16.81	7.46	1.20	2.53	1.86	0.93	0.27	0.13
地主	100	—	—	—	—	7.69	3.85	3.85	11.54	34.62	26.92	7.69	3.84
富农	100	2.13	—	4.26	2.13	14.89	23.40	14.89	27.66	10.64	—	—	—
中农	100	2.34	3.74	18.69	21.96	33.18	11.16	0.47	0.46	—	—	—	—
贫农	100	4.71	31.03	40.24	14.39	9.18	0.50	—	—	—	—	—	—
雇农	100	70	20	10	—	—	—	—	—	—	—	—	—
其他	100	11.76	35.29	17.65	9.80	19.61	1.96	—	3.93	—	—	—	—

阶级	1948年 合计户数	无土地户	1亩以上户	1—3亩户	3—5亩户	5—10亩户	10—15亩户	15—20亩户	20—30亩户	30—50亩户	50—100亩户	100—500亩户	500亩以上户
总计	100	4.20	16.55	26.49	17.35	20.50	7.62	2.28	2.29	2.16	0.60	0.12	0.11
地主	100	—	—	—	—	8.33	2.78	8.33	19.44	41.67	13.89	2.78	2.78
富农	100	—	—	2.94	2.94	11.78	20.58	26.47	26.47	8.83	—	—	—
中农	100	0.81	2.62	14.11	21.77	38.31	19.76	2.42	—	—	—	—	—
贫农	100	4.38	25.62	37.08	19.04	12.97	1.09	—	—	—	—	—	—
雇农	100	75	25	—	—	—	—	—	—	—	—	—	—
其他	100	13.73	21.57	23.53	5.88	23.53	3.92	1.96	5.88	—	—	—	—

各阶级使用不同土地亩量的分组

11村汇总表　　　　表4/10之一

阶级	1929年 合计户数	无土地户	1亩以下户	1—3亩户	3—5亩户	5—10亩户	10—15亩户	15—20亩户	20—30亩户	30—50亩户	50—100亩户	100—500亩户	500亩以上户
总计	716	33	28	103	130	270	92	24	26	10	—	—	—
地主	23	1	—	2	1	5	4	—	8	2	—	—	—
富农	60	—	—	—	2	15	10	10	15	8	—	—	—
中农	174	3?	1	7	17	91	44	9	2	—	—	—	—
贫农	404	9	19	76	107	156	33	4	—	—	—	—	—
雇农	7	5	1	1	—	—	—	—	—	—	—	—	—
其他	48	15	7	17	3	3	1	1	—	—	—	—	—

阶级	1936年 合计户数	无土地户	1亩以下户	1—3亩户	3—5亩户	5—10亩户	10—15亩户	15—20亩户	20—30亩户	30—50亩户	50—100亩户	100—500亩户	500亩以上户
总计	751	52	31	99	143	275	94	23	26	8	—	—	—
地主	26	1	—	1	—	3	5	2	10	4	—	—	—
富农	47	—	—	—	2	10	11	9	12	3	—	—	—
中农	214	11	1	11	20	102	57	8	3	1	—	—	—
贫农	403	17	21	74	114	154	21	2	—	—	—	—	—
雇农	10	7	—	2	1	—	—	—	—	—	—	—	—
其他	51	16	9	11	6	6	—	2	1	—	—	—	—

阶级	1948年 合计户数	无土地户	1亩以上户	1—3亩户	3—5亩户	5—10亩户	10—15亩户	15—20亩户	20—30亩户	30—50亩户	50—100亩户	100—500亩户	500亩以上户
总计	834	44	30	141	168	313	88	26	18	6	—	—	—
地主	36	1	—	1	—	10	6	4	10	4	—	—	—
富农	34	—	—	2	2	5	14	5	4	2	—	—	—
中农	248	3	3	15	40	123	48	13	3	—	—	—	—
贫农	457	17	24	105	122	168	19	2	—	—	—	—	—
雇农	8	6	—	2	—	—	—	—	—	—	—	—	—
其他	51	17	3	16	4	7	1	2	1	—	—	—	—

各阶级使用不同亩量土地的分组（样式）

11村汇总

表10 三二

1929年

阶级	合计户数	无土地户	1亩以下户	1—3亩户	3—5亩户	5—10亩户	10—15亩户	15—20亩户	20—30亩户	30—50亩户	50—100亩户	100—500亩户	500亩以上户
总计	100	4.61	3.91	14.39	18.16	37.71	12.85	3.35	3.63	1.40	—	—	—
地主	100	4.35	—	8.70	4.35	21.74	17.39	—	34.78	8.70	—	—	—
富农	100	—	—	—	3.33	25	16.67	16.67	25	13.33	—	—	—
中农	100	1.72	0.57	4.03	9.77	52.30	25.29	5.17	1.15	—	—	—	—
贫农	100	2.23	4.70	18.81	26.49	38.61	8.17	0.99	—	—	—	—	—
雇农	100	71.42	14.29	14.29	—	—	—	—	—	—	—	—	—
其他	100	31.25	14.58	35.41	6.26	6.26	2.08	2.08	2.08	—	—	—	—

1936年

阶级	合计户数	无土地户	1亩以下户	1—3亩户	3—5亩户	5—10亩户	10—15亩户	15—20亩户	20—30亩户	30—50亩户	50—100亩户	100—500亩户	500亩以上户
总计	100	6.92	4.13	13.18	17.04	36.62	12.52	3.06	3.46	1.07	—	—	—
地主	100	3.85	—	3.85	—	11.54	19.23	7.69	38.46	15.38	—	—	—
富农	100	—	—	—	4.26	21.28	23.40	19.15	25.53	6.38	—	—	—
中农	100	5.14	0.49	5.14	5.61	47.66	26.64	3.74	1.40	0.47	—	—	—
贫农	100	4.22	5.21	18.36	28.29	38.21	5.21	0.50	—	—	—	—	—
雇农	100	70	—	20	10	—	—	—	—	—	—	—	—
其他	100	31.37	17.65	21.57	11.76	11.76	—	3.92	1.96	—	—	—	—

1948年

阶级	合计户数	无土地户	1亩以下户	1—3亩户	3—5亩户	5—10亩户	10—15亩户	15—20亩户	20—30亩户	30—50亩户	50—100亩户	100—500亩户	500亩以上户
总计	100	5.28	3.60	16.91	20.14	37.53	10.55	3.11	2.16	0.72	—	—	—
地主	100	2.78	—	2.78	—	27.78	16.67	11.11	27.78	11.11	—	—	—
富农	100	—	—	5.88	5.88	14.71	41.18	14.71	11.76	5.88	—	—	—
中农	100	1.21	1.21	6.05	16.13	49.60	19.35	5.24	1.21	—	—	—	—
贫农	100	3.72	5.25	22.98	26.70	36.76	4.16	0.28	—	—	—	—	—
雇农	100	75	—	25	—	—	—	—	—	—	—	—	—
其他	100	33.33	5.88	31.37	—	7.84	13.73	1.96	3.92	1.96	—	—	—

重写表　各階級桑果园占农业用地面积比例　表11

階級	1927年 使用农地面积	共中 桑田	%	果园	%	1936年 使用农地面积	共中 桑田	%	果园	%	1948年 使用农地面积	共中 桑田	%	果园	%	1957年 使用农地面积	共中 桑田	%	果园	%
总計	5074.76	1098.98	21.16	0.80		5075.08	908.09	17.89	12.07	0.24	5297.29	753.67	[illegible]	49.49	0.93	3866.69	576.82	9.83	208.42	3.55
地主	368.96	114.09	30.92			488.71	103.49	21.18			604.55	76.50	12.65	14.18	2.35		✓		✓	✓
富农	1047.85	191.18	18.25			780.45	118.10	15.18	11.27	1.44	483.08	65.31	13.52	6.14	1.27	✓	✓	✓	✓	✓
中农	1466.80	322.23	21.97			1744.48	323.50	18.54			1951.12	272.90	13.99	15.84	0.72	×	✓	×	✓	✓
贫农	2077.85	436.80	21.03	0.80		1918.62	318.34	16.59	0.80		2094.11	284.83	13.60	15.18	0.73	✓	×	✓	✓	×
雇农	2.86	1.60	55.94			7.83	3.77	48.14			4.10					×	✓	✓	×	×
其他	110.34	30.99	27.90			134.94	40.49	29.99			160.20	34.53	21.29			×	✓	×	✓	×

各阶级主要农具占有情况

表12之1

阶级	1929年 调查户数	1929年 使用农地数	1929年 占有农具价值	1929年 每户平均占有价值	1929年 每亩平均占有价值	1936年 调查户数	1936年 使用农地数	1936年 占有农具价值	1936年 每户平均占有价值	1936年 每亩平均占有价值	1948年 调查户数	1948年 使用农地数	1948年 占有农具价值	1948年 每户平均占有价值	1948年 每亩平均占有价值	1952年 调查户数	1952年 使用农地数	1952年 占有农具价值	1952年 每户平均占有价值	1952年 每亩平均占有价值	1957年 调查户数	1957年 使用农地数	1957年 占有农具价值	1957年 每户平均占有价值	1957年 每亩平均占有价值
总计	716	6092.76	14628.89	20.43	2.88	751	5091.08	15375.60	20.47	3.03	834	6097.39	16142.44	18.16	2.86	803	4617.13	12080.79	13.53	2.62	946	5848.16	17964.60	18.14	2.95
地主	22	368.76	1555.96	69.65	4.22	26	488.31	2596.87	99.88	5.31	36	604.65	3397.87	91.61	5.46	34	192.94	502.83	14.79	2.61	×	×	×	×	×
富农	60	1047.35	3908.31	65.14	3.73	47	780.45	2662.35	55.65	3.41	34	483.08	2266.16	66.59	4.69	33	444.39	2158.13	65.49	4.85	×	×	×	×	×
中农	174	1466.80	5104.31	29.34	3.48	214	1744.48	6300.46	29.46	3.61	248	1951.12	5690.27	22.95	2.92	262	1638.12	5154.59	19.67	3.15	×	×	×	×	×
贫农	404	2077.95	3419.07	8.46	1.65	403	1818.63	3130.46	7.89	1.65	457	2094.14	3282.99	7.40	1.62	509	2199.10	3829.41	7.52	1.74	×	×	×	×	×
雇农	7	2.86				10	7.83				8	2.60				6	6.50				×	×	×	×	×
其他	48	110.34	640.16	13.35	5.81	51	156.99	640.96	12.57	4.75	51	161.80	505.65	9.90	3.12	49	137.68	1037.83	8.94	3.18	×	×	×	×	×

各阶级占有主要生产工具数量

全村汇总　　　　表12之2

阶级	1929年 户数	使用亩数	抽水机(台)	水车(架)	旧式犁(张)	打谷机(台)	船(只)	蚕匾(只)	蚕台(只)	耙(张)	织布机(台)	鱼网(张)	其他(件)
总计	716	5074.36	2.33	162.38	102.02	9.39	79.16	11125	1172	12.82	63.50	1	51.35
地主	23	368.96		15.65	8	0.25	2	857	83				1
富农	60	1047.88		45.46	42	3.25	17	1738	181	4	6	1	10.35
中农	174	1466.80	0.33	50.42	29	3.01	27.66	3480	366	4.16	10		13
贫农	404	2077.95	1	44.85	21.02	2.88	26.5	4583	496	2.66	43.50		27
雇农	7	2.86						10	1				
其他	48	110.74	1	6	2		6	457	45	1	4		

阶级	1936年 户数	使用亩数	抽水机(台)	水车(架)	旧式犁(张)	打谷机(台)	船(只)	蚕匾(只)	蚕台(只)	耙(张)	织布机(台)	鱼网(张)	其他(件)
总计	751	5075.08	4.60	157.23	99.51	30.81	88.47	10775	1149.30	13.82	45.50	1	118.75
地主	26	488.71		20.65	15	5.35	9.5	1108	105	1		1	2
富农	47	380.45	1	29.40	31.5	6.54	13.50	1198	119	5	5		8.50
中农	214	1744.48	1.43	62.42	35.16	10.64	38.47	3784	402	4.16	10.50		35.25
贫农	403	1918.62	1.17	38.76	15.85	8.33	21	4205	465.3	2.66	30		28
雇农	10	7.83						20	2				
其他	51	134.99	1	6	2		6	460	56	1			45

阶级	1948年 户数	使用亩数	抽水机(台)	水车(架)	旧式犁(张)	打谷机(台)	船(只)	蚕匾(只)	蚕台(只)	耙(台)	织布机(台)	鱼网(张)	其他(件)
总计	834	5077.29	1.57	139.15	105.20	59.61	50.80	7466	922.63	17.25	6.50	1	334.24
地主	36	604.55		33.5	25.50	10.68	4	1079	104.50	6		1	32.50
富农	34	483.08	1	21.66	21	7.00	8.33	520	61	1			58.5
中农	248	1951.12		49.28	36.33	18.30	25.48	3063	356.33	7.25	2		83.33
贫农	457	2094.14	0.57	38.71		22.30	7.51	2949	352.80	3	4.5		24.67
雇农	8	2.60											
其他	51	161.80		5		1.33	5	355	48				135.24

阶级	1952年 户数	使用亩数	抽水机(台)	水车(架)	旧式犁(张)	打谷机(台)	船(只)	蚕匾(只)	蚕台(只)	耙(张)	织布机(台)	鱼网(张)	其他(件)	新式犁
总计	803	4619.13	2.61	95.64	80	60.98	49.03	6579	801.30	10.40	4.67	1	182.50	1.33
地主	36	192.94		2	2	3.11	1	311	34.50			1	38.50	
富农	33	444.39	1	18.46	17.16	8.55	7.83	298	42	1			30.50	
中农	262	1638.12	0.44	41.36	35.49	22.50	18.33	2689	336	6	2		95.33	0.33
贫农	509	2199.10	1.17	28.35	22.35	15.49	19.37	2806	341.8	3.4	2.67		71.67	1
雇农	6	6.50					1	14	1					
其他	49	137.68		5.5	1	1.33	1.50	363	46				0.5	

附记：1957年全村户数 945，使用亩数 5866.69，抽水机 2.48，水车 70.10，旧式犁 59.89，新式犁 6.39，打谷机 61.42，船 51.95，蚕匾 5531.91，蚕台 683.63，耙 12.99，织布机 2，鱼网 6，其他 271.41。喷雾器 38.51 粉磨 2.99

57年生产工具包括归社所有属于该村使用的。其中[illegible]抽水机、水车、旧式犁、新式犁、打谷机、船、耙，按田亩分摊，其他工具按户数分摊。其计算公式为：$\frac{全村田亩数}{全社田亩数}$×工具数量 或 $\frac{全村户数}{全社户数}$×工具数量

全縣汇总　　農付业雇用情况　　表1513

階級	1929年										1936年										1948年									
	雇工					出雇					雇工					出雇					雇工					出雇				
	户數	長工人數		短工工數		户數	長工人數		短工工數		户數	長工人數		短工工數		户數	長工人數		短工工數		户數	長工人數		短工工數		户數	長工人數		短工工數	
		計	其中农业	計	其中农业		計	其中农业	計	其中农业		計	其中农业	計	其中农业		計	其中农业	計	其中农业		計	其中农业	計	其中农业		計	其中农业	計	其中农业
总計	376	92	68	15309	12116	172	24	13	7182.5	6046.5	332	82	53	13726	10960	202	25.5	14.5	7993.5	6620.5	362	57	51	13042.5	10167.5	241	17.25	12.25	9695	8308
地主	21	23	23	1594	1384						24	26	25	2262	2142	1					34	33	32	2221	2171	1				
富農	58	50.25	39.25	3270	2952	2			65	5	43	36	23	2752	2122	1			5	5	31	14.5	12.5	1861	1201					
中农	132	13.25	4.25	5921	4991	23	1		918	740	129	10	4	4972	4032	32	2	2	853	853	145	5.5	5.5	5055	4224	43			946	781
貧农	146	1.50	0.50	3782	2417	135	15	8	5631.5	4773.5	119			3215	2269	154	17	8	6265.5	4952.5	131			3410.5	2075.5	183	10.25	7.25	7827	6605
雇农						7	3	3	498	498						10	4.5	4.5	750	750	1					8	5	5	660	660
其他	19	4	1	742	372	5	5	2	70	30	17	10	1	525	395	4	2		120	60	20	4	1	496	496	6	2		262	262

農、付业僱工工資

表第14之一

	1927年				1936年				1946年			
	僱入		出僱		僱入		僱出		僱入		出僱	
	長工平均每人日工資	短工平均日工資	長工平均每人日工資	短工平均日工資	長工平均每人日工資	短工平均日工資	長工平均每人日工資	短工平均日工資	長工平均每人日工資	短工平均日工資	長工平均每人日工資	短工平均日工資
总計	12.54	0.83	12.20	0.79	11.78	0.79	11.88	0.81	11.18 ~~0.73~~	0.73	11.54	0.65
農业	10.76	0.82	9.78	0.79	9.14	0.82	9.47	0.82	10.96	0.74	10.52	0.65
付业	17.26	0.88	14.34	0.78	16.79	0.66	15.42	0.77	12.68	0.64	10.58	0.63

說明：1. 計量單位：人民幣元

2. 工資包括伙食

农付业雇工工资

表 16

单位：人民币元

	1929年				1936年				1948年			
	户 入		云 户		户 入		云 户		户 入		云 户	
	长工平均每人月工资	短工平均日工资	长工平均每人月工资	短工平均日工资	长工平均每人月工资	短工平均日工资	长工平均每人月工资	短工平均日工资	长工平均每人月工资	短工平均日工资	长工平均每人月工资	短工平均日工资
总计	7.04	0.55	6.28	0.54	6.84	0.54	6.50	0.55	6.60	0.50	5.84	0.45
农业	5.82	0.57	4.44	0.56	5.21	0.59	5.04	0.57	6.59	0.52	6.02	0.45
付业	12.28	0.46	7.90	0.40	9.91	0.34	8.79	0.47	6.67	0.44	5.33	0.40

不包括伙食

各阶级贷款情况

表15

阶级		1929年						1936年					
		户数	常住人口数	贷款累计数	其中：存款及公债	%	全年应收利息	户数	常住人口数	贷款累计数	其中：存款及公债	%	全年应收利息
绝对数	总计	181	852	43088.2	6486.90	15.06	5084.70	68	349	27093.78	6634.54	24.49	4637.78
	地主	14	76	11444.46	2564.72	22.40	1591.86	9	52	7927.48	2001.52	25.29	1782.13
	富农	21	126	10944.24	391.30	3.57	1691.84	11	66	2705.56	98.04	3.62	538.7
	中农	53	255	8433.84	947.74	11.17	1023.9	27	149	13104.02	2800.46	21.37	1753.53
	其中：上中农	×	×	×	×	×	×	×	×	×	×	×	×
	贫农	79	375	10197.90	2037.86	19.98	654.80	15	68	1948.76	1093.9	56.13	313.90
	佃农	1	5	34.40									
	其他	13	52	1976.39	544.35	27.54	122.29	6	14	1406.96	636.40	45.25	47.04
每人平均	总计			48.30	7.27		5.70			77.63	19		13.28
	地主			150.66	33.75	×	20.94			152.45	38.47	×	38.11
	富农			86.87	3.11	×	13.42			40.99	1.49	×	8.16
	中农			32.88	3.67	×	3.97			87.95	18.79	×	11.77
	其中：上中农	×	×	×	×	×	×	×	×	×	×	×	×
	贫农			27.19	5.43	×	1.75			28.65	16.09	×	4.61
	佃农			6.88		×						×	
	其他			38.01	10.47	×	2.35			100.49	45.46	×	3.50

阶级		1948年						1957年					
		户数	常住人口数	贷款累计数	其中：存款及公债	%	全年应收利息	户数	常住人口数	贷款累计数	其中：存款及公债	%	全年应收利息
绝对数	总计	90	432	27728.29	7096.08	25.59	6054.72	706	3164	14464.62	12668.60	87.51	121.08
	地主	16	84	13572.16	6618.24	48.77	2075.44	×	×	×	×	×	×
	富农	13	80	3905.92			1295.68	×	×	×	×	×	×
	中农	36	155	6760.13	1080.08	15.97	2186.80	614	2707	14049.62	12213.50	87.16	507.00
	其中：上中农	×	×	×	×	×	×	426	1852	12352.12	10628.40	86.05	449.45
	贫农	16	69	1092.80	41.12	3.75	267.20	92	457	396.00	396.00	100	14.08
	佃农							×	×	×	×	×	×
	其他	11	44	2609.28	296.64	12.31	231.60	×	×	×	×	×	×
每人平均	总计			64.20	16.38		14.02			4.57	4.00		0.16
	地主			161.57	67.36	×	24.68	×	×	×	×	×	×
	富农			48.80		×	16.20	×	×	×	×	×	×
	中农			43.61	6.96	×	14.11			5.20	4.53	×	0.19
	其中：上中农	×	×	×	×	×	×			6.67	5.74	×	0.24
	贫农			15.84	0.60	×	3.87			0.86	0.86	×	0.03
	佃农					×		×	×	×	×	×	×
	其他			54.75	6.74	×	5.26	×	×	×	×	×	×

各阶级按人平均负债情况　　表廿16　　单位：人民币

阶级	1929年			1936年			1948年			1957年		
	常住人口数	负债累计数	每人平均负债	常住人口数	负债累计数	每人平均负债	常住人口数	负债累计数	每人平均负债	常住人口数	负债累计数	每人平均负债
总计	3137	150489.47	47.97	3230	67522.16	20.9	3445	24011.68	6.97	3962	20661.84	5.21
地主	116	5680.76	4[illegible].05	129	3835.6	29.73	175	1766.4	10.09	X	X	X
富农	355	16915.34	47.65	280	7740.0	27.64	211	1941.6	9.2	X	X	X
中农	784	37570.39	47.92	997	18799.04	18.85	1093	6689.04	6.12	3324	15292.17	4.6
其中：上中农	X	X	X	X	X	X	X	X	X	2143	9664.87	4.51
贫农	1707	81325.26	47.64	1643	33655.02	20.48	1803	13161.04	7.3	638	5348.67	8.38
雇农	18	92.88	5.16	24	68.8	2.87	13	32	2.46	X	X	X
其他	157	8895.84	56.66	157	3422.8	21.8	150	421.6	2.81	X	X	X

汇总

各阶级负债情况

单位：人民币 表 ~~23~~ 17

1929年

阶级	户数	负债累計数	其中：货币	借款来源：地富	银行	典当	钱庄	工商业者	合会	其他	全年应付债款利息
总计	430	150489.47	136133.44	52790.24		267.32		19064.37	22626.53	50992.99	24812.95 16.5
地主	4	5689.76	5689.76	997.60				2180.96		2511.20	1114.56 19.6
富农	24	16915.34	15367.34	6692.52		344.00		4588.96	1548.00	3794.56	2577.90 17.0
中农	94	37570.39	34307.96	16001.16		830.07		3305.25	6508.21	10885.10	6030.12 16.1
其中：上中农	×	×	×	×	×	×	×	×	×	×	×
贫农	284	81328.26	70777.66	27391.00		1410.57		7004.70	10189.12	33309.87	13521.01 16.6
雇农	1	92.88	92.88	77.40		15.48					15.48 16.7
其他	23	8895.84	8895.84	1630.56		17.20		2383.92	2339.20	2524.96	1253.88 14.1

1936年

阶级	户数	负债累計数	其中：货币	借款来源：地富	银行	典当	钱庄	工商业者	合会	其他	全年应付债款利息	
总计	227	67522.16	63796.86	28717.79		497.08		9650.92	7348.18	21306.19	11550.80	17.1
地主	2	3835.60	3835.60	997.60				2236.00	344.00	258.00	767.12	20.0
富农	13	7740.56	6957.40	3104.60				946.00	103.20	3586.20	1537.38	19.9
中农	62	18799.94	16931.70	8741.04		158.24		3746.16	2184.60	3970.10	3132.12	16.7
其中：上中农	×	×	×	×	×	×	×	×	\	×	×	
贫农	143	33655.02	32590.56	13917.47		338.84		2301.36	4561.78	12535.57	5570.70	16.6
雇农	1	68.80	68.80						68.80		6.88	10.0
其他	6	3422.80	3422.80	1959.08				401.40	86.00	956.32	536.64	15.7

1948年

阶级	户数	负债累計数	其中：货币	借款来源：地富	银行	典当	钱庄	工商业者	合会	其他	全年应付债款利息
总计	217	24011.68	6763.04	7030.48		24.96		2417.36	1404.28	13132.68	4763.56 19.8
地主	3	1766.40	1641.60	873.60						892.80	178.56 10.1
富农	4	1941.60		1407.20				249.60		284.80	676.00 34.8
中农	44	6689.04	1305.20	961.52		24.96		1382.40	378.32	3901.84	846.46 12.7
其中：上中农	×	×	×	×	×	\	×	×	×	×	×
贫农	160	13161.04	3706.16	3690.80				787.36	1025.92	7654.96	3025.72 23.0
雇农	1	32.00		8.00						24.00	1.60 5.0
其他	5	401.60	70.08	67.36						354.24	35.28 8.4

1957年

阶级	户数	负债累計数	其中：货币	借款来源：地富	银行	信用社	典当	工商业者	合会	其他	全年应付债款利息
总计	261	26641.84	17223.03	62.00	638.00	3224.10	52.00	256.55	1193.45	15015.74	288.03
地主	×	×	×	×	×	×	×	×	×	×	×
富农	×	×	×	×	×	×	×	×	×	×	×
中农	184	15293.17	12946.12	60.00	270.00	1800.40	47.00	205.00	1155.40	11755.37	170.13
其中：上中农	99	9664.87	8664.52		42.00	619.00	24.00		184.40	8795.47	94.71
贫农	77	5348.67	4276.91	2.00	368.00	1402.70	5.00	51.55	38.05	3460.37	117.90
雇农	×	×	×	×	×	×	×	×	×	×	×
其他	×	×	×	×	×	×	×	×	×	×	×

汇总

各种原因借债额数的比例

单位：人民币　　表18

	阶级	1929年														1936年													
		户数	借债户数	借债总额	其中：用于											户数	借债户数	借债总额	其中：用于										
					生产	其中：赎买田地	其中：建造房屋	经商	生活	婚丧疾病	还租	还债	苛捐勒索	挥霍浪费	其他				生产	其中：赎买田地	其中：建造房屋	经商	生活	婚丧疾病	还租	还债	苛捐勒索	挥霍浪费	其他
绝对数	总计	716	430	150489.47	23433.38	5977.00	14485.84	8901.00	24811.34	48034.44	4224.32	3932.78	223.60	5968.57	30959.94	751	227	67522.16	9852.50	3644.96	5151.74	5263.20	6895.67	21669.87	1403.52	2777.80	344.00	3083.96	16233.64
	地主	23	4	5689.76	860.00		860.00			3680.80					1148.96	26	2	3835.60						2115.60				1720.00	
	富农	50	24	16915.34	3491.60	2901.20	516.00	2179.24		7568.00		490.20			3186.30	47	13	7740.00	2924.00	1548.00	516.00	1720.00		51.60					3044.40
	中农	174	94	37570.39	8600.64	1570.80	6193.72	1376.00	1028.56	11573.19	2043.36	344.00	223.60	3313.75	9047.27	214	62	18779.98	2251.82	488.48	1763.34	3113.20	1649.48	7292.80	258.00	344.00		172.00	3718.44
	其中：上中农	×	×	×	×	×	×	×	×	×	×	×	×	×	×	×	×	×	×	×	×	×	×	×	×	×	×	×	×
	贫农	404	284	81325.26	7905.12	1505.00	6056.12	1905.76	22988.62	23496.19	2180.96	3005.70		2654.82	17388.19	403	143	33655.02	2045.08	266.88	1582.40	172.00	5160.19	12209.87	1145.52	2433.80	344.00	1191.96	8952.60
	雇农	7	1	92.88								92.88				10	1	68.80					68.80						
	其他	48	23	8895.84	2555.92		860.00	3440.00	794.16	1716.56					189.20	51	6	3422.80	2631.60	1341.60	1290.00	258.00	17.20						516.00
构成%	总计	×	×	100	15.57	3.97	9.63	5.91	16.49	31.92	2.81	2.61	0.15	3.97	20.57	×	×	100	14.59	5.40	7.63	7.79	10.21	32.09	2.08	4.12	0.51	4.57	24.04
	地主	×	×	100	15.12		15.12			64.69					20.19	×	×	100						55.16				44.84	
	富农	×	×	100	20.64	17.39	3.05	12.88		44.74		2.90			18.84	×	×	100	37.78	20.00	6.67	22.22		0.67					39.33
	中农	×	×	100	22.95	4.07	16.49	3.66	2.74	30.80	5.44	0.92	0.59	8.82	24.08	×	×	100	11.98	2.60	9.38	16.56	8.77	38.79	1.37	1.83		0.92	19.78
	其中：上中农	×	×	×	×	×	×	×	×	×	×	×	×	×	×	×	×	×	×	×	×	×	×	×	×	×	×	×	×
	贫农	×	×	100	9.72	1.85	7.45	2.34	28.02	28.89	2.68	3.70		3.27	21.38	×	×	100	6.08	0.79	4.70	0.51	15.33	36.28	3.41	7.23	1.02	3.54	26.60
	雇农	×	×	100								100				×	×	100					100						
	其他	×	×	100	28.73		9.67	38.67	11.18	19.30					2.12	×	×	100	76.88	39.19	37.69	7.54	0.50						15.08

各种原因借债额数的比例

单位：人民币元

阶级		1948年 户数	借债户数	借债总额	其中用于 生产	其中:购买田地	建房造屋	经商	生活	婚丧疾病	还租	还债	苛勒摊派	挥霍浪费	其他
绝对数	总计	836	217	24011.68	6531.84	1746.24	2935.6	1946.32	2922.64	7999.60	305.76	748.8	1675.6	361.44	1521.68
	地主	36	3	1766.4						268.8			1497.6		
	富农	34	4	1944.6	1029.76	880	149.76	911.34							
	中农	268	44	6689.06	2316.46	129.36	1820.88	302.2	411.12	1794.96	13.44	748.8			1098.56
	其中:上中农	×	×	×	×	×	×	×	×	×	×	×	×	×	×
	贫农	457	160	13161.04	3120.16	669.52	1956.06	437.68	2417.6	4935.84	295.32		176	361.44	420
	佣农	8	1	32					32						
	其他	51	5	421.6	67.36	67.36		289.6	61.92						2.72
成数 %	总计			100	27.2	7.27	16.38	8.11	12.17	33.32	1.27	3.12	6.97	1.51	6.34
	地主			100						15.22			84.78		
	富农			100	53.06	45.32	7.71	46.94							
	中农			100	34.6	1.93	27.22	4.9	6.15	26.84	0.21	11.19	16.42		
	其中:上中农	×	×	×	×	×	×	×	×	×	×	×	×	×	×
	贫农			100	23.71	5.09	14.91	3.33	18.37	45.1	2.22		1.34	2.74	3.19
	佣农			100					100						
	其他			100	15.98	15.98		68.69	1.67						0.63

阶级		1957年 户数	借债户数	借债总额	其中用于 生产	其中:购买田地	建房造屋	经商	生活	婚丧疾病	不债	苛勒摊派	挥霍浪费	其他	
绝对数	总计	965	261	20661.84	4445.76		3190.76	407	5045.5	8458.01	562.2	×		1626.37	
	地主	×	×	×	×	×	×	×	×	×	×	×	×	×	×
	富农	×	×	×	×	×	×	×	×	×	×	×	×	×	×
	中农	789	184	15290.17	2881.6		2661	407	2624	6671.2	562.2	×		1167.17	
	其中:上中农	511	99	9664.87	3210	×	2560	407	560	4493.5	377.2	×		617.17	
	贫农	156	77	1368.67	661.16	×	529.76		2621.5	1786.81		×		279.2	
	佣农	×	×	×	×	×	×	×	×	×	×	×	×	×	×
	其他	×	×	×	×	×	×	×	×	×	×	×	×	×	×
成数 %	总计			100	22.01	×	15.46	1.97	25.51	40.98	2.72	×		6.91	
	地主	×	×	×	×	×	×	×	×	×	×	×	×	×	×
	富农	×	×	×	×	×	×	×	×	×	×	×	×	×	×
	中农			100	25.38	×	17.4	2.66	17.16	43.62	3.68	×		7.5	
	其中:上中农			100	33.21	×	26.48	4.21	5.79	46.49	3.9	×		6.4	
	贫农			100	12.36	×	9.9		40.01	33.41		×		5.22	
	佣农	×	×	×	×	×	×	×	×	×	×	×	×	×	×
	其他	×	×	×	×	×	×	×	×	×	×	×	×	×	×

综合表（稻、麦）

贫、雇、中农被剥削程度

表19之1
单位：亩、市斤

阶级	1929年 租入农田面积	1929年 租入农田总产量	1929年 交租总额	1929年 农业成本	1929年 净收入量	1929年 交租额占净收入量%	1936年 租入农田面积	1936年 租入农田总产量	1936年 交租总额	1936年 农业成本	1936年 净收入量	1936年 交租额占净收入量%	1948年 租入农田面积	1948年 租入农田总产量	1948年 交租总额	1948年 农业成本	1948年 净收入量	1948年 交租额占净收入量%	1952年 租入农田面积	1952年 租入农田总产量	1952年 交租总额	1952年 农业成本	1952年 净收入量	1952年 交租额占净收入量%
总计	1820.96 1,824.94	697,690.50	275,345	155,739.5	266,606	103.28	1678.35	712,466.5	262,827	160,240.5	279,379	84.45	1462.91	609,787	178,774.5	126,284	274,768.5	72.34	106.42	54,832	9260.5	12,347	33,224.5	27.87
贫农	1242.12 1237.1	466,269.5	186,400	97,915	181,944.5	102.45	1069.88	444,812.5	161,355	93,410	190,047.5	84.90	978.99	398,866	134,035.5	83,761	181,0[illegible]	74.02	62.48	33,717	6123.5	6,872	19,721.5	31.05
雇农	2.80	882	448	185	249	179.92	5.60	1,989	822	448	749	109.75	2.60	1,197	270	251	676	35.70	2.60	1337	88	281	968	9.09
中农	585.04	230,549	88,497	57,639.5	84,412.5	104.84	602.87	265,646	90,650	66,412.5	108,584.5	83.48	481.32	209,724	64,469	52,737	93,073	77.30	41.34	20,778	3049	5,194	12,535	24.32

十个村汇总（不包括齐刘巷）

综合表（稻、麦）

贫、雇、中农被剥削程度

表19之1

单位：糙米 市斤

阶级	1929年						1936年					
	租入农田面积	租入农田总产量	交租总额	农业成本	净收入量	交租额佔净收入量%	租入农田面积	租入农田总产量	交租总额	农业成本	净收入量	交租额佔净收入量%
总计	2124.52	802,796.5	301,135	78,337.5	323,324	93.14	1994.21	839,036.5	279,166	187,905	372,267	74.99
贫农	1502.43	558,203.5	209,441	117,023	316,575	90.01	1321.68	546,308.5	183,765	114,714	248,819.5	73.45
雇农	2.8	882	448	185	249	179.93	5.60	1989	822	418	749	109.75
中农	617.49	243,711	91,146	69,295	91,535.5	99.68	666.93	291,038	95,579	72,760.5	124,982.5	77.70

阶级	1948年						1952年					
	租入农田面积	租入农田总产量	交租总额	农业成本	净收入量	交租额佔净收入量%	租入农田面积	租入农田总产量	交租总额	农业成本	净收入量	交租量佔净收入量%
总计	1766.88	725,795	224,595.5	161,603	339,577.5	66.13	121.98	62,799	10,660.5	14,081	38,057.5	28.01
贫农	1202.43	487,397	153,781.5	102,772	232,843.5	66.05	74.98	39,142	7,883.5	8,221	23,537.5	31.37
雇农	3.9	1,717	411	360	746	43.45	2.60	1,337	88	81	968	9.09
中农	546.55	234,681	70,400	58,471	105,810	66.53	44.34	22,320	3,189	5,679	13,552	23.53

十一个村汇总

贫、佃、中农被剥削程度

十个村综合表（表）　　单位：糙米市斤　　表＃19之2

阶级	1929年						1936年						1948年						1952年					
	租入农田总面积	租入农田总产量	交租总额	农业成本	净收入量	交租额占净收入量%	租入农田面积	租入农田总产量	交租总额	农业成本	净收入量	交租额占净收入量%	租入农田面积	租入农田总产量	交租总额	农业成本	净收入量	交租额占净收入量%	租入农田面积	租入农田总产量	交租总额	农业成本	净收入量	交租额占净收入量%
总计	2124.52	671152.5	277537	149796.5?	244519	113.50	1994.31	707337.5	266678	158360	292099.5	87.81	1766.88	605871	211079.5	136051.5?	259720?	81.27	121.92	52503	10369.5	11779	30374.5	34.07
贫农	1502.23	466626.5	193698	97792	174956.5	110.70	1321.68	459799.5	167930	96646	185335.5	85.97	1222.43	408800	144598.5	85840	178261.5	81.07	74.98	32336	7178.5	6790	18367.5	39.08
佃农	2.80	711	448	149	114	392.98	5.6	1663	822	349	492	167.07	3.90	1342	412	282	648	82.10	2.60	1108	88	233	787	11.18
中农	619.49	203815	83411	50955.5	69448.5	120.11	166.93	241875	87936	61465	96674	91.45	540.45	195729	66069	48929.5	80730.5	81.84	44.34	19059	3083	4756	11220	27.48

貧、雇、中农被剝削程度

十个村综合表（叙）　　　　单位：糙米市斤　　表 19

阶級	1929年						1936年						1948年						1952年					
	租入农田面积	租入农田总产量	交租总额	农业成本	净收入量	交租额占净收入量%	租入农田面积	租入农田总产量	交租总额	农业成本	净收入量	交租额占净收入量%	租入农田面积	租入农田总产量	交租总额	农业成本	净收入量	交租额占净收入量%	租入农田面积	租入农田总产量	交租总额	农业成本	净收入量	交租额占净收入量%
总計	1825.94 (1820.96)	587206.5	251727	131054.5	208005	125.16	1678.35	606834.5	230339	136447	240088.5	95.96	1462.91	515283	185260.5	115244.5	244778	86.26	106.42	45900	8949.5	10342	26608.5	33.63
貧农	1229.12 (1242.12)	393015.5	170627	82534	139844.5	122.22	1069.88	377475.5	146510	79678	153387.5	95.58	918.99	338202	124852.5	71015	142334.5	87.72	62.48	27011	5918.5	5672	15420.5	38.38
雇农	2.80	711	448	149	114	392.98	5.6	1663	822	349	492	167.07	2.60	957	270	201	486	55.56	2.60	1108	88	233	787	11.18
中农	585.04	193480	80662	48371.5	64446.5	125.16	602.87	225696	83007	26420	86269	96.22	481.32	176124	60138	44028.5	71957.5	83.57	41.34	17781	2943	4437	10401	28.30

十个村汇总　各阶级稻、麦、桑单位产量。　表70

阶级	1929年每亩			1936年每亩			1948年每亩			1957年每亩		
	稻（市斤）	小麦（市斤）	桑（市斤）	稻（市斤）	小麦（市斤）	桑（市斤）	稻（市斤）	小麦（市斤）	桑（市斤）	稻（市斤）	小麦（市斤）	桑（市斤）
总计	401	105	822	448	113	777	442	118	684	512	99	559
地主	433	117	841	468	136	782	502	140	678			
富农	423	110	844	483	125	745	465	123	626			
中农	406	103	867	452	109	825	448	119	732			
贫农	382	100	783	427	108	740	415	111	657			
雇农	310	80	800	362	74	605	415	142				
其他	396	135	696	334	122	780	459	114	639			

各阶级小麦播种情况 表 21

阶级	1929年			1935年			1948年			1957年		
	使用耕地面积	小麦播种面积	小麦面積占耕地面積%	使用耕地面积	小麦播种面积	小麦面積占耕地面积%	使用耕地面積	小麦播种面積	小麦面积占耕地面積%	使用耕地面積	小麦播种面积	小麦面积占耕地面积%
总計	3974.98	2967.98	74.67	4154.82	3087.56	74.31	4514.13	3331.03	73.79	5081.45	3454.89	67.88
地主	254.87	177.44	68.61	385.22	266.13	69.08	513.87	318.77	62.03			
富农	856.67	544.66	63.58	650.68	420.08	64.56	411.63	262.29	63.72			
中农	1144.57	925.12	80.83	1420.98	1101.90	77.55	1664.23	1316.04	79.08			
其中：上中农												
贫农	1640.26	1257.82	76.69	1599.48	1225.36	76.61	1794.13	1327.72	74.00			
雇农	1.26	1.20	95.24	4.06	4.00	98.52	4.10	3.30	80.48			
其他	77.35	61.58	79.61	94.50	70.08	74.16	126.7	102.81	81.56			

十一个村彙综

各阶級养蚕情况

表22

阶級	1929年 調查户数	养蚕户合計	佔調查户%	其中：养蚕户数 一時以下	%	一—二時	%	二—三時	%	三—四時	%	四—五時	%	五時以上	%
总計	716	571	78.75	53	9.28	126	22.07	116	20.32	97	16.99	56	9.80	123	21.54
地主	23	23	100					3	13.04	3	13.04	5	21.74	12	52.18
富农	60	57	95			5	8.77	8	14.04	4	7.02	13	22.81	27	47.36
中农	174	153	87.93	9	5.88	23	15.03	30	19.62	37	24.18	14	9.15	40	26.14
贫农	404	317	78.47	40	12.62	89	28.08	71	22.40	52	16.40	22	6.94	43	13.56
雇农	7	1	14.28									1	100		
其他	48	20	41.67	4	20	9	45	4	20	1	5	1	5	1	5

阶級	1936年 調查户数	养蚕户合計	佔調查户%	其中：养蚕户数 一時以下	%	一—二時	%	二—三時	%	三—四時	%	四—五時	%	五時以上	%
总計	751	531	70.71	62	11.68	162	30.51	100	18.83	80	15.07	35	6.59	92	17.32
地主	26	26	100			2	7.69	4	15.38	3	11.54	3	11.54	14	53.85
富农	47	47	100	2	4.26	9	19.15	7	14.89	5	10.64	4	8.51	20	42.55
中农	214	176	82.24	16	9.09	37	21.02	41	23.30	35	19.89	15	8.52	32	18.18
贫农	403	260	64.52	41	15.77	104	40	43	16.54	35	13.46	13	5	24	9.23
雇农	10	2	20					2	100						
其他	51	20	39.22	3	15	10	50	3	15	2	10			2	10

阶級	1948年 調查户数	养蚕户合計	佔調查户%	其中：养蚕户数 一時以下	%	一—二時	%	二—三時	%	三—四時	%	四—五時	%	五時以上	%
总計	834	496	59.47	107	21.57	172	34.68	104	20.97	58	11.69	22	4.44	33	6.65
地主	36	28	77.78	3	10.71	6	21.43	6	21.43	3	10.71	4	14.29	6	21.43
富农	34	30	88.24	4	13.33	6	20	9	30	5	16.67	1	3.33	5	16.67
中农	248	176	70.97	30	17.05	56	31.82	36	20.45	27	15.34	9	5.11	18	10.23
贫农	457	241	52.74	64	26.56	96	39.83	48	19.92	22	9.13	8	3.32	3	1.24
雇农	8	1	14.29	1	100										
其他	51	20	38.45	5	25	8	40	5	25	1	5.00			1	5.00

[illegible]

各階級養猪比重

表四

階級	1929年		1936年		1948年		備考
	養猪總産量（市斤）	%	養猪總産量（市斤）	%	養猪總産量（市斤）	%	
總計	62278	100	53080	100	36310	100	
地主	5107	8.20	6035	11.37	3007	8.28	
富農	10451	16.78	6749	12.71	2776	7.65	
中農	19011	30.53	18914	35.63	15242	41.98	
貧農	26454	42.48	19777	37.26	13952	38.43	
雇農	115	0.18	145	0.28	28	0.07	
其他	1140	1.83	1460	2.75	1305	3.59	

汇总表

历年蚕茧的发展及春秋茧的比例情况

表24

1927年					1936年						1940年						1957年					
总产量	其中				总产量	为二七年的%	其中				总产量	为二七年的%	其中				总产量	为二七年的%	其中			
	春茧产量	占总产量%	秋茧产量	占总产量%			春茧产量	占总产量%	秋茧产量	占总产量%			春茧产量	占总产量%	秋茧产量	占总产量%			春茧产量	占总产量%	秋茧产量	占总产量%
62278	48418.5	77.75	10233.5	16.43	53080	85.23	39035	73.54	13213	24.89	36310	58.30	25929	71.41	10288	28.33	20089.50	32.26	13836.50	68.87	6094	30.33

全縣汇总

各阶级飼养牛、羊、兔情况

未改

阶級		1929年 户数	1929年 养牛头数	1929年 养羊头数	1929年 养兔头数	1936年 户数	1936年 养牛头数	1936年 养羊头数	1936年 养兔头数	1946年 户数	1946年 养牛头数	1946年 养羊头数	1946年 养兔头数	1952年 户数	1952年 养牛头数	1952年 养羊头数	1952年 养兔头数	1957年 户数	1957年 养牛头数	1957年 养羊头数	1957年 养兔头数
絕对数	总計	716	64.5	281		751	58.33	333	5	834	52.84	381	51	893	34.03	259	94	945	2	576	1260
	地主	23	5	14		26	9	18		36	14.5	21		34	1	19	15	×	×	×	×
	富農	60	27	33		47	21	29		34	12.5	16		33	6.5	17	5	×	×	×	×
	中農	174	21	76		214	19	97		248	18	140	7	~~258~~ 262	16.03	124	23	789	1	496	1180
	其中上中農	×	×	×	×	×	×	×	×	×	×	×	×	~~106~~ 116	7.03	53	4	511	1	320	769
	貧農	404	11	153		403	9.33	182	5	457	7.34	195	44	~~517~~ 509	10.5	190	49	156	1	80	80
	僱農	7				10		1		8				6				×	×	×	×
	其他	48	0.5	5		51		6		51	0.5	9		~~45~~ 49		9	2	×	×	×	×
平均每百户	总計	100	9.01	39.25		100	7.77	44.34	0.67	100	6.34	45.68	6.12	100	3.81	40.20	10.53	100	0.21	60.95	133.32
	地主	100	21.74	60.87		100	34.62	69.23		100	40.28	58.33		100	2.94	55.88	44.12	×	×	×	×
	富農	100	45.00	55.00		100	44.68	61.70		100	36.76	47.06		100	19.69	51.52	15.15	×	×	×	×
	中農	100	12.06	43.68		100	8.88	45.33		100	7.26	56.45	2.82	100	~~6.27~~ 6.12	~~48.06~~ 47.33	~~8.91~~ 8.78	100	0.13	62.86	149.55
	其中上中農	×	×	×	×	×	×	×	×	×	×	×	×	100	~~6.63~~ 6.20	~~50.00~~ 45.60	~~3.77~~ 3.45	100	0.20	62.62	150.48
	貧農	100	2.72	37.87		100	2.32	45.16	1.24	100	1.61	42.67	96.28	100	~~2.03~~ 2.06	~~36.25~~ 37.33	~~9.47~~ 9.63	100	0.64	51.28	51.28
	僱農					100		10.00		100								×	×	×	×
	其他	100	1.04	10.41		100		11.76		100	0.98	17.65		100		~~20.00~~ 18.37	~~4.44~~ 4.08	×	×	×	×

説明：1、57年社内公养牛分摊调查村共計32.16头，其摊派方法是：調查村使用农地÷全社农地×头数取得。

2、該数字未包括在57年"养牛头数"欄内。

各阶级养猪情况

全县汇总

表26

阶级	1929年														
	調查户数	养猪头数	平均每户养猪头数	养猪头数不同的户数比例											
				养猪户合計	%	一头户	%	二头户	%	三头户	%	四头户	%	五头以上及户	%
总計	716	676	0.94	325	100	144	44.31	129	39.69	19	5.85	19	5.85	14	4.30
地主	23	47	2.04	16	100	2	12.5	7	43.75	3	18.75	2	12.5	2	12.50
富农	60	139	2.32	52	100	8	15.38	29	55.77	8	15.38	3	5.77	4	7.70
中农	174	217	1.25	112	100	52	46.43	41	36.61	6	5.36	9	8.03	4	3.57
貧农	404	249	0.62	140	100	81	57.86	49	35.00	2	1.43	5	3.57	3	2.14
雇农	7														
其他	48	24	0.5	5	100	1	20.00	3	60.00					1	20.00

阶级	1936年														
	調查户数	养猪头数	平均每户养猪头数	养猪头数不同的户数比例											
				养猪户合計	%	一头户	%	二头户	%	三头户	%	四头户	%	五头以上及户	%
总計	751	668	0.89	350	100	168	48	134	38.29	25	7.14	14	4	9	2.57
地主	26	94	3.62	20	100	2	10	9	45	5	25	1	5	3	15
富农	47	84	1.79	41	100	10	24.39	23	56.10	5	12.20	2	4.88	1	2.44
中农	214	247	1.15	134	100	60	44.78	51	38.06	12	8.96	9	6.71	2	1.49
貧农	403	221	0.55	147	100	94	63.95	46	31.29	3	2.04	2	1.36	2	1.36
雇农	10														
其他	51	22	0.43	8	100	2	25	5	62.50					1	12.5

阶级	1948年														
	調查户数	养猪头数	平均每户养猪头数	养猪头数不同的户数比例											
				养猪户合計	%	一头户	%	二头户	%	三头户	%	四头户	%	五头以上及户	%
总計	834	749	0.90	423	100	220	52.01	159	37.59	19	4.49	14	3.31	11	2.60
地主	36	96	2.67	29	100	6	20.69	12	41.38	3	10.34	2	6.90	6	20.69
富农	34	60	1.76	29	100	8	27.59	15	51.72	4	13.79	1	3.45	1	3.45
中农	248	305	1.23	166	100	75	45.18	71	42.77	8	4.82	9	5.42	3	1.81
其中：上中农	×	×	×	×	×	×	×	×	×	×	×	×	×	×	×
貧农	457	253	0.56	184	100	121	65.76	58	31.52	4	2.17	1	0.55		
雇农	8														
其他	51	35	0.69	15	100	10	66.67	3	20.00			1	6.66	1	6.67

阶级	1957年														
	調查户数	养猪头数	平均每户养猪头数	养猪头数不同的户数比例											
				养猪户合計	%	一头户	%	二头户	%	三头户	%	四头户	%	五头以上及户	%
总計	945	977	1.03	543	100	264	48.62	205	37.75	47	8.66	17	3.13	10	1.84
地主	×	×	×	×	×	×	×	×	×	×	×	×	×	×	×
富农	×	×	×	×	×	×	×	×	×	×	×	×	×	×	×
中农	789	904	1.15	486	100	222	45.68	181	37.30	46	9.47	17	3.5	10	2.05
其中：上中农	511	642	1.26	333	100	138	41.44	139	41.74	37	11.11	13	3.9	6	1.81
貧农	156	73	0.47	57	100	42	73.68	14	24.56	1	1.76				
雇农	×	×	×	×	×	×	×	×	×	×	×	×	×	×	×
其他	×	×	×	×	×	×	×	×	×	×	×	×	×	×	×

第1页
共3页

各阶级收入构成（毛收入）

表27　　单位：人民币元

	阶级	总收入	1929年 生产收入					非生产收入					
			合计	种植物栽培收入	蚕茧收入	家畜收入	付业收入	合计	在外人口寄回	经商运输收入	教书、行医收入	地租与放债的剥削收入	其他收入
绝对数	总计	409852.70	317023.35	203070.92	53675.01	22246.25	38031.17	92829.35	24901.04	18135.91	2138.48	39491.83	8162.09
	地主	52737.59	21276.86	14990.48	4456.78	1569.55	260.05	31460.73	2318.56			28815.37	326.80
	富农	73344.49	58309.00	42261.64	9133.13	5128.35	1785.88	15035.49	2279.00	6871.40		5609.70	275.39
	中农	106590.89	92613.94	60015.73	16225.75	7713.57	8658.89	13976.95	6337.34	2093.24	894.40	3075.38	1576.59
	贫农	156355.95	135000.40	81287.33	22757.25	7511.42	23444.42	21355.53	9444.26	6278.75	674.24	243.42	4714.86
	雇农	1433.33	1268.21	117.67	109.01		1041.53	165.12	61.92				103.20
	其他	19390.45	8554.92	4398.07	993.09	322.36	2840.40	10835.53	4459.96	2892.53	569.84	1747.96	1165.75
构成数 %	总计	100	77.35	49.55	13.10	5.43	9.28	22.65	6.08	4.43	0.51	9.64	1.99
	地主	100	40.34	28.42	8.45	2.98	0.49	59.66	4.40			54.64	0.62
	富农	100	79.50	57.62	12.45	6.99	2.44	20.50	3.11	9.37		7.65	0.37
	中农	100	86.89	56.30	15.22	7.24	8.13	13.11	5.95	1.96	0.83	2.89	1.48
	贫农	100	86.34	51.99	14.55	4.80	15.00	13.66	6.04	4.02	0.43	0.16	3.01
	雇农	100	88.48	8.21	7.61		72.66	11.52	4.32				7.20
	其他	100	44.12	22.68	5.12	1.67	14.65	55.88	23.00	14.92	2.94	9.01	6.01

说明：

各阶级收入构成（毛收入）

表 27　　单位：人民币元

阶级		1936年											
		总收入	生产收入					非生产收入					
			合计	植物栽培收入	蚕茧收入	丢饲家畜收入	付业收入	合计	在外人口寄回	经商运输收入	教书行医收入	地租与放债的剥削收入	其他收入
绝对数	总计	398691.58	302651.84	205506.63	30359.61	23783.59	43002.01	96039.74	25339.10	20461.45	3004.84	37419.48	9814.87
	地主	53092.15	25936.85	19683.29	3452.54	2768.34	32.68	27155.30	1276.24	137.60		25532.55	208.91
	富农	54621.30	42040.69	31830.44	3816.57	3689.84	2703.84	12580.61	1417.28	6880.00		5310.91	972.42
	中农	125562.03	103847.49	71274.37	10887.41	9144.70	12541.01	21714.54	8144.20	3454.26	705.20	6524.62	2886.26
	贫农	141340.52	119569.45	77134.75	11300.81	7353.39	23780.50	21771.07	10988.11	5682.71	249.40	98.52	4752.33
	雇农	1849.97	1712.71	278.02	79.73	5.16	1349.80	137.26	103.20				34.06
	其他	22225.61	9544.65	5305.76	822.55	822.16	2594.18	12680.96	3410.07	4306.88	2050.24	1950.88	960.89
构成 %	总计	100	75.91	51.55	7.61	5.97	10.78	24.09	6.36	5.13	0.75	9.39	2.46
	地主	100	48.85	37.07	6.50	5.21	0.07	51.15	2.40	0.26		48.00	0.49
	富农	100	76.97	58.27	6.99	6.76	4.95	23.03	2.59	12.60		6.06	1.78
	中农	100	82.71	56.76	8.67	7.28	10.00	17.29	6.49	2.75	0.56	5.20	2.29
	贫农	100	84.60	54.57	8.00	5.20	16.82	15.40	7.77	4.02	0.18	0.07	3.36
	雇农	100	92.58	15.02	4.31	0.28	72.97	7.42	5.57				1.85
	其他	100	42.94	23.87	3.70	3.70	11.67	57.06	15.34	19.38	9.22	8.79	4.33

说明

各阶级收入构成（毛收入）

表27　　单位：人民币元

1948年

阶级		总收入	生产收入					非生产收入					
			合计	植物栽培收入	蚕茧收入	家畜收入	副业收入	合计	在外人口寄回	经商运输收入	教书、行医收入	地租与放债的剥削收入	其他收入
绝对数	总计	374247.01	298747.82	209674.38	17084.16	24934.34	47054.94	75499.19	31231.29	10559.12	292.96	26023.96	7391.86
	地主	49557.18	29636.98	24387.16	1412.74	2922.40	914.08	19920.20	1622.16	224.64		17996.88	76.52
	富农	33495.12	26550.36	18775.31	1302.23	2218.20	4254.62	6944.76	1404.72	1285.44	49.92	2739.32	1465.36
	中农	140059.08	118905.64	79332.91	7140.63	9960.00	22472.10	21153.44	12433.38	3499.42		3355.82	1864.82
	贫农	132500.83	112539.35	80362.69	6605.96	8516.26	17054.44	19961.48	12092.67	3699.10	159.68	312.26	3697.77
	雇农	989.88	989.88	201.62	14.20		774.06						
	其他	17644.92	10125.61	6614.09	608.40	1317.48	1585.64	7519.31	3678.36	1850.52	83.36	1619.68	287.39
构成%	总计	100	79.83	56.03	4.56	6.66	12.58	20.17	8.35	2.82	0.08	6.95	1.97
	地主	100	59.80	49.21	2.85	5.90	1.84	40.20	3.27	0.45		36.32	0.16
	富农	100	79.27	56.06	3.89	6.62	12.70	20.73	4.19	3.84	0.15	8.18	4.37
	中农	100	84.90	56.64	5.10	7.11	16.05	15.10	8.88	2.50		2.40	1.32
	贫农	100	84.93	60.65	4.99	6.43	12.86	15.07	9.13	2.79	0.12	0.24	2.79
	雇农	100	100	20.37	1.43		78.20						
	其他	100	57.39	37.48	3.45	7.47	8.99	42.61	20.85	10.49	0.47	9.18	1.62

说明：

十一个村综合表　各阶级总收入变化（纯收入）

人民币元　表28

阶级	1929年			1936年				1948年			
	常住人口	收入总额	每人平均收入	常住人口	收入总额	每人平均收入	每人平均收入为1929年%	常住人口	收入总额	每人平均收入	每人平均收入为1929年%
总计	3,137	409,852.70	130.65	3,229	398,691.58	123.47	94.50	3,443	374,247.01	108.70	83.20
地主	116	52,737.59	454.63	129	53,092.15	411.57	90.53	175	49,557.18	283.18	62.29
富农	355	73,344.49	206.64	280	54,621.30	195.08	94.41	211	33,495.12	158.74	76.82
中农	784	106,590.89	135.96	997	125,562.03	125.94	92.63	1,093	140,059.08	128.14	94.25
贫农	1,707	156,355.95	91.60	1,643	141,340.52	86.03	93.92	1,803	132,500.83	73.49	80.23
雇农	18	1,433.33	79.63	23	1,849.97	80.43	101.00	11	989.88	89.99	113.01
其他	157	19,390.45	123.51	157	22,225.61	141.56	114.61	150	17,644.92	117.63	95.24

各阶级收入构成（纯收入）

表29　　单位：人民币元

阶级		总收入	生产收入					非生产收入					
			合计	植物栽培收入	蚕茧收入	家畜收入	副业收入	合计	在外人口寄回	经商运输收入	教书行医收入	地租与放债的剥削收入	其他收入
绝对数	总计	277728.62	189946.31	117909.97	20311.11	14015.42	37709.81	89782.31	24901.04	18135.91	2138.48	36470.28	8136.60
	地主	41424.52	12943.79	9971.22	1723.70	988.82	260.05	28480.73	2318.56			25837.07	325.10
	富农	49691.24	34659.87	26119.67	3523.46	3230.86	1785.88	15031.37	2279.00	6871.40		5609.70	271.27
	中农	68469.03	54499.32	35020.94	6049.72	4857.71	8568.89	13969.71	6237.34	2093.24	894.40	3075.38	1669.35
	其中：上中农	×	×	×	×	×	×	×	×	×	×	×	×
	贫农	102453.76	81110.28	44353.06	8580.55	4732.25	23444.42	21343.48	9444.26	6278.75	674.24	243.42	4702.81
	雇农	1326.05	1160.93	72.46	46.94		1041.53	165.12	61.92				103.20
	其他	16384.02	5592.12	2372.62	386.74	203.72	2609.04	10791.90	4459.96	2892.52	569.84	1704.71	1164.87
构成%	总计	100	67.90	42.45	7.36	5.01	13.48	32.10	8.90	6.48	0.77	13.04	2.91
	地主	100	31.25	24.07	4.17	2.39	0.62	68.75	5.60			62.37	0.78
	富农	100	69.75	52.56	7.09	6.50	3.60	30.25	4.59	13.83		11.29	0.54
	中农	100	79.60	51.15	8.84	7.10	12.51	20.40	9.76	3.06	1.31	4.49	2.28
	其中：上中农	100	×	×	×	×	×	×	×	×	×	×	×
	贫农	100	79.17	43.29	8.38	4.62	22.88	20.83	9.22	6.13	0.66	0.23	4.59
	雇农	100	87.55	5.47	3.54		78.54	12.45	4.67				7.78
	其他	100	34.05	14.50	2.38	1.24	15.93	65.95	27.25	17.68	3.48	10.42	7.12

1929年

说明：

第2页 共4页 秦绍

各阶级收入构成（纯收入）

表27　　单位：人民币元

1936年

阶级		总收入	生产收入					非生产收入					
			合計	植物栽培收入	蚕丝收入	云信家畜收入	副业收入	合計	在外人口寄回	经商活动收入	[illegible]收入	地租与放债的剥削收入	其他收入
绝对数	总计	275729.21	187807.51	124668.10	4588.46	14983.64	38567.31	92921.70	25339.10	20461.45	3004.84	34326.35	9789.96
	地主	39452.35	15270.50	12970.88	522.88	1744.06	32.68	24181.85	1276.24	137.60		22560.42	207.59
	富农	37651.71	25100.43	20451.65	529.92	2324.59	1794.27	12551.28	1417.28	6880.00		3285.46	968.54
	中农	81697.01	59990.14	43355.37	1682.00	5761.16	9291.61	21706.87	8144.20	3454.26	705.20	6524.61	2878.60
	其中：上中农	×	×	×	×	×	×	×	×	×	×	×	×
	贫农	96464.07	74702.34	44601.94	1731.64	4632.63	23736.13	21761.73	10988.11	5682.71	249.40	98.52	4742.99
	雇农	1674.29	1537.03	174.25	9.73	3.25	1349.80	137.26	103.20				34.06
	其他	18789.78	6207.07	3214.01	112.29	517.95	2362.82	12582.71	3410.07	4306.88	2050.24	1857.34	958.18
构成%	总计	100	66.30	45.21	1.66	5.44	13.99	33.70	9.19	7.42	1.09	12.45	3.55
	地主	100	38.71	32.88	1.33	4.42	0.08	61.29	3.23	0.35		57.18	0.53
	富农	100	66.66	54.32	1.41	6.17	4.76	33.34	3.76	18.27		8.74	2.57
	中农	100	73.43	52.95	2.06	7.05	11.37	26.57	9.97	4.23	0.86	7.99	3.52
	其中：上中农	100	×	×	×	×	×	×	×	×	×	×	×
	贫农	100	77.44	46.24	1.79	4.80	24.61	22.56	11.39	5.89	0.26	0.10	4.92
	雇农	100	91.80	10.41	0.58	[illegible]	80.62	8.20	6.16				2.04
	其他	100	33.03	17.10	0.60	2.76	12.58	66.97	18.15	22.92	10.91	~~9.88~~ 8.89	5.10

说明：

各阶级收入构成（纯收入）

第3页
共4页

表29　单位：人民币

阶级		1948年											
		总收入	生产收入					非生产收入					
			合计	植物栽培收入	蚕茧收入	畜牧家畜收入	副业收入	合计	在外人口寄回	经商运输收入	放款利息收入	地租及放债剥削收入	其他
绝对数	总计	252456.58	182732.32	128950.91	4473.53	15708.67	33599.21	69724.26	31231.29	10559.12	292.96	20294.34	7346.55
	地主	32755.99	18321.95	15323.16	357.41	1841.11	800.27	14434.04	1622.16	224.64		12513.02	74.22
	富农	22010.81	15070.31	11303.28	328.46	1397.48	2041.09	6940.50	1404.72	1285.44	49.92	2739.32	1461.10
	中农	90522.54	69381.06	49668.50	1855.38	6274.82	11582.36	21141.48	12433.38	3499.42		3355.82	1852.86
	其中：上中农	×	×	×	×	×	×	×	×	×	×	×	×
	贫农	92593.65	72654.27	48541.51	1774.47	5365.25	16973.04	19939.38	12092.67	3699.10	159.68	312.26	3675.67
	雇农	926.08	926.08	147.20	4.82		774.06						
	其他	13647.51	6378.65	3967.26	152.99	830.01	1428.39	7268.86	3678.36	1850.52	83.36	1373.92	282.70
构成%	总计	100	72.38	51.08	1.77	6.22	13.31	27.62	12.37	4.18	0.12	8.04	2.91
	地主	100	55.93	46.78	1.09	5.62	2.44	44.07	4.95	0.69		38.20	0.23
	富农	100	68.47	51.35	1.49	6.35	9.28	31.52	6.38	5.84	0.23	12.45	6.64
	中农	100	76.65	54.87	2.05	6.93	12.80	23.35	13.74	3.86		3.71	2.04
	其中：上中农	100	×	×	×	×	×	×	×	×	×	×	×
	贫农	100	78.47	52.42	1.92	5.79	18.34	21.53	13.06	3.99	0.17	0.34	3.97
	雇农	100	100.00	15.89	0.52		83.59						
	其他	100	46.74	29.07	1.12	6.08	10.47	53.26	26.95	13.56	0.61	10.07	2.07

说明：

汇总表 第4页 共4页

各阶级收入构成（纯收入）

表29　单位：人民币元

阶级		1957年								说明
		总收入	生产收入				非生产收入			
			合计	从农收入	家庭副业	半干户的生产收入	合计	在外人口寄回	其他收入	
绝对数	总计	400356.83	281224.53	166609.37	103827.17	10787.98	119132.30	97570.60	21561.70	
	地主	X	X	X	X	X	X	X	X	
	富农	X	X	X	X	X	X	X	X	
	中农	360472.64	248632.13	144873.16	93648.38	10110.59	111840.51	93593.60	18246.91	
	其中：上中农	258840.78	173336.18	96757.45	69463.57	7115.16	85504.60	72690.00	12814.60	
	贫农	39884.18	32592.39	21736.21	10178.79	677.39	7291.79	3977.00	3314.79	
	雇农	X	X	X	X	X	X	X	X	
	其他	/	X	X	X	X	X	X	X	
构成%	总计	100	70.24	41.62	25.93	2.69	29.76	24.37	5.39	
	地主	100	X	X	X	X	X	X	X	
	富农	100	/	X	X	X	X	X	X	
	中农	100	68.97	40.19	25.98	2.80	31.03	25.97	5.06	
	其中：上中农	100	66.97	37.38	26.84	2.75	33.03	28.08	4.95	
	贫农	100	81.72	54.50	25.52	1.70	18.28	9.97	8.31	
	雇农	100	X	X	X	X	X	X	X	
	其他	100	X	X	X	X	X	X	X	

各階級純收入變化

十八个村綜合表。

計量單位人民幣元　　表 30

階級	1929年 常住人口	1929年 純收入額	1929年 每人平均純收入	1936年 常住人口	1936年 純收入額	1936年 每人平均純收入	1936年 每人平均純收入為29年%	1948年 常住人口	1948年 純收入額	1948年 每人平均純收入	1948年 每人平均純收入為29年%	1957年 常住人口	1957年 純收入額	1957年 每人平均純收入	1957年 每人平均純收入為29年%
總計	3137	279728.62	89.17	3229	275729.21	85.39	95.76	3443	252456.58	73.32	82.22	2961	400316.82	101.07	113.25
地主	116	41424.52	357.11	129	39452.35	305.83	85.64	175	32755.99	187.18	52.42	×	×	×	×
富農	355	49691.24	139.98	280	37651.71	134.47	96.06	211	22010.81	104.32	74.53	×	×	×	×
中農	784	68469.03	87.33	997	81697.01	81.94	93.83	1093	90522.54	82.82	94.84	3324	360472.64	108.45	124.18
其中：上中農	×	×	×	×	×	×	×	×	×	×	×	2143	258840.78	120.78	—
貧農	1707	102452.76	60.02	1643	96464.07	58.71	97.82	1803	92593.65	51.36	85.64	637	39884.18	62.61	104.32
雇農	18	1326.05	73.67	23	1674.39	72.80	98.68	11	926.08	84.19	114.28	×	×	×	×
其他	157	16364.02	104.23	157	18789.78	119.68	114.82	150	13647.51	90.98	87.37	×	×	×	×

十八个村综合表： 1957年各阶级纯收入 表31

原土改复查定案时的阶级成份		常住人口	总收入	生产收入					非生产收入				平均每人总收入	平均每人纯收入为29%	平均每人纯收入为36%	平均每人纯收入为48%
				合计	社员户		单干户		合计	其中：单干户	在外人口寄回	其他				
					从社收入	家庭付业	种植养殖收入	付业								
绝对数	总计	3961	400356.84	281224.57	166609.37	103827.[illegible]	7811.84	2976.44	119132.30	5646.88	97570.60	21561.70	101.07	113.35	118.36	137.85
	地主	115	11492.51	11115.09	6119.17	4995.92			5377.42		5145.00	232.42	99.95	27.99	32.63	53.40
	富农	192	20092.52	16348.16	9432.61	6915.55			3744.36		3257.00	487.36	104.65	74.76	77.82	100.32
	中农	1277	138127.65	93707.81	54085.47	33975.85	4510.33	1136.46	44419.90	3349.51	39309.60	5110.30	108.17	123.86	132.01	130.61
	其中：上中农	559	63007.84	41344.18	24244.42	13660.32	2807.50	631.94	21663.66	2217.96	19471	2192.66	112.72			
	贫农	2146	206445.38	150689.80	91619.43	54136.17	3283.34	1220.88	55756.42	1723.64	42382.00	13373.44	96.20	160.28	163.86	187.31
	雇农	18	1659.25	1633.47	1398.80	234.67			35.78		30.00	5.78	92.18	125.13	126.62	109.49
	其他	183	19539.61	7740.15	3923.89	3179.[illegible]	18.17	618.80	11799.46	573.70	9447.00	2352.46	106.77	102.44	89.21	117.36
构成%	总计	100	100	70.24	41.62	25.93	1.95	0.74	29.76	1.41	24.37	5.39	—	—	—	—
	地主	100	100	76.70	42.23	34.47			23.30		21.70	1.60	—	—	—	—
	富农	100	100	81.36	46.94	34.42			18.64		16.21	2.43	—	—	—	—
	中农	100	100	67.84	39.16	24.60	3.26	0.82	32.16	2.42	28.46	3.70	—	—	—	—
	其中：上中农	100	100	65.62	38.48	21.66	4.49	0.99	34.38	3.52	30.90	3.48	—	—	—	—
	贫农	100	100	72.99	44.37	26.42	1.59	0.59	27.01	0.83	20.53	6.48	—	—	—	—
	雇农	100	100	97.84	84.30	13.54			2.16		1.81	0.35	—	—	—	—
	其他	100	100	39.61	20.08	16.27	0.09	3.17	60.39	2.94	48.35	12.04	—	—	—	—

常熟表

各阶级扣除成本、租、税、息后实际净收入

表32　单位：人民币元

阶级	1929年 常住人口数	1929年 平均每人扣除生产成本后的生产收入	1929年 缴纳租、税、息数额 合計	其中：农业税	其中：地租	其中：债款利息	1929年 平均每人缴纳租税息	1929年 除去成本、租税息后平均每人实际净收入	1936年 常住人口数	1936年 平均每人扣除生产成本后的生产收入	1936年 缴纳租、税、息数额 合計	其中：农业税	其中：地租	其中：债款利息	1936年 平均每人缴纳租税息	1936年 除去成本、租、税、息后平均每人实际收入
合計	3,021	70.22	58,829.98	6,643.32	28,488.27	23,698.39	19.47	50.75	3,100	63.67	40,739.71	6,555.49	23,276.12	10,908.10	13.14	50.53
富农	355	109.77	7,185.83	2,074.25	2,233.68	2,877.90	20.24	89.53	280	98.45	4,002.46	1,566.81	898.31	1,537.34	14.30	84.15
中农	784	82.26	16,020.98	2,244.51	7,746.35	6,030.12	20.44	61.82	997	70.40	13,332.59	2,746.91	7,453.56	3,132.12	13.37	57.03
贫农	1,707	59.15	33,384.94	2,173.55	17,690.38	13,521.01	19.56	39.59	1,643	55.41	21,905.20	2,025.78	14,308.72	5,570.70	13.33	42.08
雇农	18	65.64	35.98	0.55	19.95	15.48	19.99	45.65	23	68.80	52.26	4.63	40.75	6.88	2.27	66.53
其他	157	41.53	2,202.25	150.46	797.91	1,253.88	14.03	27.50	157	44.54	1,447.20	211.36	574.78	661.06	9.22	35.32

阶级	1948年 常住人口数	1948年 平均每人扣除生产成本后的生产收入	1948年 缴纳税、租、息数额 合計	其中：农业税	其中：地租	其中：债款利息	1948年 平均每人缴纳租税息	1948年 除去成本、租、税、息后平均每人实际净收入	1957年 常住人口数	1957年 平均每人扣除生产成本后的生产收入	1957年 缴纳税、息数额 合計	其中：农业税	其中：债款利息	1957年 平均每人缴纳税息	1957年 除去成本、税、息后平均每人实际净收入	备注
合計	3,268	58.93	32,748.75	11,760.34	16,403.41	4,585.00	10.02	48.91	3961	84.51	53,509.36	52,382.55	1,126.81	13.51	71.00	
富农	211	81.01	2,698.18	1,864.50	157.68	676.00	12.79	68.22	×	×	×	×	×	×	×	
中农	1,093	72.47	10,677.62	5,151.59	4,679.63	846.40	9.77	62.70	×	×	×	×	×	×	×	
贫农	1,803	48.78	18,330.71	4,121.42	11,183.57	3,025.72	10.17	38.61	×	×	×	×	×	×	×	
雇农	11	85.29	13.68	2.56	9.52	1.60	1.24	84.05	×	×	×	×	×	×	×	
其他	150	49.15	1,028.56	620.27	373.01	35.28	6.86	42.29	×	×	×	×	×	×	×	

各階級每人平均口糧消費

全县汇总　　　　　　　　　　表3　　單位：糙米市斤

階級	1929年 户數	1929年 常住人口	1929年 每人平均口糧消費	1929年 各階級口糧消費為總平均%	1936年 户數	1936年 常住人口	1936年 每人平均口糧消費	1936年 為29年的%	1936年 各階級口糧消費為總平均%	1948年 户數	1948年 常住人口	1948年 每人平均口糧消費	1948年 為29年的%	1948年 各階級口糧消費為總平均%	1957年 户數	1957年 常住人口	1957年 每人平均口糧消費	1957年 為29年的%	1957年 各階級口糧消費為總平均%
總計	648	2864	363	100	693	2990	367	101.10	100	778	3229	371	102.20	100	945	3962	405	111.57	100
地主	15	73	436	120.11	17	80	430	98.62	117.17	28	130	405	92.89	109.16	×	×	×	×	×
富農	58	342	394	108.54	46	277	415	105.33	113.08	33	206	427	108.38	115.09	×	×	×	×	×
中農	157	703	383	105.51	201	907	381	99.48	103.81	231	1013	393	102.61	105.93	789	3324	406	106.01	100.25
其中：上中農	×	×	×	×	×	×	×	×	×	×	×	×	×	×	511	2143	405		100.00
貧農	374	1602	345	95.04	382	1577	347	100.58	94.55	439	1739	350	101.45	94.34	156	638	401	116.23	99.01
雇農	5	16	302	83.20	4	10	343	113.58	93.46	3	7	368	121.85	99.19	×	×	×	×	×
其他	39	128	362	99.72	43	139	373	103.04	101.63	44	134	364	97.79	98.42	×	×	×	×	×

附註：1. 小麦以每百斤折糙米80斤計算
2. "每人平均口糧消費"以各調查村子絶对消费量的总和平均。

十一村综合　　各阶级人口自然増長率（常住人口部分）　　表34

阶级	1929年					1936年					1948年					1957年				
	人口合計	出生人数	死亡人数	净增人数	自然增長率	人口合計	出生人数	死亡人数	净增人数	自然增長率	人口合計	出生人数	死亡人数	净增人数	自然增長率	人口合計	出生人数	死亡人数	净增人数	自然增長率
总計	3137	70	23	47	1.50%	3230	55	36	19	0.59%	3445	85	31	54	1.57%	3962	104	36	68	1.72%
地主	116	1	1			129	2	2			175	5	1	4	2.29%	×	×	×	×	×
富农	355	9	4	5	1.41%	280	6	2	4	1.75%	211	6	2	4	1.90%	×	×	×	×	×
中农	784	23	2	21	2.68%	997	21	13	8	0.80%	1093	27	13	14	1.28%	3324	88	30	58	1.74%
其中：上中农	×	×	×	×	×	×	×	×	×	×	×	×	×	×	×	2143	52	22	30	1.40%
貧农	1707	34	15	19	1.11%	1643	26	17	9	0.55%	1803	45	14 ~~31~~	31 ~~1.72%~~	1.72%	638	16	6	10	1.57%
雇农	18					24					13	1		1	7.69%	×	×	×	×	×
其他	157	3	1	2	1.27%	157		2	-2	-1.27%	150	1	1			×	×	×	×	×

各阶级常住人口的职业构成

表35

阶级	1929年 劳动力数	职业情况 农民	手工业者	产业工人	教师	医生	其他自由职业者	小商贩	工商业主	家务劳动	其他劳动者	1936年 劳动力数	职业情况 农民	手工业者	产业工人	教师	医生	其他自由职业者	小商贩	工商业主	家务劳动	其他劳动者
总计	1878	1198	68	15	2	1	5	18	15	485	29	1910	1215	68	21	5	1	6	16	11	477	35
地主	60	8								29		74	12								33	5
富农	219	129	1	2					2	74	4	153	76	1	1					5	59	2
中农	467	334	7	2	1			1	3	113	1	574	396	13	10	1			1	2	135	8
其中：上中农	×	×	×	×	×	×	×	×	×	×	×	×	×	×	×	×	×	×	×	×	×	×
贫农	1029	703	44	10		1	4	6	6	231	19	989	699	37	6		1	4	4		210	17
雇农	9	8	1									16	12	2	1						1	
其他	94	16	15	1	1		1	11	4	38	5	104	20	15	3	4		2	11	4	39	3

阶级	1948年 劳动力数	职业情况 农民	手工业者	产业工人	教师	医生	其他自由职业者	小商贩	工商业主	家务劳动	其他劳动者	1957年 劳动力数	职业情况 农民	手工业者	家务劳动者	产业工人	教师	医生	其他自由职业者	小商贩	工商业主	革命干部	其他劳动者
总计	1956	1279	52	10	5	2	4	16	5	495	15	2023	1356	26	494	9	3	2	4	4	2	4	10
地主	97	13								44	2	×	×	×	×	×	×	×	×	×	×	×	×
富农	105	62				1			2	33	2	×	×	×	×	×	×	×	×	×	×	×	×
中农	636	445	12	5	1			2	1	152	3	1730	1143	20	433	9	3	2	3	3	2	4	10
其中：上中农	×	×	×	×	×	×	×	×	×	×	×	1123	729	16	291	8	3		2	1	2	2	6
贫农	1029	725	31	5	2	1	2	7		232	6	293	212	6	61				1	1			
雇农	11	10								1		×	×	×	×	×	×	×	×	×	×	×	×
其他	83	24	9		2		2	7	2	33	2	×	×	×	×	×	×	×	×	×	×	×	×

各阶级常住人口的职业构成

表 35

阶级	1929年 劳动力数	职业构成 % 农民	手工业者	产业工人	教师	医生	其他自由职业者	小商贩	工商业主	家务劳动	其他劳动者
总计	100	63.79	3.62	0.80	0.11	0.05	0.27	0.96	0.80	25.83	1.54
地主	100	13.33								48.22	
富农	100	58.9	0.46	0.91					0.91	33.79	1.83
中农	100	71.42	1.5	0.43	0.21			0.21	0.64	24.20	0.71
其中：上中农	×	×	×	×	×	×	×	×	×	×	×
贫农	100	68.32	4.28	0.47		0.1	0.39	0.58	0.58	22.45	1.85
雇农	100	88.89	11.11								
其他	100	17.02	15.94	1.06	1.06		1.06	11.7	4.26	40.43	5.32

阶级	1936年 劳动力数	职业构成 % 农民	手工业者	产业工人	教师	医生	其他自由职业者	小商贩	工商业主	家务劳动	其他劳动者
总计	100	64.64	3.56	1.10	0.26	0.05	0.31	0.84	0.68	24.96	1.83
地主	100	16.22								44.59	6.76
富农	100	49.67	0.65	0.65					3.27	38.56	1.31
中农	100										
其中：上中农	×	×	×	×	×	×	×	×	×	×	×
贫农	100	70.68	3.71	0.61		0.11	0.4	0.4		21.28	1.72
雇农	100	75	12.5	6.25						6.25	
其他	100	19.23	14.42	2.88	3.85		1.92	10.58	3.85	37.5	2.88

阶级	1948年 劳动力数	职业构成 % 农民	手工业者	产业工人	教师	医生	其他自由职业者	小商贩	工商业主	家务劳动	其他劳动者
总计	100	65.38	[illegible]	0.51	0.26	0.1	0.20	0.82	0.26	25.25	0.77
地主	100	14.13								47.82	2.17
富农	100	59.05				0.95			1.90	31.43	1.9
中农	100	69.97	1.88	0.79	0.16			0.31	0.16	23.90	0.47
其中：上中农	×	×	×	×	×	×	×	×	×	×	×
贫农	100	70.46	3.01	0.49	0.19	0.1	0.19	0.68		22.55	0.58
雇农	100	90.91								9.09	
其他	100	28.92	10.84		2.41		2.41	8.43	2.41	39.76	2.41

阶级	1957年 劳动力数	职业构成 % 农民	手工业者	家务劳动者	产业工人	教师	医生	其他自由职业者	小商贩	工商业主	革命干部	其他劳动者
总计	100	66.78	1.29	24.42	0.44	0.15	0.1	0.20	0.20	0.1	0.2	0.5
地主	×	×	×	×	×	×	×	×	×	×	×	×
富农	×	×	×	×	×	×	×	×	×	×	×	×
中农	100	66.7	1.56	25.92	0.52	0.17	0.16	0.17	0.17	0.16	0.23	0.57
其中：上中农	100	64.92	1.42	25.98	0.71	0.27		0.18	0.09	0.18	0.18	0.53
贫农	100	72.35	2.05	20.82				0.34	0.34			
雇农	×	×	×	×	×	×	×	×	×	×	×	×
其他	×	×	×	×	×	×	×	×	×	×	×	×

56.三一

表39

各阶级外出人口的职业情况（解放前）

1929年

阶级	劳动力数	农民	手工业者	产业工人	教师	医生	其他自由职业	小商贩	工商业主	店员	军政人员	家务劳动	其他劳动者
总计	251	6	29	69	16	2	2	2	16	30		15	58
地主	14				5	2			1			1	2
富农	21			6	2				7	3			2
中农	47		3	18	3			1	3	8		1	8
贫农	127	3	22	38	3		2	1	2	11		7	38
雇农	2		1										1
其他	38	3	3	7	3				3	8		4	7

1936年

阶级	劳动力数	农民	手工业者	产业工人	教师	医生	其他自由职业	小商贩	工商业主	店员	军政人员	家务劳动	其他劳动者
总计	303	4	53	78	11	5	3	2	13	36	2	17	67
地主	17				5	1				1	1	1	1
富农	16			3		1			5	4		2	
中农	72		5	26	3		1	1	2	16		2	15
贫农	153	3	38	41	2		2			14	1	5	45
雇农	1		1										
其他	44	1	9	8	1	1		1	6	1		9	6

1948年

阶级	劳动力数	农民	手工业者	产业工人	教师	医生	其他自由职业	小商贩	工商业主	店员	军政人员	家务劳动	其他劳动者
总计	499	2	40	227	17	5		11	21	49	8	33	53
地主	46			2	9	1			5	3	1	6	1
富农	20			5	1				3	5		1	1
中农	178		10	103	3	3		4	6	17	3	6	17
贫农	206	2	24	125	2			3	3	19	3	11	34
雇农													
其他	49		6	12	2	1		4	4	5	1	9	

各阶级外出人口的职业情况（解放后）

1957年

阶级	劳动力数	农民	手工业者	产业工人	教师	医生	其他自由职业	小商贩	工商业主	革命干部	家务劳动	其他劳动者
总计	815	3	54	370	27	3	1	3	15	93	87	86
上中农	597	1	34	287	22	2			15	69	62	56
下中农	174	1	17	71	5		1	2		20	17	23
贫农	44	1	3	12		1		1		4	8	7

36

表[illegible]之二

各阶级外出人口的职业构成（解放前）

阶级	1929年 劳动力数	职业构成% 农民	手工业者	产业工人	教师	医生	其他自由职业	小商贩	工商业主	店员	军政人员	家务劳动	其他劳动者
总计	100	2.39	11.55	27.49	6.37	0.8	0.8	0.8	6.37	11.95		5.98	23.11
地主	100				35.71	14.29			7.14			7.14	14.29
富农	100			28.57	9.52				33.33	14.29			9.52
中农	100		6.38	38.3	6.38			2.13	6.38	17.02		2.13	17.02
贫农	100	2.33	7.05	29.46	2.33		1.55	0.78	1.55	8.52		6.97 / 4.98	29.46
雇农	100		50.										50.
其他	100	7.89	7.89	18.42	7.89				7.89	21.05		10.53	18.42

阶级	1936年 劳动力数	职业构成% 农民	手工业者	产业工人	教师	医生	其他自由职业	小商贩	工商业主	店员	军政人员	家务劳动	其他劳动者
总计	100	1.32	17.49	25.74	3.63	0.99	0.99	0.66	4.29	11.88	0.66	6.27	23.11
地主	100				29.41	5.88				5.88	5.88	5.88	5.88
富农	100			18.75		6.25			31.25	25.		12.5	
中农	100		6.94	36.11	4.17		1.39	1.39	2.78	22.22		2.78	20.83
贫农	100	1.96	24.84	26.80	1.31		1.31			9.15	0.65	3.27	29.41
雇农	100		100										
其他	100	2.27	20.45	18.18	2.27	2.27		2.27	13.64	2.27		18.18	13.64

阶级	1948年 劳动力数	职业构成% 农民	手工业者	产业工人	教师	医生	其他自由职业	小商贩	工商业主	店员	军政人员	家务劳动	其他劳动者
总计	100	0.4	8.02	45.49	3.41	1.		2.2	4.01	9.82	1.6	6.61	19.62
地主	100			4.35	19.57	2.17			10.87	6.52	2.17	13.04	2.17
富农	100			25.	50.				15.	25.		5.	5.
中农	100		5.62	57.8[illegible]	8.69	1.69		2.25	3.37	9.55	1.69	3.37	9.55
贫农	100	0.97	11.65	50.97	0.97			1.46	1.46	9.22	1.46	5.34	16.50
雇农	—												
其他	100		12.24	24.49	4.08	2.04		8.16	8.16	10.20	2.04	18.37	

各阶级外出人口的职业构成（解放后）

阶级	1957年 劳动力数	职业构成% 农民	手工业者	产业工人	教师	医生	其他自由职业	小商贩	工商业主	革命干部	家务劳动	其他劳动者
总计	100	0.37	6.63	45.4	3.31	0.37	0.12	0.37	1.84	11.41	10.67	10.55
上中农	100	0.17	5.7	48.07	3.69	0.34			2.51	11.56	10.39	9.38
下中农	100	0.57	9.77	40.8	2.87		0.57	1.15		11.49	9.77	13.22
贫农	100	2.27	6.82	27.27		2.27		2.27		9.09	18.18	15.91

各阶级常住人口的文化状况

表三一

阶级	1929年 14岁以上人数	1929年 文盲	1929年 初小程度	1929年 高小程度	1929年 初中程度	1929年 高中程度	1929年 大学程度
总计	2,046	1,575	326	119	22	4	
地主	73	45	7	13	6	2	
富农	238	157	55	21	4	1	
中农	504	364	97	35	8		
其中：上中农	×	×	×	×	×	×	×
贫农	1,117	908	161	44	4		
佃农	9	9					
其他	105	92	6	6		1	

阶级	1936年 14岁以上人数	1936年 文盲	1936年 初小程度	1936年 高小程度	1936年 初中程度	1936年 高中程度	1936年 大学程度
总计	2,115	1,532	387	160	29	6	1
地主	87	45	12	20	6	4	
富农	171	106	38	22	5		
中农	638	440	140	48	9	1	
其中：上中农	×	×	×	×	×	×	×
贫农	1,091	841	186	59	5		
佃农	16	15		1			
其他	112	85	11	10	4	1	1

阶级	1948年 14岁以上人数	1948年 文盲	1948年 初小程度	1948年 高小程度	1948年 初中程度	1948年 高中程度	1948年 大学程度
总计	2,318	1,424	458	261	67	8	
地主	108	46	22	24	12	4	
富农	132	67	30	24	10	1	
中农	711	431	164	91	24	1	
其中：上中农	×	×	×	×	×	×	×
贫农	1,161	806	228	110	17		
佃农	11	10	1				
其他	95	64	13	12	4	2	

阶级	1957年 14岁以上人数	1957年 文盲	1957年 初小程度	1957年 高小程度	1957年 初中程度	1957年 高中程度	1957年 大学程度
总计	2,312	1,332	478	415	173	11	3
地主	×	×	×	×	×	×	×
富农	×	×	×	×	×	×	×
中农	1,861	1,019	405	366	158	10	3
其中：上中农	1,282	634	273	251	113	8	3
贫农	351	213	73	49	15	1	
佃农	×	×	×	×	×	×	
其他	×	×	×	×	×	×	

各阶级常住人口的文化程度

表 5 37 3/二

1929 年

阶级	14岁以上人数	文化程度% 文盲	初小程度	高小程度	初中程度	高中程度	大学程度
总计	100	77.38	15.13	5.82	1.08	0.17	
地主	100	61.14	9.57	17.81	8.32	3.74	
富农	100	65.77	23.11	8.82	1.88	0.42	
中农	100	72.22	17.85	6.14	1.57		
其中：上中农	×	×	×	×	×	×	×
贫农	100	81.37	14.41	3.74	0.36		
佣农	100	100					
其他	100	87.62	5.71	5.71		0.96	

1936 年

阶级	14岁以上人数	文化程度% 文盲	初小程度	高小程度	初中程度	高中程度	大学程度
总计	100	72.43	18.30	7.57	1.37	0.28	0.05
地主	100	51.72	13.77	22.77	6.10	4.60	
富农	100	61.77	22.22	13.87	2.12		
中农	100	68.97	21.94	7.52	1.41	0.16	
其中：上中农	×	×	×	×	×	×	×
贫农	100	77.09	17.05	5.41	0.45		
佣农	100	73.75	13.75	6.25	6.25		
其他	100	77.89	7.82	8.93	3.58	0.89	0.89

1948 年

阶级	14岁以上人数	文化程度% 文盲	初小程度	高小程度	初中程度	高中程度	大学程度
总计	100	64.20	20.65	11.77	3.02	0.36	
地主	100	43.59	20.37	22.22	11.11	3.71	
富农	100	50.76	22.73	18.18	7.58	0.75	
中农	100	60.62	23.07	13.80	3.37	0.14	
其中：上中农	×	×	×	×	×	×	×
贫农	100	79.42	17.64	1.47	1.47		
佣农	100	90.71	7.07				
其他	100	67.37	13.68	12.63	4.21	2.11	

1957 年

阶级	14岁以上人数	文化程度% 文盲	初小程度	高小程度	初中程度	高中程度	大学程度
总计	100	53.37	30.67	12.75	2.48	0.48	0.13
地主	×	×	×	×	×	×	×
富农	×	×	×	×	×	×	×
中农	100	51.76	20.65	18.66	8.06	0.51	0.16
其中：上中农	100	47.45	21.37	19.58	8.82	0.62	0.24
贫农	100	60.68	20.80	13.76	4.37	0.39	
佣农	×	×	×	×	×	×	×
其他	×	×	×	×	×	×	×

各阶级在外人口的文化状况

表38之一

阶级	1929年							1936年						
	14岁以上人数	文化状况						14岁以上人数	文化状况					
		文盲	初小程度	高小程度	初中程度	高中程度	大学程度		文盲	初小程度	高小程度	初中程度	高中程度	大学程度
总计	267	123	89	29	17	5	4	314	123	102	57	19	11	2
地主	16	2	1	3	5	3	2	18	—	2	2	5	7	2
富农	21	2	10	4	3	2	/	16	3	7	4	1	1	/
中农	51	16	23	9	2	/	1	75	19	27	18	9	2	/
其中：上中农	×	×	×	×	×	×	×	×	×	×	×	×	×	×
贫农	137	80	42	12	3	/	/	156	78	54	22	1	1	/
佣农	2	2	—	—	—	—	—	1	1	—	—	—	—	—
其他	40	21	13	1	4	—	1	48	22	12	11	3	/	/

阶级	1948年							1957年						
	14岁以上人数	文化状况						14岁以上人数	文化状况					
		文盲	初小程度	高小程度	初中程度	高中程度	大学程度		文盲	初小程度	高小程度	初中程度	高中程度	大学程度
总计	519	127	166	127	68	24	7	855	136	245	194	175	71	34
地主	48	4	1	8	13	17	5	×	×	×	×	×	×	×
富农	20	2	6	4	6	2	/	×	×	×	×	×	×	×
中农	182	42	65	51	20	3	1	799	124	224	185	165	68	33
其中：上中农	×	×	×	×	×	×	×	638	86	187	151	131	52	32
贫农	217	67	84	47	18	1	/	56	12	21	9	10	3	1
佣农	—	—	—	—	—	—	—	×	×	×	×	×	×	×
其他	52	12	10	17	11	1	1	×	×	×	×	×	×	×

各阶级在外人口的文化构成

表38之二

1929年

阶级	14岁以上人数	文盲	初小程度	高小程度	初中程度	高中程度	大学程度
总计	100	46.07	33.34	10.86	6.37	1.87	1.49
地主	100	12.50	6.25	18.75	31.25	18.75	12.50
富农	100	9.52	47.62	19.05	14.29	9.52	/
中农	100	31.37	45.10	17.65	3.92	/	1.96
其中：上中农	×	×	×	×	×	×	×
贫农	100	58.39	30.66	8.76	2.19	/	/
雇农	100	100.00	—	—	—	—	—
其他	100	52.50	32.50	2.50	10.00	/	2.50

1936年

阶级	14岁以上人数	文盲	初小程度	高小程度	初中程度	高中程度	大学程度
总计	100	39.17	32.48	18.15	6.05	3.57	0.64
地主	100	/	11.11	11.11	27.78	38.89	11.11
富农	100	18.75	43.75	25.00	6.25	6.25	/
中农	100	25.33	36.00	24.00	12.00	2.67	/
其中：上中农	×	×	×	×	×	×	×
贫农	100	50.00	34.62	14.10	0.64	0.64	/
雇农	100	100.00	—	—	—	—	—
其他	100	45.83	25.00	22.92	6.25	/	/

1948年

阶级	14岁以上人数	文盲	初小程度	高小程度	初中程度	高中程度	大学程度
总计	100	24.47	31.98	24.47	13.10	4.62	1.36
地主	100	8.33	2.08	16.67	27.08	35.42	10.42
富农	100	10.00	30.00	20.00	30.00	10.00	/
中农	100	23.08	35.71	28.02	10.99	1.65	0.55
其中：上中农	×	×	×	×	×	×	×
贫农	100	30.88	38.71	21.66	8.29	0.46	/
雇农	—	—	—	—	—	—	—
其他	100	23.08	19.23	32.69	21.16	1.92	1.92

1957年

阶级	14岁以上人数	文盲	初小程度	高小程度	初中程度	高中程度	大学程度
总计	100	15.91	28.65	22.69	20.47	8.30	3.98
地主	X	X	X	X	X	X	X
富农	X	X	X	X	X	X	X
中农	100	15.52	28.04	23.15	20.65	8.51	4.13
其中：上中农	100	13.46	29.26	23.63	20.50	8.14	5.01
贫农	100	21.43	37.50	16.07	17.86	5.35	1.79
雇农	X	X	X	X	X	X	X
其他	X	X	X	X	X	X	X

各阶級男女文盲人數的比重

表 ~~26~~ 39

阶級	1929年								1936年							
	14岁以上人數			其中：文盲			构成 %		14岁以上人數			其中：文盲				
	合計	男	女	合計	男	女	男	女	合計	男	女	合計	男	女		
总計	2046	950	1096	1575	507	1068	32.19	67.81	2115	975	1140	1532	463	1069	30.22	69.78
地主	73	23	50	45	3	42	6.67	93.33	87	30	57	45	4	41	8.89	91.11
富农	238	97	141	157	28	129	17.83	82.17	171	73	98	106	22	84	20.75	79.25
中农	504	229	275	364	93	271	25.55	74.45	638	287	351	440	108	332	24.55	75.45
其中：上中农	×	×	×	×	×	×	×	×	×	×	×	×	×	×		×
貧农	1117	550	567	908	345	563	38.00	62.00	1091	528	563	841	293	548	34.84	65.16
僱农	9	7	2	9	7	2	77.78	22.22	16	12	4	15	11	4	73.33	26.67
其他	105	44	61	92	31	61	33.70	66.30	112	45	67	85	25	60	29.40	70.60

阶級	1948年								1957年								至57年已参加扫盲除手的人數
	14岁以上人數			其中：文盲			构成 %		14岁以上人數			其中：文盲			构成 %		
	合計	男	女	合計	男	女	男	女	合計	男	女	合計	男	女	男	女	
总計	2218	998	1220	1424	370	1054	25.98	74.02	2312	1016	1296	1232	312	920	25.32	74.68	201
地主	108	37	71	46	4	42	8.70	91.30	×	×	×	×	×	×	×	×	×
富农	132	54	78	67	8	59	11.94	88.06	×	×	×	×	×	×	×	×	×
中农	711	311	400	431	87	344	20.19	79.81	1961	859	1102	1019	249	770	24.44	75.56	175
其中：上中农	×	×	×	×	×	×	×	×	1282	558	724	634	138	496	21.77	78.23	110
貧农	1161	549	612	806	244	562	30.27	69.73	351	157	194	213	63	150	29.58	70.42	26
僱农	11	9	2	10	8	2	80.00	20.00	×	×	×	×	×	×	×	×	×
其他	95	38	57	64	19	45	29.69	70.31	×	×	×	×	×	×	×	×	×

十一个村综合各阶级常住人口学龄儿童入学情况　　表40

阶级	1929年			1936年			1948年			1957年		
	学龄儿童数	其中：在学人数		学龄儿童数	其中：在学人数		学龄儿童数	其中：在学人数		学龄儿童数	其中：在学人数	
		計	%		計	%		計	%		計	%
总計	492	189	38.41	557	259	46.50	599	417	69.62	779	638	81.90
地主	24	22	91.67	20	14	70.00	32	30	93.75	×	×	×
富农	54	31	57.40	48	27	56.25	42	33	78.57	×	×	×
中农	112	44	39.29	180	91	50.56	190	147	77.37	632	528	83.54
其中：上中农	×	×	×	×	×	×	×	×	×	392	336	85.71
貧农	274	78	28.47	274	106	38.69	311	189	60.77	147	110	74.83
雇农	1			8	2	25.00	1	1	100	×	×	×
其他	27	14	51.85	27	19	70.37	23	17	73.71	×	×	×

11村综合

各阶级男女学龄儿童就学的比重

表 24 六一

阶级	1929年 7——13岁学龄儿童 合計	男	女	其中：在学人数 合計	男	女	构成 % 男	女	1936年 7——13岁学龄儿童 合計	男	女	其中：在学人数 合計	男	女	构成 % 男	女
总計	492	262	230	189	155	34	82.01	17.89	557	311	246	259	213	46	82.24	17.76
地主	24	17	7	22	17	5	77.27	22.73	20	8	12	14	8	6	57.14	42.86
富农	54	23	31	31	17	14	54.84	45.16	48	25	23	27	22	5	81.48	18.52
中农	112	59	53	44	37	7	84.09	15.91	180	95	85	91	73	18	80.22	19.78
其中：上中农	X	X	X	X	X	X	X	X	X	X	X	X	X	X	X	X
贫农	274	142	132	78	70	8	89.74	10.26	274	163	111	106	95	11	89.62	10.38
雇农	1		1						8	4	4	2	2		100	
其他	27	21	6	14	14		100		27	16	11	19	13	6	68.42	31.58

阶级	1948年 7——13岁学龄儿童 合計	男	女	其中：在学人数 合計	男	女	构成 % 男	女	1957年 7——13岁学龄儿童 合計	男	女	其中：在学人数 合計	男	女	构成 % 男	女
	59															
总計	599	330	269	417	271	146	64.99	35.01	779	405	374	638	348	290	54.55	45.45
地主	32	16	16	30	16	14	53.33	46.67	X	X	X	X	X	X	X	X
富农	42	29	13	33	24	9	72.73	27.27	642	x	x	x				
中农	190	108	82	147	99	48	67.35	32.65	632 (372)	324	308	528	281	247	53.22	46.78
其中：上中农	X	X	X	X	X	X	X	X	392	205	187	336	178	158	52.98	47.02
贫农	311	164	147	189	122	67	64.55	35.45	147	82	65	110	67	43	60.91	39.09
其他	23	12	11	17	9	8	52.94	47.06	X	X	X	X	X	X	X	X
佃农	1	1		1	1		100									

各阶级劳动力数和实际参加劳动情况（常住人口部份）

表42

阶级	1929年 劳动力数			实际参加劳动者			其中：农业劳动者			农业劳动者占劳动力%		1936年 劳动力数			实际参加劳动者			其中：农业劳动者			农业劳动者占劳动力%	
	合計	男	女	合計	男	女	合計	男	女	男	女	合計	男	女	合計	男	女	合計	男	女	男	
总計	1878	880	998	1835	855	980	1198	731	467	83.83	46.91	1910	886	1024	1855	855	1000	1215	725	490	81.83	47.85
地主	60	17	43	37	3	34	8	3	5	17.65	11.63	74	25	49	50	8	42	12	6	6	24.00	12.24
富农	219	90	129	212	88	124	129	83	46	92.22	35.66	153	66	87	144	62	82	76	53	23	80.30	26.44
中农	467	215	252	461	210	251	334	195	139	90.19	55.16	574	258	316	566	255	311	396	230	166	89.15	52.53
其中：上中农	X	X	X	X	X	X	X	X	X	X	X	X	X	X	X	X	X	X	X	X	X	X
贫农	1029	512	517	1024	510	514	703	435	268	84.96	51.84	989	483	506	978	478	500	699	417	282	86.34	55.73
雇农	9	7	2	9	7	2	8	7	1	100	50	16	12	4	16	12	4	12	10	2	83.33	50.
其他	94	39	55	92	37	55	16	8	8	20.51	14.55	104	42	62	101	40	61	20	9	11	21.43	17.74

阶级	1948年 劳动力数			实际参加劳动者			其中：农业劳动者			农业劳动者占劳动力%		1957年 劳动力数			实际参加劳动者			其中：农业劳动者			农业劳动者占劳动力%	
	合計	男	女	合計	男	女	合計	男	女	男	女	合計	男	女	合計	男	女	合計	男	女	男	女
总計	1956	881	1075	1884	838	1046	1279	728	551	82.63	51.26	2023	907	1116	1920	856	1064	1356	791	565	87.21	50.63
地主	92	31	61	59	11	48	13	8	5	25.81	8.2	X	X	X	X	X	X	X	X	X	X	X
富农	105	41	64	100	41	59	62	32	30	78.05	46.88	X	X	X	X	X	X	X	X	X	X	X
中农	636	278	358	621	268	353	445	245	200	88.13	55.87	1730	778	952	1638	732	906	1144	675	469	86.76	49.26
其中：上中农	X	X	X	X	X	X	X	X	X	X	X	1123	497	626	1063	490	573	930	431	299	86.72	47.76
贫农	1029	491	538	1012	479	533	725	423	302	86.15	56.13	293	129	164	282	124	158	212	116	96	89.92	58.54
雇农	11	9	2	11	9	2	10	9	1	100	50	X	X	X	X	X	X	X	X	X	X	X
其他	83	31	52	81	30	51	24	11	13	35.48	25.	X	X	X	X	X	X	X	X	X	X	X

各階級平均每人使用農地與每一農業勞動力負担使用農地畝数变化

十个村彙総

表43

階級	1929年		1936年				1948年				1952年				1957年	
	平均每人使用農地	每一農业勞动力負担農地	平均每人使用		每一農业勞动力負担		平均每人使用		每一農业勞动力負担		每人占有		每一農业勞动力負担		每一農业勞动力負担	
			農地	为1929年%	農地	为1929年%	農地	为1929年%	農地	为1929年%	土地	为1929年%	農地	为1929年%	農地	为1929年%
总計	1.62	4.01	1.42	87.65	3.61	90.00	1.54	95.06	4.00	100					4.31	107.45
地主	3.18	11.90	3.79	118.24	12.86	108.07	3.45	108.49	13.74	115.80					×	×
富農	2.95	6.23	2.79	94.58	7.87	126.32	2.29	77.63	6.48	104.01					×	×
中農	1.87	4.34	1.75	93.58	4.36	100.46	1.79	95.72	4.33	99.77					×	×
其中上中農	×	×	×	×	×	×	×	×	×	×					×	×
貧農	1.22	2.95	1.17	95.90	2.74	92.88	1.16	95.08	2.78	94.24					×	×
佣農	0.16	0.36	0.33	206.25	0.78	216.67	0.46	287.50	0.68	188.89					×	×
其他	0.70	0.61	0.86	122.86	0.61	100	1.07	152.86	0.64	104.59					×	×

各阶级劳动力外出情况

表44

阶级	1929年 劳动力数	1929年 其中：外出者	1929年 外出劳动力的比重%	1936年 劳动力数	1936年 其中：外出者	1936年 外出劳动力的比重%	1948年 劳动力数	1948年 其中：外出者	1948年 外出劳动力的比重%	1957年 劳动力数	1957年 其中：外出者	1957年 外出劳动力的比重%
总计	2129	251	11.79	2211	303	13.61	2455	499	20.33	2838	815	28.72
地主	74	14	18.92	91	17	18.68	138	46	33.33	×	×	×
富农	240	21	8.75	169	16	9.47	125	20	16.00	×	×	×
中农	514	47	9.14	646	72	11.15	814	178	21.87	2501	771	30.83
其中：上中农	×	×	×	×	×	×	×	×	×	1720	597	34.71
贫农	1158	129	11.14	1142	153	13.39	1235	206	21.05	337	44	13.06
雇农	11	2	18.18	17	1	5.88	11			×	×	×
其他	132	38	28.79	148	44	29.73	132	49	37.12	×	×	×

编制说明：(1)劳动力数，系常住、在外人口的劳动力总数。

全县汇总　　各阶级居住条件　　表45

阶级	1929年 占有房屋间数	1929年 常住人口数	1929年 平均每人居住间数	1936年 占有房屋间数	1936年 常住人口数	1936年 平均每人居住间数	1948年 占有房屋间数	1948年 常住人口数	1948年 平均每人居住间数	1952年 占有房屋间数	1952年 常住人口数	1952年 平均每人居住间数	1957年 占有房屋间数	1957年 常住人口数	1957年 平均每人居住间数
总计	2279.75	3137	0.73	2361.58	3230	0.73	2396.75	3445	0.70	2374.75	3590	0.66	3157.8	3962 (945)	0.80
地主	287.5	116 (23)	2.48	327.5	129 (26)	2.54	380.5	175 (36)	2.17	116.5	149	0.78	、	、	、
富农	339.5	355 (60)	0.96	253	280 (47)	0.90	177.5	211 (34)	0.84	156.5	180	0.87		、	、
中农	542.5	784 (174)	0.69	751	997 (214)	0.75	779	1093 (248)	0.71	837	1176	0.71	2803.8	3324	0.84
其中：上中农	X	X	X	X	X	X	X	X	X	406.5	539	0.75	2011.75	2143	0.94
贫农	990.25	1707 (404)	0.58	894.58	1643 (403)	0.54	945.75	1803 (487)	0.52	1134.25	1919	0.59	354	638	0.55
佃农	1.5	18 (7)	0.08	8	24 (10)	0.33	3	13 (8)	0.23	5	12	0.42	、	、	、
其他	118.5	157	0.75	127.5	157	0.81	111	150	0.74	125.5	154	0.81	、	、	、

说明：36年佃农中，有一户（[illegible]村）是由29年的其他成份转变的，共2人，有屋5间，以致36年度佃农的平均占有房屋超出29年很多，该户於48年又转变为其他成份，故48年佃农占有房屋间数又下降。

土改收益户分得财产情况

汇总

表 ~~33~~ 46

阶级		收益户数	收益户人口数	收益数量 房屋（间）	土地（市亩）	粮食（糙米市斤）	耕牛（头）	农具（件）	家具（件）	现款（人民币元）	取消借款（人民币元）	退回押款（人民币元）	取消欠租（糙米市斤）	其他（人民币元）
绝对数	中农	156	722	13.5	351.68	2827	1	24.33	98	/	1176	/	5536	9.10
	其中：上中农	50	252	2.5	112.35	205	/	7	19	/	/	/	128	
	贫农	459	1817	147	1415.85	16537	7	269	512	150.50	2928.58	14.00	9190	50.20
	佃农	6	12	7	12.00	1228	/	9	10	/	/	/	192	36.00
	其他	18	58	2.5	46.39	480	/	1	3	/	/	/	525	/
每人平均数	中农	×	×	0.07	0.49	3.91	0.001	0.03	0.14	/	0.66	/	8.07	0.01
	其中：上中农	×	×	0.01	0.45	0.81	/	0.008	0.08	/	/	/	0.51	/
	贫农	×	×	0.08	0.78	9.10	0.004	0.15	0.28	0.08	1.61	0.008	5.22	0.03
	佃农	×	×	0.17	1.00	102.33	/	0.76	0.83	/	/	/	16.00	3.00
	其他	×	×	0.04	0.80	8.34	/	0.02	0.05	/	/	/	8.71	/

全县汇总　　1957年各阶层不同收入额的户数分组（生产性纯收入与全部纯收入）

单位：户

阶层		生产性纯收入													全部纯收入												
		调查户数	平均每人收入额的户数												调查户数	平均每人收入额的户数											
			无收入户	30元以下	30—40元	40—50元	50—60元	60—70元	70—80元	80—90元	90—100元	100—150元	150—200元	200元以上		无收入户	30元以下	30—40元	40—50元	50—60元	60—70元	70—80元	80—90元	90—100元	100—150元	150—200元	200元以上
绝对数	总计	943	12	120	62	79	92	89	85	76	73	181	56	18	943	1	33	25	36	66	72	88	87	94	277	103	61
	上中农	511	7	62	33	34	31	29	35	39	44	137	44	16	511		11	4	8	12	11	24	39	61	209	79	52
	下中农	277	2	28	15	20	39	34	39	28	25	34	11	2	277		12	5	12	24	31	47	34	26	57	23	6
	贫农	155	1	31	14	24	22	29	11	9	3	10		1	155	1	10	16	16	30	30	17	14	7	11	1	2
构成%	总计	100	1.27	12.73	6.57	8.38	9.76	9.43	9.01	8.06	7.74	19.19	5.94	1.92	100	0.11	3.50	2.65	3.82	7.00	7.64	9.33	9.23	9.97	29.38	10.92	6.46
	上中农	100	1.37	12.13	6.46	6.65	6.07	5.68	6.85	7.63	8.61	26.81	8.61	3.13	100		2.15	0.78	1.57	2.34	2.15	4.70	7.63	11.94	40.90	15.46	10.38
	下中农	100	0.72	10.11	5.42	7.22	14.08	12.27	14.08	10.11	9.03	12.27	3.97	0.72	100		4.33	1.81	4.33	8.66	11.19	16.97	12.27	9.39	20.58	8.30	2.17
	贫农	100	0.65	20.00	9.03	15.48	14.19	18.71	7.10	5.81	1.93	6.45		0.65	100	0.65	6.45	10.32	10.32	19.35	19.35	10.97	9.03	4.52	7.10	0.65	1.29

图书在版编目(CIP)数据

无锡、保定农村调查资料. 1929—1957 : 全3卷 / 中国社会科学院经济研究所, 江苏省统计局, 河北省统计局编. -- 北京 : 社会科学文献出版社, 2021.6

ISBN 978-7-5201-8398-7

Ⅰ. ①无… Ⅱ. ①中… ②江… ③河… Ⅲ. ①农村调查-无锡-1929-1957②农村调查-保定-1929-1957 Ⅳ. ①D668

中国版本图书馆CIP数据核字（2021）第098592号

无锡、保定农村调查资料（1929—1957）· 无锡卷

编　　者 / 中国社会科学院经济研究所　江苏省统计局　河北省统计局

出 版 人 / 王利民
组稿编辑 / 蔡继辉
责任编辑 / 陈凤玲

出　　版 / 社会科学文献出版社 · 经济与管理分社（010）59367226
地址：北京市北三环中路甲29号院华龙大厦　邮编：100029
网址：www.ssap.com.cn
发　　行 / 市场营销中心（010）59367081　59367083
印　　装 / 三河市东方印刷有限公司

规　　格 / 开　本：889mm×1194mm　1/16
本卷印张：34.5　本卷幅数：526幅
版　　次 / 2021年6月第1版　2021年6月第1次印刷
书　　号 / ISBN 978-7-5201-8398-7
定　　价 / 980.00元（全3卷）

本书如有印装质量问题，请与读者服务中心（010-59367028）联系